JN418552

譯註 思政殿訓義 資治通鑑綱目 21

梁 簡文帝 大寶 원년 ~ 陳 宣帝 太建 3년

編著 朱熹
訓義 思政殿(朝鮮 世宗)
책임번역 李忠九
공동번역 金奎璇 李承容 黃鳳德

전통문화연구회

飜譯委員

企劃編輯　東洋古典飜譯編輯委員會

責任飜譯　李忠九

共同飜譯　金奎璇 李承容 黃鳳德

常任原文校閱　吳圭根

飜譯研究管理　南賢熙

潤　文　南賢熙

校　訂　李孝宰

出　版　白俊哲 趙顯碩

裝　幀　김진디자인

飜譯管理

弘報管理　白漢基

普　及　徐源英

古典情報化　東洋古典情報化研究室

思政殿訓義 資治通鑑綱目을 발간하며

본회가 東洋古典의 飜譯과 敎育, 情報化 등 古典現代化 사업을 시작한 지 어느덧 25년이 지났다. 그간 많은 어려움이 있었으나 1988년 본회가 발족한 뒤 동양고전 번역사업에 착수하여 四書三經을 註까지 懸吐完譯함으로써 東洋學과 韓國學 전공자들의 필독서가 되어 敎育界와 文化界까지 많은 영향을 주었다.

본회에서는 四書三經, 十三經 등 儒家의 핵심 경전을 번역하는 동시에 동양고전의 한 축인 歷史 고전에도 눈을 돌려 《通鑑節要》, 《國語》, 《戰國策》뿐만 아니라, 동양 역사 철학의 진수가 담긴 《春秋左氏傳》을 완역함으로써 東洋學과 韓國學 연구에 礎石과 架橋를 마련하였다. 이러한 성과를 바탕으로 經史一體의 모범인 《資治通鑑綱目》 완역을 기획하여 번역에 착수하였다.

'經史一體'란 經典과 歷史가 하나라는 동양의 독특한 관념인데, 이는 기록을 통해 인물과 사건을 도덕적으로 평가하는 풍토를 낳았다. 이러한 기록문화의 중시는 다른 문화권에서는 엄두도 못 낼 막대한 역사 기록을 남기게 하는 배경이 되었다. 굳이 중국 역사서를 언급할 것 없이 《朝鮮王朝實錄》, 《承政院日記》, 《日省錄》 같은 방대한 우리의 역사문헌은 이를 잘 보여준다. 이러한 우리 선조들의 역사 서술에 큰 영향을 미친 책이 바로 朱熹의 《資治通鑑綱目》이다.

《資治通鑑綱目》은 조선시대 經筵에서 가장 많이 읽은 역사서이자 우리나라 역사 서술에 가장 큰 영향을 미쳤다는 점에서 현재 韓國學 硏究에 필수적인 동양 역사 고전이라 할 수 있다. 비록 중국의 역사서이지만, 우리 先學들이 중국의 性理學을 독자적으로 계승 발전시킨 것처럼 《資治通鑑綱目》 역시 우리의 입장에서 보다 정밀하고 종합적으로 읽고자 하였다. 그 결실이 바로 世宗朝 때 간행된 思政殿訓義本 《資治通鑑綱目》이다.

동양의 대표적 역사서는 紀傳體의 《史記》, 編年體의 《資治通鑑》, 綱目體의 《資治通鑑綱目》으로 대변된다. 北宋 때의 司馬光은 帝王이 여가에 친람하여 정치에 도움이 되게 할 목적으로 《資治通鑑》을 편찬하였고, 朱熹는 《資治通鑑》을 바탕으로 이를 압축적으로 정리하여 보다 읽기 쉽게 하면서 유교적 褒貶을 엄정히 내렸다는 점에서, 이 책들은 제왕의 정치교과서 역할을 하였다. 이런 《資治通鑑》과 《資治通鑑綱目》에 대해 조선조 문화군주였던 세종의 주도하에 연구가 진행되었으며, 그 결과물이 바로 思政殿訓義本 《資治通鑑》과 《資治通鑑綱目》이다.

思政殿은 景福宮의 便殿으로, 세종이 이곳에서 당대 뛰어난 문신들을 참여시켜 《資治通鑑》과 《資治通鑑綱目》에 대한 訓義의 편찬을 주도하였다. 訓義는 의미를 해석한다는 뜻으로, 思政殿訓義는 기존 중국에서 이루어진 《資治通鑑》과 《資治通鑑綱目》의 주석을 集大成하고 군주와 신하들이 읽기 쉽도록 우리만의 주석서를 만든 것이다. 중국 이외 나라에서 《資治通鑑》과 《資治通鑑綱目》 전체에 주석을 단 것은 조선이 처음일 것이다.

현재까지도 《資治通鑑》과 《資治通鑑綱目》을 원전으로 읽기 위해서는 중국의 연구 성과에 의지하여야 했다. 비록 《資治通鑑》은 중국, 일본, 한국에서 번역되었으나 주석까지 완역되지 못하였고, 《資治通鑑綱目》도 중국에서 본문만 번역된 상황이다. 이번 우리나라의 독자적인 주석서인 思政殿訓義本 《資治通鑑綱目》의 완역을 통해 기존에 잊혔던 세종 시기의 《資治通鑑綱目》에 대한 연구 성과를 알리는 동시에, 이를 동양학과 한국학 연구에 활용할 수 있는 기반을 마련하고자 한다. 아울러 이를 통해 古典現代化의 水準을 높이고 融合的이고 自生的인 학문연구가 이루어질 수 있기를 바라는 바이다.

끝으로 이번 思政殿訓義本 《資治通鑑綱目》의 번역에 참여하여 헌신하시는 모든 분들께 무한한 감사를 드린다. 또한 고전현대화에 대한 政府의 지대한 關心과 支援에 감사를 드리며, 그간 직간접으로 지도편달하여 주신 학계와 교육계 및 문화계 인사 여러분께 심심한 謝意를 표하며, 앞으로도 따뜻한 관심과 엄정한 叱正을 부탁드리며 내내 평강과 행복을 기원한다.

社團法人 傳統文化硏究會 理事長 李啓晃

凡 例

1. 본서는 南宋 때 朱熹가 編著하고, 朝鮮 世宗 때 思政殿에서 訓義한 ≪資治通鑑綱目≫을 번역한 것으로 ≪譯註 思政殿訓義 資治通鑑綱目≫ 제21책이다.
2. 본서의 底本은 서울대학교 규장각 소장본(奎7500, 藍書 口訣)이며, 규장각(奎7512, 朱書 口訣)과 국립중앙도서관(한古朝50-5, 墨書 口訣) 소장본을 참조하였다. 이들은 모두 木版本으로, 大字(綱)는 晉陽大君(世祖)이 써서 鑄造한 丙辰字, 中小字(目, 訓義 등)는 甲寅字로 되어 있다.

   이 밖에도 嚴文儒와 顧宏義가 校點한 ≪資治通鑑綱目≫(≪朱子全書≫ 8~11, 上海古籍出版社·安徽教育出版社, 2002), 文淵閣四庫全書 ≪御批資治通鑑綱目≫, 朝鮮 世宗 때 간행된 思政殿訓義 ≪資治通鑑≫(국립중앙도서관 일산古221-43), 標點資治通鑑小組에서 標點한 ≪資治通鑑≫(中華書局, 1992(제5판)) 등을 참고하였다.
3. 綱과 目의 원문에는 규장각(奎7500, 奎7512)과 국립중앙도서관(한古朝50-5)의 口訣本을 참조하여 懸吐하였고, 訓義는 한국에서 재래로 사용해오던 표점방식을 보완하여 文理의 이해를 돕는 수준에서 간략히 標點하였다.
4. '綱'과 '目'을 구분하기 위해 각각 번역문 앞에 【綱】과 【目】을 표기하였다. 目은 내용이 길 경우 의미 단락별로 分節하였다. 訓義는 저본에 위치하는 곳에 따라 해당 원문에 ①, ②, ③ 등으로 표기하고 綱이나 目 아래에 번역문과 원문을 배치하였다.

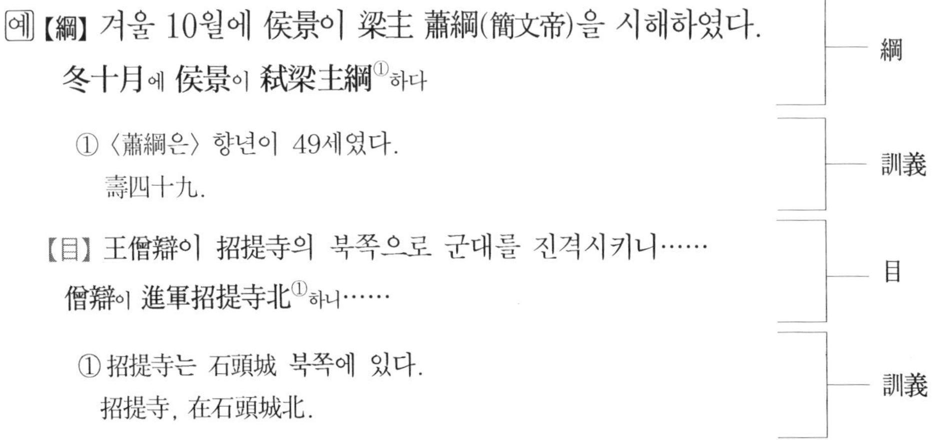

5. 번역문은 한글과 한자를 혼용하였으며, 맞춤법과 띄어쓰기는 한글 맞춤법과 표준어 규정을 따랐다.
6. 원문이나 번역문의 한자 중에 僻字나 讀音이 특수한 글자는 한글로 音을 달아주었다.
7. 譯註는 校勘, 人物, 制度, 官職, 역사적 사건, 인용문의 出典, 異說, 故事, 전문용어, 難解語 등에 관한 사항을 밝혔다.
8. 校勘은 원문의 誤字, 脫字, 衍文, 倒文 등을 대상으로 하였다.
9. 본서에 대한 독자의 이해를 돕고자 본서의 해설을 실었다.
10. 附錄에 실린 年表는 綱을 중심으로 ① 君王의 즉위와 사망, 年號, 改元 ② 정치, 경제, 사회, 문화의 주요 사건 ③ 주요 인물의 행적과 사망 등을 서술하되, 東洋史 학술 연표들을 참고하였다.(參考書目 年表 관련 자료 참조)
11. 본서의 校勘에 사용된 符號는 다음과 같다.
    ( )〔 〕: (저본의 誤字)〔교감한 正字〕
    〔 〕: 저본의 脫字 보충
    ( ) : 저본의 衍字 표시
12. 본서에 사용한 주요 부호는 다음과 같다.
    “ ” : 인용
    ‘ ’ : “ ” 안의 재인용
    「 」: ‘ ’ 안의 재인용
    『 』: 「 」 안의 재인용
    ( ) : 원문의 讀音 및 번역문의 間註
    〔 〕: 번역문의 이해를 돕기 위한 原文의 漢字나 句節 표기, 譯註에서 인용한 원문표기
    ≪ ≫ : 書名
    〈 〉: 篇章名, 作品名, 補充譯
    【 】: 綱과 目의 표시
    ◑, ○ : 저본에 사용된 부호 遵用
13. 본서 訓義에 사용한 標點은 다음과 같다.
    . : 문장의 종결
    , : 한 문장 안에서 句나 節의 구분이 필요한 곳
    · : 대등한 명사나 구절의 병렬
    “ ” : 인용
    ‘ ’ : “ ” 안의 재인용
    「 」: ‘ ’ 안의 재인용

目 次

≪思政殿訓義 資治通鑑綱目 21≫ 解說

≪資治通鑑綱目≫은 중국 宋나라 때 朱熹가 司馬光의 ≪資治通鑑≫을 바탕으로 綱目體로 편찬한 책이다. 조선시대 학자들에게 절대적 영향을 미쳤으며, 經筵에서 講讀된 대표적 史書이다. ≪思政殿訓義 資治通鑑綱目≫은 朝鮮 世宗이 大臣들과 學士들에게 명하여 ≪자치통감강목≫과 관련된 서적을 모아 연구하여 주석하게 한 것이다. '思政殿'은 景福宮의 便殿이고, '訓義'는 '의미를 해석한다'는 뜻으로 '思政殿訓義'는 세종이 思政殿에서 대신・학사들과 더불어 ≪자치통감강목≫을 읽고 주석을 단 것을 가리킨다.

≪思政殿訓義 資治通鑑綱目 21≫은 저본의 제33권 하와 제34권 상・하에 해당하며, 시기적으로 梁나라 簡文帝 大寶 원년(550)에서 陳나라 宣帝 太建 3년(419)까지를 다루고 있다.

侯景의 난은 南朝와 北朝 대립의 역사에 결정타를 날린 대사건이다. 이로 말미암아 남조는 쇠락하게 되었으며, 승리의 저울추는 북조로 기울게 된다. 梁나라 元帝(蕭繹)는 후경의 난을 진압하고서 폐허가 된 수도 建康을 버리고 江陵으로 천도하였다가 西魏의 침입을 받고 멸망하는 지경에 이른다. 후경의 난 속에서 성장한 군벌인 陳霸先은 이를 틈타 양나라를 무너뜨리고 새로운 왕조인 陳 왕조를 개창하게 된다.

北朝는 北齊와 北周로 갈라져 대립하였는데, 서로 간의 국력이 비등하여 전쟁은 장기화 된다. 그 사이 북방에서는 유목족인 突厥이 거대한 제국을 형성하여 북제와 북주의 전쟁에 개입하게 된다.

北齊 武成帝는 능력이 있는 군주였으나 술을 좋아하여 많은 신하와 종친들을 죽였으며 간신 和士開를 총애하였다. 특히 胡太后와 화사개가 정권을 잡으면서 그 국력이 크게 쇠하게 된다.

西魏의 권력을 장악한 宇文泰가 죽자 그 조카 宇文護가 서위의 황제 恭帝를 폐위시키고 우문태의 아들 宇文覺을 즉위시키면서 北周가 건국된다. 북주를 세운 세력을 역사상 '關隴集團'으로 부르는데, 관중 지방의 胡族과 漢族이 연합한 집단이다. 관롱집단은 北周・隋・唐 세 왕조를 열었다는 점에서 현대 역사학자들의 큰 관심을 받고 있다.

思政殿訓義 資治通鑑綱目 제33권 하

- 梁 簡文帝 大寶 원년(550)~梁 元帝 承聖 3년(554) -

【綱】 9월에 梁나라 湘東王 蕭繹이 郢州를 탈취하자 邵陵王 蕭綸이 齊昌으로 도망하였는데, 侯景의 군대가 그를 습격하였다. 소륜이 마침내 北齊로 도망하니 북제가 梁王으로 삼았다.

九月에 梁湘東王繹이 取郢州어늘 邵陵王綸이 奔齊昌한대 侯景兵이 襲之라 綸이 遂奔齊하니 齊가 以爲梁王하다

【目】 邵陵王 蕭綸이 갑옷과 병장기를 크게 수리하여 장차 侯景을 토벌하려고 하였다. 湘東王 蕭繹이 소륜을 미워하여 王僧辯·鮑泉 등을 파견하여 水軍을 이끌고 그를 습격하도록 하였다. 왕승변의 군대가 鸚鵡洲에 도착하자 소륜이 그의 아들인 蕭礩을 보내어 군사를 거느려 그들을 공격하도록 하고, 아울러 또 편지로 왕승변을 책망하며 말하기를 "장군이 지난해에 남의 조카를 죽였고 올해는 남의 형을 쳤습니다. 이렇게 하고서 영화롭기를 바란다면 아마도 천하가 허락하지 않을까 합니다."라고 하였다.

왕승변이 편지를 소역에게 보내자 소역이 군대를 전진하도록 명령하였다. 소륜이 마침내 그의 휘하의 사람들을 西園에 모아놓고서 눈물을 흘리면서 말하기를 "나는 본래 다른 생각이 없었고 뜻은 도적을 멸하는 데 있었는데, 상동왕은 항상 내가 자신과 帝位를 다툰다고 생각한 탓에 이에 정벌을 당한 것이다. 오늘날 지키려고 한다면 서로 저축된 양식이 떨어질 것이고, 싸우고자 한다면 천 년에 비웃음을 살 것이고, 아무 일을 하지 않다가 구속될 수도 없으니, 마땅히 하류로 내려가서 그를 피해야 할 것이다."라고 하자, 휘하 장사들이 다투어 나가 싸우기를 청하였으나 소륜이 따르지 않고 소질과 더불어 배를 타고 북쪽을 향하여 출발하였다. 왕승변이 郢州에 진입하여 점거하자 소역이 자기의 세자 蕭方諸를 郢州刺史로 삼았다.

소륜이 측근들과 더불어 조그만 배로 武昌으로 달아나니, 長史 韋質, 司馬 姜律 등이

소륜이 아직 살아 있다는 소식을 듣고서 말을 타고 급히 가서 그를 맞이하여 목책 일곱 곳에 있는 流民을 설득하여 양식과 병장기를 구하였다. 소륜이 나아가 巴水에 군영을 만들자 8, 9천 명의 유민이 그에게 귀부하였는데, 차츰 흩어진 병사를 거두어들여서 齊昌에 주둔하고 사신을 파견하여 北齊에 항복을 받아주기를 청하자, 북제가 소륜을 梁王으로 삼았다.

任約이 나아가 西陽·武昌을 노략질하였는데 소륜이 불러들인 북제의 군사가 도착하기 전에 馬柵으로 군영을 옮기니, 서양과의 거리가 80리였다. 임약이 소식을 듣고서 叱羅通 등을 파견하여 소륜을 기습하도록 하니, 소륜은 대비를 하지 않았다가 말을 채찍질하여 달아났다. 汝南에 도착하여서는 西魏에서 임명한 汝南城 성주 李素가 소륜의 옛날 부하 관리였기 때문에 성문을 열고 소륜을 받아들였다. 임약이 마침내 서양·무창을 점거하였다.

邵陵王綸이 大修鎧仗하여 將討侯景이러니 湘東王繹이 惡(오)之하여 遣王僧辯鮑泉等하여 帥舟師襲之하여 至鸚鵡洲①하여는 綸이 遣其子礩하여 將兵擊之②하고 且以書責僧辯曰 將軍이 前年에 殺人之姪③하고 今歲에 伐人之兄④하니 以此求榮인대 恐天下가 不許일가하노라 僧辯이 送書于繹한대 繹이 命進軍이어늘 綸이 乃集其麾下於西園⑤하여 涕泣言曰 我本無他요 志在滅賊이러니 湘東이 常謂與之爭帝라하여 遂爾見伐하니 今日欲守則交絶糧儲요 欲戰則取笑千載요 不容無事受縛이니 當於下流避之라한대 麾下壯士가 爭請出戰호대 綸이 不從하고 與礩登舟北出이어늘 僧辯이 入據郢州한대 繹이 以其世子方諸爲刺史하다 綸이 與左右輕舟奔武昌⑥이러니 長史韋質司馬姜律等이 聞綸尙存하고 馳往迎之하여 說(세)七柵流民以求糧仗⑦이러니 綸이 出營巴水에 流民八九千人이 附之어늘 稍收散卒하여 屯于齊昌하고 遣使請降于齊한대 齊가 以綸爲梁王⑧하다 任約이 進寇西陽武昌이어늘 綸이 引齊兵未至에 移營馬柵하여 距西陽이 八十里라 任約이 聞之하고 遣叱羅通等襲之⑨하니 綸이 不爲備라가 策馬亡走하다 至汝南하여는 魏城主李素가 綸의 故吏也라 開城納之하니 任約이 遂據西陽武昌⑩하다

① 鸚鵡洲는 江夏의 江中에 있는데, 옛날에 黃祖가 禰衡에게 이 洲에서 〈鸚鵡賦〉를 짓게 하였으니, 이에 의해서 이 이름을 얻었다.
鸚鵡洲在江夏江中, 昔黃祖使禰衡賦(鵡)〔鸚〕[1]鵡賦於此洲, 因以得名.

② 礩은 職日의 切[2]이다.

1) (鵡)〔鸚〕: 저본에는 '鵡'로 되어 있으나, 《資治通鑑》 註에 의거하여 '鸚'으로 바로잡았다.
2) 切 : 反切音을 표시한 것이다. '反(번)'은 뒤집는다(되치다)는 뜻으로 번역을 의미하고, '切'은 자른다는 의미이다. 앞 글자의 聲母를 따고 뒷글자의 韻母를 따서 읽는다.

礩, 職日切.

③ '殺人之姪'은 河東王 蕭譽를 죽인 것을 말한다.

謂殺河東王譽也.

④ 蕭綸은 蕭繹에게 형이 된다.

綸, 於繹兄也.

⑤ 동산이 郢城 서쪽 치우친 곳에 있기 때문에 '西園'이라 한 것이다. 또 東園이 있는데 성 동쪽 東湖 가에 있다.

園在郢城西偏, 故曰西園. 又有東園, 在城東東湖上.

⑥ 胡三省이 말하기를 "武昌은 지금 壽昌軍이 이곳이다."라고 하였다.

胡三省曰 "武昌, 今壽昌軍是也."

⑦ 당시 유민들이 北江州에서 일곱 개의 목책을 결성하여 서로 보호하였다.

時流民於北江州, 結七柵以相保.

⑧ 〈'齊昌'은〉 三國時代 吳나라 때에는 蘄春郡을 설치하고, 晉나라 때에는 惠帝가 西陽郡으로 고쳤다. 南齊·北齊 때에는 西陽을 고쳐서 齊昌郡이 되었다.

吳置蘄春郡, 晉惠帝改西陽郡, 南齊·北齊改西陽爲齊昌郡.

⑨ '叱羅'는 오랑캐의 複姓이다.

叱羅, 虜複姓.

⑩ 晉나라 汝南郡 사람들이 유랑하다가 夏口에 寓居하니, 인하여 汝南郡 汝南縣을 潼口에 僑置[3] 하였다. '魏城主'는 ≪資治通鑑≫에 '魏所署汝南城主(西魏가 임명한 汝南 城主)'로 되어 있다.

晉汝南郡人流寓夏口, 因僑立汝南郡汝南縣於潼口. 魏城主通鑑作魏所署汝南城主.

【綱】 侯景이 자신을 漢王이라고 칭하였다.

侯景이 自稱漢王하다

【目】 侯景이 또다시 자신에게 宇宙大將軍·都督六合諸軍事를 더하자 梁主(簡文帝 蕭綱)가 놀라서 말하기를 "將軍이 마침내 宇宙의 호칭을 가지게 되었는가."라고 하였다.

景이 又自加宇宙大將軍都督六合諸軍事한대 梁主가 驚曰 將軍이 乃有宇宙之號乎아

【綱】 겨울 10월에 西魏 太師 宇文泰가 北齊를 치려고 하다가 싸우지 않고 돌

3) 僑置 : 地名을 다른 곳에 그대로 옮겨서 州, 郡, 縣을 설치하는 일이다. 東晉과 南朝時代에 북방 민족들이 남방으로 전란을 피해 오자, 남방의 어느 지역에 살게 하여 郡縣을 설치하고 북쪽에서 부르던 지명을 그대로 쓰게 하여 그들을 안정시켰다.

아오니 洛陽・平陽이 모두 북제에 항복하였다.

冬十月에 **魏太師泰**가 **伐齊不戰而還**[4]하니 **洛陽平陽**이 **皆降于齊**하다

【目】 宇文泰는 北齊主(文宣帝 高洋)가 황제를 칭했다고 하여 그를 토벌할 때에 弘農으로부터 다리를 만들어 황하를 건너 建州에 도착해서는 북제주가 스스로 군대를 거느리고 나가서 晉陽의 東城에 주둔하였다. 우문태는 북제의 軍容이 엄격하고 왕성하다는 소식을 듣고 감탄하여 말하기를 "高歡이 죽지 않았구나."라고 하였다. 마침 비가 오래 내려서 말이나 소 같은 가축이 대부분 죽었기 때문에 마침내 돌아갔다. 이에 황하 이남은 洛陽 동쪽부터, 황하 이북은 平陽 동쪽부터 모두 북제로 편입되었다.

泰가 以齊主稱帝라하여 伐之할새 自弘農爲橋하여 濟河至建州하여는 齊主가 自將出頓東城[①]이러니 泰가 聞其軍容이 嚴盛하고 歎曰 高歡이 不死矣로다 會에 久雨하여 畜産이 多死라 乃還하니 於是河南自洛陽으로 河北自平陽以東히 皆入於齊하다

①〈'東城'은〉 곧 晉陽의 東城이다.
卽晉陽之東城也.

【目】 胡氏(胡寅)가 다음과 같이 평하였다.

"宇文泰는 高洋이 나라를 찬탈하였기 때문에 北齊를 정벌하였으니, 군사는 명분이 없는 것에 대해 걱정할 것이 없었다. 마침내 머뭇거리다가 물러나서 감히 무력을 끝까지 추구하지 못한 것은 어째서인가. 자기에게 결점이 없은 뒤에 남을 비난할 수 있는 것인데, 우문태는 자신이 임금을 시해한 사람이다. 피차를 참고해 헤아리면 오히려 어떻게 고양을 문책할 수 있겠는가. 만일 우문태가 황제를 맞이한 충성이 있었고 임금을 시해

---

4) 伐齊不戰而還 : "'伐'을 기록한 것은 어째서인가. 北齊가 찬탈했기 때문이다. 싸우지 않고 돌아온 것은 애석하게 여긴 것이다.〔書伐 何 齊簒也 不戰而還 惜之也〕" ≪書法≫

書法은 '筆法'이란 말과 같다. 朱子는 ≪자치통감강목≫을 편찬할 적에 孔子의 ≪春秋≫ 筆法을 따라 綱과 目으로 나누었는바, 綱은 ≪春秋≫의 經文을, 目은 ≪春秋左氏傳≫의 傳文을 따랐다. ≪자치통감강목≫의 筆法을 밝힌 것으로는 劉友益(宋)의 ≪綱目書法≫, 尹起莘(宋)의 ≪綱目發明≫이 그 대표작이라 할 수 있는데, 이 두 책은 현재 淸나라 聖祖(康熙帝)가 엮은 ≪御批資治通鑑綱目≫에 모두 수록되어 있다. 이 필법은 綱에 주안점이 맞춰져 있는데, 우리나라 학자들이 특별히 이 ≪자치통감강목≫을 愛讀한 이유는 바로 이 필법에 있다. ≪어비자치통감강목≫에는 이외에도 汪克寬(元)의 ≪綱目凡例考異≫ 등 많은 내용이 수록되어 있으나, 본서에서 다 소개하지 못하고 ≪강목서법≫과 ≪강목발명≫의 중요한 것만을 발췌하여 수록하였다. 또한 陳濟(明)의 ≪資治通鑑綱目集覽正誤≫를 인용하여 오류를 바로잡기도 하였다. 본고에서는 각각 ≪書法≫, ≪發明≫, ≪正誤≫로 요약하여 표기하였다.

한 일이 없어서 이 기회를 당하여 군대를 일으켜 동으로 정벌하였으면 북제의 일을 알 수 없을 것이었다. 옛사람이 보통 사람보다 크게 뛰어났던 까닭은 다름이 아니라, 옳지 않은 일을 행하지 않으며 죄 없는 사람을 죽이지 않으며 구차하게 드러나는 일을 하지 않고 구차하게 얻는 일을 일삼지 않을 뿐이다."

胡氏曰 宇文泰가 爲高洋簒國而伐齊하니 師不患於無名矣라 乃逡巡而退하여 不敢遂武는 何也①오 無諸己而後에 可以非諸人이어늘 泰는 自弑君之人也라 參度(탁)彼此에 尙何高洋之問哉리오 使泰有迎帝之忠하고 而無弑君之事하여 當此機會하여 擧師東伐이면 則齊未可知矣러라 古之人이 所以大過人者는 無他焉이라 不行不義하며 不殺不辜하며 不作苟見하며 不治苟得而已矣니라

① '不敢遂武'는 '不敢究武'라는 말과 같으니, 감히 끝까지 못하고 군대를 해산한 것을 말한다. 不敢遂武, 猶言不敢究武, 謂不敢究竟而罷兵也.

【綱】 梁나라 寧州刺史 徐文盛이 貝磯에서 侯景의 군대를 격파하였다.

梁寧州刺史徐文盛이 敗侯景兵于貝磯하다

【目】 예전에 梁나라 寧州刺史 徐文盛이 병사를 모집하여 侯景을 토벌하였다. 湘東王 蕭繹이 서문성에게 병사를 거느려서 동쪽으로 내려가도록 하여 任約의 군대와 만났다. 서문성이 貝磯에 군대를 주둔시키자, 임약이 맞아 싸웠으나 서문성이 그를 크게 격파하고 大擧口로 진군하였다. 후경은 임약이 西陽을 지키기 때문에 오랫동안 전진하지 못하여 자기가 군대를 이끌고 나아가서 晉熙에 주둔하였다.

初에 梁寧州刺史徐文盛이 募兵討侯景이러니 湘東王繹이 使將兵東下하여 與任約遇하다 軍貝磯한대 任約이 逆戰이어늘 文盛이 大破之하고 進軍大擧口하다 侯景은 以約守西陽으로 久不能進하여 自出屯晉熙①하다

① ≪水經注≫에는 "江水가 동쪽으로 흘러 邾縣 남쪽을 지나고 동쪽으로 흘러 白虎磯의 북쪽을 지나고 또 동쪽으로 흘러 貝磯의 북쪽을 지나고 또 동쪽으로 흘러 黎磯의 북쪽을 지난다. 북쪽 강안의 烽火洲는 곧 擧洲이고, 북쪽으로 擧口를 마주하고 있다. 擧水는 龜頭山에서 발원하고 梁나라의 定州城 남쪽을 지나며 또 양나라 司州·豫州의 성 동쪽을 지나고, 또 남쪽으로 흘러 齊安郡 서쪽을 지나고 또 동남쪽으로 흘러 赤亭을 지나는데, 아래에 두 갈래 물줄기로 나누어지고 남쪽으로 흘러 長江에 들어간다."라고 하였다.
水經註 "江水東過邾縣南, 東逕白虎磯北, 又東逕貝磯北, 又東逕黎磯北. 北岸烽火洲, 卽擧洲

也, 北對擧口. 擧水出龜頭山, 逕梁定州城南, 又逕梁司・豫州城東, 又南歷齊安郡西, 又東南歷赤亭, 下分爲二水, 南流注于江."

【綱】 侯景이 梁나라 南康王 蕭會理, 武林侯 蕭諮를 죽였다.

侯景이 **殺梁南康王會理武林侯諮**하다

【目】 南康王 蕭會理는 侯景이 출발하고 나서 建康이 텅 비자 柳敬禮, 西鄕侯 蕭勸, 東鄕侯 蕭勔과 군사를 일으켜서 王偉를 죽이기로 모의하였다. 建安侯 蕭賁, 中宿侯의 세자 蕭子邕이 이를 왕위에게 고발하자, 왕위는 소회리 등을 잡아서 죽였다.

錢塘 사람 褚冕은 소회리의 옛 친구였기 때문에 천 번이나 매를 쳤으나 끝내 다른 말을 하지 않았다. 소회리가 벽을 사이에 두고 그에게 말하기를 "경은 비록 죽음의 위협을 참고 나의 무죄를 밝히려 하지만 나의 마음은 실제로 도적을 죽이고 싶소."라고 하였다. 저면이 끝내 굴복하지 않으니 후경은 마침내 그를 놓아주었다.

梁主(簡文帝)가 즉위하고 나자 후경의 防衛가 매우 엄하였다. 오직 武林侯 蕭諮, 僕射 王克, 舍人 殷不害가 모두 文士의 연약함으로 황제의 침실 안을 출입하고 강론할 수 있었을 뿐이었다.

이때 〈소회리가 죽임을 당함에〉 이르자 왕극・은불해는 재앙을 받을 것을 두려워하여 점차 스스로 〈梁主를〉 멀리하였다. 소자가 홀로 〈梁主를〉 떠나지 않자 후경이 그를 싫어하여 사람을 시켜 소자를 찔러 죽이도록 하였다. 후경은 소분을 책봉하여 竟陵王으로 삼고, 소자옹을 隨王으로 삼아 그들에게 侯氏 姓을 下賜하였다.

南康王會理가 **以侯景**이 **旣出**에 **建康**이 **空虛**라 **與柳敬禮西鄕侯勸東鄕侯勔謀起兵**하여 〔謀起兵〕[5] 誅王偉①러니 建安侯賁中宿世子子邕이 以告偉한대 偉收會理等하여 殺之②하다 錢塘褚冕이 以會理故舊捶掠千計호대 終無異言이러니 會理가 隔壁謂之曰 卿이 雖忍死明我나 我心實欲殺賊오하니라 冕이 竟不服하니 景乃宥之하다 梁主가 旣立에 景이 防衛甚嚴이라 唯武林侯諮及僕射王克舍人殷不害가 竝以文弱得出入臥內하고 講論而已러니 及是에 克不害가 懼禍하여 稍自疏하다 諮가 獨不去한대 景이 惡之하여 使人殺之하다 封賁爲竟陵王하고 子邕爲隨王하여 賜姓侯氏하다

① 柳敬禮는 柳仲禮의 동생이다. 鄕은 본래 음대로 읽는 자이다. 西鄕은 漢中郡 成固縣 지역이며, 三國時代 때에 蜀漢이 成固縣을 나누어 南鄕縣을 설립하고, 晉나라 때에 西鄕으로 고쳤

5) 〔謀起兵〕: 저본에는 '謀起兵'이 없으나, ≪資治通鑑≫에 의거하여 보충하였다.

다. 蕭勸은 蕭昺의 아들이다.

敬禮, 仲禮之弟也. 鄕如字[6]. 西鄕, 漢中郡成固縣地, 三國漢分成固, 立南鄕縣, 晉改爲西鄕. 勸, 昺之子也.

② 蕭賁은 蕭正德의 조카이다. 中宿世子는 中宿侯의 世子이다. 中宿은 漢나라의 옛날 縣으로 南海郡에 속하였고, 吳度는 始興郡에 속하였다. 蕭子邕은 蕭憺의 손자이다.

賁, 正德之弟子也. 中宿世子, 中宿侯之世子也. 中宿, 漢舊縣, 屬南海郡, 吳度屬始興郡. 子邕, 憺之孫也.

【綱】 西魏가 처음으로 府兵 제도를 만들었다.

魏가 **初作府兵**[7]하다

【目】 예전에 西魏의 敬宗(孝莊帝 元子攸)은 爾朱榮을 柱國大將軍으로 삼아 지위를 丞相보다 위에 두었는데, 이주영이 패망하자 이 관직도 폐지되었다. 大統[8] 이래로 安定公 宇文泰·廣陵王 元欣·趙郡公 李弼·隴西公 李虎·河內公 獨孤信·南陽公 趙貴·常山公 于謹·彭城公 侯莫陳崇 8명이 이 관직을 담당하였으니, 8柱國이라고 말하였다.

우문태는 처음으로 백성들 가운데 재능과 힘이 있는 사람을 兵籍에 기재하여 '府兵'을 만들고, 府兵 本人의 租·庸·調를 일체 감면하고, 농한기에는 전투하고 진을 치는 법을 조련하고 검열하였으며, 말을 기르며 양식을 갖추는 것을 여섯 가구가 이바지하게 하고, 〈전국에〉 도합 100府를 설치하여 매 府마다 1명의 郎將이 주관하며 24軍에 나누어 소속시켰다.

우문태는 직임이 백관을 총괄하고 都督中外諸軍事가 되었다. 원흔은 종실의 資格과 名望으로 황궁을 조용히 출입하였을 뿐 〈정사에 관여하지 않았다. 8柱國 중〉 나머지 6명이 각각 2명의 大將軍을 지휘하니 모두 12명의 대장군을 두었다. 대장군마다 각각 開府 2명을 통솔하게 하고 開府가 각각 1軍을 다스렸다. 이 이후로 공신의 지위가 柱國大將軍·開府儀同三司·儀同三司에 이르는 사람이 매우 많아서 대부분 散官이 되어 다스리는 군대가 없었다. 비록 그 일을 계승하여 군대를 맡은 사람이 있었으나 명망이 모

6) 如字 : 한 글자에 여러 독음이 있는 경우 本音대로 읽으라는 것이다.
7) 初作府兵 : "'初'라고 한 것은 어째서인가. 처음을 기록한 것이다. 三代 이하로 군대를 농사에 붙여두었는데, 〈그중〉 옛날 제도에 가까운 것은 府兵뿐이므로 신중히 이를 기록한 것이다.〔初者 何 志始也 三代而下 寓兵於農 庶幾古制者 府兵而已 故謹書之〕" ≪書法≫
8) 大統 : 北魏 文帝의 연호로 535년부터 551년까지이다.

두 여러 公(8柱國)들의 아래에 있었다.

初에 魏敬宗이 以爾朱榮爲柱國大將軍하여 位在丞相上이러니 榮이 敗에 官廢라 大統以來로 安定公宇文泰廣陵王欣趙郡公李弼隴西公李虎河內公獨孤信南陽公趙貴常山公于謹彭城公侯莫陳崇八人이 爲之하니 謂八柱國이라 泰가 始籍民之才力者하여 爲府兵하고 身租調庸을 一切蠲之[①]하고 以農隙에 講閱戰陳하고 馬畜糧備를 六家供之케하고 合爲百府하여 每府에 一郎將이 主之하며 分屬二十四軍하다 泰任摠百揆하고 督中外諸軍하니 欣은 以宗室宿望으로 從容禁闥而已라 餘六人이 各督二大將軍하니 凡十二大將軍이라 每大將軍이 各統開府二人하고 開府가 各領一軍[②]하니 是後功臣位至柱國大將軍開府儀同三司儀同三司者가 甚衆하여 率爲散官하여 無所統御하니 雖有繼掌其事者나 聞望이 皆出諸公之下云이러라

① 唐나라 府兵의 법이 여기에 근본하였다. 전지를 받은 丁男은 해마다 粟을 납부하였는데 이를 租라고 한다. 고을의 소출을 따라서 정남마다 매해 명주・비단・깁・베・햇솜・삼베를 납부하게 하고 누에 치는 마을이 아니면 해마다 銀을 납부하였는데 이를 調라고 말한다. 사람의 힘을 사용하는 것을 해마다 20일로 하고 윤달은 2일을 더하고 부역하지 않은 자는 1일에 명주 3尺을 납부하였는데 이를 庸이라고 말한다. 調는 徒弔의 切이다.
唐府兵之法本諸此. 凡受田之丁, 歲輸粟, 謂之租. 隨鄕所出, 每丁歲輸絹綾絁布緜麻, 非蠶鄕則歲輸銀, 謂之調. 用人之力, 歲二十(月)〔日〕[9], 閏加二(月)〔日〕, 不役者(月)〔日〕, 爲絹三尺, 謂之庸. 調, 徒弔切.

② 廣平王 元贊・臨淮王 元育・齊王 元廓・章武郡公 宇文導・平源郡公 侯莫陳順・高陽郡公 達奚武・陽平公 李遠・范陽公 豆盧寧・化政公 宇文貴・博陵公 賀蘭祥・陳留公 楊忠・武威公 王雄으로 도합 12명인데 모두 使持節 大將軍으로 삼았다.
廣平王元贊・臨淮王元育・齊王元廓・章武郡公宇文導・平源郡公侯莫陳順・高陽郡公達奚武・陽平公李遠・范陽公豆盧寧・化政公宇文貴・博陵公賀蘭祥・陳留公楊忠・武威公王雄, 凡十二人, 皆使持節大將軍.

【綱】 北齊가 天保曆을 시행하였다.

齊가 行天保曆하다

【目】〈天保曆은〉 宋景業이 만든 것이다.

宋景業所造也[①]

---

9) (月)〔日〕: 저본에는 '月'로 되어 있으나, ≪資治通鑑≫ 註에 의거하여 '日'로 바로잡았다. 아래도 같다.

① 당시에 北齊主(文宣帝)가 명령하여 宋景業에게 圖讖에 맞추어 天保曆을 만들었다.
時齊主命景業叶圖讖, 造天保曆.

辛未年(551)

梁나라 太宗 簡文帝 蕭綱 大寶 2년이고, 西魏 文帝 元寶炬 大統 17년이고, 北齊 顯祖 文宣帝 高洋 天保 2년이다.

梁大寶二年이요 魏大統十七年이요 齊天保二年[10)]이라

【綱】 봄 2월에 西魏가 北齊 汝南城을 공격하여 빼앗고 梁王 蕭綸을 죽였다.

春二月에 魏攻齊汝南拔之하고 殺其梁王蕭綸[11)]하다

【目】 邵陵王 蕭綸이 汝南에서 城池를 수리하고 士卒을 모집하여 장차 安陸郡을 탈취하려고 하였다. 西魏 宇文泰가 楊忠을 파견하여 汝南城을 공격하여 빼앗아서 소륜을 붙잡아 죽이고 江岸에 그의 시체를 던져버렸다.

邵陵王綸이 在汝南에 修城池하고 集士卒하여 將圖安陸이러니 魏宇文泰가 遣楊忠하여 攻拔汝南하여 執綸殺之하고 投尸江岸하다

【綱】 梁나라 陳霸先이 〈반란을 일으킨〉 李遷仕를 토벌하여 그를 죽였다.

梁陳霸先이 討李遷仕殺之하다

【目】 李遷仕가 南康을 공격하였는데 陳霸先이 杜僧明 등을 파견하여 이천사를 생포하여

10) 梁大寶二年……齊天保二年 : ≪資治通鑑綱目≫에서는 421년부터 588년까지는 無統이다. 朱熹의 凡例를 보면 正統인 경우 歲年(干支) 다음에 國號, 諡號, 姓名, 年度 등을 大字로 쓰는 데 반해, 無統일 경우 위처럼 小字로 쓴다. 본서의 내용은 無統에 해당하므로 이 부분을 모두 小字로 표기하였다. 隋나라 文帝가 천하를 통일한 589년 이후로는 隋나라를 정통으로 삼아서 大字로 표기하였다.

11) 魏攻齊汝南拔之 殺其梁王蕭綸 : "西魏가 東魏의 땅을 빼앗았을 적에 東魏를 기록하지 않았는데 北齊에 이르러서는 비로소 기록하였다. 북제에 비로소 기록한 것은 북제가 역성혁명을 했기 때문이다.〔魏取東魏地 不書東魏 至齊始書 齊始書 齊易姓矣〕" ≪書法≫

참수하였다. 湘東王 蕭繹이 진패선에게 병사를 진격시켜서 江州를 점령하게 하여 그를 江州刺史로 삼았다.

李遷(杜)〔仕〕[12)]가 擊南康이어늘 陳霸先이 遣杜僧明等하여 擒斬之하다 湘東王繹이 使霸先進兵取江州하여 以爲江州刺史하다

【綱】 3월에 魏主(文帝) 元寶炬가 殂하였는데 太子 元欽이 즉위하였다.

三月에 魏主寶炬가 殂[①]어늘 太子欽이 立하다

①〈元寶炬는〉 향년이 45세였다.
壽四十五.

【綱】 梁나라 徐文盛이 武昌을 함락시켰다.

◑梁徐文盛이 克武昌하다

【綱】 北齊는 梁나라 湘東王 蕭繹을 梁나라 相國으로 삼아 承制[13)]하게 하였다.

◑齊以梁湘東王繹爲梁相國承制[14)]하다

【綱】 윤3월에 梁나라 徐文盛이 侯景을 정벌하여 패퇴시켰다.

◑閏月에 梁文盛이 伐侯景敗之[15)]하다

【目】 任約이 위급함을 보고하자 侯景이 친히 군대를 거느리고 서쪽으로 올라갈 때에 太

---

12) (杜)〔仕〕: 저본에는 '杜'로 되어 있으나, ≪資治通鑑≫에 의거하여 '仕'로 바로잡았다.
13) 承制 : 制詔를 받들어 행한다는 뜻이다. 황제가 부재중이거나 다른 나라에 잡혀 있거나, 아니면 大臣이 먼 지방을 정벌하거나 다스릴 경우에 특별히 황제 이름으로 일을 처리하는 것을 말한다.
14) 齊以梁湘東王繹爲梁相國承制 : "'齊以'라고 한 것은 어째서인가. 蕭繹을 잘못으로 여긴 것이다. 소역은 梁나라의 宗室 諸侯가 되어 부형(梁 武帝·簡文帝)의 환난을 위급하게 여기지 않고 마음에 北齊의 임명을 달가워하였으니 이는 북제의 邊邑 노릇을 한 것이다. 수치심이 없는 것이 극심하므로 특별히 '齊以'라고 기록하여 매우 잘못으로 여긴 것이다.〔齊以 何 病繹也 繹爲梁宗藩 不急父兄之難 而甘心齊命 是齊鄙也 無恥甚矣 故特書齊以深病之〕" ≪書法≫
15) 梁文盛 伐侯景敗之 : "梁文盛은 앞에서 侯景의 군대를 패퇴시켰다고 기록하였고, 이어서 武昌을 함락시켰다고 기록하였다. 이에 다시 후경과 직접 상대하여 패퇴시켰으니 특별히 '伐'이라고 기록하여 공로를 인정한 것이다.〔文盛前書敗侯景兵矣 繼書克武昌矣 於是復親與景戰 敗之 特書伐 予功也〕" ≪書法≫

子 蕭大器를 人質로 삼아 데려가고 王偉를 머물러두어 〈建康을〉 지키게 하였다. 西陽에 이르러서는 徐文盛과 함께 강을 끼고 대치하며 보루를 쌓았는데 서문성이 후경을 격파하자 후경이 달아나 군영으로 돌아왔다.

任約이 告急이어늘 侯景이 自帥衆西上할새 以太子大器爲質하고 留王偉居守①하다 至西陽하여는 與徐文盛夾江築壘러니 文盛이 擊破之한대 景이 遁還營하다

① 上(상류로 올라가다)은 時掌의 切이다. ≪資治通鑑≫에는 "太子 蕭大器를 데리고 군대를 따라 다니게 하여 인질로 삼았다."라고 하였다.
上, 時掌切. 通鑑"攜太子大器從軍以爲質."

【綱】 여름 4월에 侯景이 梁나라의 郢州를 함락하고 刺史 蕭方諸를 체포하니 徐文盛이 江陵으로 도주하였다.

夏四月에 侯景이 陷梁郢州하고 執刺史蕭方諸하니 徐文盛이 奔江陵하다

【目】 蕭方諸는 나이가 15세였는데, 徐文盛의 부대가 가까이 있는 것을 믿고 대비하지 않고 날마다 노름과 술로 즐거움을 삼았다. 侯景이 宋子仙·任約을 시켜서 습격하도록 하였다. 〈송자선 등이〉 성을 침입하자 소방저는 맞이하여 절을 하였고, 鮑泉은 평상 아래에 숨었는데 그를 생포하여 후경에게 보냈다. 후경이 이어서 순풍을 만나서 長江 가운데에서 돛을 올리고 마침내 서문성 등의 군대를 추월하여 곧장 江夏로 침입하였다. 서문성의 군대가 두려워하여 무너져서 江陵으로 도망쳐 돌아왔다. 巴州刺史 王珣·將軍 杜幼安은 후경에게 항복하였다.

方諸가 年十五라 恃文盛在近하여 不設備하고 日以蒱酒爲樂이러니 侯景이 使宋子仙任約襲之하다 入其城한대 方諸는 迎拜하고 鮑泉은 匿牀下어늘 擒以送景①하다 景이 因便風中江擧帆하고 遂越文盛等軍하여 直入江夏하니 文盛衆이 懼而潰하여 逃歸江陵하니 巴州刺史王珣將軍杜幼安은 降景②하다

① 鮑泉은 당시에 郢州行事가 되었다.
泉, 時爲郢州行事.
② 杜幼安은 杜崱(두즉)의 동생이다.
幼安, 崱之弟也.

【綱】 5월에 西魏 隴西公 李虎가 卒하였다.

五月에 魏隴西公李虎가 卒하다

【綱】梁나라 湘東王 蕭繹이 大都督 王僧辯을 파견하여 侯景을 토벌할 적에 巴陵에 주둔하였는데, 후경이 그들을 공격하였으나 이기지 못하였다. 6월에 蕭繹이 胡僧祐에게 후경을 공격하게 하여 패퇴시키고 그의 장수 임약을 붙잡았다. 후경은 도망쳐 돌아왔다.

◑梁湘東王繹이 遣大都督王僧辯하여 伐侯景할새 次巴陵이러니 景이 攻之不克하다 六月에 繹이 使胡僧祐로 擊景敗之하고 獲其將任約하니 景은 遁還[16]하다

【目】湘東王 蕭繹은 王僧辯을 大都督으로 삼아서 여러 장군을 인솔하여 동쪽으로 가서 侯景을 치도록 하였는데, 巴陵에 도착하여 郢州가 이미 함락되었다는 소식을 듣고 이어서 파릉에 머물러 지켰다. 소역이 왕승변에게 편지를 보내어 말하기를 "도적은 이미 승세를 타서 반드시 장차 서쪽으로 올라올 것이다. 수고롭게 멀리 가서 공격하지 말고, 다만 巴丘를 지키면서 편안히 있는 군사로 수고로운 적을 기다리면 이기지 못할 것이 없을 것이오."라고 하였다.

또 보좌관들에게 말하기를 "후경이 만약 수로와 육로 두 길로 곧장 江陵을 향한다면 이것이 상책일 것이고, 夏首를 점거하여 군량미를 저축한다면 중책일 것이고, 만약 힘을 다하여 파릉을 공격한다면 하책일 것이오. 파릉성은 작지만 견고하니 왕승변이 성을 지키는 임무를 맡을 수 있소. 후경은 성을 공격해도 함락시키지 못할 것이니, 들에는 약탈할 물건이 없고 酷暑의 전염병이 제때에 발생하고 군대의 양식이 바닥나고 군사가 피로하게 되면 〈우리들이〉 그들을 반드시 격파할 것이오."라고 하고, 마침내 徐嗣徽에게 명령하여 岳陽에서 출발하고 杜崱은 武陵에서 출발하여 군사를 이끌고 가서 왕승변과 만나도록 하였다.

후경이 丁和에게 하수를 지키도록 하고 宋子仙을 선봉으로 삼아 파릉을 향하도록 하였으며, 따로 任約을 파견하여 곧바로 江陵으로 가게 하고, 후경은 대군을 인솔하고 수

16) 梁湘東王繹……景遁還 : "거듭 '격문을 보내 토벌하였다.〔移檄討〕'라고 기록한 것이 이때에 또 1년이 되었다. 그러한 뒤에 王僧辯을 보내고 胡僧祐를 보내어 다행히 승리를 취하였으나 얼마 뒤에 다시 그치게 하였다. ≪資治通鑑綱目≫에서는 사람의 공로를 묻어두지 않고 일일이 기록하였다.〔再書移檄討 於是又一年矣 然後遣僧辯 使僧祐 幸而取勝 尋復令止 綱目不沒人之功 一一書之〕" ≪書法≫

로와 육로로 뒤를 이어 진군하였다. 이에 長江의 연변에 지키고 있던 戍邏의 병사들이 풍문만 듣고도 〈후경에게〉 항복을 청하였다. 왕승변이 성에 올라서 굳게 지키고 깃발을 감추고 북소리를 그쳐 安靜함이 마치 사람이 없는 듯하였다.

湘東王繹이 以王僧辯爲大都督하여 帥諸將東擊景하다 至巴陵하여 聞郢州陷하고 因留戍之러니 繹이 遺僧辯書曰 賊旣乘勝하여 必將西(下)〔上〕①[17]니 不勞遠擊이요 但守巴(兵)〔丘〕[18]하여 以逸待勞하면 無不克矣②리라 又謂僚佐曰 景이 若水步兩道로 直指江陵이면 此가 上策也요 據夏首하고 積兵糧이면 中策也요 悉力攻巴陵이면 下策也니 巴陵城小而固하니 僧辯이 可任이라 景攻不拔하리니 野無所掠하고 暑疫時起하고 食盡兵疲하면 破之必矣라하고 乃命徐嗣徽自岳陽하고 杜崱自武陵引兵하여 會僧辯하다 景이 使丁和守夏首하고 宋子仙爲前驅하여 趣巴陵하며 分遣任約하여 直指江陵하고 景은 帥大兵水步繼進하니 於是에 緣江戍邏가 望風請服이로대 僧辯이 乘城固守하고 偃旗臥鼓하여 安若無人하다

①〈'西下'는〉 江夏에서 〈서쪽 장강 상류인〉 江陵에 이르는 것이다. '西下'는 '西上(서쪽으로 올라오다)'이 되어야 한다.
自江夏至江陵. 當作西上.

②'巴丘'는 곧 巴陵이니, 파릉에 巴丘山이 있다.
巴丘, 卽巴陵, 有巴丘山.

【目】 후경의 부대가 장강을 건너서 王珣 등을 잡아서 성 아래에 도착하여 그에게 동생 宜州刺史 王琳을 〈항복하라고〉 설득시키게 하자, 왕림이 말하기를 "형님은 명령을 받고 적군을 토벌하다가 난리에 죽지 못하고서 일찍이 속으로 부끄러워하지도 않고 도리어 〈항복하라고〉 공개적으로 유인하려 합니까."라고 하고, 활을 잡아서 왕순을 쏘자 왕순이 부끄러워하며 물러갔다. 후경이 갖가지 방법으로 성을 공격하였는데, 성안에서 북소리와 함성이 크게 일어나고 화살과 돌이 비처럼 쏟아져서 적을 죽인 것이 매우 많자 후경은 군대를 철수하였다.

왕승변은 인수를 차고 수레를 타고서 북을 치고 피리를 불며 성을 순찰하였는데, 후경의 군대는 굶주리고 전염병이 돌아서 죽고 다친 사람이 태반이었다. 소역이 胡僧祐를 파견하여 巴陵을 구원하도록 할 때에 그에게 경계하여 말하기를 "도적이 만약 수전을 하면, 큰 함선으로 그들에게 다가가면 반드시 이길 것이오. 만약 보병전을 하면 북을

17) (下)〔上〕: 저본에는 '下'로 되어 있으나, 아래 訓義 ①에 의거하여 '上'으로 바로잡았다.
18) (兵)〔丘〕: 저본에는 '兵'으로 되어 있으나, ≪資治通鑑≫에 의거하여 '丘'로 바로잡았다.

두드리며 노를 저어 巴丘로 가야할 것이고 교전할 필요가 없소."라고 하였다.

호승우가 湘浦에 도착하여서는 후경이 任約을 파견하여 정예 병사를 인솔하고 白塉을 점거하고 그를 기다리도록 하였다. 호승우가 다른 길을 경유하여 서쪽으로 올라가서 몰래 군대를 이끌고 赤沙亭으로 갔는데, 마침 信州刺史 陸法和가 도착하여 그와 군대를 합쳤다. 육법화는 기이한 술법을 가지고 있었다. 그가 百里洲에 은거하면서 길흉을 예언하였는데 대부분 예언이 맞으니, 사람들이 〈그의 행동을〉 예측할 수 없었다.

이때에 이르러 임약이 강릉으로 향하였기 때문에 육법화가 〈소역에게 자신이 임약을 공격하기 위해〉 나아갈 것을 청하였다. 〈육법화가〉 도착한 후에 호승우와 함께 군사를 풀어서 임약을 공격하니, 임약의 군대가 크게 무너져서 살해되거나 빠져 죽은 사람이 매우 많았다. 임약을 생포하여 강릉으로 보내니, 후경이 〈그 소식을 듣고〉 병영을 불사르고 달아났다. 임약이 〈강릉에〉 도착하자 소역이 그를 사면하였다. 徐文盛이 원망했다는 죄에 연루되어 옥에 갇혀 죽었다.

景衆이 濟江하여 執王珣等至城下하여 使說其弟宜州刺史琳[①]한대 琳曰 兄이 受命討賊하다가 不能死難하고 曾不內慙하여 飜欲陽誘아하고 取弓射之한대 珣慙而退하다 景이 百道攻城이어늘 城中鼓譟하고 矢石雨下하여 殺賊甚衆하니 景이 乃退라 僧辯이 著綬乘輿하여 奏鼓吹하며 巡城이어늘 景軍은 飢疫하여 死傷이 太半이러라 繹이 遣胡僧祐하여 援巴陵할새 戒之曰 賊若水戰이어든 以大艦臨之必克이요 若步戰이어든 鼓棹就巴丘하고 不須交鋒也니라 僧祐가 至湘浦[②]하여는 景이 遣任約하여 帥銳卒하고 據白塉하고 待之[③]하다 僧祐가 由他路하여 西上하여 潛引兵하고 至赤沙亭[④]이어늘 會信州刺史陸法和가 至하여 與之合軍하다 法和가 有異術이라 隱於百里洲하여 豫言多中하니 人莫能測[⑤]이러니 至是하여 以任約向江陵으로 請行이러라 旣至에 與僧祐縱兵擊之하니 約兵이 大潰하여 殺溺甚衆이라 擒約送江陵하니 景이 焚營遁하다 約이 至에 繹이 赦之하니 徐文盛이 坐怨望하여 下獄死[⑥]하다

① 劉備가 南郡을 나누어 宜都郡을 세웠고, 梁나라 때에는 宜都郡에 宜州를 설치하였다.
劉備分南郡, 立宜都郡, 梁以宜都郡置宜州.
② 湘水가 洞庭湖로 들어가는 입구를 浦라고 한다.
湘水入湖之口曰浦.
③ 塉은 秦昔의 切이다. '白塉'은 지명이다.
塉, 秦昔切. 白塉, 地名.
④ ≪巴陵志≫에는 "洞庭湖는 巴丘 서쪽에 있으니, 서쪽으로 赤沙를 아우르고 남쪽으로 青草湖와 연이어져 너비가 7, 8백 리에 이른다. 또 赤亭城이 있는데 삼면이 물에 닿아 있으니, 바로 胡僧祐가 점거한 곳이다."라고 하였다.

巴陵志 "洞庭湖在巴丘西, 西呑赤沙, 南連青草, 橫亘七八百里. 又有赤亭城, 三面臨水, 卽胡僧祐所據."

⑤ 盛弘之[19]의 ≪荊州記≫에는 "百里洲는 枝江縣에 있고, 지강현 좌우에 수십 개의 洲가 있으며 널리 분포된 내 속에 백리주가 가장 크다."라고 하였다.

盛弘之荊州記曰 "百里洲在枝江縣, 縣左右有數十洲, 槃布川中, 百里洲最爲大."

⑥ ≪南史≫ 〈徐文盛列傳〉에는 "서문성이 도망하여 荊州로 돌아오자 孝元帝(蕭繹)는 그대로 城北面大都督으로 삼았다. 또 착취하고 뇌물을 받은 것이 매우 많자, 효원제가 크게 노하여 명령을 내려 그의 열 가지 죄를 열거하게 하고 그의 관작을 삭제하니, 서문성이 사사로이 원망을 품었다."라고 하였다.

文盛傳 "文盛奔還荊州, 元帝仍以爲城北面大都督, 又聚斂贓汙甚多, 元帝大怒, 下令數其十罪, 除其官爵. 文盛私懷怨望."

【綱】 梁나라 王僧辯이 郢州를 함락시키고 侯景의 장수 宋子仙을 잡아서 죽였다.

梁王僧辯이 **克郢州**하고 **獲侯景將宋子仙**하여 **殺之**하다

【目】 湘東王 蕭繹이 다시 王僧辯을 보내어 군사를 이끌고 동쪽으로 내려가도록 하였다. 陸法和가 〈江陵으로〉 돌아가기를 청하였다. 육법화가 도착하고 나서 소역에게 말하기를 "侯景은 자연히 평정됩니다만 蜀의 도적(武陵王 蕭紀)이 장차 올 것이니, 청컨대 제가 험준한 곳을 지키면서 도적이 오기를 기다리겠습니다."라고 하고, 마침내 군사를 이끌고 峽口에 주둔하였다. 왕승변이 漢口에 도착하여 魯山을 공격하여 賊將 支化仁을 생포하고 郢州에 도착하여 사면으로 공격하였다.

豫州刺史 荀朗이 巢湖에서 濡須로 출병하여 후경을 맞아 그 후속 군대를 격파하였다. 太子(蕭大器)의 배가 樅陽浦로 들어가자 심복들이 모두 태자에게 이를 이용하여 북쪽(北齊)으로 들어가자고 권하니, 태자가 말하기를 "국가가 망한 이후부터 마음으로 살기를 도모하지 않았는데, 主上(簡文帝)께서 화란을 당하셨으니, 어찌 차마 그 옆을 떠나겠는가. 내가 지금 간다면 이것은 아버지께 반역하는 것이고 도적을 피하는 것이 아니다."라고 하였다. 이어서 눈물을 흘려 오열하고 즉시 앞으로 나아가도록 명령하였다.

宋子仙 등이 곤궁하고 위축되자 郢州城을 넘겨주고 돌아갈 것을 요구하였다. 왕승변이 거짓으로 그것을 허락하고 명령하여 배 1백 척을 주어서 그의 마음을 편안하게 해주

19) 盛弘之 : ?~? 南朝 宋나라의 文學家·史學家로서 臨川王 劉義慶의 侍郎을 역임하고 鮑照와 친하였다. ≪荊州記≫ 3권을 편찬했으나 전해지지 않고, ≪隋書≫ 〈經籍志〉에 일부가 실려 있다.

었다. 송자선이 장차 떠나려고 하는데, 왕승변이 杜龕에게 명령하여 날래고 용맹한 병사 1천 명을 인솔하고 성첩에 올라가게 해서 북을 두드리며 소리치며 갑자기 진격하도록 하고 水軍主(수군을 통솔하는 장수) 宋遙가 樓船을 통솔하니 〈누선들이〉 구름처럼 모여서 수면이 어두워질 지경이었다. 송자선이 달아나서 白楊浦에 이르렀지만 크게 격파되었으며, 周鐵虎가 송자선을 사로잡아서 강릉으로 보내어 그들을 죽였다.

湘東王繹이 復遣王僧辯하여 引兵東下하다 陸法和가 請還하여 旣至謂繹曰 侯景은 平矣어니 蜀賊이 將至하리니 請守險하여 以待之①라하고 乃引兵屯峽口②하다 僧辯이 至漢口攻魯山하여 擒賊將支化仁하고 至郢州四面攻之③하다 豫州刺史荀朗이 自巢湖出濡須하여 邀景破其後軍④한대 太子船이 入樅陽浦어늘 腹心이 皆勸太子호대 因此入北⑤이라하니 太子曰 自國家喪敗志不圖生이로니 主上이 蒙塵하시니 寧忍違離左右이리오 吾今去면 乃是叛父요 非避賊也니라 因涕泗嗚咽하고 卽命前進하다 宋子仙等이 困蹙한대 乞輸城而還이어늘 僧辯이 僞許之하고 命給船百艘하여 以安其意하니 子仙이 將發에 僧辯이 命杜龕帥精勇千人하여 攀堞而上하여 鼓譟奄進⑥하고 水軍主宋遙가 帥樓船暗江雲合하니 子仙이 走至白楊浦어늘 大破之하며 周鐵虎가 生擒子仙하여 送江陵殺之⑦하다

① 陸法和는 武陵王 蕭紀가 반드시 동쪽으로 내려올 것을 알았다.
法和知武陵王紀必東下.

② 〈'峽口'는〉 巫峽의 입구이다.
巫峽之口也.

③ 支는 姓이며 化仁은 그의 이름이다.
支, 姓也, 化仁其名.

④ 荀朗이 군대를 일으켜서 巢湖를 점거하자, 梁主(簡文帝)는 은밀하게 조서를 내려 豫州刺史에 임명하고 후경을 토벌하도록 하였다.
荀朗起兵據巢湖, 梁主密詔授豫州刺史, 使討景.

⑤ ≪資治通鑑≫에는 "侯景이 도주하여 建康으로 돌아가자 앞뒤의 배들이 서로 잃어버리니, 太子의 배가 樅陽浦로 들어갔다."라고 하였다.
通鑑 "景奔歸, 船前後相失. 太子船入樅陽浦."

⑥ 杜龕은 杜岸의 형의 아들이다.
龕, 岸之兄子也.

⑦ '暗江雲合'은 樓船이 구름처럼 사방에 모여들어 강의 수면이 그 때문에 어두워진 것을 말한다. 白楊浦는 郢州城과의 거리가 멀지 않다.
暗江雲合, 言樓船四合如雲, 江爲之暗也. 白楊浦蓋去郢城未遠.

【綱】 梁나라 湘東王 蕭繹이 江安侯 蕭圓正을 유인하여 잡았다.

梁湘東王繹이 **誘江安侯圓正**하여 **執之**[①20)]하다

① 江安縣은 본래 漢나라 때의 江陽縣의 지역이었다.
江安縣, 本漢江陽縣地.

【目】 蕭圓正은 武陵王 蕭紀의 아들이다. 西陽太守가 되어 너그럽고 온화하며 베풀기를 좋아하니 歸附한 자가 많아서 병사가 1만 명이 있었다. 湘東王 蕭繹이 그를 도모하고자 하여 그를 임명하여 平南將軍을 삼았다. 그가 〈江陵에〉 도착하자 감옥에 가두고 그의 부대를 나누고 사람을 시켜 그의 罪狀을 고발하게 하니 荊州·益州 간의 틈이 이로부터 일어났다.

圓正은 **武陵王紀之子也**라 **爲西陽太守**하여 **寬和好施**하니 **歸附者衆**하여 **有兵一萬**이러니 **湘東王繹**이 **欲圖之**하여 **署爲平南將軍**이러니 **及至**하여 **囚之**하고 **分其部曲**하고 **使人告其罪**하니 **荊益之釁**이 **自此起矣**[①]러라

① 蕭繹이 荊州刺史가 되었고, 蕭紀는 益州刺史가 되었다.
繹爲荊州刺史, 紀爲益州刺史.

【綱】 西魏가 公主를 突厥에 시집보냈다.

魏가 **以公主嫁突厥**[21)]하다

---

20) 梁湘東王繹……執之 : "蕭繹은 잔인한 짓을 편히 여기고 친한 이가 없이 적을 토벌하는 데에 힘쓰지 않고 오로지 질투 각박함과 살육을 일삼았다. 武陵王(蕭圓正)이 들어와서 원조하는 것이 비록 늦은 것에 잘못이 있다고 할 수 있으나, 소원정은 그 죄가 아직 드러나지 않았고 蕭繹이 속임수를 써서 소원정을 잡아서 마침내 나라를 다투는 재앙의 길을 열었다. 뒷날 蜀을 잃은 뒤에 江陵 역시 보전하지 못한 것은 모두 그 자신이 초래한 것이다. ≪資治通鑑綱目≫에서는 '유인하였다〔誘〕'라고 기록하고 '잡았다〔執〕'라고 기록하였으니 소역을 죄주는 뜻이 명백하다. 타인을 유인하는 것도 옳지 않거늘 하물며 조카이겠는가.〔蕭繹安忍無親 不務討賊 專以忌刻殺戮爲事 武陵入援 雖曰失之賒緩 然圓正則未見其罪 繹乃設詐而取之 遂啓爭國之禍 他日失蜀而後 江陵亦不克保 皆其自取之也 綱目書誘書執 其罪繹之意明矣 誘他人且不可 況猶子乎〕" ≪發明≫

21) 魏以公主嫁突厥 : "西魏는 과거에 西海公主를 柔然에 시집보냈었는데 기록하지 않았으니(갑술년(434)) 생략한 것이다. 여기서 기록한 것은 어째서인가. 서위를 추하게 여긴 것이다. 突厥은 유연이 달갑게 여기지 않는 바인데 公主를 시집보냈으니 서위는 이에 더욱 쇠미해졌다. 그러므로 특별히 '以公主'라고 기록한 것이다.〔魏初嘗以西海公主嫁柔然矣 不書(甲戌年) 略之也 此其書 何 醜魏也 突厥 柔然之所不屑也 而以公主嫁之 魏於是益衰矣 故特書以公主〕" ≪書法≫

【目】 鐵勒이 柔然을 정벌하려 하니, 突厥 酋長 土門이 맞아 공격해 격파하여 그의 무리 5만여 部落이 다 항복하였다. 토문이 彊盛함을 믿고서 유연에게 혼인을 요구하자 유연 頭兵可汗이 크게 노하여 使者를 보내 꾸짖고 그에게 욕을 하기를 "너는 나의 대장간 일하는 종인데 어찌 감히 이런 말을 하는가."라고 하였다. 토문이 역시 노하여 유연의 사자를 죽이고 마침내 그와 관계를 끊고 西魏에 혼인을 요구하였다. 서위 宇文泰가 長樂公主를 시집보냈다.

鐵勒이 將伐柔然이러니 突厥酋長土門이 邀擊破之하여 盡降其衆五萬餘落이라 土門이 恃其彊盛하여 求婚於柔然한대 柔然頭兵可汗이 大怒하여 使人詈辱之曰 爾는 我之鍛奴也니 何敢發是言①이리오 土門이 亦怒하여 殺其使者하고 遂與之絶而求婚於魏하다 魏宇文泰가 以長樂公主妻之하다

①〈'鍛奴'는〉 突厥은 대대로 金山의 남쪽에 살면서 柔然의 鐵工이 되었으므로 이렇게 말한 것이다.
突厥世居金山之陽, 爲柔然鐵工, 故云然.

【綱】 가을 7월에 豫章이 다시 梁나라 땅이 되었다. 王僧辯이 湓城을 함락시키니 江州刺史 陳霸先이 병사를 이끌고 와서 그의 병사와 합류하였다.

秋七月에 豫章이 復爲梁하다 王僧辯이 克湓城하니 江州刺史陳霸先이 引兵會之[22]하다

【目】 侯景이 建康에서 돌아오자 于慶이 鄱陽에서 豫章으로 돌아왔다. 侯瑱(후진)이 성문을 닫고 거절하자 우경이 江州로 달아나니, 후경이 후진의 子弟들을 다 죽였다. 王僧辯이 승세를 타고 湓城을 함락하니, 陳霸先이 군사 3만 명을 이끌고 南康을 출발하여 西昌으로 나가 주둔하여 왕승변과 분성에 모였다. 西軍이 군량이 모자랐는데 진패선이 식량 50만 석이 있었기 때문에 30만 석을 나누어 도와주었다. 우경 등이 모두 城을 버리고 달아났는데 蕭繹이 왕승변에게 명령하여 잠시 尋陽에 주둔하여 여러 군대가 모이기를 기다리게 하였다.

22) 章復爲梁……引兵會之 : "이때에 于慶이 豫章으로 돌아가려 하였으나 侯瑱이 문을 닫고 거부하였다. 우경이 江州로 달아난 것은 후진의 공이다. 후진을 기록하지 않은 것은 어째서인가. 과거에 예장을 들어서 賊에게 항복한 이는 후진이었으므로 삭제한 것이다. 기록하기를 '豫章이 다시 梁나라 땅이 되었다.'라고 하였으니, 이것은 《資治通鑑綱目》에서 〈의리상〉 글을 변화시킨 것이다.〔於是于慶欲還豫章 侯瑱閉門拒之 慶走江州 則瑱功也 不書侯瑱 何 初以豫章降賊者 瑱也 故削之 書曰 豫章復爲梁 此綱目之變文也〕" 《書法》

侯景이 還至建康한대 于慶이 自鄱陽還豫章이러니 侯瑱이 閉門拒之한대 慶이 走江州하니 景이 悉殺瑱子弟①하다 王僧辯이 乘勝下湓城하니 陳霸先이 引兵三萬人하고 發南康하여 進頓西昌하여 會僧辯于湓城②하니 西軍이 乏食이어늘 霸先有糧五十萬石이라 分三十萬以資之③하다 于慶等이 皆棄城走어늘 繹이 命僧辯하여 且頓尋陽하여 以待諸軍之集하다

① 侯景이 侯瑱의 子弟들을 머물게 하여 인질로 삼았다.
侯景留瑱子弟爲質.
② 〈'西昌'은〉 三國時代 吳나라 때에는 西昌縣을 세워서 廬陵郡에 소속시켰다.
吳立西昌縣屬廬陵郡.
③ 王僧辯의 군대가 荊州에서 왔으므로 西軍이라고 말하였다.
僧辯之軍自荊州來, 故謂之西軍.

【綱】 8월에 侯景이 梁主 蕭綱(簡文帝)을 폐하고 太子 蕭大器를 죽이고 豫章王 蕭棟을 세웠다.

八月에 侯景이 廢梁主綱하고 殺太子大器而立豫章王棟하다

【目】 예선에 侯景이 建康을 함락하고 나서 항상 말하기를 "吳 지역 애송이들은 겁이 많기 때문에 싸워서 사로잡기 쉬우니, 중원이 평정되기를 기다렸다가 그런 후에 황제가 되겠다."라고 하였다. 이후에 溧陽公主를 맞아들여 총애하니 정사에 지장을 주었는데, 王偉가 누차 간언하였다. 후경은 이를 율양공주에게 알리니, 公主가 노하였기 때문에 왕위가 참소 받을까 두려워하였다. 그리하여 후경에게 梁主(簡文帝)를 제거하도록 설득하였다.

溧陽公主

후경이 巴陵에서 패배하여 돌아오고 나서는 〈송자선 같은〉 맹장들이 대부분 죽었기 때문에 오랫동안 유지하지 못할까 스스로 두려워하였다. 인하여 왕위가 〈후경에게〉 양주를 폐하고 새로운 황제를 세울 것을 가지고 설득하자, 후경이 그의 의견을 따랐다. 彭儁 등을 파견하여 군사를 이끌고 궁전에 들어가서 양주를 폐하여 晉

安王으로 삼고, 永福省에 가두고 哀太子 蕭大器와 建康에 있는 王侯 20여 명을 죽였다.

태자가 정신이 맑고 단정하여 후경의 무리들에게 일찍이 뜻을 굽힌 적이 없었는데, 그의 가까운 사람이 사석에서 그 이유를 물어보자 태자가 말하기를 "도적에게 만약 죽임을 받지 않는다면 내가 비록 능멸하고 꾸짖어도 〈그들이〉 끝내 감히 말하지 못할 것이다. 만약 죽임을 받을 때가 온다면 〈내가〉 비록 하루에 백 번 절을 한다 해도 무익할 것이다."라고 하였다.

또 말하기를 "전하께서는 지금 곤경에 처하셨으나 안색이 유쾌한 것은 어째서입니까."라고 하니, 태자가 말하기를 "만약 여러 숙부들이 도적을 없앨 수 있다면 도적이 반드시 먼저 내가 살해된 뒤에 〈자기가〉 죽음에 나아갈 것이고, 만약 그렇지 않으면 도적이 또한 나를 죽여서 부귀를 얻으려 할 것이니, 어찌 반드시 죽을 목숨을 가지고 무익한 근심을 할 것인가."라고 하였다.

환난이 닥치자 태자는 안색을 변하지 않고 천천히 말하기를 "오래전에 이런 일이 있을 것을 알았는데, 너무 늦게 온 것을 탄식한다."라고 하였다.

후경이 豫章王 蕭棟을 맞이하여 그를 황제로 삼았다. 蕭棟은 蕭歡의 아들이다.

初에 景이 旣克建康하여 常言吳兒怯이라 易取니 須定中原이라가 然後爲帝호리라 後에 納溧陽公主하여 〔嬖之하니〕[23] 妨於政事어늘 王偉屢諫한대 景以告主하니 主가 怒라 偉가 恐爲所讒하여 因說景除梁主러니 及景이 自巴陵敗歸하여는 猛將多死라 自恐不能久存①이러니 偉가 因說以廢立한대 景이 從之하여 遣彭雋等하여 帥兵入殿하여 廢梁主爲晉安王하고 幽于永福省하고 殺哀太子大器及王侯在建康者二十餘人하다 太子가 神明端嶷하여 於景黨에 未嘗屈意어늘 所親竊問之한대 太子曰 賊若未見殺인댄 吾雖陵慢呵叱이나 終不敢言이요 若見殺時至인댄 雖一日百拜나 亦無益也러라 又曰 殿下는 居困阨하나 而神貌怡然은 何也오 太子曰 若諸叔能滅賊인댄 賊必先見殺하고 然後就死요 若其不然인댄 賊亦殺我하여 以取富貴하니 安能以必死之命으로 爲無益之愁乎아하더라 及難에 顏色不變하고 徐曰 久知此事어늘 嗟其晚矣로다 景이 迎豫章王棟하여 立之하니 棟은 歡之子也라

① 猛將은 宋子仙의 무리를 말한다.
猛將, 謂宋子仙之屬.

【目】 太尉 郭元建이 侯景에게 말하기를 "우리가 천자를 끼고 제후에게 명령하여도 오히려 일을 이루지 못할까 두렵습니다. 이유 없이 梁主(簡文帝)를 폐하였으니 스스로 위태

23) 〔嬖之〕: 저본에는 '嬖之'가 없으나, ≪資治通鑑≫에 의거하여 보충하였다.

로워짐은 필연적인 것입니다."라고 하였다. 후경이 양주(간문제)를 맞이하여 복위시키고 蕭棟을 太孫으로 삼으려 하였다. 王偉가 말하기를 "임금을 폐하고 세우는 것은 큰일이니, 어찌 자주 바꿀 수 있습니까."라고 하자, 마침내 중지하였다.

후경이 使者를 파견하여 南海王 蕭大臨 등을 죽이도록 하고 太子(蕭大器)의 妃를 郭元建에게 내리자 곽원건이 말하기를 "어찌 皇太子의 妃가 다른 사람의 첩이 되는 일이 있습니까."라고 하고, 끝내 그녀와 서로 만나보지 않다가 道觀에 들어가 女道士가 되는 것을 들어주었다.

太尉郭元建이 謂景曰 吾는 挾天子令諸侯라도 猶懼不濟어늘 無故廢之하니 自危必矣리라 景이 欲迎梁主復位하여 以棟爲太孫이어늘 王偉曰 廢立大事이니 豈可數改邪아한대 乃止하다 景이 使使하여 殺南海王大臨等[①]하고 以太子妃賜元建한대 元建曰 豈有皇太子妃가 乃爲人妾乎아하고 竟不與相見이라가 聽使入道하다

① 蕭大臨은 梁主 蕭綱의 아들이다.
大臨, 梁主綱子.

【綱】 겨울 10월에 侯景이 梁主 蕭綱(簡文帝)을 시해하였다.

冬十月에 侯景이 弒梁主綱[①]하다

① 蕭綱은 향년이 49세였다.
壽四十九.

【目】 王偉가 侯景에게 梁나라 太宗(簡文帝)을 죽여서 많은 사람의 마음을 끊도록 유세하자, 후경이 그 말을 따라서 왕위에게 彭雋·王脩纂과 더불어 태종에게 술을 올리게 하니, 태종이 자신을 죽일 것을 알아차리고 완전히 취하고 나서 잠들었다. 팽준이 흙주머니를 〈태종의 몸 위에〉 올리고, 왕수찬이 그 위에 앉으니 〈태종이〉 殂하였다.

王偉가 說(세)侯景弒梁太宗以絶衆心한대 景이 從之하여 使偉與彭雋王脩纂進酒하니 太宗이 知將殺已하고 盡醉而寢하다 雋이 進土囊하고 修纂이 坐其上而殂하다

【綱】 西魏가 梁나라 南鄭을 침략하였다.

魏가 侵梁南鄭[24]하다

【目】 侯景이 江陵에 접근할 때에 湘東王 蕭繹이 西魏에 원조를 청하였는데, 梁州・秦州 刺史인 宜豐侯 蕭循에게 명령하여 南鄭을 서위에 주도록 하자, 소순이 안 된다고 하였다. 서위 宇文泰가 達奚武를 파견하여 漢中을 빼앗았는데, 소순은 參軍인 劉璠을 파견하여 武陵王 蕭紀에게 구원을 요청하니, 蕭紀가 潼州刺史 楊乾運을 보내어 그를 구원하게 하였다.

侯景之逼江陵也에 湘東王繹이 求援於魏할새 命梁秦二州刺史宜豐侯循하여 以南鄭與魏호대 循이 不可①라하다 魏宇文泰가 遣達奚武하여 取漢中이어늘 循이 遣參軍劉璠하여 求援於武陵王紀하니 紀가 遣潼州刺史楊乾運救之②하다

① ≪晉書≫ 〈地理志〉에 "豫章郡에 宜豐縣이 있다."라고 하였다. 蕭循은 蕭恢의 아들이다. 南鄭은 縣의 이름이니, 漢中郡에 속하였다.
晉志"豫章郡有宜豐縣." 循, 恢之子也. 南鄭, 縣名, 屬漢中郡.

② ≪五代志≫에 "金山郡은 西魏 때에는 潼州를 두었다." 하였다. 대개 梁나라가 이미 이 동주를 설치하였으니, 涪城에 치소를 설치한 것이다.
五代志"金山郡西魏置潼州." 蓋梁已置此州也, 治涪城.

【綱】 侯景의 장수 劉神茂가 浙江의 동쪽 지역을 가지고서 梁나라 湘東王 蕭繹에게 귀순하였다.

侯景將劉神茂가 以浙東으로 附梁湘東王繹[25)]하다

【目】 侯景의 東道行臺 劉神茂는 후경이 巴丘에서 패하고 〈建康으로〉 돌아왔다는 소식을

24) 魏侵梁南鄭 : "이때에 蕭繹이 〈西魏에〉 구원을 요청하여 蕭循에게 명하여 南鄭을 서위에 주도록 하였는데 서위는 말을 따라 남정을 취하였다. 그런데 '침략했다[侵]'라고 기록한 것은 어째서인가. 소순을 훌륭하게 여긴 것이다. 소역이 땅을 남에게 준 것은 정상이 아니고, 소순이 안 된다고 한 것은 정상이다. '西魏가 침략하였다.[魏以侵]'라고 기록한 것은 소순이 정상을 지킨 것을 좋게 여겼기 때문이다. 그러므로 소순이 정상을 지킨 것을 인정해주었으니 '서위가 梁나라 南鄭을 침략하였다.'라고 기록하고(이해(551)) 吳巒이 정상을 지킨 것을 인정해주는 데에는 '契丹이 雲州를 공격하였다.'라고 기록하였다.(五代 丁酉年(937))〔於是蕭繹求援 命蕭循以南鄭與魏 則魏承言取之也 其書侵 何 善循也 繹以地予人 非正也 循之不可 正也 書魏以侵 所以善循之守正也 是故予蕭循之守正 則書魏侵梁南鄭(是年) 予吳巒之守正 則書契丹攻雲州(五代丁酉年)〕" ≪書法≫

25) 侯景將劉神茂……附梁湘東王繹 : "劉神茂는 앞장서서 적(侯景)을 맞이한 자이다. 후경이 패하자 비로소 후경을 배반할 모의를 하였는데 기록한 것은 어째서인가. 바름으로 돌아옴을 인정해준 것이다. 후경의 장군들 중에 이를 빼면 스스로 새로워질 수 있는 자가 없는 것이다. 유신무를 기록한 것은 권면하기 위한 것이다.〔神茂首迎賊者也 景敗 始謀叛景 則其書 何 予反正也 景將舍是 無能自新者矣 書神茂所以勸也〕" ≪書法≫

듣고 음밀히 후경을 배반할 것을 도모하였다. 吳中 士大夫들이 모두 그 일을 권하니, 마침내 東陽을 점거하여 江陵(蕭繹)과 호응하였다. 新安의 백성 程靈洗가 병사를 일으켜서 新安郡을 점거하여 유신무와 호응하였다. 〈유신무는〉 이때에 浙江의 동쪽 지역을 가지고 모두 강릉에 귀순하였다.

侯景의 東道行臺劉神茂가 聞景自巴丘敗還하고 陰謀叛景이어늘 吳中士大夫가 咸勸之하니 乃據東陽하여 以應江陵하고 新安民程靈洗가 起兵據郡하여 以應神茂하니 於是浙江以東皆附江陵하다

【綱】 侯景이 梁主 蕭棟을 폐하고 스스로 漢帝라고 일컬었다.

侯景이 廢梁主棟하고 自稱漢帝하다

【目】 侯景이 南郊에서 황제에 즉위하고 〈궁성으로〉 돌아와서 太極殿에 오르니 그의 무리 수만 명이 모두 휘파람을 불고 환호하며 올라왔다. 梁主 蕭棟을 책봉하여 淮陰王으로 삼고 밀실에 가두었다. 후경이 禁中에 살아서 옛 친구가 아니면 접견할 수 없었기 때문에 이로 말미암아 여러 장군들이 대부분 원망하였다.

景이 卽位于南郊하고 還登太極殿하니 其黨數萬이 皆吹脣呼譟而上이러라 封梁主棟하여 爲淮陰王하여 鎖於密室하다 景이 居禁中하여 非故舊면 不得見이라 由是諸將이 多怨望이러라

侯景

【綱】 12월에 北齊主 高洋(文宣帝)이 中山王(孝靜帝)을 시해하였다.

十二月에 齊主洋이 弑中山王하다

【目】 北齊主가 출입할 때마다 항상 中山王에게 자기를 따르도록 하였는데, 〈중산왕의〉 王妃 太原公主가 항상 중산왕을 위하여 음식을 맛을 보아 그를 보호하고 돌보았다. 이때에 이르러서는 북제주가 태원공주에게 술을 마시게 하고 사람을 시켜서 중산왕에게 독주를 마시게 하여 죽이고 세 아들도 함께 죽였다. 중산왕의 시호를 '魏孝靜帝'라고 하고 鄴城의

서쪽에 장사 지냈는데, 그 후에 〈북제주는〉 갑자기 梓宮을 파내어 漳水에 던져버렸다.

齊主가 每出入에 常以中山王自隨어늘 王妃太原公主가 恒爲之嘗飮食하여 護視之①러니 至是하여는 齊主가 飮(임)公主酒②하고 使人鴆王殺之하고 幷其三子하다 諡曰 魏孝靜帝라하고 葬於鄴西러니 後忽掘而投之漳水하다

① '太原公主'는 勃海王 高歡의 딸이다. 爲(위하다)는 去聲이다.
太原公主, 勃海王歡之女. 爲, 去聲.
② 飮(마시게 하다)은 於禁의 切이다.
飮, 於禁切.

【綱】 北齊主(文宣帝)가 美陽公 元暉業을 죽였다.

齊主가 殺美陽公元暉業하다

【目】 彭城公 元韶는 高歡의 사위여서 총애와 대우가 여러 元氏들과 달랐다. 美陽公 元暉業은 지위가 높고 명망이 중하고 또 의지와 기개가 출중하며 더욱 북제주에게 시기를 받았다. 일찍이 원휘업은 궁문 밖에서 원소를 욕하기를 "너는 일개 늙은 노파에도 미치지 못하는구나. 옥새를 지고 가서 다른 사람에게 주었으니, 어찌하여 그것을 쳐서 부숴 버리지 않았느냐. 나는 이 말을 내뱉을 때에 곧 죽을 것을 알지만, 너 또한 얼마나 연명하겠는가."라고 하니, 북제주가 이 말을 듣고 그를 죽였다.

彭城公元韶가 以高氏婿로 寵遇가 異於諸元①이라 美陽公元暉業은 以位望隆重하고 又志氣不倫하며 尤爲齊主所忌러니 嘗於宮門外에 罵韶曰 爾는 不及一老嫗로다 負璽與人하니 何不擊碎之②오 我出此言에 知卽死어니와 爾亦詎得幾時리오 齊主가 聞而殺之하다

① 元韶는 北魏 孝武帝의 皇后를 아내로 맞으니, 高歡의 딸이다.
韶娶魏孝武帝后, 高歡之女也.
② 漢나라 成帝의 어머니 元后 王氏는 王莽의 고모이다. 平帝가 崩하니 孺子 劉嬰의 나이가 막 3세였는데, 왕망이 居攝하고 踐祚하였으나(代理聽政), 원후가 힘으로 통제할 수 없었다. 뒤에 왕망이 정식으로 즉위하고 원후에게 玉璽를 청하자 원후가 주려고 하지 않았다. 왕망에게 협박 받을 것을 두려워하여 마침내 옥새를 땅에 던지며 눈물을 흘리면서 욕하기를 "나는 늙었고 장차 죽을 것이지만 너희 형제들(왕망의 형제들)이 곧 멸족될 것을 알겠다."라고 하였다. 지금 元暉業이 元韶가 일개 늙은 노파에도 미치지 못하였다고 욕하였으니, 대개 高洋(文宣帝)이 東魏에게 선양을 받을 때에 원소가 옥새와 인끈을 고양에게 바쳤으므로 王后(元

后)만도 못하다고 말한 것이다.

漢成帝母元后王氏, 王莽之姑也. 平帝崩, 孺子嬰立年方三歲, 莽居攝踐祚, 元后力不能制. 後莽卽眞請璽於后, 后不肯授, 恐莽脅之, 乃投璽於地, 涕泣罵曰 "我老且死, 知而兄弟今族滅也." 今暉業罵元韶, 不及一老嫗. 蓋高洋受東魏禪時, 韶奉璽綬於洋, 故謂不如王后也.

壬申年(552)

梁나라 世祖 孝元帝 蕭繹 承聖 원년이고, 西魏主 元欽 원년이고, 北齊 顯祖 文宣帝 高洋 天保 3년이다.

梁世祖孝元帝繹承聖元年이요 魏主欽元年이요 齊天保三年이라

【綱】 봄 정월에 北齊主(文宣帝)가 庫莫奚를 토벌하여 패배시켰다.

春正月에 齊主가 伐庫莫奚하여 敗之하다

【目】 北齊主가 해마다 변경을 나가 전쟁을 하였기 때문에 給事中인 唐邕이 군사 문서를 잘 알아서 督將 이하의 장수들이 공로를 세운 始末과 사방에 주둔하고 있는 군사들의 강약과 다소, 군사가 교대하고 왕래하는 것, 무기의 정밀함과 조잡함, 군량 저장의 허실을 기억하지 않는 것이 없었다. 어떤 경우는 북제주 앞에서 군대를 검열하는데, 비록 수천 명이지만 명부를 잡지 않고 군사의 성명을 외쳐서 틀린 적이 없었다. 〈북제주가〉 총애하고 대우하는 것과 상을 내리는 것이 여러 신하들 중에 따라갈 사람이 없었다.

齊主가 連年出塞라 給事中唐邕이 練習軍書하여 自督將以降로 勞效本末과 及四方軍士의 彊弱多少와 番代往還과 器械精粗와 糧儲虛實을 靡不諳悉이라 或時簡閱에 雖數千人이라도 不執文簿하고 唱其姓名하여 未嘗謬誤하니 寵待賞賜가 群臣莫及이러라

【綱】 突厥의 土門이 柔然을 습격하여 〈유연의〉 頭兵可汗을 죽이고 스스로 '伊利可汗'이라고 호칭하였다.

突厥土門이 襲柔然하여 殺頭兵可汗하고 自號伊利可汗[26]이라하다

26) 突厥土門……自號伊利可汗 : "突厥이 처음으로 可汗이라고 일컬었다.〔突厥始稱可汗〕" ≪書法≫

【目】 突厥의 土門이 柔然을 습격하여 크게 격파하니 頭兵可汗이 자살하였는데, 토문이 스스로 '伊利可汗'이라 호칭하고 그의 妻를 '可賀敦'이라고 호칭하고, 子弟들을 '特勒'이라고 부르고 별도로 군사를 거느리는 자를 모두 '設'이라고 불렀다.

突厥土門이 襲擊柔然大破之하니 頭兵可汗이 自殺이어늘 土門이 自號伊利可汗이라하고 號其妻爲可賀敦하고 子弟를 謂之特勒하고 別將兵者를 皆謂之設이라하다

【綱】 2월에 梁나라 湘東王 蕭繹이 王僧辯·陳霸先을 파견하여 侯景을 토벌하였다.

二月에 梁湘東王繹이 遣王僧辯陳霸先하여 討侯景[27]하다

27) 梁湘東王繹……討侯景 : "앞에서 王僧辯을 파견하여 侯景을 토벌한 것을 기록하였는데, 여기서 다시 파견한 것을 기록한 것은 어째서인가. 蕭繹을 잘못으로 여긴 것이다. 소역은 逆心을 품어 大寶(皇帝)의 호령을 따르지 않고 왕승변 등을 파견하여 한두 번 공이 있게 되자 다시 명령하여 또 尋陽에 주둔하여 여러 군대가 모이기를 기다렸다. 蕭綱이 시해되고 蕭棟이 폐위되자 비로소 병사를 거느려서 동쪽으로 내려가도록 하였으니 소역의 역심을 알 만하다. ≪資治通鑑綱目≫에서는 거듭 '소역이 파견하였다.〔繹遣〕'라고 기록하였으니 소역의 역심을 주벌한 것이다.〔前書遣王僧辯伐侯景矣 此復書遣 何 病繹也 繹有他志 不從大寶之號 遣僧辯等一再有功 復令且頓尋陽以待兵集 綱弑棟廢 始遣東下 蕭繹之心可知矣 綱目再書繹遣 所以誅其心也〕" ≪書法≫

"亂臣賊子가 逆亂의 악독함을 행함이 있으면서 돌아보지 않는 것은 또한 逆亂의 악독함을 빌어서 그것을 이용하여 자기의 이익을 삼는 것이 있기 때문이다. 晉나라 趙王 司馬倫이 賈后를 토벌하려 할 적에 반드시 그 太子 司馬遹을 죽이기를 기다린 뒤에 시행하였으니, 하나는 賈氏의 죄를 무겁게 함이고 하나는 태자의 핍박을 제거하려는 것이었다. 그러므로 얼마 안 되어 그 찬탈 반역을 자행하였으니, 이것은 그것을 이용하여 이익으로 삼았을 뿐이다. 蕭梁(南朝 梁나라)이 패배의 재앙을 받고 宗社가 멸망하는데 蕭繹이 군대를 일으킨 것은 명분과 의리가 매우 정당하다. 그러나 군사를 파견하여 원조하게 하였다고 한 이후로 지금까지 하나의 병사를 파견하고 하나의 기병을 서둘러 보내어 적을 토벌하는 데 용맹히 했다는 소식을 들은 적이 없었는데, 결국 아버지(梁 武帝)가 죽고 형(簡文帝)이 시해되는 지경에 이르러서야 비로소 능히 진격하였다. 이는 대개 그가 역심을 간직하고 적의 손을 빌려 자신의 절박함을 제거하려는 것이었지 애초 부형을 위하여 적을 토벌한 것이 아니었다. 소역이 마음을 두며 오래 생각한 것이 이와 같았으므로 얼마 안 되어 江陵의 재앙이 있었고 國運도 곧이어 단절되었다. 그는 진실로 스스로 단절되는 계획을 했을 뿐이니, 어찌 반드시 하늘이 주륙한 것이겠는가. ≪資治通鑑綱目≫은 '소역이 侯景을 토벌하였다.〔繹討景〕'라고 기록하고 글에 포폄하는 말이 없다. 그러나 分注〔目〕에 '湘東王이 비로소 王僧辯 등에게 명령하여 동쪽으로 가서 후경을 공격하도록 했다.〔湘東王始命僧辯等 東擊侯景〕'는 일을 그 아래에 수록하였으니, 〈토벌을〉 시작하는 한마디 말이 '드러난 것을 미루어 은미한 것에 이르렀다.'라고 이를 만하다. 하물며 梁主 蕭綱의 시해됨이 이미 앞에 기록되었으니, 일이 일어난 순서로 말을 엮어 互文으로 뜻을 보인 것을 단연코 알 수 있다. 아! 소역의 저와 같은 행위는 군자가 오히려 사람의 도리로 대우할 수 있겠는가. 〔亂臣賊子 有爲逆亂之惡而不顧者 亦有假逆亂之惡 因以爲己利者 晉趙王倫欲討賈后 必待其殺太子遹而後行之 一以重賈氏之罪 一以去太子之逼 故未幾而肆其簒逆 此則因之以爲利爾 蕭梁禍敗 宗社覆滅 蕭繹擧兵 名義甚正 然自赴援至今 未聞遣一兵馳一騎 勇於討賊 必至父死兄弑 始克進攻 蓋其包藏禍心 欲借賊手以去其逼 初不爲父兄而討賊也 繹之處心積慮如此 故未幾而有江陵之禍 國祚尋亦殄絶 彼固自爲殄絶之計爾 豈必天誅之哉 綱目書

【目】 湘東王(蕭繹)이 처음으로 王僧辯 등에게 명령하여 동쪽으로 侯景을 공격하도록 할 적에 2월에 여러 군대가 尋陽을 떠나니 兵船의 船首와 船尾가 수백 리에 걸쳐 연이었다. 陳霸先이 갑옷을 입은 병사 3만 명과 함선 2천 척을 인솔하여 南江에서 湓口로 나와서 왕승변을 白茅灣에서 만났다. 단을 쌓아 맹세한 피를 마시하고 함께 맹세의 글을 읽을 적에 눈물을 흘리고 강개하였다. 侯瑱을 시켜서 南陵·鵲頭 두 곳의 수자리를 기습하도록 하여 그곳을 함락하였다.

湘東王이 始命僧辯等하여 東擊侯景할새 二月에 諸軍發尋陽하니 舳艫數百里러라 陳霸先이 帥甲士三萬과 舟艦二千하여 自南江出湓口하여 會僧辯於白茅灣하여 築壇歃血하고 共讀盟文할새 流涕慷慨하더라 使侯瑱襲南陵鵲頭二戍하여 克之①하다

① 贛水를 南江이라 하는데 彭澤縣을 지나 서쪽에 彭蠡로 유입되고 북쪽에 長江으로 들어간다. 白茅灣은 桑落洲의 서쪽에 있다. 杜佑가 말하기를 "宣州의 南陵縣에 鵲洲가 있다."라고 하였다. 贛水, 謂之南江, 過彭澤縣, 西注于彭蠡, 北入于江. 白茅灣在桑落洲西. 杜佑曰 "宣州南陵縣有鵲洲."

【綱】 侯景이 東陽을 함락하였다.

侯景이 陷東陽하다

【目】 侯景이 謝荅仁에게 東陽에서 劉神茂를 공격하게 하였는데 程靈洗·張彪가 모두 군대를 지휘하여 병사를 거느리고 구원하려고 하자 유신무가 戰功을 독차지하려 하여 허락하지 않고 下淮에 군영을 설치하였다. 어떤 사람이 유신무에게 말하기를 "賊이 野戰에 능한데, 하회는 지세가 평탄하여 사면이 적의 공격을 받게 되니 七里瀨를 점거한 만 못합니다."라고 하였는데, 이 말을 따르지 않았다. 〈유신무의〉 偏將·裨將 중에 적에게 항복한 자가 많았다. 유신무가 또한 항복을 청하자 建康으로 보내 그를 죽였다.

侯景이 使謝荅仁攻劉神茂於東陽이어늘 程靈洗張彪가 皆勒兵將救之한대 神茂가 欲專其功하여 不許하고 營於下淮러니 或謂神茂曰 賊이 長於野戰이어늘 下淮는 地平하여 四面受敵하니 不如據七里瀨라호대 不從이러니 偏裨가 多降賊者라 神茂가 亦請降한대 送建康殺之①하다

繹討景 文無貶詞 然於分注載湘東王始命僧辯等 東擊侯景之事於下 始之一辭 可謂推見至隱者也 況梁主綱之弑已書於前 則比事屬辭 互文見意 斷可識矣 嗚呼 繹之所爲若彼 君子尙可以人理待之乎]" ≪發明≫

①'七里瀨'는 桐廬縣에 있으며 建德과의 거리가 40여 리이고 嚴陵瀨와 서로 인접해 있다.
七里瀨在桐廬縣, 距建德四十餘里, 與嚴陵瀨相接.

【綱】3월에 梁나라 王僧辯·陳霸先이 侯景을 쳐서 패퇴시키니 후경이 吳 지역으로 도주하였다.

三月에 梁王僧辯陳霸先이 擊敗侯景하니 景이 亡走吳하다

【目】王僧辯 등이 蕪湖에 도착하자 侯景이 그 소식을 듣고 두려워하였다. 侯子鑑이 姑孰의 南洲를 점거하여 서쪽에서 오는 군사를 막으니, 후경이 사람을 보내어 후자감에게 경계하여 말하기를 "서쪽의 사람들이 水戰을 잘하니 그들과 예봉을 다투지 말라. 만약 보병과 기병으로 한번 交戰할 수 있다면 반드시 격파할 수 있을 것이니, 너는 다만 沿岸에 군영을 만들고 배를 이끌어 포구에 놓고 그들을 기다려라."라고 하였다.

후자감은 마침내 배를 버리고 연안으로 올라가서 군영을 닫고 나오지 않았다. 왕승변 등이 무호에 10여 일간 군대를 머물자 후경의 무리는 크게 기뻐하여 후경에게 보고하기를 "서쪽에서 온 군대가 장차 달아날 것이니, 그들을 공격하지 않으면 장차 기회를 잃게 될 것입니다."라고 하니, 후경은 마침내 다시 후자감에게 명령하여 水戰의 대비를 갖추게 하였다.

王僧辯等이 至蕪湖한대 景이 聞之하고 懼라 侯子鑑이 據姑孰南洲하여 以拒西師하더니 景이 遣人戒之曰 西人이 善水戰하니 勿與爭鋒이요 若得步騎一交면 必當可破니 汝는 但結營岸上하고 引船入浦하여 以待之하라 子鑑이 乃捨舟登岸하여 閉營不出이라 僧辯等이 停軍蕪湖十餘日한대 景黨이 大喜하여 告景曰 西師가 將遁이니 不擊이면 且失之리라 景이 乃復命子鑑하여 爲水戰之備러라

【目】왕승변이 姑孰에 도착하자, 후자감이 보병과 기병을 거느리고 싸움을 걸어오고, 또 鵃䑠船 1천 척에 전투 군사를 실었다. 왕승변이 작은 배를 지휘하여 모두 물러나게 하고 큰 함선을 남겨 강을 사이에 두고서 양쪽 강안에 정박하게 하였다. 후자감의 무리들은 수군이 물러나려고 한다고 말하여 다투어 나가서 달려가니, 왕승변의 큰 함선이 그들의 돌아가는 길을 차단하고 시끄럽게 북을 두드리며 크게 함성을 질러서 강 가운데서 맞붙어 싸웠다. 후자감은 크게 패배하여 겨우 몸만 탈출하였기 때문에 후경이 크게 두려워하였다.

왕승변이 여러 군대를 감독하여 조수를 틈타고 秦淮河로 들어오자, 후경이 진회하의 입구를 막고, 진회하 가를 따라 성을 쌓게 하니, 10여 리에 망루와 성가퀴가 서로 이어졌다. 왕승변이 진패선에게 계책을 묻자, 진패선이 말하기를 "이전에 柳仲禮의 수십만의 군사가 강을 사이에 두고 앉아 있었고, 韋粲은 青溪에 있었는데, 끝내 연안을 건너 진공하지 않았습니다. 적병이 높은 곳에 올라 바라보아서 안팎을 모두 살폈기 때문에 우리를 패배시켰습니다. 지금 우리 군대가 石頭城을 포위하고 반드시 북쪽 연안으로 건너가야 합니다. 여러 장군들이 만약 선봉을 감당하지 못하면 저 진패선이 먼저 가겠습니다."라고 하였다.

진패선이 마침내 진격하여 석두성의 서쪽 落星山으로 가서 목책을 쌓으니, 여러 군대가 차례로 8개의 성루를 연결하여 곧바로 석두성 서북쪽까지 나갔다. 후경이 西州로 가는 길이 단절될까 두려워 스스로 후자감 등을 인솔하여 또한 석두성의 동북에 5개의 성루를 쌓고 큰 길을 막았다.

僧辯이 至姑孰한대 子鑑이 帥步騎挑戰하고 又以鵃䑠千艘에 載戰士①하다 僧辯이 麾細船皆退하고 留大艦夾泊兩岸하다 子鑑之衆謂水軍欲退라하여 爭出趨之하니 大艦斷其歸路하고 鼓譟大呼하여 合戰中江하니 子鑑이 大敗하여 僅以身免이라 景이 大懼하더라 僧辯이 督諸軍하여 乘潮入淮한대 景이 塞淮口하고 緣淮作城하니 十餘里中에 樓堞相接이라 僧辯이 問計於陳霸先한대 霸先曰 前柳仲禮數十萬兵이 隔水而坐하고 韋粲은 在青溪하여 竟不度岸하니 賊登高望之하여 表裏俱盡이라 故能敗我하니 今圍石頭하고 須度北岸이니 諸將이 若不能當鋒인대 霸先請往호리라 乃進하여 於石頭西落星山에 築柵하니 衆軍이 次連八城하여 直出石頭西北하니 景이 恐西州路絶하여 自帥侯子鑑等하여 亦於石頭東北에 築五城以遏大路하다

① 鵃(길고 빠른 배)는 丁了의 切이다. 䑠(거룻배)는 朗鳥의 切이다. ≪類篇≫에는 "鵃䑠는 배가 긴 모양이다."라고 하였다. ≪玉篇≫에는 "鵃䑠는 작은 배이다."라고 하였다.
鵃, 丁了切. 䑠, (胡)〔朗〕鳥切.[28] 類篇曰 "鵃䑠, 船長貌." 玉篇曰 "鵃䑠, 小船也."

【目】 왕승변이 招提寺의 북쪽으로 군대를 진격시키니, 후경이 무리 1만여 명, 철갑 기병 8백여 필을 인솔하고 西州의 서쪽에 진을 쳤다. 진패선이 여러 장군들에게 군사를 나누어 배치하여 그의 세력을 분산시키도록 명령하였다. 후경이 官軍을 공격하니, 官軍이 약간 물러갔다. 진패선이 장군 徐度를 파견하여 쇠뇌 궁수 2천 명을 거느리고 후방을

28) (胡)〔朗〕: 저본에는 '胡'으로 되어 있으나, ≪資治通鑑≫의 註에 의거하여 '朗'으로 바로잡았다.

가로질러 차단하도록 하니 후경의 병사가 마침내 물러갔다. 진패선이 王琳・杜龕 등과 더불어 철갑 기병으로 추격하고, 왕승변이 대군을 이끌고서 뒤를 이어 전진하였다. 후경의 군사가 패배하여 목책으로 들어가자 후경의 부하 장군 盧暉略이 석두성을 들어서 항복하자 왕승변이 들어와 그곳을 점거하였다. 후경이 진패선과 결사적으로 싸웠는데 후경이 1백여 기병을 인솔하고 긴 창을 버리고 짧은 칼을 쥐고 좌우로 진영을 공격해왔으나 〈진패선의〉 진영은 꿈쩍도 하지 않았다. 후경의 무리들이 마침내 크게 무너졌다.

후경이 궁궐 아래에 도착하여 감히 臺(朝廷)에 들어가지 못하고 그의 무리 수십 명과 동쪽으로 달아나 吳 지역에 있는 謝答仁에게 가려고 하였다. 왕승변이 군사를 단속하지 않으니, 〈建康의〉 백성을 약탈하여 울부짖는 소리가 길에 가득했다. 이날 밤에 군사들이 불을 질러 太極殿과 東堂・西堂을 태우니 寶器・羽儀・輦輅가 남은 것이 없었다.

僧辯이 進軍招提寺北①하니 景이 帥衆萬餘人과 鐵騎八百餘匹하고 陳於西州之西하다 霸先이 命諸將分處置兵하여 以分其勢하다 景이 衝官軍하니 官軍이 小縮이라 霸先이 遣將軍徐度하여 將弩手二千하고 橫截其後하니 景兵이 却하다 霸先이 與王琳杜龕等以鐵騎乘之하고 僧辯이 以大軍繼進하니 景兵이 敗入柵한대 其將盧暉略이 以石頭降이어늘 僧辯이 入據之하다 景이 與霸先殊死戰이러니 景이 帥百餘騎하고 棄矟執刀하고 左右衝陳호대 不動이라 衆遂大潰하다 景至闕下하여 不敢入臺하고 與其黨數人東走하여 欲就謝答仁於吳러라 僧辯이 不戢軍士하니 剽掠居民하여 號泣滿道라 是夜에 軍士가 遺火하여 焚太極殿及東西堂하니 寶器羽儀輦輅가 無遺러라

① 招提寺는 石頭城 북쪽에 있다.
招提寺, 在石頭城北.

【目】 다음 날 〈왕승변이〉 후진 등에게 명령하여 정예 갑병을 인솔하고 후경을 뒤쫓도록 하였다. 王克・元羅 등이 臺 안에 있는 옛 신하들을 인솔하고 왕승변을 길에서 맞이하였는데, 왕승변이 왕극에게 묻기를 "玉璽와 印綬는 어디에 있소."라고 하니, 왕극이 한참 후에 말하기를 "趙平原(趙思賢)이 가지고 갔습니다."라고 하였다. 왕승변이 말하기를 "王氏의 百代를 이어온 公卿 집안이 하루아침에 몰락하는구나."라고 하였다. 왕승변이 太宗(簡文帝)의 梓宮을 영접하여 朝堂에 올려놓고 문무백관을 인솔하고 哭踊(곡을 하고 발을 구르는 행위)을 예법대로 하였다.

明日에 乃命侯瑱等하여 帥精甲追景하다 王克元羅等이 帥臺內舊臣하여 迎僧辯於道어늘 僧辯이 問克호대 璽紱何在오 克이 良久曰 趙平原이 持去①리라 僧辯曰 王氏百世卿族이 一朝墜矣②하더라

迎太宗梓宮하여 升朝堂하고 帥百官하고 哭踊如禮하다

① 侯景의 侍中인 趙思賢은 平原太守를 겸하였다.
侯景侍中趙思賢兼平原太守.

② 王克은 晉나라 王導의 후손이며 宋나라 王彧의 증손이다.
克晉王道之後, 而宋王彧之曾孫.

【目】〈왕승변이〉 표문을 올려 상동왕(蕭繹)에게 황제에 즉위하기를 권하고 또 〈상동왕을〉 맞이하여 建業(建康)을 도읍으로 하자고 하였으나 허락하지 않았다. 후경의 무리인 郭元建 등이 모두 항복을 청하였는데 왕승변이 진패선을 파견하여 군사를 거느리고 廣陵으로 가서 그들의 항복을 받게 하였다. 마침 후자감이 강을 건너서 廣陵에 도착하여 곽원건 등에게 말하기를 "우리들은 梁나라에 원한이 깊소. 무슨 면목으로 다시 梁主를 보러 가겠소."라고 하고, 마침내 모두 北齊에 항복하였다. 王偉를 생포하여 建康에 보내고 왕승변이 계문을 올려서 진패선에게 京口를 지키게 하였다.

上表勸進於湘東王하고 且迎都建業호대 不許하다 景黨郭元建等이 皆請降이어늘 僧辯이 遣陳霸先하여 將兵向廣陵하여 受之러니 會侯子鑑이 度江하여 至廣陵하여 謂元建等曰 我曹는 梁之深讐라 何顏復見其主오하고 遂皆降齊하다 獲王偉送建康하고 僧辯이 啓하여 陳霸先으로 鎭京口①하다

① 살펴보면, 이때에 徐嗣徽가 南徐州刺史였고, 陳霸先은 다만 병사를 거느리고 京口를 지킬 뿐이고 아직 刺史가 되지 못하였다.
按是時徐嗣徽爲南徐州刺史, 蓋霸先但領兵戍京口耳, 未爲刺史也.

【綱】梁나라 湘東王 蕭繹이 豫章王 蕭棟을 죽였다.

梁湘東王繹이 殺豫章王棟[29]하다

【目】王僧辯이 江陵을 출발할 적에 湘東王에게 계문을 올리기를 "도적을 평정한 후에 嗣君(蕭棟)을 어떻게 예우해야 합니까?"라고 하자, 상동왕이 말하기를 "臺城의 6門 안에서

29) 梁湘東王繹 殺豫章王棟 : "蕭棟은 일찍이 〈豫章王에〉 즉위했었는데 다만 '죽였다〔殺〕'라고 기록한 것은 어째서인가. 侯景이 세우고 폐위하여 淮陰王을 삼았기 때문이다. 옛 작위(豫章王)를 기록한 것은 어째서인가. 후경이 폐위했기 때문이다. 그렇다면 소동을 죽일 수 있는 것인가. 소동은 蕭歡의 아들이고, 소환은 蕭統의 아들이다. 蕭繹은 자신의 이익을 생각하고 우선 죽였으니, '죽였다〔殺〕'라고 기록한 것은 소역을 죄준 것이다.〔棟嘗立矣 止書殺 何 景立之也 廢爲淮陰王矣 書故爵 何 景廢之也 然則棟可殺歟 棟歡子也 歡 統子也 繹思自利而先殺之 書殺 所以罪繹也〕" ≪書法≫

는 스스로 兵威(軍法)를 우선하라."라고 하니, 왕승변이 말하기를 "도적을 토벌하는 계략은 신이 저의 자신의 임무로 삼았으니, 成濟의 일은 따로 사람을 선발하시기를 청합니다."라고 하였다. 상동왕은 마침내 朱買臣에게 은밀히 타일러서 처리하도록 시켰다.

후경이 패함에 豫章王 蕭棟과 두 동생 蕭橋·蕭樛가 서로 부축하고 密室에서 나와서 杜崱을 길에서 만나자 〈두즉이〉 그들을 위하여 수갑을 제거해주었다. 두 동생이 말하기를 "오늘에야 비로소 非命橫死의 화를 면하였습니다."라고 하니, 소동이 말하기를 "화와 복은 서로 맞물려 있어 그 길흉을 알기 어려우니, 나는 오히려 두려움을 느낀다."라고 하였다. 주매신이 그들을 불러 배에 오르게 해서 모두 물에 빠뜨려 죽였다.

王僧辯之發江陵也에 啓湘東王曰 平賊之後에 嗣君은 何以爲禮오 王曰 六門之內에는 自極兵威①하라 僧辯曰 討賊之謀는 臣爲己任이니 成濟之事는 請別擧人②하노이다 王이 乃密諭朱買臣하여 使爲之所이러니 及景이 敗에 豫章王棟及二弟橋樛가 相扶出於密室하여 逢杜崱於道한대 爲去其鎖하니 二弟曰 今日에 始免橫死矣③와라 棟曰 倚伏을 難知니 吾猶有懼④하노라하더니 買臣이 呼之就船하여 竝沈於水하니라

① 臺城 6門은 大司馬門·萬春門·東華門·西華門·太陽門·承明門이다.
臺城六門, 大司馬門·萬春門·東華門·西華門·太陽門·承明門.

② 成濟는 魏나라의 高貴鄕公을 시해한 인물이다. 王僧辯은 군주를 시해했다는 악명을 피하려 했기 때문에 그렇게 말한 것이다.
成濟弑魏高貴鄕公. 僧辯欲避弑君之惡名, 故云.

③ 爲(위하다)는 去聲이다. 橫(뜻밖에)은 戶孟의 切이다.
爲, 去聲. 橫, 戶孟切

④ ≪老子≫에는 "禍는 福이 의지하는 것이고 福은 禍가 잠복해 있는 것이다. 누가 그 지극함을 알겠는가."라고 하였다.
老子曰 "禍兮福之所倚, 福兮禍之所伏. 孰知其極."

【綱】 여름 4월에 梁나라 武陵王 蕭紀가 成都에서 황제라고 칭하였다.

夏四月에 **梁武陵王紀**가 **稱帝于成都**[30)]하다

---

30) 梁武陵王紀 稱帝于成都 : "侯景의 반란으로부터 蕭紀의 일은 다만 두 번 기록되었는데, 하나는 白帝에 주둔한 것을 기록하였고, 하나는 成都에서 황제라고 칭한 것을 기록하였다. 이는 글을 엮어 사건을 나란히 기록한 것이니, 蕭紀의 죄악은 덮을 수가 없다. 武帝(蕭衍)는 평소에 의로운 방도가 없었고 그의 치세에 있어서 여러 아들들이 아버지를 배반하며 형제들이 마음으로 다투다가 난리에 이르게 되어서는 그 임금을 돌아보지 않고 다투어 서로 잡아먹었다. 그 사이에 기록할 만한 것

【目】 蕭紀가 자못 武略이 있어서 蜀에 있은 지 17년 동안에 남쪽으로는 寧州·越巂를 개척하고, 서쪽으로는 資陵·吐谷渾과 통교하였으며 안으로는 농업과 잠업·소금과 철물에 대한 정치를 잘 닦고, 밖으로는 상인을 먼 변방에 왕래시켜 이익을 거두었으므로 재화를 늘릴 수 있었고 병기가 많이 축적되었으며 말 8천 필을 가지고 있었다. 〈소기는〉 侯景이 臺城을 함락할 때에 湘東王 蕭繹이 병사를 거느리고 토벌하려 한다는 소식을 듣고 僚佐들에게 말하기를 "七官(蕭繹)은 文士인데, 어찌 널리 백성을 구제할 수 있겠는가."라고 하였다.

長史 劉孝勝 등이 소기에게 황제를 칭하도록 권하자, 소기가 비록 허락하지 않았으나 乘輿와 車服을 대대적으로 만들었다. 마침 內寢殿에 있는 기둥이 마디를 둘러싸고 꽃이 피자 소기는 자신의 길조라고 하여, 마침내 황제에 즉위하고 아들 蕭圓照를 세워서 태자로 삼았다. 司馬 王僧略·參軍 徐怦이 굳이 간언하였으나 〈소기는〉 따르지 않았다. 왕승략은 王僧辯의 동생이며 서평은 徐勉의 조카이다.

紀가 頗有武略이라 在蜀十七年에 南開寧州越巂하고 西通資陵吐谷渾①하며 內修耕桑鹽鐵之政하고 外通商賈遠方之利라 故能殖其財用하고 器甲이 殷積하며 有馬八千匹이러니 聞侯景이 陷臺城에 湘東王繹이 將討之하고 謂僚佐曰 七官은 文士어늘 豈能匡濟②리오 長史劉孝勝等이 勸紀稱帝한대 紀雖未許나 而大造乘輿車服③이러니 會에 內寢殿柱가 繞節生花하니 紀以爲己瑞라하여 遂卽帝位하고 立子圓照爲太子하다 司馬王僧略參軍徐怦이 固諫不從④하니 僧略은 僧辯之弟며 怦은 勉之從子也라

① '資陵'은 西域에 있는 나라이다.
資陵, 西域國.
② '官'은 官人이라고 일컫는 것과 같다. 湘東王 蕭繹은 형제 순서상 일곱 번째이기 때문에 '七'

은 오직 永安侯(蕭確) 한 사람뿐이고, 그 다음은 南康王(蕭會理), 武林王(蕭諮) 두 왕일 뿐이다. 湘東王은 예전에 공이 없었고 도적을 길러서 국가를 전복시켰으며 종족을 멸망시켜서 이익을 독점하였으니 그 마음은 크게 주벌할 만한 것이다. 蕭紀·蕭譽·蕭詧·蕭堅과 같은 자들은 모두 社稷이 망하는 것을 앉자 보면서 구원하지 않았으니 이루 다 탄식할 수 있겠는가.〔自景之反 紀之事止再書 一書次于白帝 一書稱帝于成都 屬辭比事 紀之罪不可掩矣 武帝無義方之素 當其在御 諸子叛父 兄弟心爭 及至臨難 莫顧其君 而競相呑噬 其間可書者 唯永安侯一人 其次則南康武林二王而已 湘東初未有功 而養寇賊以覆邦 殄宗族以專利 其心有大可誅者 如紀如譽如詧如堅 皆坐視社稷之亡而不救 可勝歎哉〕" ≪書法≫

"蕭紀가 황제를 일컬었는데, ≪資治通鑑綱目≫에서 어찌하여 포폄하는 말이 없는가. 蕭繹은 본래 소기의 무리였다. 소역은 부형의 환난을 구원하지 못하였으니 소기와 다름이 없다. 소기는 蜀에서 황제가 되고 소역은 江陵에서 황제가 되었다. 소기가 패하자 소역이 즉위하였는데 조금 다름이 있는 듯하지만 똑같이 正嫡이 아니어서 똑같이 옳지 않다. ≪자치통감강목≫에서 비록 억제하고 드날리며 물리치고 취하려고 하더라도 불가능한 것이니, 당연히 書法이 이와 같아야 할 것이다.〔蕭紀稱帝 綱目何以無貶詞 繹固紀之徒也 繹不能救父兄之難 與紀無異 紀帝于蜀 繹帝于江陵 紀敗而繹立 若有少異 然均非正嫡 均爲不義 綱目雖欲抑揚而去取之 不可得矣 宜乎書法如此也歟〕" ≪發明≫

이라고 말한 것이다.
官, 猶稱官人. 湘東王繹於兄弟行第七, 故云.
③ 乘輿와 車服은 天子의 수레와 복식이다.
乘輿車服, 天子之車服也.
④ 怦은 普耕의 切이다.
怦, 普耕切.

【目】 예전에 臺城이 후경에게 포위되었을 때에 서평이 소기에게 속히 들어가 구원할 것을 권했으나 소기가 마음속으로 출병을 원치 않자 서평이 속으로 앙심을 먹었다. 마침 어떤 사람이 서평이 배반한 것을 알렸는데, 소기가 〈서평에게〉 말하기를 "卿과의 옛정을 생각하여 응당 그대의 자식들에게는 해가 없도록 하겠다."라고 하니, 〈서평이〉 대답하기를 "제 자식들이 다 전하처럼 군다면 그들을 남겨둔들 무슨 유익함이 있겠습니까."라고 하였다. 소기는 마침내 서평과 그의 아들을 모두 죽이고, 또 왕승략을 죽였다. 永豐侯 蕭撝가 탄식하여 말하기를 "武陵王(蕭紀)의 일이 성공하지 못하겠구나. 착한 사람은 나라의 기초인데 지금 먼저 그들을 죽였으니 망하지 않고 무얼 기다리겠는가."라고 하였다.

소기가 劉璠을 불러 中書侍郎으로 삼았는데 使者가 여덟 차례 가고 나서야 유번이 도착하고는 다시 돌아가기를 간절히 원하였다. 中記室 韋登이 개인적으로 유번에게 말하기를 "전하께서는 잔인하고 유감을 품는 사람이니 足下께서 머물지 않으면 장차 큰 화를 불러올 것입니다."라고 하니, 유번이 정색하여 말하기를 "경은 나를 설득하려고 하는가. 나는 府侯(宜豐侯 蕭循)와 〈군신간의〉 분수와 의리가 이미 정해졌으니, 어찌 위험 때문에 그 마음을 바꾸겠는가. 전하께서 바야흐로 천하에 대의를 펼치려고 하시니 끝내 일개 필부에게 감정을 풀지 않으실 것이오."라고 하였다. 소기가 반드시 자기를 위해 쓰이지 않을 것을 알고서 마침내 그를 후하게 예우하여 돌려보냈다.

初에 臺城之圍에 怦이 勸紀速入援하나 紀가 意不欲行한대 內銜之러니 會人이 告怦反이어늘 紀謂曰 以卿舊情하여 當使諸子無恙호리라 對曰 生兒悉如殿下인대 留之何益①이리오 紀가 乃盡誅之하고 亦殺僧略하니 永豐侯撝가 歎曰 王事가 不成矣로다 善人은 國之基也어늘 今先殺之하니 不亡何待②오하더라 紀가 徵劉璠爲中書侍郎한대 使者가 八反乃至③러니 又苦求還하다 中記室韋登이 私謂璠曰 殿下가 忍而畜憾하니 足下가 不留면 將致大禍라 璠이 正色曰 卿欲緩頰於我邪④아 我與府侯로 分義已定하니 豈以夷險으로 易其心乎⑤아 殿下가 方布大義於天下하니 終不逞志於一

夫라 紀가 知必不爲己用하고 乃厚禮遣之하다

① 〈徐忭은〉 蕭紀가 君父를 능히 구제하지 없음을 통렬히 비난한 것이다.
以譏切紀不能救君父.
② 三國時代 吳나라 때에 永豐縣을 세우고 始安郡에 소속시켰다. 蕭撝는 安成王 蕭秀의 아들이다.
吳立永豐縣, 屬始安郡. 撝, 安成王秀之子也.
③ 劉璠은 당시 宜豐侯의 諮議參軍이었다.
璠, 時爲宜豐侯諮議參軍.
④ '緩頰'은 설득하는 것이다. 漢나라 高帝가 酈食其(역이기)에게 말하기를 "느긋한 口辯으로 魏王 魏豹를 가서 설득하시오."라고 하였다.
緩頰, 說也. 漢高帝謂酈食其曰 "緩頰往說魏王豹."
⑤ '府侯'는 宜豐侯 蕭循을 말한다. 分(분수)은 扶問의 切이다.
府侯, 謂宜豐侯循. 分, 扶問切.

【綱】 侯景이 죽임을 당하였다.

侯景伏誅하다

【目】 謝答仁은 侯景이 패배했다는 소식을 듣고, 북쪽으로 나가서 후경을 기다리려고 하니, 후경의 무리 趙伯超가 錢塘을 점거하고 그를 막았다. 侯瑱이 후경을 松江에서 따라잡아 진격하여 그를 패배시키고 彭雋 등을 사로잡아 참수하였다.

후경이 심복 수십 명과 더불어 한 척의 배로 달아나서 바다로 들어가려고 하니, 羊侃의 아들 羊鵾(양곤)이 후경의 都督이었는데 그를 죽였다. 후경의 시신을 建康으로 보내고 수급을 江陵에 보내고, 그의 손을 잘라 北齊에 보내고, 후경의 시신을 시장에 늘어놓으니, 士民이 다투어 그것을 가져다가 먹었는데, 뼈도 아울러 모두 없어졌다. 溧陽公主 역시 후경의 살을 먹는 데에 참여하였다.

후경의 다섯 아들은 북제에 있었는데, 북제는 그들을 모두 죽였다. 趙伯超・謝答仁이 모두 항복하니 王僧辯이 王偉 등과 함께 강릉으로 보냈다. 비로소 簡文帝(蕭綱)를 장사지내고, 그 廟號는 太宗으로 하였다.

謝答仁이 聞侯景敗하고 欲北出候之러니 其黨趙伯超가 據錢塘拒之하니 侯瑱이 追及景於松江하여 進擊敗之하고 擒彭雋等斬之[①]하다 景이 與腹心數十人으로 單舸走하여 將入海러니 羊侃之子鵾이 爲景都督한대 殺之하다 送尸建康하고 傳首江陵하고 截其手送于齊하고 暴景尸於市하니 士民이 爭取食

之어늘 幷骨皆盡이라 溧陽公主가 亦預食焉이러라 景五子가 在北이러니 齊皆殺之하다 趙伯超謝答仁은 皆降하다 王僧辯이 幷王偉等하여 送於江陵하고 始葬簡文帝하고 號其廟曰太宗하다

① 胡三省이 말하기를 "松江은 지금 吳縣에 있고 일명 笠澤이라고 하는데, 吳縣 남쪽 40리에 있다."라고 하였다.
胡三省曰 "松江, 在今吳縣, 一名笠澤, 在吳縣南四十里."

【綱】 도적이 梁나라 傳國璽를 훔쳐서 北齊에 돌려주었다.

盜竊梁傳國璽하여 歸之于齊[31]하다

【目】 侯景이 패배할 적에 자기가 傳國玉璽를 가지고 다녔는데, 그의 侍中 趙思賢에게 전국옥새를 관장하도록 하고 말하기를 "만약 내가 죽으면 〈전국옥새를〉 강에 빠뜨리도록 하라."라고 하였다. 조사현이 장강을 건넜는데 도적을 만나자 그를 따르던 사람이 전국옥새를 풀 속에 버렸다. 그들이 廣陵에 도착하여서는 郭元建에게 알리자 곽원건은 이를 찾아서 鄴으로 보냈다.

侯景之敗也에 以傳國璽自隨어늘 使其侍中趙思賢掌之曰 若我死면 宜沈於江하라하더니 思賢이 濟江이어늘 遇盜한대 從者가 棄之草間이러니 至廣陵하여는 以告郭元建한대 元建이 取以送鄴하다

【綱】 北齊가 楊愔을 僕射로 삼고 太原公主에게 장가들였다.

齊가 以楊愔爲僕射하고 尙太原公主[32]하다

---

31) 盜竊梁傳國璽 歸之于齊 : "張實과 謝尙이 玉璽를 얻어 바친 데에는 '바치다〔獻〕'라고 기록하였는데, 여기서는 '돌려주었다〔歸〕'라고 기록한 것은 무엇인가. '獻'은 아래에서 위에 올리는 말이고, '歸'는 여기에서 저기에 넣는 말이니 한 글자로 판단한 것이 세심하다.〔張實謝尙 得璽獻之 則書獻 此其書歸何 獻者 自下奉上之辭也 歸者 自此納彼之辭也 一字之權衡審矣〕" ≪書法≫
張實(張寔)이 皇帝行璽를 바친 것은 ≪資治通鑑綱目≫ 권18 乙亥年(315)에 보이고, 謝尙이 傳國璽를 바친 것은 同書 권20 壬子年(352)에 보인다.

32) 齊以楊愔爲僕射 尙太原公主 : "大原公主라 쓴 것은 어째서인가. 東魏의 孝靜后이다. ≪資治通鑑綱目≫에서는 과거의 皇后를 公主로 호칭을 바꾼 것이 3번이니, 王莽 때에 黃皇室主(定安太后), 隋나라 때에 樂平公主(北周 太后 楊氏)는 모두 '호칭을 바꾸었다〔改號〕'로 기록하였는데, 여기서 호칭을 바꾼 것을 기록하지 않은 것은 어째서인가. 太原公主는 절조를 그르쳤으므로 '호칭을 바꾸었다〔改號〕'를 기록하지 않은 것이다. ○ 邱濬이 말하였다. '楊愔은 역시 東魏에 벼슬했었는데 갑자기 나라가 망하고 임금이 시해되자 그 母后를 아내로 삼았으니 禽獸의 행위이다. 책에 기록하였으니 구린내가 만년토록 내려간다.'〔大原公主 何 魏孝靜后也 綱目故后改號公主者三 莽黃皇隋樂平皆以改號書 此其不書 何 太原失節矣 故不書改號 ○ 邱濬曰 楊愔亦嘗仕于東魏 一旦國亡君弑 而妻其母后 禽獸之爲也 書之于冊 遺穢萬年〕" ≪書法≫

【目】太原公主는 바로 東魏 孝靜帝(元善見)의 황후이다.

公主는 卽魏孝靜帝之后也라

【綱】梁나라가 군사를 파견하여 南鄭을 구원하였는데 西魏 사람이 梁나라를 패퇴시켰다.

梁이 遣兵救南鄭이어늘 魏人이 敗之하다

【目】〈梁나라〉 楊乾運이 劍閣의 북쪽에 도착하자 西魏 達奚武가 그를 맞아 공격하여 격파하니, 劉璠이 돌아와 白馬城의 서쪽에 이르렀다가 달해무에게 생포되어 長安으로 보내졌다. 宇文泰가 평소 유번의 명성을 들어서 그를 옛 친구처럼 대우하였다. 이 당시에 南鄭이 오래도록 함락되지 않았는데 달해무가 그곳을 도륙하겠다고 청하자 우문태는 그것을 허락하려 하였다. 유번이 조정 회의에서 그렇게 하지 말 것을 청하니, 우문태가 노하여 허락하지 않자 유번이 울며 청하기를 그치지 아니하였다. 우문태가 말하기를 "사람을 섬기기를 응당 이와 같아야 한다."라고 하고, 마침내 유번의 청을 따랐다.

楊乾運이 至劍北한대 魏達奚武가 逆擊破之①하니 劉璠이 還至白馬西라가 爲武所獲하여 送長安②하니 宇文泰가 素聞其名이라 待之如舊交러니 時에 南鄭이 久不下어늘 武가 請屠之한대 泰가 將許之러니 璠이 請之〔於朝하니 泰怒하여〕[33] 不許어늘 泣請不已한대 泰曰 事人當如是라하고 乃從其請하다

① '劍北'은 검각의 북쪽이다.

"살펴보면 分注(目)의 公主는 바로 東魏 孝靜帝의 皇后이다. 그렇다면 어찌하여 '옛 동위 황후〔故魏后〕'라고 기록하지 않았는가. 그녀는 이미 타인에게 몸을 그르쳤으니 어찌 다시 '옛 황후〔故后〕'라고 기록할 수 있겠는가. 王莽의 딸 平帝皇后(黃皇室主)는 王莽이 漢나라를 찬탈한 후에 지조를 빼앗아 시집보내려 하였는데 맹세코 허락하지 않았다. 漢나라 군사가 王莽을 주살하게 되어서는 ≪資治通鑑綱目≫에서 특별히 '孝平皇后가 스스로 불에 타서 崩하였다.〔孝平皇后自焚崩〕'라고 기록하였으니, 온전한 절개를 표창한 것이었다. 비록 왕망이 강제로 그 호칭을 바꾸어 황황실주라고 하였으나 ≪자치통감강목≫에서는 또한 그것을 인정하지 않았다. 이를 알면 太原公主의 의리를 단연코 알 수 있다. 楊愔은 남의 臣子가 되어서 옛 황제의 황후를 아내로 삼았는데 이를 책에 기록하였으니 어찌 죄가 없겠는가. 뒷날 역시 화를 벗어나지 못한 것이 마땅하다.〔按分注公主 卽魏孝靜帝之后也 然則何不以故魏后書之 彼旣失身於人 安得復書故后哉 王莽之女爲平帝后 莽簒漢之後 欲奪而嫁之 誓而弗許 洎漢兵誅莽 綱目特以孝平皇后自焚崩書之 所以褒其全節 雖莽彊易其號曰黃皇室主 而綱目亦不之予也 知乎此 則太原公主之義 斷可識矣 楊愔爲人臣子 乃妻故帝后 書之于冊 豈得無罪 宜乎他日亦不免也〕" ≪發明≫

33) 〔於朝 泰怒〕: 저본에는 '於朝 泰怒'가 없으나, ≪資治通鑑≫에 의거하여 보충하였다.

劍北, 劍閣之北也.

② 魏收의 ≪魏書≫ 〈地形志〉를 살펴보면 "華陽郡 沔陽縣에 白馬城이 있다."라고 하였다.

魏收志 "華陽郡沔陽縣有白馬城."

【綱】 梁나라가 王僧辯을 司徒로 삼고 陳霸先을 征虜將軍・開府儀同三司로 삼았다.

梁이 **以王僧辯爲司徒**하고 **陳霸先爲征虜將軍開府儀同三司**하다

【綱】 王偉 등이 죽임을 당하였다.

◑ **王偉等**이 **伏誅**하다

【目】 湘東王(蕭繹)은 王偉・呂季略・周石珍・嚴亶을 저자에서 죽이고 趙伯超・伏知命은 감옥에서 굶어 죽였다. 謝答仁은 太宗(簡文帝)에게 신하의 예를 잃지 않았다고 하여 특별히 용서하였다.

예전에 왕위가 감옥 안에서 시를 지어서 올렸는데, 상동왕이 그의 재능을 아껴서 그를 용서해주려고 하였다. 어떤 사람이 상동왕에게 말하였는데, 이르기를 "왕위가 만들었던 격문은 아주 좋았습니다."라고 하자, 왕이 그것을 구하여 보았는데 격문 중에 "상동왕은 눈이 하나이다."라는 말을 보고 마침내 노하여 그를 죽였다.

湘東王이 **誅王偉呂季略周石珍嚴亶於市**하고 **趙伯超伏知命**은 **餓死於獄**하다 **以謝答仁**은 **不失禮於太宗**이라하여 **特宥之**[①]하다 **初**에 **偉**가 **於獄中**에 **上詩**하니 **王**이 **愛其才**하여 **欲宥之**러니 **有言於王者曰 偉**가 **作檄文甚佳**라한대 **王**이 **求得之**어늘 **見其有湘東一目之語**하고 **乃怒誅之**[②]하다

① 伏은 姓이다.

伏, 姓也.

② 檄文에 "項羽는 겹눈동자였으나 오히려 烏江에서 패배한 일이 있었는데, 상동왕은 눈이 하나인데 어찌 赤縣(天下)의 사람들이 귀부할 것인가."라고 하였다.

檄云 "項羽重瞳, 尙有烏江之敗, 湘東一目, 寧爲赤縣所歸."

【目】 胡氏(胡寅)가 다음과 같이 평하였다.

"侯景이 반란할 적에 그를 위해 계획하고 도와서 결정한 것은 모두 王偉였다. ≪春秋≫

에 亂臣賊子를 다스리는 데에는 그 黨與에 더욱 엄격히 하였으니, 만약 사람들이 난신적자와 함께할 수 없음을 알게 한다면 스스로 설 수 없어 난리가 조금 그칠 것이다. 왕위와 같이 한 자는 다행히 생포되어 그 간악함과 패역함을 꾸짖고 市朝에서 죽였으나 사람과 귀신의 분노를 씻고 멸망한 치욕을 소제하기에는 부족하다. 그런데 〈蕭繹이〉 시편을 읊은 것으로 그 죽음을 벗어나게 하려다가 도리어 그를 죽이는 데 미쳐서는 또 한 마디 말로 자기를 부끄럽게 하였기 때문이었다. 이는 소역의 喜怒와 殺生이 모두 자기의 사사로움을 위한 것이고 君父를 생각한 것이 아니니, 어찌 어긋나지 않는가."

胡氏曰 侯景叛亂에 爲之畫謀贊決者는 皆王偉也하니 春秋治亂臣賊子에 尤嚴於其黨하니 若使人知亂賊之不可與인대 則不能自立하여 而亂少弭矣라 若王偉者는 幸生獲之하니 數其惡逆하고 殘諸市朝나 猶未足以雪人神之憤하고 洗滅亡之恥어늘 乃以吟詠篇章으로 欲脫其死하다가 及其誅也는 又以一言靳己之故[①]하니 是는 蕭繹喜怒生殺이 皆爲己私요 而不念君父也니 豈不悖哉아

① 희롱하여 상대를 부끄럽게 함을 靳이라 한다.
戱而相愧曰靳.

【綱】 梁나라가 魯悉達을 北江州刺史로 삼았다.

梁이 以魯悉達爲北江州刺史[①]하다

① 魏收의 ≪魏書≫ 〈地形志〉에는 "梁나라 武帝(蕭衍) 때에 北江州를 설치하고, 鹿城關에 치소를 두고, 義陽郡·齊昌郡·新昌郡·梁安郡·齊興郡을 관할하게 하였다."라고 하였다.
魏收志 "梁武帝置北江州, 治鹿城關, 領義陽·齊昌·新昌·梁安·齊興郡."

【目】 扶風 백성 魯悉達이 고향 사람을 규합하여 新蔡를 보호하여 밭 가는 데에 힘쓰고 곡식을 저축하였다. 이때에 江東은 기근이 들고 혼란하여 굶어 죽은 사람이 10명 중에 8, 9명이었다. 남은 백성이 노인과 어린아이를 이끌고 그에게로 갔다. 노실달이 그들에게 양곡을 나누어주어서 온전히 구제한 사람이 매우 많았고, 晉熙 등의 5郡에 사는 주민을 불러 모아서 5군 땅을 다 차지하였다. 그의 동생 魯廣達에게 군사를 거느리고 王僧辯을 따라 侯景을 토벌하게 하니, 이 때문에 노실달을 〈北江州刺史로〉 임명하였다.

扶風民魯悉達이 糾合鄕人하여 以保新蔡하여 力田蓄穀[①]이러니 時에 江東饑亂하여 餓死者什八九라 遺民이 攜老幼歸之하다 悉達이 分給糧廩하여 全濟甚衆하고 招集晉熙等五郡하여 盡有其地하다 使其弟廣達로 將兵從王僧辯하여 討侯景하니 故因而命之하다

① 沈約의 ≪宋書≫ 〈州郡志〉에는 "江州 소속에 南新蔡郡이 있다."라고 하였다.
沈約宋志 "江州所部有南新蔡郡."

【綱】 北齊 사람이 梁나라를 침략하여 秦郡을 포위했는데 陳霸先이 격파하였다.

齊人이 侵梁圍秦郡이어늘 陳霸先이 擊敗之하다

【目】 北齊主(文宣帝)가 潘樂(반악)·郭元建에게 병사를 거느리고 秦郡을 포위하게 하였는데 行臺 辛術이 간언하기를 "조정이 湘東王(蕭繹)과 사신이 끊이지 않았습니다. 陽平은 侯景의 땅이기 때문에 그것을 빼앗아도 좋지만, 지금 王僧辯이 이미 嚴超達을 파견하여 진군을 지키고 있으니, 어찌 다툴 수 있겠습니까. 장차 장마가 지려고 하니, 군사를 되돌리는 것만 못합니다."라고 하였으나, 따르지 않았다.

陳霸先이 徐度에게 명령하여 군사를 이끌고 진군을 도와 지키도록 하였다. 북제의 무리 7만 명이 매주 급하게 공격하자, 왕승변은 杜崱에게 이를 구원하도록 하고 진패선이 또한 歐陽에서 와서 만나서 반악·곽원건과 싸워 그들을 크게 격파하여 斬首한 것이 1만여 수급이었다.

齊主가 使潘樂郭元建으로 將兵圍秦郡이어늘 行臺辛術이 諫曰① 朝廷이 與湘東王으로 信使不絶하니 陽平은 侯景之土라 取之可也어니와 今王僧辯이 已遣嚴超達守秦郡하니 何得爭之리오 且水潦方降하니 不如班師라호대 弗從이러니 陳霸先이 命徐度引兵助守하니 齊衆七萬이 攻之甚急한대 僧辯이 使杜崱救之하고 霸先이 亦自歐陽來會하여 與戰破之하여 斬首萬餘級하다

① 辛術은 辛琛의 아들이다.
術, 琛之子也.

【綱】 北齊가 辛術을 吏部尙書로 삼았다.

齊가 以辛術爲吏部尙書[34)]하다

【目】 西魏가 도읍을 鄴城으로 옮긴 이후부터 大選의 직책(吏部尙書)은 이름이 알려진 사

34) 齊以辛術爲吏部尙書 : "辛術이라고 기록한 것은 어째서인가. 그 직책을 훌륭하게 여긴 것이다. 高齊(北齊)의 시대에 '吏部尙書로 삼았다.'라고 기록한 것은 신술 한 사람뿐이다.〔書辛術 何 善其職也 高齊之世 書以爲吏部尙書者 辛術一人而已〕" ≪書法≫

람이 몇 명이었지만 서로서로 得失이 있었다. 高澄은 젊은 나이에 고상하고 명랑하였으나 꼼꼼하지 못한 것이 결점이었고, 袁叔德은 침착하고 신중하였으나 너무 세심한 것이 결점이었고, 楊愔은 풍류와 말주변이 유려하지만 인사를 채용할 때 浮華한 점에 치우쳤다. 오직 辛術만이 성격이 곧고 밝은 것을 숭상하여 인사를 채용할 때 반드시 재주와 기량으로 하였고 관직명에 부합하는 실적을 요구하여 新進과 舊臣을 함께 천거하여, 창고를 관리하는 小吏 중에서 인재를 반드시 발탁하였고, 문벌의 인물을 버리지 않았다. 전후에 인재를 선발한 것을 상고해보면 신술이 가장 공평하였다.

自魏遷鄴以來로 大選之職은 知名者가 數人이로대 互有得失①하니 高澄은 少年高朗호대 所弊者가 踈요 袁淑德은 沈密謹厚호대 所傷者가 細요 楊愔은 風流辯給호대 取士에 失於浮華러니 唯術은 性尙貞明하여 取士에 必以才器하고 循名責實하여 新舊參擧하여 管庫를 必擢하고 門閥을 不遺하니 考之前後에 最爲折衷②이러라

① 吏部의 선발을 大選이라 한다.
吏部選爲大選.

② ≪禮記≫ 〈檀弓〉에는 "晉나라에서 창고를 관리하는 인사를 추천한 것이 70여 명이었다."라고 하였다. 陳澔가 말하기를 "管은 열쇠이니, 곧 지금의 자물쇠이다. 창고에 보관한 물건은 자물쇠로 창고를 열고 닫는 것을 제한한 것이다. 창고를 관리하는 인사는 천한 직책인데, 그의 현명함을 알고 천거하였다."라고 하였다. ≪史記≫ 〈高祖功臣年表〉에 "등급을 밝히는 것을 閥이라 하고, 공을 쌓은 것을 閱이라 한다." 하였는데, 여기서 말한 門閥은 다만 世家子弟로 가문 지위가 평소에 높은 자를 말한 것뿐이다. 또 말하기를 "〈공적을 기록한 나무기둥을〉 門의 왼쪽에 세우는 것을 閥이라고 하고, 문의 오른쪽에 세우는 것을 閱이라고 한다."라고 하였다. 衷(알맞다)은 陟仲의 切이다. '折衷'은 공평함이니, 辛術이 인사를 채용하면서 매우 마땅함을 얻은 것을 말한다.
記檀弓 "所擧於晉國管庫之士, 七十有餘家." 陳澔曰 "管, 鍵也, 卽今之鎖, 庫之藏物, 以管爲開閉之限. 管庫之士賤職也, 知其賢而擧之." 史記 "明其等曰閥, 積其功曰閱." 此所謂門閥者, 直言世家子弟門地素高者耳. 又說 "門在左曰閥, 在右曰閱." 衷, 陟仲切. 折衷, 平也, 言辛術取士極得其當.

【綱】 梁나라 秦州·梁州刺史 蕭循이 州를 가지고 西魏에 항복하였다.

梁秦梁刺史蕭循이 **以州降魏**[35]하다

35) 梁秦梁刺史蕭循 以州降魏 : "州를 가지고 항복하였는데 '배반〔叛〕'이라고 기록하지 않은 것은 어째서인가. 蕭循의 죄를 적게 여긴 것이다. 어찌하여 죄를 적게 여겼는가. 이에 앞서 湘東王(蕭繹)이 西

【目】 西魏 達奚武가 左丞 柳帶韋를 파견하여 南鄭에 들어가 蕭循을 설득하도록 하여 말하기를 "足下께서 견고하게 지키는 것은 험준한 곳이고 의지하는 것은 원조이고 보호하는 것은 백성입니다. 이제 험준한 곳은 견고하게 지키기에 부족하고 원조는 믿을 수 없고 백성도 보호할 수 없습니다. 宗國(梁나라)에 전쟁이 일어나고 社稷에 주인이 없으니 누구를 위하여 충성을 하려고 하십니까."라고 하니, 소순이 마침내 항복을 청하였다.

서위의 開府儀同三司 賀蘭德願이 소순을 공격하겠다고 청하자, 大都督 赫連達이 말하기를 "싸우지 않고서 성을 얻는 것이 上策이니, 어찌 城中의 자녀를 탐하고 재물을 탐내며 백성의 목숨을 아끼지 않을 수 있겠는가. 또 살펴보면 소순의 병사와 말이 여전히 강성하고 성곽과 해자가 아직도 견고하니, 그를 공격하여 설사 이긴다고 해도 반드시 피차간에 모두 손상을 입을 것이요, 만약 궁지에 몰린 짐승이 오히려 싸우려든다면 성패는 알 수 없다."라고 하니, 달해무가 말하기를 "공의 말씀이 옳습니다."라고 하였다. 마침내 소순의 항복을 받아들여 남녀 2만 명을 획득하여 돌아갔다. 이에 劍閣 북쪽의 땅이 모두 서위로 편입되었다.

魏達奚武가 遣左丞柳帶韋하여 入南鄭說蕭循曰① 足下가 所固者는 險이요 所恃者는 援이요 所保者가 民이러니 今險不足固하고 援不可恃하고 民不可保이라 而宗國喪亂하여 社稷無主하니 欲誰爲爲忠乎아 循이 乃請降②하다 魏開府儀同三司賀蘭德願이 請攻之③한대 大都督赫連達曰 不戰而獲城이 策之上者니 豈可利其子女하고 貪其貨財하여 而不愛民命乎아 且觀其士馬猶彊하고 城池尙固하니 攻之縱克이나 必彼此가 俱傷이요 如困獸猶鬪한대 則成敗를 未可知也리라 武曰 公言이 是也라하니 乃受循降하여 獲男女二萬口而還하니 於是劍北이 皆入于魏하다

① 柳帶韋는 柳慶의 아들이다.
帶韋, 慶之子也.

② 〈'欲誰爲爲忠乎'의 爲 중에〉 위의 爲(위하다)는 去聲이다.
上爲去聲.

③ '賀蘭德願'이 ≪周書≫ 〈赫連達傳〉에는 賀蘭願德으로 되어 있다. 賀蘭은 代北의 複姓이며 願德은 그의 이름이다.
賀蘭德願, 赫連達傳作賀蘭願德. 賀蘭, 代北複姓, 願德其名.

魏에 원조를 청할 적에 蕭循에게 명하여 서위에 南鄭을 주도록 하자, 소순이 안 된다고 하였다. 西魏가 공격하자 이때에 와서 원조가 끊겨 마침내 항복하였다. 그렇다면 소순이 서위에 항복한 것은 蕭繹이 한 짓이므로, 항복을 '배반〔叛〕'이라고 기록하지 않고 귀순으로 기록한 것이다.〔以州降矣 不書叛 何 薄循罪也 曷爲薄之 先是湘東求援於魏 命循與魏南鄭 循不可 魏攻之 及是援絶遂降 然則循之降魏 繹爲之也 故降不書叛 而書其歸〕" ≪書法≫

【綱】 가을 7월에 梁나라 陳霸先이 廣陵을 포위했다가 이기지 못하고 군사를 이끌고 돌아갔다.

秋七月에 梁陳霸先이 圍廣陵이라가 不克引還하다

【目】 北齊는 政令이 번잡하고 賦稅가 무거웠기 때문에 長江 이북의 백성들은 北齊에게 귀속되는 것을 즐거워하지 않았다. 그곳의 호걸들이 자주 王僧辯에게 군대를 출동하여 〈북제를 토벌할 것을〉 청하였는데, 왕승변이 북제와 우호관계를 통해야 한다고 여겨서 허락하지 않았다.

7월에 廣陵의 僑人 朱盛 등이 몰래 무리를 모으고, 북제의 刺史 溫仲邕을 기습하여 죽이기로 모의하고 사자를 파견하여 陳霸先에게 원조를 요청하다가 모의가 누설되었다. 진패선이 이어서 군대를 진격시켜 廣陵을 포위하였다.

北齊主(文宣帝)가 사신을 보내어 왕승변과 진패선에게 말하기를 "광릉의 포위를 풀어 주기 바랍니다. 반드시 廣陵·歷陽 두 성을 돌려드릴 것입니다."라고 하였다. 진패선이 군사를 이끌고 京口로 돌아오니, 장강 이북에 사는 백성들 중에 진패선을 따라서 장강을 건넌 사람이 1만여 명이었다.

齊가 政煩賦重이라 江北之民이 不樂屬齊하다 其豪傑이 數(삭)請兵於王僧辯호대 僧辯이 以與齊通好라하여 不許러니 七月에 廣陵僑人朱盛等이 潛聚黨하고 謀襲殺齊刺史溫仲邕하고 遣使求援이라가 謀泄[①]라 霸先이 因進軍圍廣陵하다 齊主가 使告王僧辯及霸先曰 請釋廣陵之圍하노이다 必歸廣陵歷陽兩城호리라 霸先이 引兵還京口하니 江北之民이 從霸先濟江者가 萬餘口러라

① 僑는 나그네로 寓居하는 것이다. 〈'求援'이〉 ≪資治通鑑≫에 "求援於陳霸先(陳霸先에게 원조를 요청하였다.)"이라고 하였다.
僑, 旅寄也. 通鑑 "求援於陳霸先."

【綱】 梁나라 蕭循이 西魏에서 江陵으로 돌아갔다.

梁蕭循이 自魏歸于江陵하다

【目】 蕭循이 西魏에 항복할 적에 宇文泰가 그를 남쪽으로 돌려보내겠다고 약속하였지만 오래 지나도 보내지 않았다. 우문태가 조용히 劉璠에게 묻기를 "내가 옛날의 누구와 견주겠는가?"라고 하니, 대답하기를 "저 유번은 항상 공을 湯王·武王으로 여겼으나, 오

늘 보는 바로는 일찍이 齊나라 桓公·晉나라 文公만 못합니다."라고 하였다. 우문태가 말하기를 "어찌 그런 것이오?"라고 하니, 대답하기 "제나라 환공은 세 개의 멸망한 국가를 보존시키고, 진나라 문공은 原을 정벌한 때에 신의를 잃지 않았습니다."라고 하였다. 말이 채 끝나지 아니하였는데, 우문태가 손바닥을 어루만지면서 말하기를 "내 그대의 뜻을 이해하였소."라고 하였다. 마침내 소순을 후하게 예우하여 江陵으로 돌려보냈는데, 소순이 문무의 천 가구로 자신을 따르게 하니, 상동왕이 그를 의심하여 사신을 보내어 엿보고 〈사람들을 보내서〉 그 재물을 강탈하도록 명하였는데, 마침 소순이 말과 병장기를 바치겠다고 계문을 보내니, 상동왕이 안심하였다.

蕭循之降魏也에 宇文泰가 許其南還하나 久而未遣이러니 從容問劉璠曰 我가 於古에 誰比오 對曰 璠이 常以公爲湯武러니 今日所見은 曾桓文之不如러라 泰曰 何也오 對曰 齊桓은 存三亡國하고 晉文은 不失信於伐原①이니이다 語未竟이어늘 泰가 撫掌曰 我는 解爾意라하고 乃厚禮循하여 遣還江陵이어늘 循이 以文武千家自隨하니 湘東王이 疑之하여 遣使覘察하고 命劫竊其財하다 循이 啓輸馬仗하니 王이 乃安之하다

① ≪春秋左氏傳≫ 僖公 19년에 "齊나라 桓公은 세 개의 멸망한 국가를 보존시켜서 諸侯에 속하게 하였다. 註에 '세 개의 멸망한 국가는 魯·衛·邢이다. 閔公 원년(B.C. 661)에 〈齊나라 仲孫湫가〉 魯나라의 난리를 살폈고, 僖公 원년(B.C. 659)에 邢나라에 성을 쌓았고, 2년에 衛나라를 봉하였다.'라고 하였다." 하였다. 原은 지명이다. ≪춘추좌씨전≫ 僖公 25년에는 "晉侯가 原을 포위할 때에 3일 치의 식량만 가지고 가도록 명하였더니, 原人이 항복하지 않자 진후는 撤軍을 명하였다. 이때 原에 잠입했던 첩자가 나와서 '原이 장차 항복하려 합니다.' 하였는데, 軍吏가 '저들의 항복을 기다리소서.' 하니, 희공이 말하기를 '信은 나라의 보배로 백성들이 비호받는 것이다. 原을 얻고 信을 잃는다면 무엇으로 백성을 비호하겠는가. 잃는 것이 더욱 많을 것이다.' 하고, 30리를 물러나자 原이 항복하였다."라고 하였다.
左傳僖十九年 "齊桓公存三亡(四)〔國〕[36]以屬諸侯. 註 '三亡國魯·衛·邢. 閔元年省魯難, 僖元年城邢. 二年封衛.'" 原, 地名. 左傳僖二十五年 "晉侯圍原, 命三日之糧, 原不降, 命去之. 諜出曰 '原將降矣.' 軍吏曰 '請待之.' 公曰 '信, 國之寶也. 民之所庇也, 得原失信, 何以庇之, 所亡滋多.' 退一舍而原降."

【綱】 겨울 10월에 北齊가 長城을 쌓았다.

冬十月에 齊가 築長城하다

36) (四)〔國〕: 저본에는 '四'로 되어 있으나, ≪春秋左氏傳≫ 僖公 19년 조에 의거하여 '國'으로 바로잡았다.

【目】黃櫨嶺에서부터 長城을 쌓기 시작하여 북으로 社平戍에 이르렀으니 400여 리였고, 36개의 수자리를 설치하였다.

自黃櫨嶺起長城하여 北至社平戍하니 四百餘里요 置三十六戍①하다

① 櫨는 음이 盧이다. ≪北齊書≫ 〈斛律金傳〉을 살펴보면 "黃櫨嶺은 烏突戍의 동쪽에 있다."라고 하였다. '社平'은 ≪北齊書≫ 〈帝紀〉에 '社干'으로 되어 있다.
櫨, 音盧. 按斛律金傳, "黃櫨嶺在烏突戍東." 社平, 齊紀作社(子)〔干〕[37].

【綱】梁나라 湘州刺史 王琳이 하옥되니, 그의 長史 陸納이 湘州로 들어가서 〈양나라를〉 배반하였다.

梁湘州刺史王琳이 下獄하니 其長史陸納이 入于湘州하여 以叛하다

【目】王琳은 본래 會稽의 武人 집안사람으로 그의 자매가 모두 湘東王 궁에 들어온 것 때문에 왕림은 젊어서 상동왕의 측근으로 있었다. 왕림이 용맹을 좋아하고 몸을 굽혀 선비들에게 낮추었고 상으로 하사받은 물품은 집에 들여놓지 않았다. 그의 휘하에 있는 1만 명은 대부분 長江・淮水의 도둑 떼들이었다. 그는 王僧辯을 따라서 侯景을 평정하여 杜龕과 더불어 공로가 제1위에 있었다. 建康에 있으면서 총애를 믿고 마구 난폭하였으나, 왕승변이 금지하지 못하였다. 마침내 왕승변이 몰래 상동왕에게 상주하여 왕림을 죽일 것을 청하였다.

상동왕이 왕림을 湘州刺史로 삼자 왕림은 화가 미칠 것이라고 스스로 의심하여 長史 陸納을 시켜서 부대를 인솔하여 湘州에 가도록 하고, 자신은 江陵에 갈 적에 육납 등에게 말하기를 "내가 만약 돌아오지 않으면 그대들은 장차 어디로 가겠는가?"라고 하니, 모두 말하기를 "따라 죽겠습니다."라고 하고, 서로 울면서 헤어졌다. 〈왕림이〉 강릉에 도착하자 상동왕은 왕림을 刑吏에게 취조하게 하였다.

상동왕은 아들 蕭方略으로 왕림을 대체하게 하고 黃羅漢을 長史로 삼고, 太舟卿 張載와 함께 巴陵에 도착하여 왕림의 군대를 장악하도록 하였다. 장재는 상동왕의 총애를 받았는데, 부하를 관리함이 엄격하고 가혹하니, 荊州의 사람들은 그를 미워하기를 원수와 같이 하였다.

37) (子)〔干〕: 저본에는 '子'로 되어 있으나, ≪北齊書≫ 권4 〈帝紀4 文宣〉에 의거하여 '干'으로 바로잡았다.

〈장재와 황나한 등이 왕림의〉 군대에 도착하여서는 육납과 병사들이 나란히 통곡을 하며 명령을 받지 않았다. 장재를 죽이고 황라한은 청렴하고 근신하였기 때문에 죽음을 벗어났다. 〈육납은〉 여러 장군들과 군사를 이끌고 상주를 습격하여 점거하였다.

琳은 本會稽兵家로 其姊妹皆入湘東王宮이라 故琳이 少在王左右러니 琳이 好勇하고 傾身下士하고 所得賞賜를 不以入家하니 麾下萬人은 多江淮群盜러라 從王僧辯平侯景하여 與杜龕功居第一이라 在建康에 恃寵縱暴하되 僧辯이 不能禁하다 乃密啓王하여 請誅琳하니 王이 以琳爲湘州한대 琳이 自疑及禍하여 使長史陸納으로 帥部曲赴州하고 身詣江陵할새 謂納等曰 吾若不返인대 子將安之[①]오 咸曰 請死之호리라하고 相泣而別이러니 至江陵하여는 王이 下琳吏하다 以子方略으로 代琳하고 以黃羅漢爲長史하고 使與太舟卿張載로 至巴陵하여 據琳軍[②]하니 載가 有寵於王하더니 御下峻刻하니 荊人이 疾之如讐러니 至軍하여는 陸納及士卒이 竝哭不受命하다 殺載하고 以羅漢은 淸謹而免之하다 與諸將引兵襲據湘州하다

① 之는 가다는 뜻이다.
之, 往也.
② ≪五代志≫에는 "太舟卿은 梁나라 초기에 都水臺使者였는데 天監 7년(508)에 바꾸었다. 지위는 中書郎에 견주었고 列卿의 최하였다. 舟航·堤渠를 주관하였다."라고 하였다.
五代志 "太舟卿, 梁初爲都水臺使者, 天監七年改焉, 位視中書郎, 列卿之最末者也, 主舟航·堤渠."

【綱】 11월에 梁主(元帝) 蕭繹이 즉위하였다.

十一月에 梁主繹이 立하다

【目】 梁나라 公卿과 藩鎭들이 자주 湘東王(蕭繹)에게 황제의 자리에 나아가기를 권하니, 상동왕이 마침내 江陵에서 즉위하였다. 이날에 그는 正殿에 오르지 않고 公卿과 대신들을 그의 좌우에 늘어서게 할 뿐이었다. 侯景의 난리에 〈양나라〉 州·郡의 태반이 西魏로 들어가게 되었다. 巴陵 이하에서 建康까지는 장강을 경계로 하고, 荊州 경계는 북쪽으로 武寧까지 이르며, 서쪽으로 硤口에 도달하였으며, 嶺南은 다시 蕭勃이 차지하였다. 조정의 詔令이 시행되는 곳은 천 리 이내였고 호적에 기록된 百姓 戶口가 3만 명을 채우지 못하였다.

梁公卿藩鎭이 數(삭)勸進於湘東王하니 王이 遂卽位於江陵하다 是日에 不升正殿하고 公卿은

陪列而已러라 侯景之亂에 州郡이 太半入魏라 自巴陵以下至建康히 以長江爲限하고 荊州界는 北盡武寧하며 西拒硤口하며 嶺南은 復爲蕭勃所據하다 詔令所行은 千里而近이요 民戶著籍이 不盈三萬①이라

①'北盡武寧'은 岳陽王 蕭詧과 경계를 나눈 것이다. '西拒硤口'는 武陵王 蕭紀와 경계를 나눈 것이다. '硤'은 '峽'으로 써야 한다.
北盡武寧, 與岳陽王詧分界. 西拒硤口, 與武陵王紀分界. 硤, 當作峽.

【綱】 梁나라가 蕭循을 湘州刺史로 삼으니 陸納이 巴陵을 습격하였는데, 소순이 그를 공격하여 격파하였다.

梁이 以蕭循爲湘州刺史하니 陸納이 襲巴陵이어늘 循이 擊敗之하다

【目】 陸納은 衡州刺史 丁道貴를 淥口에서 습격하여 그의 무리를 격파하고 그 무리들을 항복시켰다. 梁主(元帝)는 그 소식을 듣고 王僧辯 등을 불러서 蕭循과 함께 육납을 토벌하도록 하자, 소순이 巴陵에 진을 치고서 그들을 기다렸다. 얼마 뒤에 육납이 항복을 청하고 처자를 〈인질로〉 보내겠다고 하자 소순이 말하기를 "이것은 거짓이며 반드시 우리를 기습할 것이다."라고 하고, 마침내 몰래 그것을 대비하였다. 육납이 과연 밤에 경무장한 병사를 파견하여 북을 치고 소리를 지르자 군대 안이 모두 놀랐다. 소순이 胡牀에 앉아서 보루의 문에서 그것을 바라보고 조금도 두려워하는 기색이 없이 서서히 장수와 병사를 배치하고서 그들을 공격하여 함선 1척을 포획하자 육납이 물러나서 長沙를 지켰다.

陸納이 襲擊衡州刺史丁道貴於淥口하여 破之하고 降其衆①하니 梁主가 聞之하고 徵王僧辯等하여 與蕭循共討納한대 循이 軍巴陵以待之러니 頃之에 納이 請降求送妻子어늘 循曰 此詐也며 必將襲我라하고 乃密爲之備러니 納이 果夜以輕兵繼至하여 鼓譟한대 軍中이 皆驚하다 循이 坐胡牀하여 於壘門望之하고 略無懼色하여 徐部分將士擊之하여 獲其一艦하니 納이 退保長沙하다

①淥은 음이 綠이다. 衡州는 衡陽縣에 치소를 두었다. 형양현 동쪽 20리에 酃湖가 있는데 그 물이 맑아 綠色이며 물을 취하여 술을 빚으면 맛이 감미로워 '酃淥'이라고 한 것이다. 淥口는 곧 酃湖口이다.
淥, 音綠. 衡州, 治衡陽縣. 縣東二十里有酃湖, 其水湛然綠色, 取以釀酒, 甘美, 謂之酃淥. 淥口, 卽酃湖口也.

癸酉年(553)

梁나라 世祖 孝元帝 蕭繹 承聖 2년이고 西魏主 元欽 2년이고 北齊 顯祖 文宣帝 高洋 天保 4년이다.

梁承聖二年이요 魏主欽二年이요 齊天保四年이라

【綱】 봄 정월에 西魏 太師 宇文泰가 스스로 都督中外諸軍事를 더하였다.

春正月에 **魏太師泰**가 **自加都督中外諸軍事**하다

【綱】 2월에 突厥 伊利可汗이 죽었는데 아우 木杆可汗 俟斤이 즉위하였다.

◑ **二月**에 **突厥伊利可汗**이 **死**어늘 **弟木杆可汗俟斤**이 **立**하다

【目】伊利可汗이 죽었는데 아들 科羅가 즉위하여 호칭을 乙息記可汗이라고 하더니, 얼마 뒤에 죽었다. 그의 아들 攝圖를 세우지 않고 그의 아우 俟斤을 세워서 호칭을 木杆可汗이라고 하였다. 목간가한이 용감하고 강하며 지략이 많고 用兵을 잘하여 이웃 나라가 그를 두려워하였다.

伊利死어늘 子科羅가 立하여 號를 乙息記可汗이라하더니 尋卒①하니 捨其子攝圖而立其弟俟斤하여 號를 木杆可汗②이라하니 木杆이 剛勇하며 多智略하고 善用兵하여 隣國이 畏之하다

① ≪資治通鑑考異≫에는 "顔師古는 ≪隋書≫ 〈突厥傳〉에 '아우 逸可汗을 세웠다.' 하였는데, 지금은 ≪周書≫와 ≪北史≫를 따랐다."라고 하였다.
考異曰 "顔師古隋書突厥傳云 '弟逸可汗立.' 今從周書及北史."

② 俟는 渠之의 切이다. 杆은 公旦의 切이다.
俟, 渠之切. 杆, 公旦切.

【綱】 3월에 梁나라 武陵王 蕭紀가 江陵을 정벌하였는데, 西魏가 大將軍 尉遲迥을 파견하여 成都를 정벌하여 강릉을 구원하였다.

三月에 **梁武陵王紀**가 **伐江陵**이어늘 **魏**가 **遣大將軍尉遲迥**하여 **伐成都以救之**[38]하다

【目】 武陵王 蕭紀가 여러 군대를 이끌고 동쪽으로 내려갈 적에 蕭撝를 남겨 成都를 지키도록 하였다. 梁主(元帝)는 이 소식을 듣고 方士를 시켜서 판자에 소기의 초상을 그리게 하여, 친히 사지와 몸체에 못을 박아 그를 저주하였다. 소기의 世子 蕭圓照는 이때에 巴東에 진수하고 있어서 〈소기에게〉 계문을 보내 말하기를 "侯景이 아직 평정되지 않았고, 荊鎭(江陵)이 이미 후경에게 격파되었다고 하니, 의당 속히 진군하여 후경을 토벌해야 합니다."라고 하였다. 소기가 그 말을 믿고서 군사를 재촉하여 동쪽으로 내려가도록 하였다. 梁主가 매우 두려워하여 西魏에 편지를 보내기를 "子糾는 친속이니 君主께서 토벌하기를 청합니다."라고 하였다.

宇文泰가 말하기를 "蜀 지역을 빼앗고 梁나라를 제압하는 것은 이 한번의 거사에 있다."라고 하였다. 여러 장수들이 모두 그것을 어렵다고 생각하였으나, 大將軍인 尉遲迥만은 우문태의 생질이었는데 홀로 이길 수 있다고 생각하였다. 우문태가 방략을 물으니, 울지형이 말하기를 "촉 지역이 중국과 단절된 지 1백여 년이 되었기 때문에 그 지세가 험준하고 위치가 멀다는 것을 믿고 우리가 도달할 것을 걱정하지 않으리니, 만약 철갑 기병으로 두 배의 속도로 길을 달려 습격하면 이기지 못할 것이 없습니다."라고 하였다. 우문태가 마침내 울지형을 파견하여 散關에서부터 촉 지역을 토벌하였다.

武陵王紀가 帥諸軍東下할새 留蕭撝守成都러니 梁主가 聞之하고 使方士畵版爲紀像하여 親釘支體以厭(엽)之①러라 世子圓照가 時에 鎭巴東②하여 啓云 侯景未平이어늘 荊鎭이 已爲所破하니 宜急進討③하니라 紀가 信之하여 趣(촉)兵東下④하다 梁主가 甚懼하여 與魏書曰 子糾는 親也니 請君討之⑤하노라 宇文泰曰 取蜀制梁이 在玆一擧니라 諸將이 咸難之⑥어늘 大將軍尉遲迥은 泰之甥也라 獨以爲可克이라하다 泰가 問以方略한대 迥曰 蜀이 與中國隔絶이 百有餘年이라 恃其險遠하여 不虞我至하리니 若以鐵騎로 兼行襲之하면 無不克矣리라 泰가 乃遣迥하여 自散關伐蜀⑦하다

① 畵(그림)는 畫와 같다. 釘(박다)은 丁定의 切이다. 厭(누르다)은 一涉의 切이다.
畵, 與畫同. 釘, 丁定切. 厭, 一涉切

---

38) 梁武陵王紀……伐成都以救之 : "蕭紀는 일찍이 황제를 일컬었는데 여기서 '武陵王'이라고 한 것은 어째서인가. 소기가 황제가 된 것을 인정하지 않은 것이다. 황제가 된 것을 인정하지 않았는데, 어찌하여 '정벌했다[伐]'고 기록하였는가. 이때에 소기의 世子 蕭圓照가 계문을 보내 말하기를 "후경이 아직 평정되지 않았는데, 荊鎭이 이미 후경에게 격파되었다."라고 하였다. 소기가 그 말을 믿고서 군사를 재촉하여 동쪽으로 내려가도록 하였다. ≪資治通鑑綱目≫에서 기록하기를 '江陵을 정벌하였다.[伐江陵]'라고 하였으니, 소기의 애초 뜻을 헤아린 것이다. 그러나 소기도 죄인이다. 그러므로 西魏의 군사에도 역시 '정벌했다[伐]'고 일컬었다.[紀嘗稱帝矣 此其曰武陵王 何 不成紀之爲帝也 不成之爲帝 則曷爲書伐 於是紀世子圓照啓云 侯景未平 荊鎭已爲所破 紀信其言 趣兵東下 綱目書曰 伐江陵 亮紀之初志也 然紀罪人也 故魏兵亦稱伐]" ≪書法≫

② 巴東은 信州이다.
巴東, 信州.

③ ≪資治通鑑≫에는 "侯景에게 격파를 당하였다."라고 하였다.
通鑑"爲景所破."

④ 趣(재촉하다)은 促으로 읽는다.
趣, 讀曰促.

⑤ 子糾는 春秋時代 齊나라 僖公의 庶子이다. ≪春秋左氏傳≫ 莊公 8년에 "齊나라 鮑叔牙가 말하기를 '난리가 장차 일어날 것이다.' 하고, 公子 小白을 모시고 莒나라로 도망갔다. 난리가 일어나자 〈管夷吾와 召忽이〉 公子 糾를 모시고 魯나라로 도망왔다. 9년에 莊公이 齊나라를 정벌하자 子糾를 받아들였는데 소백이 莒나라에서 〈제나라로〉 먼저 들어갔다. 鮑叔이 군사를 거느리고 와서 말하기를 '자규는 친속이니 君主께서 토벌하기를 청합니다.'하였다. 마침내 자규를 生竇에서 죽였다."라고 하였다.
子糾春秋齊僖公庶子也. 左傳莊八年"齊鮑叔牙曰'亂將作矣.' 奉公子小白出奔莒. 亂作, 公子糾來奔. 九年公伐齊, 納子糾, 小白自莒先入. 鮑叔帥師來言曰'子糾, 親也, 請君討之.' 乃殺子糾于生竇."

⑥ 〈'咸難之'는〉 모두 어렵다고 생각하는 것이다.
咸以爲難也.

⑦ 散關은 梁州 梁泉縣에 있으며 평소 蜀 지역의 중요한 길목이다.
散關, 在梁州梁泉縣, 素蜀要路.

【綱】 여름 4월에 梁나라가 王僧辯을 파견하여 湘州를 포위하였다.

夏四月에 **梁**이 **遣王僧辯**하여 **圍湘州**하다

【目】 **王僧辯**이 군대를 **車輪**에 주둔하였는데, **陸納**이 강가를 끼고 성을 쌓아서 왕승변을 막았다. 육납의 병사들이 모두 백전의 노련한 이들이었기 때문에 왕승변은 육납을 두려워하여 감히 가볍게 진격하지 못하고 천천히 성을 쌓아 연결하면서 육납의 군대를 핍박하였다. 육납은 왕승변이 겁을 낸다고 여기고 방비를 하지 않았는데, 왕승변이 모든 군대에게 강과 육지로 일제히 나아가 그들을 급히 공격하도록 명령하였다. 왕승변이 직접 깃발을 잡고 북을 두드리고, **蕭循**은 친히 화살과 돌을 맞으며 육납의 2개 **城**을 함락하였다. 육납의 무리가 크게 패하여 달아나서 **長沙**를 지키자 왕승변이 나아가서 장사를 포위하였다.

왕승변이 논두렁 위에 앉아서 병사들이 보루(성)를 에워싸는 〈토산을〉 쌓고 있는 것

을 살폈다. 육납이 吳藏 등을 파견하여 정예 군사 1천 명을 거느리고서 성문을 열고 돌진하여 방패로 막으며 〈왕승변에게〉 곧장 진격하였다. 杜崱・杜龕이 甲士 1백여 명과 힘써 싸워서 그들을 막았고 왕승변은 胡牀에 걸터앉아 꿈쩍도 하지 않았다. 裴之橫이 곁에서 오장 등을 공격하자 오장 등이 마침내 패하여 물러났다.

僧辯이 軍于車輪이어늘 陸納이 夾岸爲城以拒之①하니 納士卒이 皆百戰之餘라 僧辯이 憚之하여 不敢輕進하고 稍作連城하여 以逼之하니 納이 以僧辯爲怯이라하여 不設備어늘 僧辯이 命諸軍水陸齊進하여 急攻之하고 僧辯이 親執旗鼓하고 蕭循은 身受矢石하며 拔其二城하니 納衆이 大敗하여 走保長沙한대 僧辯이 進圍之하니 僧辯이 坐壟上하여 視築圍壘러니 納이 遣吳藏等帥銳卒千人하여 開門突出하여 蒙楯直進한대 杜崱杜龕이 與甲士百餘人으로 力戰拒之하고 僧辯이 據胡牀不動하다 裴之橫이 從旁擊之한대 藏等이 乃退②하다

① 車輪의 지역은 湘江의 요충지를 점유하였는데 長沙와 멀지 않다.
車輪之地, 蓋據湘江之要, 去長沙不遠.
② 裴之橫은 裴之高의 동생이다.
之橫, 之高之弟也.

【綱】 西魏 군사가 成都를 포위하였는데 梁나라 武陵王 蕭紀가 군사를 되돌려 구원하여 西陵에 주둔하였다.

魏師가 圍成都어늘 梁武陵王紀가 還兵救之하여 次于西陵하다

【目】 武陵王 蕭紀가 巴郡에 도착하여서는 〈蜀 지역을 쳐들어온〉 西魏의 군사가 있다는 소식을 듣고 譙淹을 파견하여 군사를 돌이켜 촉 지역을 구원하도록 하였다. 예전에 潼州刺史 楊乾運의 형 아들 楊略이 양건운을 설득하기를 "지금 侯景이 평정된 초기에 의당 마음을 함께하고 힘을 다하여 나라를 지키고 백성을 편안하게 하여야 하는데 형제들끼리 전쟁을 하니, 이것은 스스로 멸망하는 길입니다. 關中(西魏)에 정성을 바쳐 공로와 명성 두 가지를 보전하는 것만 못합니다."라고 하니, 양건운은 옳다고 여겼다.

尉遲迥이 涪水에 도착하자 양건운이 潼州를 가지고 항복하였는데 울지형이 군대를 내보내 成都를 습격하였다. 이때 성도에는 현재 군인이 만 명을 넘지 못하였고 창고도 텅 비었으나 蕭撝가 농성하며 스스로 지켰는데 울지형이 이를 포위하였다. 초엄이 병사를 파견하여 원조하자, 울지형이 그들을 격파하였다.

소기는 巴東에 도착하여 후경이 이미 평정되었다는 것을 알고 마침내 후회하여 蕭圓照를 불러서 그를 나무라니, 대답하기를 "후경이 비록 평정되었으나 江陵(蕭繹)이 아직 항복하지 않았습니다."라고 하였다. 소기 역시 이미 帝를 칭하였으니, 다시 다른 사람의 아래에 있을 수 없었기 때문에 드디어 동쪽으로 진격하려고 하였다.

장수와 병사들이 주야로 고향으로 돌아갈 것을 생각하여 모두 마땅히 근거지(成都)를 구해야 하고 후일에 도모할 것을 다시 생각해야 한다고 하였다. 소원조와 劉孝勝이 군이 〈철군은〉 안 된다고 말하자 소기가 그 말을 따라서 무리들에게 선언하여 말하기를 "감히 간언하는 사람은 죽을 것이다."라고 하고, 마침내 西陵에 도착하여서는 군세가 매우 강성하였다. 陸法和가 硤口의 장강의 양 연안에 두 개의 성을 쌓고 돌을 날라서 강을 메우고 쇠사슬로 뱃길을 차단하였다.

武陵王紀가 至巴郡하여는 聞有魏兵하고 遣譙淹還軍救蜀하다 初에 潼州刺史楊乾運의 兄子略이 說(세)乾運曰 今侯景이 初平에 宜同心戮力하고 保國寧民이어늘 而兄弟尋戈하니 此는 自亡之道也라 不如送款關中하여 可以功名兩全이니라 乾運이 然之러니 迥이 至涪水한대 乾運이 以州降이어늘 迥이 進襲成都①하니 時에 成都見(현)兵이 不滿萬人이요 倉庫가 空竭이라 蕭撝가 嬰城自守어늘 迥이 圍之러니 譙淹이 遣兵赴援한대 迥이 擊破之하다 紀가 至巴東하여 知侯景已平하고 乃悔하여 召圓照責之하니 對曰 侯景이 雖平이나 江陵이 未服하니이다 紀가 亦已稱尊號하니 不可復爲人下라 欲遂東進이러니 將卒이 日夜思歸하여 皆以爲宜還救根本하고 更思後圖라하다 圓照及劉孝勝이 固言不可라한대 紀가 從之하여 宣言於衆曰 敢諫者는 死하리라하고 遂至西陵하여는 軍勢가 甚盛이라 陸法和가 築二城於硤口兩岸하고 運石塡江하고 鐵鎖로 斷之러니

① 涪는 음이 浮이다. 涪水는 龍州에서 潼州의 경계로 들어간다. 동주의 치소가 涪에 있고 그 성이 서쪽으로 涪水에 임해 있다.
涪, 音浮. 涪水自龍州入潼州界. 潼州治涪, 其城西臨涪水.

【目】 梁主(元帝)가 任約을 감옥에서 내보내서 육법화를 돕도록 하였다. 蕭紀가 성을 쌓아 연결하고 공격하여 쇠사슬을 끊자 梁主는 다시 謝答仁을 감옥에서 내보내서 병사를 배속시켜 육법화를 돕도록 하였다.

梁主가 拔任約於獄하여 使助法和①라 紀가 築連城하고 攻絶鐵鎖한대 梁主는 復拔謝答仁於獄하여 配兵하여 使助法和②하다

① 大寶 2년(551)에 陸法和가 任約을 살려준 적이 있었는데, 이런 옛 은혜가 있기 때문에 그

를 돕도록 한 것이다.

大寶二年, 法和活約, 是有舊恩, 故使助之.

② 지난해 侯景이 패하고 謝答仁을 잡았는데 죽이지 않고 감옥에 가두었다.

去年, 侯景敗, 得謝答仁, 不殺而囚之.

【綱】 6월에 梁나라가 다시 王琳을 湘州刺史로 삼으니, 陸納이 항복하였다.

六月에 **梁**이 **復以王琳爲湘州刺史**하니 **陸納**이 **降**하다

【目】 梁主(元帝)가 사신을 파견하여 王琳을 〈陸納에게〉 보내어 육납을 설득하여 타이르도록 하였다. 王僧辯이 사신을 파견하여 〈왕림을〉 보내어 〈성안의 사람들에게〉 보여주자 육납의 무리들이 모두 절을 하고 또 울었다. 사신이 왕승변에게 말하기를 "조정이 만약 王郎(王琳)을 사면하신다면 그를 성으로 들여보내주십시오."라고 하였다. 梁主가 그의 말을 따랐다. 육납이 마침내 항복하였는데, 양주가 왕림의 관직과 작위를 회복시켜주고 그에게 長沙의 군사를 거느리고 서쪽으로 가서 峽口를 지원하게 하였다.

梁主가 遣使送王琳하여 令說(세)諭陸納이어늘 僧辯이 使送示之한대 納衆이 悉拜且泣하니 使謂僧辯曰 朝廷이 若赦王郎인대 乞聽入城하노이다 梁主가 從之하니 納이 遂降이어늘 梁主가 復琳官爵하고 使將長沙兵西援峽口하다

【綱】 가을 7월에 梁나라 武陵王 蕭紀의 무리들이 궤멸되었다. 梁主(元帝)가 소기를 죽이고 여러 자식들도 죽였다.

秋七月에 **梁武陵王紀衆潰**라 **梁主**가 **殺之**하고 **及其諸子**[39]하다

【目】 武陵王 蕭紀가 장군 侯叡를 파견하여 陸法和와 함께 서로 대치하도록 하였다. 梁主(元帝)가 사신을 파견하여 소기에게 편지를 보내어 그가 蜀 지역으로 돌아가서 한 지역을 오로지 다스릴 것을 허락하였는데, 소기는 따르지 않았다. 소기는 군사를 주둔시킨

39) 梁武陵王紀衆潰……及其諸子 : "蕭紀를 죽인 자는 樊猛인데 어찌하여 梁主라고 기록하였는가. 양주는 은밀하게 번맹에게 조칙을 내려 반드시 소기를 죽이게 하고야 말았는데 번맹은 본래 소역의 사냥매나 사냥개였다. 앞에서 蕭繹이 豫章王 蕭棟을 죽이는 것을 기록함에도 역시 그러하였다. 蕭繹이 종족을 살해하는 것이 이와 같았으니 天道가 과연 용서하겠는가.〔殺紀者樊猛 何爲以梁主書之 梁主密敕樊猛 必使殺之而後已 猛固繹之鷹犬也 前書繹殺豫章王棟亦然 繹戕害宗黨若此 天道果容之乎〕" 《發明》

날이 오래되어 자주 싸움에서 불리하고, 또 西魏의 군대가 깊이 〈蜀 지역에〉 들어와서 成都가 고립되어 위태롭다는 소식을 들었기 때문에 근심과 번민으로 어떻게 해야 할 바를 몰랐다. 이에 樂奉業을 江陵에 보내어 〈梁主에게〉 화해를 요구하였다. 악봉업이 〈소기가 패망할 것을 알고는〉 梁主에게 계문을 올려 말하기를 "蜀軍이 식량이 부족하여 병사가 대부분 죽었으니, 위태로이 망할 날을 기다릴 지경입니다."라고 하자, 梁主가 마침내 화의를 허락하지 않았다.

武陵王紀가 遣將侯叡하여 與陸法和相拒러니 梁主는 遣使與紀書하여 許其還蜀專制一方호대 紀는 不從이러니 頓兵日久하고 頻戰不利요 又聞魏寇가 深入하여 成都孤危라 憂懣不知所爲하다 乃遣樂奉業하여 詣江陵求和하더니 奉業이 啓梁主曰 蜀軍이 乏糧하여 士卒이 多死하니 危亡을 可待라한대 梁主는 遂不許其和하다

【目】 蕭紀가 黃金 1근을 餠(떡)처럼 만들고 병 1백 개를 한 상자로 만들어서 1백 개의 상자를 갖게 되었고, 銀은 5백 상자였으며, 錦緞(무늬가 있는 비단)과 繒綵(빛깔이 화려한 비단)도 〈가치가〉 금은과 비슷하였다. 싸울 때마다 이 물건들을 장수와 병사들에게 내걸어 보였으나 이를 상으로 주지 않았다. 누군가가 이 재물들을 쓸 일이 있다고 청하면 소기는 병을 핑계 대고 만나지 않았다.

巴東의 백성이 峽口城 城主를 참수하고 왕림에게 항복하였다. 謝荅仁·任約이 侯叡에게 진격하여 그를 격파하여 3개의 보루를 탈취했다. 이에 長江 양쪽 연안에 있는 14개의 성이 모두 항복하였다. 소기가 退路를 얻지 못하고 물결을 따라 동쪽으로 내려갔는데 장군 樊猛이 그를 쫓아가며 공격하니, 소기의 군대가 크게 무너져 강물에 뛰어들어 죽은 사람이 8천여 명이었다. 번맹이 소기를 포위하고 지켰는데 梁主(元帝)가 번맹에게 은밀하게 칙서를 내리기를 "만약 〈소기가〉 살아 돌아오면 〈그대는〉 功을 이루지 못한 것이다."라고 하니, 번맹이 마침내 소기와 그의 어린 아들 蕭圓滿까지 참수하고, 陸法和는 蕭圓照의 형제 3명을 잡아서 江陵으로 보냈다. 梁主가 소기의 屬籍(종족의 호적)을 취소하고 소원조 등을 감옥에 가두고 음식을 끊어버리자, 자기 팔뚝을 갉아먹기에 이르렀다가 13일 만에 죽으니, 遠近에서 소식을 듣고 슬퍼하였다.

紀가 以黃金一斤爲餠하고 餠百爲篋하여 至有百篋하고 銀은 五倍之요 錦綵는 稱是는 每戰에 懸示將士호대 而不以爲賞하다 有請事者면 辭疾不見이라 巴東民이 斬峽口城主하고 降於王琳이라 謝荅仁任約이 進攻侯叡破之하여 拔其三壘하니 於是兩岸十四城俱降이라 紀가 不獲退하고 順流

東下①어늘 將軍樊猛이 追擊之하니 紀衆이 大潰하여 赴水死者가 八千餘人이라 猛이 圍而守之러니 梁主가 密敕猛曰 生還인대 不成功也니라 猛이 遂斬紀及其幼子圓滿하고 陸法和는 收圓照兄弟三人하여 送江陵하니 梁主가 絕紀屬籍하고 下圓照等於獄하고 絕其食한대 至齧臂啖之라가 十三日而死하니 遠近이 聞而悲之러라

① 여러 성이 이미 항복하였고, 江陵(元帝)의 병사들이 퇴로를 끊었기 때문에 퇴로를 얻지 못한 것이다.
諸城已降, 江陵兵斷道, 故不獲退.

【綱】 8월에 成都가 西魏에 항복하자 서위가 尉遲迥을 益州刺史로 삼았다.

八月에 成都가 降魏한대 魏가 以尉遲迥爲益州刺史하다

【目】 西魏 尉遲迥이 成都를 50일간 포위하자 蕭撝가 連戰連敗하고 마침내 항복하겠다고 청하였다. 여러 장군들은 허락하지 않으려 하자, 울지형이 말하기를 "그를 항복시키면 우리 장수와 병사가 온전하고 먼 곳의 백성들이 기뻐할 것이고, 그를 공격하면 우리 장수와 병사가 다치고 먼 곳의 백성들이 두려워할 것이오."라고 하니, 드디어 항복을 받아들였다.

관리와 백성들이 모두 생업으로 복귀하였고, 오직 奴婢와 儲積(저축 물자)만을 거두어서 장수와 병사에게 포상하니, 군대가 사사로이 약탈한 것이 없었다. 서위가 울지형을 益州刺史로 삼았다.

魏尉遲迥이 圍成都五旬한대 蕭撝가 屢戰皆敗하고 乃請降하다 諸將이 欲不許한대 迥曰 降之則將士全하고 遠人悅이요 攻之則將士傷하고 遠人懼라하고 遂受之하니 吏民이 皆復其業이요 唯收奴婢及儲積하여 以賞將士하니 軍無私焉이라 魏가 以迥爲益州刺史하다

【綱】 9월에 梁나라가 王僧辯을 파견하여 建康으로 돌아가게 하고 陳霸先은 京口로 돌아가게 하였다.

九月에 梁이 遣王僧辯하여 還建康하고 陳霸先還京口[40)]하다

40) 梁遣王僧辯……陳霸先還京口 : "內臣(국내 신료)을 돌아가게 한 것에는 '파견했다〔遣〕'라고 기록한 것이 없었는데 여기에서 '梁나라가 파견했다〔梁遣〕'라고 기록한 것은 어째서인가. 梁主를 허물 준 것이다. 이때에 梁主는 江陵에 안주하면서 두 명 장군을 파견해 돌아가게 하고는 마침내 〈梁主는〉 원

【目】 梁主(元帝)가 조서를 내려서 장차 建康으로 돌아가려 하니, 장군 胡僧祐・黃羅漢・宗懍・劉瑴이 간언하기를 "建業(建康)은 제왕의 기운이 이미 다하였고, 오랑캐와 바로 강 하나를 사이에 두고 있으니, 만약 예상치 못한 일이 발생한다면 후회해도 소용이 없을 것입니다."라고 하였다.

梁主가 조정의 신하들에게 이 일을 논의하도록 하니, 侍郎 周弘正・僕射 王褒가 말하기를 "지금 백성들이 輿駕(황제)가 건강에 들어오는 것을 아직 보지 못하여 황상을 列國의 여러 왕이라고 말하니, 바라건대 폐하께서는 四海 백성들의 소망을 따르십시오."라고 하였다. 당시 여러 신하들이 대부분 荊州 사람들이기 때문에 모두 말하기를 "주홍정 등이 東人이므로 동쪽으로 내려가려고 하지만 좋은 계책이 아닙니다."라고 하였다. 주홍정이 면전에서 논쟁하여 말하기를 "東人이라서 皇上을 동쪽으로 가기를 권하는 것이 훌륭한 계책이 아니라고 말한다면 西人이라서 서쪽으로 가려고 하는 것이 어찌 妙策이 된다는 것이오."라고 하였다.

또 後堂에서 논의하였는데, 모인 사람이 5백 명이었다. 梁主가 말하기를 "나에게 건강으로 가기를 권하는 사람은 左袒(왼쪽 어깨를 벗음)을 하라."라고 하니, 좌단한 사람이 반을 넘었다. 朱買臣이 梁主에게 말하기를 "건강은 梁나라의 옛날 도읍지이고 능묘가 있는 곳이며, 荊鎭(荊州)은 변경이므로 王者의 주거지가 아닙니다. 폐하께서는 의심하여 후회를 초래하지 마십시오. 신의 집이 형주에 있으니 어찌 폐하께서 여기에 거주하시기를 원하지 않겠습니까마는, 다만 이것이 신에게는 부귀하게 될 것이나 폐하께는 부귀하게 되지 않을까 우려될 뿐입니다."라고 하였다.

梁主가 術士 杜景豪를 시켜 점치게 하였더니, 〈점괘가〉 吉하지 않으니, 대답하기를 "길하지 않습니다."라고 하고, 조정에서 물러나오며 말하기를 "이 징조는 〈皇上이〉 鬼賊에게 붙들리는 것이다."라고 하였다. 梁主는 건강이 쇠잔하고 강릉이 온전하고 성대하여 속마음으로 또한 그곳을 편안하게 여겨 끝내 〈강릉에 있자는〉 호승우 등의 의견을 따랐다.

마침내 王僧辯에게 조서를 내려서 건강으로 돌아와 진수하도록 하고, 陳霸先을 다시 京口로 돌아가도록 하였다.

梁主가 下詔하여 將還建康이러니 將軍胡僧祐黃羅漢宗懍劉瑴이 諫曰 建業은 王氣已盡하고 與

조가 없어 망하였다. 기록을 '파견하여 돌아가게 하였다〔遣還〕'라고 기록한 것은 梁主의 잘못된 계책을 드러낸 것이다.〔內臣還 未有書遣者 此書梁遣 何 咎梁主也 於是梁主安於江陵 遣還二將 卒以無援而亡 書曰遣還 所以著梁主之失計也〕" ≪書法≫

虜正隔一江하니 若有不虞인대 悔無及也[①]니라 梁主가 令朝臣議之하니 侍郎周弘正僕射王褒曰 今百姓이 未見輿駕가 入建康하여 謂是列國諸王이니 願陛下는 從四海之望[②]하소서 時群臣은 多荊州人이라 皆曰 弘正等이 東人이라 故欲東下로되 然非計也[③]이니이다 弘正이 面折之曰 東人勸東을 謂非良計인댄 西人欲西가 豈長策乎아 又議於後堂이어늘 會者가 五百人이러니 梁主曰 勸吾去者는 左袒하라 左袒者가 過半이라 朱買臣이 言於梁主曰 建康舊都요 山陵所在며 荊鎭은 邊疆이라 非王者之宅[④]이니 願陛下勿疑하여 以致後悔하소서 臣家在荊州하니 豈不願陛下居此리오마는 但恐是臣富貴나 非陛下富貴耳일까하노이다 梁主가 使術士杜景豪卜之하니 不吉한대 對曰 未吉하니이다 退而言曰 此兆가 爲鬼賊所留也라하다 梁主는 以建康彫殘하고 江陵全盛하여 意亦安之하여 卒從僧祐等議하다 乃詔王僧辯還鎭建康하고 陳霸先復還京口하다

① 懍는 力稔의 切이며, 縠은 訖岳의 切이다. 王은 于況의 切(왕성하다는 의미)이며, 또 글자의 본음대로 읽는다(천자의 의미).
懍, 力稔切, 縠, 訖岳切. 王, 于況切, 又如字.
② 王褒는 王儉의 증손이다.
褒, 儉之曾孫也.
③ 周顗・王導는 長江 남쪽으로 건너온 이래 대대로 建康에 살았으므로 東人이라고 말한 것이다.
周顗・王導自南渡以來世居建康, 故謂爲東人.
④ 荊州는 변방에 있어서 晉나라부터 이래로 군사 요충지로 삼았다.
荊州被邊, 自晉以來爲重鎭.

【目】胡氏(胡寅)가 다음과 같이 평하였다.

“荊州가 비록 王者의 거주지가 아니지만 楚나라가 일찍이 王政을 했던 곳이었다. 옛날의 영웅들이 모두 무력을 사용하는 나라로 여겼으니, 어찌 도읍하지 못할 것이 있겠는가. 그러나 蕭繹에게는 불가하다. 종묘와 사직이 모두 建康에 있고 高祖(梁 武帝)가 분하게 崩한 곳이며 簡文帝(蕭綱)가 시해당한 곳이니, 당연히 능침을 건설해 받들어 아픈 마음을 죄다 드러내고 祊祧를 소제하여 제향을 하지 못했던 제사를 지내기를 겨를 없는 듯이 해야 한다. 가령 안으로는 襄陽의 난리가 없고 밖으로는 北齊・西魏의 근심이 없더라도, 지극히 번성한 江陵을 오히려 편안히 여겨 거처할 수 없는데, 지금 孝誠이 밝지 못하며 의로운 소문이 퍼지지 않고 다만 그 옛것만 보전하여 구차하게 존귀해지려 한다. 대개 이를 도리로 삼는다면 비록 1백만 명을 2만 명으로 막아내는 지세를 가졌다고 할지라도 남이 도모하여 탈취하는 것이 아마 발꿈치를 돌릴 겨를 없이 짧은

시간에 이루어질 것이다. 또한 어찌 강릉과 건강을 택할 것이 있겠는가."

胡氏曰 荊州가 雖非王者之宅이나 然楚嘗王之矣니 古之英雄이 皆以爲用武之國하니 何不可都之有리오 然於蕭繹엔 則不可也라 宗廟社稷이 皆在建康하고 高祖가 憤崩이며 簡文이 弑殞하니 所當營奉陵寢하여 伸至痛之情하고 糞除祊祧하여 修乏享之祀를 若弗暇也①니 正使內無襄陽之難하고 外無齊魏之虞라도 江陵至盛을 猶不能宴安而處矣어늘 今也에 孝誠不昭하며 義聲不播하고 第欲保其故有하여 偸爲尊顯하다 率此爲道인대 雖使據百二之勢나 其爲人圖取가 殆不旋踵하리니 又何江陵建康之擇乎②아

① '糞'은 소제한다는 뜻이다. 祊에는 두 가지 뜻이 있는데 첫째는 正祭 때에 사당에서 제사를 지내고 나서 또 사당 문 안에서 귀신을 구하는 것이다. 둘째는 내일 繹祭(正祭 다음 날 지내는 제사) 때에 사당 문 밖 西室에 음식을 진설하는 것이다. 祧는 신주를 祧廟로 옮기는 것이다.
糞, 掃也. 祊有二義, 一正祭時, 旣祭於廟, 又求神於廟門內. 二是明日繹祭時, 設饌於廟門外西室. 祧, 遷廟也.

② ≪史記≫ 〈漢高本紀〉에 "秦나라는 地勢가 뛰어난 나라이다. 黃河를 띠처럼 두르고 있고 산으로 막혀서 천 리나 멀리 떨어져 있어, 〈제후들의〉 창 가진 군사 100만을 진나라는 100분의 2로 감당할 수 있다."라고 하고, 注에 "100 중에서 2를 얻은 것이니, 땅의 형세가 험준하여 〈진나라 군사〉 2만 명으로 제후의 군사 100만 명을 감당해 내기에 충분한 것을 뜻한다."라고 하였다.
史記 "秦, 形勝之國. 帶河阻山, 縣隔千里, 持戟百萬, 秦得百二焉." 注 "得百中之二也, 謂地勢險固, 二萬人足當諸侯百萬人."

【綱】 梁나라가 陸法和를 郢州刺史로 삼았다.

梁이 以陸法和爲郢州刺史하다

【目】 陸法和는 정치를 할 때 刑獄을 사용하지 않고 오로지 沙門法과 西域의 幻術[41]로 교화를 하니, 部曲이 수천 명이었다.

法和爲政에 不用刑獄하고 專以沙門法[42]과 及西域幻術로 敎化하니 部曲이 數千人이러라

41) 幻術 : 사람의 눈을 어리어 속이는 기술을 말한다.

42) 沙門法 : 沙門은 桑門 · 喪門 · 沙門那 · 사라마나라고도 쓰며, 息心 · 功勞 · 勤息이라 번역한다. 부지런히 모든 좋은 일을 닦고, 나쁜 일을 일으키지 않는 이란 뜻이다. 외도 · 불교도를 불문하고, 처자 권속을 버리고 수도 생활을 하는 이를 총칭하는데, 후세에는 오로지 불문에서 출가한 이를 말한다. 비구와 같은 뜻으로 쓴다.

【綱】 北齊가 梁나라에 蕭退를 들어가게 하였다가 이기지 못하였다.

齊가 納蕭退于梁이라가 不克[43)]하다

【目】 北齊主(文宣帝)가 郭元建을 시켜 合肥에서 水軍을 훈련시켜 장차 建康을 습격하게 하고 〈북제에 있던〉 양나라 湘潭侯 蕭退를 양나라로 들여보냈다. 梁主(元帝)가 南豫州刺史 侯瑱을 보내서 東開에서 북제와 싸워 패퇴시켰다. 〈북제 병사들이〉 빠져 죽은 자가 1만 명이었고, 북제 군사가 퇴각하였다.

齊主가 使郭元建治水軍於合肥하여 將襲建康하고 納梁湘潭侯退러니 梁主가 使南豫州刺史侯瑱으로 與戰于東開하여 敗之하니 溺死가 萬人이요 齊師가 退하다

【綱】 겨울 10월에 北齊主(文宣帝)가 契丹을 정벌하여 크게 격파하였다.

冬十月에 齊主가 伐契丹大破之하다

【目】 契丹이 北齊의 변방을 노략질하니, 北齊主(文宣帝)가 거란을 정벌하였다. 昌黎城에 도착하여, 安德王 韓軌에게 거란의 탈주로를 차단하도록 하고, 마침내 북제주가 배나 빠른 속도로 달려가서 거란을 습격할 적에 북제주는 상투를 드러내고 웃옷을 벗고 밤낮으로 쉬지 않고 천여 리를 행군하였는데, 오직 고기를 먹고 물을 마셨으나 건장한 기운이 더욱 굳세었다. 거란과 만나 용감하게 진격해서 그들을 크게 격파하였다.

契丹이 寇齊邊이어늘 齊主가 伐之하다 至昌黎城하여 使安德王韓軌斷其走路①하고 遂倍道兼行以掩之할새 露髻肉袒하고 晝夜不息하고 行千餘里어늘 唯食肉飮水호대 壯氣彌厲라 與契丹遇하여 奮擊大破之하다

① 魏收의 ≪魏書≫ 〈地形志〉에는 "北魏 中興(531) 초에 樂陵을 나누어 安德郡을 두고 般縣에 치소를 두었다."라고 하였다.
魏收地志 "中興初分樂陵置安德郡治般縣."

【綱】 11월에 突厥이 柔然을 공격하였는데 北齊主(文宣帝)가 돌궐을 공격하여

---

43) 齊納蕭退于梁 不克 : "納(들여보내다)이라 한 것은 들여보내는 것이 마땅하지 않은 것이다. 그러므로 蕭退에게 작위를 기록하지 않은 것이다.〔納者 不宜納者也 故退不書爵〕" ≪書法≫

유연을 馬邑川으로 옮기게 하니, 돌궐이 북제주에게 항복을 청하였다.

十一月에 突厥이 攻柔然이어늘 齊主가 擊之하여 遷柔然于馬邑川하니 突厥이 請降하다

【目】 突厥이 柔然을 공격하자 유연이 나라를 들어 北齊로 망명하였다. 北齊主가 돌궐을 공격하고 유연을 맞아들여 可汗 郁久閭庫提를 폐하고 郁久閭阿那瓌의 아들 郁久閭菴羅辰을 세워 가한으로 삼아서, 유연을 馬邑川에 두고 양식과 繒帛을 공급하고 북제주가 친히 돌궐을 추격하자 돌궐이 항복을 청하였는데 허락하고 되돌아왔다. 이로부터 〈돌궐이〉 공물을 진상하는 것이 이어졌다.

突厥이 攻柔然한대 柔然이 擧國奔齊하니 齊主가 擊突厥하고 迎納柔然하여 廢其可汗庫提하고 立阿那瓌子菴羅辰爲可汗하여 置之馬邑川하고 給其廩餼繒帛하고 親追突厥한대 突厥이 請降이어늘 許之而還하니 自是貢獻相繼러라

【綱】 西魏 太師 宇文泰가 尙書 元烈을 죽였다.

魏太師泰가 殺尙書元烈하다

【目】 元烈이 宇文泰를 죽이려고 도모했다가 사건이 누설되었기 때문에 우문태가 그를 죽였다.

烈이 謀殺泰라가 事泄라 泰가 殺之하다

【綱】 12월에 北齊 宿預가 배반하여 梁나라에 항복하였다.

十二月에 齊宿預가 叛하여 降于梁하다

【目】 北齊 宿預의 백성 東方白額이 宿預城을 들어서 〈梁나라에〉 항복하니 江西 州郡이 모두 병사를 일으켜 〈동방백액에게〉 호응하였다.

齊宿預民東方白額이 以城降하니 江西州郡이 皆起兵應之하더라

甲戌年(554)

梁나라 世祖 孝元帝 蕭繹 承聖 3년이고 西魏 恭帝 拓跋廓 원년이고 北齊 顯祖 文宣帝 高洋 天保 5년이다.

梁承聖三年이요 魏恭帝廓元年이요 齊天保五年이라

【綱】 봄 정월에 北齊主(文宣帝)가 山胡를 공격하여 패퇴시켰다.

春正月에 齊主가 擊山胡敗之하다

【目】北齊主가 山胡를 토벌하여 크게 격파하고 남자 가운데 13세 이상의 사람을 모두 참수하고 여자와 어리고 약한 사람을 군사들에게 상으로 주어 드디어 石樓를 평정하였다. 석루는 매우 험준하여 北魏 때부터 대대로 가지 못한 곳이었다. 이때에 멀고 가까운 곳의 山胡가 두려워서 복종하지 않는 자가 없었다. 어떤 都督이 싸우다 다쳤는데 그들의 什長이 구원하지 못하였다. 北齊主가 십장의 五臟을 가르도록 명하여 아홉 사람에게 그것을 먹도록 하여 살과 汚物이 모두 없어졌다. 이로부터 북제주는 포학함으로 위세를 떨치기 시작했다.

齊主가 討山胡大破之하고 男子十三以上을 皆斬하고 女子及幼弱을 皆賞軍하여 遂平石樓하니 石樓가 絶險하여 自魏世所不能至라 於是遠近山胡가 莫不懾服①이러라 有都督이 戰傷호대 其什長이 不能救②라 齊主가 命刳其五藏하여 令九人食之하여 肉及穢惡皆盡하니 自是始爲威虐③하다

① ≪五代志≫에는 "汾州 樓山縣에 北石樓山이 있다. 또 石樓縣이 있는데, 옛날에는 吐京郡을 두었다."라고 하였다.
五代志 "汾州樓山縣有北石樓山. 又有石樓縣, 舊置吐京郡."

② 長(수령)은 陟丈의 切이다. '什長'은 10명 병사의 우두머리이다.
長, 陟丈切. 什長, 十人之長也.

③ 藏(내장)은 徂浪의 切이다. '五藏'은 심장·허파·간·쓸개·콩팥이다.
藏, 徂浪切. 五藏, 心·肺·肝·膽·腎.

【綱】 梁나라 陳霸先이 北齊를 침략하였다.

梁陳霸先이 侵齊[44]하다

【目】陳霸先은 丹徒에서 長江을 건너서 北齊의 廣陵을 포위하고 嚴超達은 秦郡에서 나아가 涇州를 포위하고 侯瑱・張彪는 모두 石梁에서 출발하여 진패선을 위하여 성원하였다. 〈梁나라는〉 杜僧明을 시켜서 東方白額을 돕게 하였다.

陳霸先이 自丹徒濟江하여 圍齊廣陵하고 嚴超達은 自(齊)〔秦〕[45)]郡進圍涇州①하고 侯瑱張彪는 皆出石梁爲之聲援하다 使杜僧明助東方白額②하다

① ≪五代志≫에는 "江都郡 永福縣을 옛날에 '沛'라고 하였고, 梁나라 때에는 涇州를 두어 涇城・東陽 2郡을 관할하였고 陳나라 때에는 涇州를 폐하고 2郡을 합하여 沛郡이 되었다. 後周 때에는 沛郡을 고쳐 石梁縣이 되었고, 唐나라 때에는 石梁縣을 합하여 六合으로 들어갔다."라고 하였다. ≪北史≫ 〈潘樂列傳〉에는 "梁나라 때에는 涇州가 石梁에 있었다."라고 하였다. 杜佑가 말하기를 "〈涇州는〉 揚州 天長縣이며 梁나라 때에는 石梁에 涇州를 두었다."라고 하였다. 五代志 "江都郡永福縣舊曰沛, 梁置涇州, 領涇城・東陽二郡, 陳廢涇州, 併二郡爲沛郡, 後周改沛郡爲石梁縣, 唐併石梁縣入六合." 北史 "梁涇州在石梁." 杜佑曰 "揚州天長縣, 梁於石梁置涇州."

② 杜僧明은 당시에 晉陵太守였다.
僧明, 時爲晉陵太守.

【綱】西魏가 九命・九秩의 법을 만들었다.

魏가 作九命九秩之典[46)]하다

【目】宇文泰가 처음으로 九命의 법을 만들어서 朝廷의 內外 官爵을 차례하고 流外品[47)]을 개정하여 9秩로 만들었다.

宇文泰가 始作九命之典하여 以敍內外官爵하고 改流外品하여 爲九秩①하다

① ≪五代志≫에는 "宇文泰가 尙書 盧辯에게 명령하여 멀리 周나라의 官職을 설치한 것을 본받

---

44) 梁陳霸先 侵齊 : "이때에 陳霸先이 廣陵을 포위하고, 嚴超達은 涇州를 포위하고, 侯瑱・張彪는 모두 石梁에서 출발하고 杜僧明은 東方白額을 도왔으니, 군세를 살펴보건대 성대하였다. 그런데 〈'討'나 '代'를 기록하지 않고〉 '침략하였다〔侵〕'라고 기록한 것은 어째서인가. 북제의 배반한 신하(동방백액)를 받아들여서 남의 토지를 엿본 것은 진실로 '정벌하였다〔伐〕'라고 말하기에 부족한 것이다.〔於是霸先圍廣陵 嚴超達圍涇州 侯瑱張彪皆出石梁 杜僧明助東方白額 規勢大矣 其書侵 何 納其叛臣 以規人之土地 固不足以言伐矣〕" ≪書法≫

45) (齊)〔秦〕: 저본에는 '齊'로 되어 있으나, ≪資治通鑑≫에 의거하여 '秦'으로 바로잡았다.

46) 魏作九命九秩之典 : "後世에 아홉 차서의 품등이 여기에서 시작되었다.〔後世以九敍品始此〕" ≪書法≫

47) 流外品 : 9品(流內)에 들어가지 않는 小吏들의 품급이다. 이를 流外品이라 한 것이다.

아, 3公·3孤를 두어 治道를 논의하는 관직으로 삼고, 다음에 6卿을 두어 여러 업무를 나누어 관리하였다. 內命은 王朝의 신하를 말하는데 3公은 9命이고, 3孤는 8命이고, 6卿은 7命이고, 上大夫는 6命이고, 中大夫는 5命이고, 下大夫는 4命이고, 上士는 3命이고, 中士는 2命이고, 下士는 1命이다. 外命은 諸侯와 그의 신하를 말하는데, 諸公은 9命이고, 諸侯는 8命이고, 諸伯은 7命이며, 諸子는 6命이고, 諸男은 5命이고, 諸公의 孤·卿은 4命이고, 侯의 孤·卿과 公의 大夫는 3命이고, 子·男의 孤·卿과 侯·伯의 大夫와 公의 上士는 2命이고, 公의 中士와 侯·伯의 上士는 1命이고, 公의 下士와 侯·伯의 中士·下士와 子·男의 士는 命에 들지 않는다.

祿秩을 제정하였는데, 下士는 125石이고, 中士 이상으로 上大夫까지는 각각 배로 하고, 上大夫는 4천 石이며, 卿은 2로 나누고 〈그 하나(2천 석)를 보태 6천 석이 되며〉, 孤는 3으로 나누고 〈6천 석의 삼분의 일인 그 하나(2천 석)를 보태 8천 석이 되며〉, 公은 4로 나누고 〈8천 석의 사분의 일인 그 하나(2천 석)를 보태 1만 석이 되니〉, 각각 1을 더하여, 公은 이로 인해서 盈數[48]로 1만 석이 된다. 9秩은 120석이고, 8질에서 7질까지는 2질마다 6으로 나누고, 아래는 각각 1을 버리면, 2질은 모두 40석이 된다. 祿을 나누는 것은 年의 上下를 견주어 畝가 4釜에 이르면 上年이 되고, 上年을 正으로 나누어, 3釜는 中年이 되고, 中年은 그 半을 나누어 2釜는 下年이 되고, 下年은 그중에 1을 나누어 年이 없으면 凶荒이 되어서 祿을 나누지 않는다." 하였다.

≪北史≫ 〈盧辯傳〉에 "柱國·大將軍은 建德 4년(575)에 上柱國·上將軍을 늘려 설치하였으니 正9命이다. 驃騎大將軍·開府儀同三司를 건덕 4년에 고쳐서 開府儀同大將軍으로 하고, 이어서 上將軍開府儀同大將軍, 雍州牧을 더하였는데 9命이다. 驃騎大將軍, 右光祿大夫, 車騎將軍, 左光祿大夫, 戶가 3만 이상 州刺史는 正8命이다. 征東·征南·征西·征北 등 將軍, 右金紫光祿大夫, 中軍·鎭軍·撫軍 등 將軍, 左金紫光祿大夫, 都督, 2만 戶 이상 州刺史, 京兆尹은 8命이다. 平東·平西·平南·平北 등 將軍, 右銀青光祿大夫, 前·右·左·後 등 將軍, 左銀青光祿大夫, 帥都督, 柱國·大將軍府의 長史·司馬·司錄, 戶가 1만 이상 州刺史는 正7命이다. 冠軍將軍, 太中大夫, 輔國將軍, 中散大夫, 都督, 5천 호 이상 州刺史, 戶가 1만 5천 호 이상 郡守는 7命이다. 鎭遠將軍, 諫議大夫, 建忠將軍, 朝散大夫, 州將, 開府長史·司馬·司錄, 戶가 5천에 차지 않는 이하 州刺史, 戶가 1만 이상 郡守는 正6命이다. 中堅將軍, 右中郎將, 寧朔將軍, 左中郎將, 儀同府는 正8命이다. 州의 長史·司馬·司錄, 戶가 5천 이상 郡守, 大呼藥은 6命이다. 寧遠將軍, 右員外常侍, 揚烈將軍, 左員外常侍, 統軍·驃騎·車騎將軍府는 8命이다. 州의 長史·司馬·司錄, 柱國·大將軍府의 中郎의 掾屬, 戶가 1천 이상 郡守, 長安·萬年縣令은 正5命이다. 伏波將軍, 奉車都尉, 輕車將軍, 奉騎都尉, 4征·4中·4鎭·4撫의 將軍府, 正7命의 州의 長史·司馬·司錄, 開府의 中郎의 掾屬, 戶가 1천에 차지 않는 이하 郡守, 戶가 7천 이상 縣令, 正8命의 州의 呼藥은 5命이다. 宣威將軍·虎賁

48) 盈數 : 숫자는 1에서 시작하여 10에서 끝나므로 10이라는 숫자가 꽉 찼다는 의미이다.

給事, 明威將軍, 冗從給事, 儀同府의 中郎의 掾屬, 柱國·大將軍府의 列曹의 參軍, 冠軍·輔國將軍府, 正6命의 州의 長史·司馬·司錄, 正7命의 州의 中從事, 7命의 郡丞, 戶가 4천 이상 縣令, 8命의 州의 呼藥은 正4命이다. 襄威將軍, 給事中, 廣威將軍, 奉朝請, 軍主, 開府의 列曹의 參軍, 冠軍·輔國將軍府, 正6命의 州의 長史·司馬·司錄, 正7命의 州의 別駕, 正8命의 州의 從事, 7命의 郡丞, 戶가 2천 이상 縣令, 正7命의 州의 呼藥은 4命이다. 威烈將軍, 右員外侍郎, 討寇將軍, 左員外侍郎, 幢主, 儀同府, 正8命의 州의 列曹의 參軍, 柱國·大將軍府의 參軍, 鎭遠·建忠·中堅·寧朔將軍府의 長史·司馬, 正6命의 州의 別駕, 正7命의 州의 從事, 正6命의 郡丞, 500戶 이상 縣令, 7命의 州의 呼藥은 正3命이다. 蕩寇將軍, 武騎常侍, 蕩難將軍, 武騎侍郎, 開府參軍, 驃騎·車騎將軍府와 正8命의 州의 列曹의 參軍, 寧遠·揚烈·伏波·輕車將軍府의 長史, 正6命의 州의 中從事, 6命의 郡丞, 戶가 500에 차지 않는 이하 縣令, 戍主, 正6命의 州의 呼藥은 3命이다. 殄寇將軍, 彊弩司馬, 殄難將軍, 積弩司馬, 四征·四中·四鎭撫將軍府, 正7命의 州의 列曹의 參軍, 正5命의 郡丞은 正2命이다. 掃寇將軍, 武騎司馬, 掃難將軍, 武威司馬, 四平·前·右·左·後將軍府와 7命의 州의 列曹의 參軍, 5命의 郡丞, 戍副는 2命이다. 曠野將軍, 殿中司馬, 橫野將軍, 員外司馬, 冠軍·輔國將軍府와 正6命의 州의 列曹의 參軍은 正1命이다. 武威將軍, 淮海都尉, 虎牙將軍, 山林都尉, 鎭遠·建忠·中堅·寧朔·寧遠·揚烈·伏波·輕車將軍府列曹參軍은 1命이다."라고 하였다. 五代志曰 "泰命尙書盧辯遠師周之建職, 置三公·三孤, 以爲論道之官, 次置六卿, 以分司庶務. 其內命謂王朝之臣, 三公九命, 三孤八命, 六卿七命, 上大夫六命, 中大夫五命, 下大夫四命, 上士三命, 中士再命, 下士一命. 外命謂諸侯及其臣, 諸公九命, 諸侯八命, 諸伯七命, 諸子六命, 諸男五命, 諸公之孤卿四命, 侯之孤卿·公之大夫三命, 子男之孤卿·侯伯之大夫. 公之上士再命, 公之中士·侯伯之上士一命, 公之下士·侯伯之中士下士·子男之士不命. 其制祿秩, 下士一百二十五石, 中士以上至於上大夫各倍之, 上大夫是爲四千石, 卿二分, 孤三分, 公四分, 各益其一, 公因盈數爲一萬石. 其九秩一百二十石, 八秩至於七秩, 每二秩六分, 而下各去其一, 二秩俱爲四十石. 凡頒祿, 視其年之上下, 畝至四釜爲上年, 上年頒其正, 三釜爲中年, 中年頒其半, 二釜爲下年, 下年頒其一, 無年爲凶荒, 不頒祿." 盧辯傳曰 "柱國·大將軍, 建德四年增置上柱國·上將軍也, 正九命, 驃騎大將軍·開府儀同三司, 建德四年改爲開府儀同大將軍, 仍增上將軍開府儀同大將軍, 雍州牧, 九命. 驃騎大將軍, 右光祿大夫, 車騎將軍, 左光祿大夫, 戶三萬以上州刺史, 正八命. 征東·征南·征西·征北等將軍, 右金紫光祿大夫, 中軍·鎭軍·撫軍等將軍, 左金紫光祿大夫, 都督, 二萬戶以上州刺史, 京兆尹, 八命. 平東·平西·平南·平北等將軍, 右銀青光祿大夫, 前·右·左·後等將軍, 左銀青光祿大夫, 帥都督, 柱國大將軍府長史·司馬·司錄, 戶一萬以上州刺史, 正七命. 冠軍將軍, 太中大夫, 輔國將軍, 中散大夫, 都督, 五千戶以上州刺史, 戶一萬五千戶以上郡守, 七命. 鎭遠將軍, 諫議大夫, 建忠將軍, 朝散大夫, 州將, 開府長史·司馬·司錄, 戶不滿五千以下州刺史, 戶一萬以上郡守, 正六命. 中堅將軍, 右中郎將, 寧朔將軍, 左中郎將, 儀同府, 正八命. 州長史·司馬·司錄, 戶五千以上郡守, 大呼藥, 六命. 寧遠將軍, 右員外常侍, 揚烈將軍, 左員外常侍,

統軍・驃騎・車騎將軍府, 八命. 州長史・司馬・司錄, 柱國大將軍府中郎掾屬, 戶一千以上郡守, 長安・萬年縣令, 正五命. 伏波將軍, 奉車都尉, 輕車將軍, 奉騎都尉, 四征・中・鎭・撫將軍府, 正七命州長史・司馬・司錄, 開府中郎掾屬, 戶不滿一千以下郡守, 戶七千以上縣令, 正八命州呼藥, 五命. 宣威將軍・虎賁給事, 明威將軍, 冗從給事, 儀同府中郎掾屬, 柱國大將軍府列曹參軍, 冠軍輔國將軍府, 正六命州長史、司馬、司錄, 正七命州中從事, 七命郡丞, 戶四千以上縣令, 八命州呼藥, 正四命. 襄威將軍, 給事中, 廣威將軍, 奉朝請, 軍主, 開府列曹參軍, 冠軍・輔國將軍府, 正六命州長史・司馬・司錄, 正七命州別駕, 正八命州從事, 七命郡丞, 戶二千以上縣令, 正七命州呼藥, 四命. 威烈將軍, 右員外侍郎, 討寇將軍, 左員外侍郎, 幢主, 儀同府, 正八命州列曹參軍, 柱國大將軍府參軍, 鎭遠・建忠・中堅・寧朔將軍府長史・司馬, 正六命州別駕, 正七命州中從事, 正六命郡丞, 五百戶以上縣令, 七命州呼藥, 正三命. 蕩寇將軍, 武騎常侍, 蕩難將軍, 武騎侍郎, 開府參軍, 驃騎・車騎將軍府, 正八命州列曹參軍, 寧遠・(楊)〔揚〕[49]烈・伏波・輕車將軍府長史, 正六命州中從事, 六命郡丞, 戶不滿五百以下縣令, 戍主, 正六命州呼藥, 三命. 殄寇將軍, 彊弩司馬, 殄難將軍, 積弩司馬, 四征中鎭撫將軍府, 正七命州列曹參軍, 正五命郡丞, 正二命. 掃寇將軍, 武騎司馬, 掃難將軍, 武威司馬, 四平・前・右・左・後將軍府, 七命州列曹參軍, 五命郡丞, 戍副, 二命. 曠野將軍, 殿中司馬, 橫野將軍, 員外司馬, 冠軍・輔國將軍府, 正六命州列曹參軍, 正一命. 武威將軍, 淮海都尉, 虎牙將軍, 山林都尉, 鎭遠・建忠・中堅・寧朔・寧遠・揚烈・伏波・輕車將軍府列曹參軍, 一命."

【綱】 西魏 宇文泰가 魏主 元欽을 폐하고 北齊王 元廓을 황제로 세우고 拓跋氏로 姓을 회복시켰다.

魏宇文泰가 **廢其主欽而立齊王廓**하고 **復姓拓跋氏**[50]하다

【目】 魏主(元欽)가 元烈이 죽음으로부터 원망하는 말을 하고 몰래 우문태를 죽이기를 모의하였다. 臨淮王 元育과 廣平王 元贊이 눈물을 떨구며 간절히 간언하였으나 듣지 않았다. 우문태는 여러 아들이 모두 어려서, 여러 사위들을 심복으로 삼아 淸河公 李基, 義城公 李暉, 常山公 于翼으로 禁兵을 나누어 맡도록 하였다.

이로 말미암아 魏主의 모의가 누설되었기 때문에 우문태가 魏主를 폐하여 그를 雍州

49) (楊)〔揚〕: 저본에는 '楊'으로 되어 있으나, ≪北史≫ 〈盧辯傳〉에 의거하여 '揚'으로 바로잡았다.

50) 魏宇文泰……復姓拓跋氏 : "누차 '太師 泰'라고 기록하였는데 여기에서 宇文泰라고 지적한 것은 어째서인가. 우문태는 두 번 반역하였으므로 황제를 폐위한 것에 '宇文泰'라고 기록하고, 황제를 시해한 것에 '宇文泰'라고 기록하였다. 두 번 '宇文'이라고 지적한 것은 우문태를 거듭 죄주기 위한 것이다.〔屢書太師泰矣 此其斥宇文泰 何 泰再逆也 故廢書宇文泰 弑書宇文泰 再斥宇文 所以重罪泰也〕" ≪書法≫

에 두고, 그의 동생인 齊王 元廓을 황제로 세우고 拓跋氏라는 성을 회복시켰다. 北魏가 예전에 36국을 통일하고 大姓이 99개였는데 뒤에 모두 멸망하였다. 우문태가 마침내 여러 장수 중에 공로가 높은 자들로 36국을 만들었으며, 다음으로 공로가 높은 자들로 99개의 姓을 만들었고 그 장수의 부하 士卒들을 또한 장수의 姓을 따라서 바꾸게 하였다.

魏主가 **自元烈之死**로 **有怨言**하고 **密謀誅宇文泰**하다 **臨淮王育**과 **廣平王贊**이 **垂涕切諫**호대 **不聽**이러니 **泰**가 **諸子皆幼**하여 **以諸壻爲心膂**하여 **淸河公李基**와 **義城公李暉**와 **常山公于翼**으로 **分掌禁兵**①하니 **由是**로 **魏主謀**가 **泄**이라 **泰**가 **廢魏主**하여 **置之雍州**하고 **立其弟齊王廓**하여 **復姓拓跋氏**하다 **魏**가 **初**에 **統國三十六**이요 **大姓九十九**러니 **後多滅絶**이라 **泰**가 **乃以諸將功高者**로 **爲三十六國**하며 **次者**로 **爲九十九姓**하고 **所將士卒**을 **亦改從其姓**②하다

① 李基는 李遠의 아들이고, 李暉는 李弼의 아들이며, 于翼은 于謹의 아들이다.
基, 遠之子. 暉, 弼之子. 翼, 謹之子也.

② 洪邁가 말하기를 "西魏는 中原의 故家들에게 蕃姓(夷狄의 성씨)으로 바꾸어 내려주었다. 예컨대 李弼은 徒河氏, 趙肅·趙貴는 乙弗氏, 劉亮은 侯莫陳氏, 楊忠은 普六茹氏, 王雄은 可頻氏, 李虎·閻慶은 大野氏, 辛威는 普毛氏, 田宏은 紇于氏, 耿豪는 和稽氏, 王勇은 庫汗氏, 楊紹는 叱利氏, 侯植은 侯伏侯氏, 竇熾는 紇豆陵氏, 李穆은 擒拔氏, 陸通은 步六孤氏, 楊纂은 莫胡盧氏, 寇雋은 若口引氏, 段永은 爾綿氏, 韓褒는 候呂陵氏, 裴文擧는 賀蘭氏, 陳忻은 尉遲氏, 樊深은 萬紐于氏가 되었다."라고 하였다.
洪邁曰 "西魏以中原故家易賜蕃姓, 如李弼爲徒河氏, 趙肅·趙貴爲乙弗氏, 劉亮爲侯莫陳氏, 楊忠爲普六茹氏, 王雄爲可頻氏, 李虎·閻慶爲大野氏, 辛威爲普毛氏, 田宏爲紇于氏, 耿豪爲和稽氏, 王勇爲庫汗氏, 楊紹爲叱利氏, 侯植爲侯伏侯氏, 竇熾爲紇豆陵氏, 李穆爲擒拔氏, 陸通爲步六孤氏, 楊纂爲莫胡盧氏, 寇雋爲若口引氏, 段永爲爾綿氏, 韓褒爲(侯)〔候〕[51]呂陵氏, 裴文擧爲賀蘭氏, 陳忻爲尉遲氏, 樊深爲萬(紉)〔紐〕[52]于氏."

【綱】 3월에 梁나라가 王僧辯을 太尉로 삼고 陸法和를 司徒로 삼았다.

三月에 梁이 以王僧辯爲太尉하고 陸法和爲司徒하다

【目】 陸法和가 계문을 올릴 때 스스로 司徒라고 일컫자 梁主(元帝)가 〈그가〉 미리 알았다고 생각하여 육법화를 사도로 임명하였다.

51) (侯)〔候〕: 저본에는 '侯'로 되어 있으나, ≪資治通鑑≫ 註에 의거하여 '候'로 바로잡았다.
52) (紉)〔紐〕: 저본에는 '紉'으로 되어 있으나, ≪資治通鑑≫ 註에 의거하여 '紐'로 바로잡았다.

法和가 上啓自稱司徒한대 梁主가 以爲先知라하여 就拜之하다

【綱】 西魏가 使者를 파견하여 梁나라에 보냈다.

魏가 遣使如梁하다

【目】 西魏의 侍中 宇文仁恕가 梁나라를 방문할 때에 마침 北齊의 使者가 역시 〈江陵에〉 도착하였는데, 梁主(元帝)가 우문인서를 접대하는 것이 북제의 사자에 미치지 못하니, 우문인서가 돌아가서 우문태에게 정황을 보고하였다. 梁主가 또 옛날의 版圖에 의거하여 영토의 경계를 정할 것을 요청하였는데, 말씨가 매우 불손하자 우문태가 이로 말미암아 江陵을 도모할 뜻을 가졌다.

梁王 蕭詧이 이 소식을 듣고서 우문태의 공납을 더욱 무겁게 하였다. 西魏 荊州刺史 長孫儉이 梁나라를 공격하여 빼앗을 책략을 누차 진술하니, 우문태가 장손검을 불러 조정에 들어오게 하여 양나라를 공격할 책략을 묻고 다시 명하여 진수하는 곳으로 돌려보내 몰래 양나라 공격을 준비하도록 하였다. 馬伯符가 밀사를 보내 梁主에게 이런 정황을 보고하였지만 梁主는 그것을 믿지 않았다.

魏侍中宇文仁恕가 聘于梁할새 會齊使者가 亦至어늘 梁主가 接仁恕가 不及齊使어늘 仁恕가 歸以告宇文泰러니 梁主가 又請據舊圖定疆境호대 辭頗不遜하니 泰가 由是有圖江陵之志라 梁王詧이 聞之하고 益重其貢獻이러라 魏荊州刺史長孫儉이 屢陳攻取之策한대 泰가 徵儉入朝하여 問以經略하고 復命還鎭하여 密爲之備어늘 馬伯符가 密使告梁主호대 梁主가 不之信①이러라

① 梁나라 武帝(蕭衍) 太淸 3년(549)에 楊忠이 쳐들어오자 馬伯符가 下溠城을 가지고서 그에게 항복하였으며, 이로 인하여 西魏에 머물렀다.
武帝太淸三年, 楊忠入寇, 伯符以下溠城降之, 因留於魏.

【綱】 北齊主(文宣帝)가 尙書左丞 盧斐·李庶를 죽였다.

齊主가 殺其尙書左丞盧斐李庶하다

【目】 北齊의 中書令 魏收가 ≪魏書≫를 찬술하였는데, 상당히 좋아하며 미워함으로 포폄을 하였다. 매번 사람들에게 말하기를 "어떤 녀석이 감히 나 위수에게 불쾌한 안색을

드러내는가. 〈내가〉 그를 추켜주면 하늘에 올라가도록 하고 그를 억누르면 땅속으로 들어가도록 하겠다."라고 하였다. 이윽고 ≪위서≫가 완성되고 나자 中書舍人 盧潛·左丞 盧斐·李庶는 위수가 〈한 시대의 사람들의 평가를〉 날조하여 헐뜯어서 ≪위서≫가 옳지 못하다고 모두 말하였다.

위수가 北齊主에게 계문을 올려 말하기를 "신은 이미 彊宗에게 원한을 맺었으니 장차 자객에게 죽임을 당할 것입니다."라고 하자, 北齊主가 화를 냈다. 이에 노비·이서가 모두 역사를 비방한 죄에 연루되어 2백 대의 채찍을 맞고 甲坊에 유배되었다. 노잠도 역시 연루되어 감옥에 갇혔고, 노비·이서는 감옥에서 죽었다. 그러나 당시 사람들은 끝내 승복하지 아니하여 ≪위서≫를 '穢史(왜곡된 역사)'라고 말하였다.

齊中書令魏收가 **撰魏書**할새 **頗用愛憎爲褒貶**①이러니 **每謂人曰 何物小子**가 **敢與魏收作色**이리오 **擧之則使升天**이요 **按之則使入地**호리라 **旣成**에 **中書舍人盧潛左丞盧斐李庶**가 **皆言其誣罔不直**②하다 **收**가 **啓齊主云 臣旣結怨彊宗**하니 **將爲刺客所殺**이라한대 **齊主**가 **怒**③하니 **於是**에 **斐庶**가 **皆坐謗史**하여 **鞭二百**하고 **配甲坊**하다 **潛**이 **亦坐繫獄**하고 **斐庶**는 **死獄中**하다 **然時人**이 **終不服**하여 **謂之穢史**④라하더라

① 魏收는 魏子建의 아들이다.
收, 子建之子也.
② 盧斐는 盧同의 아들이다.
斐, 同之子也.
③ 盧斐·李庶는 山東의 명문 종족이므로 '彊宗'이라고 한 것이다.
盧·李, 山東望族, 故以爲彊宗.
④ '甲坊'은 관청 이름으로 갑옷을 만드는 곳이다.
甲坊, 署名, 造甲之所.

【綱】 여름 4월에 柔然이 北齊를 노략질하자 北齊主(文宣帝)가 공격하여 격파하였다.

夏四月에 **柔然**이 **寇齊**어늘 **齊主**가 **擊敗之**[53)]하다

53) 柔然寇齊 齊主擊敗之 : "柔然이 西魏에는 항상 '침략했다〔侵〕'라고 기록하였는데, 여기에서 '北齊를 노략질했다〔寇齊〕'라고 기록한 것은 어째서인가. 북제가 유연을 옮긴 것이다. 그러므로 아래에 '北齊가 정벌했다〔齊伐〕'라고 기록하였다.〔柔然於魏恒書侵 此書寇齊 何 齊所遷也 故下書齊伐〕" ≪書法≫ 북제가 유연을 정벌한 것은 본서 제34권 乙亥年(555) 7월에 보인다.

【目】柔然이 北齊의 肆州를 노략질하였는데, 北齊主(文宣帝)는 이를 토벌하여 恒州에 이르니, 유연은 흩어져서 달아났다. 북제주는 기병 천 명을 殿軍(後軍)으로 삼고 黃瓜堆에 묵었다. 유연의 별도 部隊 수만 명의 기병이 갑자기 도착하였는데, 북제주는 편안히 잠을 자다가 해가 뜰 때쯤에 마침내 일어났는데 정신과 얼굴은 태연하였으며, 지형을 손가락으로 그리며 군사를 풀어서 분격하자, 유연의 군대가 무너져서 이로 인하여 〈북제 군대가〉 포위를 뚫고 나갔다.

유연이 달아나자 그를 추격하여 패퇴시키고 북제 도독인 高阿那肱을 시켜 기병 수천 명을 인솔하여 유연이 달아나는 길을 막도록 하였다. 고아나굉은 병력이 적어 더 증가해주기를 청하였으나 북제주가 그의 군사를 다시 절반으로 줄이자, 고아나굉이 분격하여 그들을 크게 격파하였다.

柔然이 寇齊肆州어늘 齊主가 討之하여 至恒州하니 柔然이 散走하다 齊主가 以千餘騎爲殿하고 宿黃瓜堆러니 柔然別部數萬騎가 奄至어늘 齊主安臥라가 平明에 乃起어늘 神色自若하며 指畫形勢하며 縱兵奮擊한대 柔然이 披靡하고 因潰圍而出①하다 柔然이 走라 追擊敗之하고 令都督高阿那肱으로 帥騎數千하여 塞其走路하니 阿那肱이 以兵少請益이어늘 齊主가 更減其半한대 阿那肱이 奮擊大破之하다

① '披靡'는 쪼개지고 찢겨져서 쓰러지는 것이다.
披靡, 披裂偃靡也.

【綱】梁나라가 陳霸先을 司空으로 삼았다.

梁이 以陳霸先爲司空하다

【綱】西魏 宇文泰가 그의 故主 元欽을 시해하였다.

◑魏宇文泰가 弑其故主欽[54]하다

54) 魏宇文泰 弑其故主欽 : "'故主'라고 기록한 것은 어째서인가. 항상된 것이다. ≪資治通鑑綱目≫의 법은 廢主에게 작위가 있으면 작위를 기록하고 작위가 없으면 '그의 故主〔其故主〕'라고 기록하였다. ≪資治通鑑綱目≫이 끝나도록 '그의 故主를 시해하였다〔弑其故主〕'라고 기록한 것은 2번이다.(임자년(532) 魏主 元修, 이해(554))〔書故主 何 恒也 綱目之法 廢主有爵書爵 無爵書其故主 終綱目書弑其故主二(壬子年魏主修 是年)〕" ≪書法≫

【綱】 5월에 西魏가 李遷哲을 信州刺史로 삼았다.

◑ 五月에 魏가 以李遷哲爲信州刺史하다

【目】 西魏의 直州・洋州에서 난을 일으키자 宇文泰가 장군 李遷哲에게 명령하여 토벌하여 평정하도록 하였다. 이천철이 남쪽으로 나가서 지역을 巡視하니 巴・濮의 백성들이 모두 이천철에게 귀부하였다. 우문태가 이천철을 信州刺史로 삼고 白帝에서 진수하게 하였다. 信州는 원래 저축된 양식이 없었으나 이천철이 군사와 함께 칡뿌리를 캐어 양식으로 삼고, 별미가 있으면 자주 군사와 나누어 맛보니 군사들이 감동하여 기뻐하였다. 이천철이 누차 반란한 蠻族을 쳐서 격파하자 여러 蠻族이 두려워서 복종하여 모두 양식을 보내고 〈자제를〉 인질로 들여보냈다.

魏直州洋州亂[①]이어늘 宇文泰가 命將軍李遷哲하여 討平之하다 南出徇地하니 巴濮之民이 皆附之[②]하다 泰가 以遷哲爲信州刺史하여 鎭白帝하니 信州先無儲蓄이나 遷哲이 與軍士共采葛根하여 爲糧하고 有異味면 輒分嘗之하니 軍士가 感悅하다 屢擊叛蠻하여 破之한대 群蠻이 慴服하여 皆送糧遣質이러라

① ≪五代志≫에는 "西城郡 安康縣은 齊나라 때에 安康郡을 두었고, 北魏 때에는 東梁州를 두었고, 西魏 때에 바꿔 直州라고 하였다. 漢川郡 西鄕縣은 옛날에 豐寧이라고 하였는데 洋州와 洋川郡을 두었다."라고 하였다.
五代志 "西城郡安康縣, 齊置安康郡, 魏置東梁州, 西魏改曰直州. 漢川郡西鄕縣, 舊曰豐寧, 置洋州及洋川郡."

② 春秋時代 巴子의 나라인데, 三巴郡 지역이 이곳이다. 춘추시대 百濮 지역은 西城・上庸의 사이에 있었다.
春秋巴子之國, 三巴郡地是也. 春秋百濮之地, 在西城・上庸之間.

【綱】 梁나라가 王琳을 廣州刺史로 삼았다.

梁이 以王琳爲廣州刺史하다

【目】 廣州刺史 蕭勃은 자기의 관직이 梁主(元帝)가 수여한 것이 아니라고 여겨서 마음속으로 불안하였는데, 계문을 올려 조정에 들어가기를 구하자 梁主가 소발을 옮겨 晉州刺史로 삼았다. 〈그런데 梁主가〉 왕림은 부하들이 강성하고 또 무리들의 인심을 얻었다라

고 하여, 소발을 대신하게 하고 그를 멀리 보냈다. 왕림이 개인적으로 主書 李膺에게 말하기를 "나 왕림은 소인이지만 官(천자)의 발탁을 입어 여기에 이르렀소. 지금 천하는 아직 평정되지 않았는데 나를 嶺南으로 옮기니 만약 뜻밖의 변고가 생기면 어찌 나의 힘을 얻을 것이오. 가만히 헤아리건대 官의 속마음은 나를 의심하는 것에 불과하지만 나의 분수와 희망은 한도가 있으니 어찌 官과 함께 황제의 자리를 다투겠소. 어찌 나를 雍州刺史로 삼아서 武寧을 수비하게 하지 않는 것이오. 내 자신이 군사를 풀어 농지를 만들어 나라를 위해 변경을 방어할 것이오."라고 하였다. 이응은 그 말을 옳다고 여겼으나 감히 아뢰지 못하였다.

廣州刺史蕭勃이 自以非梁主所授하여 內不自安이어늘 啓求入朝①어늘 梁主가 徙勃爲晉州刺史하니 以琳部衆彊盛하고 又得衆心이라하여 故使代勃以遠之②하다 琳이 私謂主書李膺曰 琳은 小人也라 蒙官拔擢至此③러니 今天下가 未定에 遷琳嶺南하니 如有不虞인대 安得琳力이리오 竊揆官意하니 不過疑琳이어니와 琳이 分望有限하니 豈與官爭爲帝乎④아 何不以琳爲雍州刺史하여 鎭武寧고 琳이 自放兵作田하여 爲國禦捍호리라 膺이 然其言而弗敢啓러라

① 陳霸先이 蕭勃을 추천하여 廣州刺史로 삼았다.
陳霸先推蕭勃爲廣州刺史.
② 《五代志》에는 "同安郡은 梁나라 때에 豫州에 두었는데, 후에 바꿔 晉州라고 하였다."라고 하였다.
五代志 "同安郡, 梁置豫州, 後改曰晉州."
③ '官'은 天子라고 칭하는 것과 같다. 감히 天子를 지적해 말하지 못하기 때문에 官이라 칭한 것이다.
官者, 猶稱天子也. 不敢斥言天子. 故稱曰官.
④ 分(분수)은 扶問의 切이다.
分, 扶問切.

【綱】 6월에 北齊 冀州刺史 段韶가 梁나라를 토벌하여 宿預를 함락시켰다.

六月에 齊冀州刺史段韶가 伐梁拔宿預[55]하다

---

55) 齊冀州刺史段韶 伐梁拔宿預 : "段韶는 宿預를 토벌했을 뿐인데 '梁나라를 토벌하였다〔伐梁〕'라고 기록한 것은 어째서인가. 양나라는 배반자를 받아들였으므로 陳霸先 등이 北齊 廣陵을 포위하였을 때에 '침략하였다〔侵〕'라고 기록하고, 단소가 숙예를 토벌한 데에는 '토벌하였다〔伐〕'라고 기록하였으니 曲直을 가린 말이다.〔韶討宿預耳 書伐梁 何 梁納叛也 故陳霸先等圍齊廣陵 則書侵 段韶討宿預 則書伐 曲直之辭也〕" 《書法》

【目】北齊 步大汗薩이 병사 4만 명을 거느리고 涇州로 달려가자 王僧辯이 侯瑱·張彪를 시켜서 嚴超達를 도와 그들을 방어하였는데, 후진·장표가 지체하고 머물면서 전진하지 않았다. 북제 冀州刺史 段韶가 宿預를 토벌하자 廣陵·涇州가 모두 위급함을 알리니 여러 장군들이 이를 근심하였다. 단소가 말하기를 "梁氏가 전란을 겪어서 나라에 정해진 君主가 없게 되었다. 사람은 去就를 생각하여 강한 자를 따르는 陳霸先 등이 겉으로는 〈양나라와〉 德을 함께함을 표방했지만 안으로는 다른 마음이 있으니, 나는 이런 상황을 깊이 살펴보았다."라고 하고, 마침내 병사를 남겨서 숙예를 포위하고 스스로 병사를 이끌고 길을 두 배 속도로 경주에 달려가서 엄초달을 공격하여 격파하고 廣陵으로 돌려 달려가니 진패선은 포위를 풀고 도망가고 杜僧明·후진·장표 등이 모두 돌아왔다. 吳明徹이 海西를 포위하니, 鎭將 郎基가 굳게 지켜서 나무를 깎아 화살을 만들고 종이를 잘라 깃을 만들었다. 해서를 포위한 지 100일이 지났으나 마침내 함락시키지 못하고 돌아왔다. 단소는 돌아와 숙예에 도착하여 사람을 시켜 東方白額를 설득하니 동방백액이 나와서 맞이하였는데 잡아서 그를 참수하였다.

齊步大汗薩이 將兵四萬하고 趣涇州①어늘 王僧辯이 使侯瑱張彪로 助嚴超達拒之호대 瑱彪가 遲留不進이라 齊冀州刺史段韶가 討宿預한대 廣陵涇州가 皆告急하니 諸將患之러라 韶曰 梁氏喪亂하여 國無定主라 人懷去就하여 彊者를 從之는 霸先等이 外托同德하나 內有離心하니 吾揣之熟矣로라하고 乃留兵圍宿預하고 自引兵倍道趣涇州하여 擊超達破之하고 廻趣廣陵하니 霸先은 解圍走하고 杜僧明瑱彪等이 皆還하다 吳明徹이 圍海西②러니 鎭將郎基가 固守하여 削木爲箭하고 翦紙爲羽하니 圍之十旬호대 卒不能克而還이니라 韶가 還至宿預하여는 使人說(세)東方白額하니 白額이 出迎이어늘 執而斬之하다

① 汗은 음이 寒이다. 步大汗은 오랑캐의 세 글자로 된 姓이다.
汗音寒, 步大汗虜三字姓.

② 海西縣은 前漢 때에는 東海郡에 소속하였고, 後漢 때에는 廣陵郡에 소속하였고, 齊나라 明帝 때에는 東海郡을 설치하였고, 東魏 武定 7년(549)에 海西郡으로 고쳤다.
海西縣, 前漢屬東海郡, 後漢屬廣陵郡, 齊明帝置東海郡, 東魏武定七年, 改海西郡.

【綱】가을 8월에 北齊가 太保 高隆之를 죽였다.

秋八月에 齊殺其太保高隆之[56]하다

56) 齊殺其太保高隆之 : "高洋은 즉위한 이래로 살육한 것에 '齊主'를 지적한 것이 모두 아홉 번이니 지

【目】 北齊主(文宣帝 高洋)가 東魏의 재상이 되기 전에 高隆之가 항상 그를 업신여겼고, 高洋이 곧 선양을 받게 되어서도 고륭지가 다시 안 된다고 하니, 이로 말미암아 고양이 앙심을 먹었다. 고륭지는 일찍이 儀同 元旭과 함께 술을 마셨는데, 원욱에게 말하기를 "왕(원욱)과 사귀면서 살건 죽건 서로 저버리지 않아야 할 것입니다."라고 하였는데, 이때에 이르러 원욱이 어떤 일에 연좌되어 죽음을 받게 되었다. 어떤 사람이 고륭지의 말을 아뢰었는데, 북제주는 화를 내고 건장한 무사를 시켜 고륭지를 주먹으로 쳐서 죽이고 아울러 그의 아들 20명도 죽였다.

齊主之未爲魏相也에 高隆之常侮之하고 及將受禪하야도 隆之가 復以爲不可라하니 由是銜之러라 隆之가 嘗與儀同元旭飮호대 謂旭曰 與王交에 當生死不相負호리라하더니 至是하여 旭이 坐事賜死라 人白其語한대 齊主가 怒하고 令壯士築殺之하고 幷其子二十人하다

【綱】 北齊가 洛陽에 4개의 城을 쌓았다.

齊築四城于洛陽하다

【目】 北齊主(文宣帝)가 사람을 시켜 洛陽 서남쪽에 4개의 城을 쌓고 친히 그곳을 순시하여 西魏의 군사를 끌어들이려고 하였는데 서위의 군사가 나오지 않았다.

齊主가 使人於洛陽西南에 築四城하고 而親巡之하여 欲以致魏師호대 魏師가 不出하①다

① '四城'은 伐惡城·新城·嚴城·河南城이다.
四城, 伐惡城·新城·嚴城·河南城.

【綱】 梁主(元帝)는 龍光殿에서 ≪老子≫를 강론하였다.

梁主가 講老子於龍光殿[57]하다

나친 형벌을 미워한 것이다. 그런데 여기에서 다만 '齊'라고만 기록한 것은 어째서인가. 이때에 高隆之 역시 과실이 없지 않았기 때문이다. ≪資治通鑑綱目≫에서는 刑殺에 오로지 '主'라고 지적해 기록한 것이 모두 다섯 임금인데(宋나라 劉子業, 齊나라 蕭寶卷, 北齊 高洋·高緯, 陳나라 陳叔寶) 高洋도 그중에 하나이다. 오직 고륭지를 죽이는 데에는 지적하여 기록하지 않았다.〔高洋卽位以來 殺斥齊主者凡九 惡淫刑也 此其止書齊何 於是隆之亦不能無過耳 綱目於刑殺專斥書主者五君焉(宋子業·齊寶卷·北齊高洋·高緯·陳叔寶) 洋其一也 惟殺隆之不斥書〕" ≪書法≫

57) 梁主講老子於龍光殿 : "漢 桓帝가 老子를 제사한 것에는 '친히 하였다〔親〕'라고 기록하고(延熹 8년(165)), 魏主가 佛書를 강론한 것에는 '친히 하였다〔親〕'라고 기록하였으니(己丑年(509)), 이상하게 여긴 것이다. 도교와 불교는 매일반인데 여기에서 '친히 하였다〔親〕'라고 기록하지 않은 것은 어째

【綱】 겨울 10월에 西魏는 柱國 于謹을 파견하여 군사를 거느리고 梁나라를 정벌할 적에 11월에 江陵에 들어가서 12월에 梁主 蕭繹을 잡아서 죽였다.

◑冬十月에 魏遣柱國于謹하여 帥師伐梁할새 十一月에 入江陵하여 十二月에 執梁主繹殺之①58)하다

① 향년이 47세였다.
壽四十七.

【目】 예전에 散騎郞인 庾季才가 梁主(元帝)에게 말하기를 "지난해 8월 병신일에 달이 心中星을 침범하고, 이달 병술일에 붉은 기운이 북두칠성을 침범하였습니다. 心은 天王이 되고 丙은 楚의 분야를 주관하므로, 신은 建子之月(11월)에 큰 군사가 江陵에 침입할까 우려되니, 폐하께서는 의당 깃발을 정돈하고 수도(江陵)로 돌아가서 그 환난을 피해야 합니다."라고 하였다. 梁主가 또한 천문에 밝아서 탄식하며 말하기를 "禍福이 하늘에 있으니, 그것을 피한들 무엇이 이익이 되겠는가."라고 하였다.

初에 散騎郞庾季才가 言於梁主曰 去年八月丙申에 月犯心中星하고 今月丙戌에 赤氣干北斗하니 心爲天王이요 丙主楚分으로 臣은 恐建子之月에 有大兵이 入江陵이로니 陛下는 宜整旆還都하여 以避其患하소서 梁主가 亦曉天文이라 歎曰 禍福이 在天하니 避之何益이리오

서인가. 시작이 아니므로 생략한 것이다. 梁主는 한창 도교를 숭상하였다가 얼마 뒤에 烏幔(검은 휘장 속에 갇힘)의 모욕이 있었으니, 그렇다면 異端이 또한 어찌 국가에 이로운 것이겠는가. ≪資治通鑑綱目≫에서는 위에서 梁主가 老子를 강론한 것을 기록하고 아래에서 梁主 蕭繹을 잡아서 죽인 것을 기록하였으니, 비록 그 사이에 일이 있었으나 기록하지 않은 것은 이단을 숭상해 믿는 자의 경계할 것을 보여주기 위한 것이다.〔漢桓帝祠老子 則書親(延熹八年) 魏主講佛書則書親(己丑年) 異之也 道佛一爾 此其不書親 何 非創也 故略之 梁主方崇道敎 未幾而有烏幔之辱 然則異端亦何益於人之國哉 綱目上書梁主講老子 下書執梁主繹 雖間有事不書 所以示崇信異端者之戒也〕" ≪書法≫

"아버지가 佛書를 同泰寺에서 강론하였다가 얼마 안 되어 侯景의 난리가 있었다. 아들이 다시 ≪老子≫를 龍光殿에서 강론하였다가 얼마 안 되어 江陵의 재앙이 있었다. 책에 기록하였으니 뒤에 불교와 노자에 빠진 이들은 살펴볼 수 있을 것이다.〔其父講佛書於同泰寺 未幾而有侯景之亂 其子復講老子於龍光殿 未幾亦有江陵之禍 書之于冊 後之溺佛老者 可以觀矣〕" ≪發明≫

58) 冬十月……執梁主繹殺之 : "이때에 西魏의 군대가 이미 南鄭에 도착하였는데도 ≪老子≫를 강론하기를 여전히 그치지 않았으니 적군을 얕본 것이 극심하다. ≪資治通鑑綱目≫에서 10월에 군사를 거느리고 11월에 江陵에 들어가고 12월에 梁主 蕭繹을 잡아서 죽였다고 기록하였으니 쉬웠다는 말이다. 예부터 나라 멸망이 쉬운 것은 이와 같은 것이 없었으니 蕭繹이 보복을 받은 것은 마땅하다.〔於是魏兵已至南鄭 而講老子猶不輟 玩敵甚矣 綱目書十月帥師 十一月入江陵 十二月執梁主繹殺之 易辭也 自昔亡國之易 未有若此者 蕭繹之受報宜矣〕" ≪書法≫

【目】이때에 이르러 西魏가 柱國 于謹, 中山公 宇文護, 大將軍 楊忠을 파견하여 군사 5만 명을 거느리고 梁나라를 정벌할 적에 長孫儉이 우근에게 묻기를 "蕭繹의 입장이 되어서 계책을 낸다면 장차 어떻게 하겠는가."라고 하니, 우근이 말하기를 "군사를 漢水·沔水에서 군대의 위엄을 과시하고 돌아가 丹楊을 점거하는 것이 상책이고, 물러나 子城(大城에 속한 小城)을 지키며 원군을 기다리는 것이 중책이며, 이동하기가 어려울 경우 외성을 점거하고 지키는 것이 하책일 것이오."라고 하였다.

장손검이 말하기를 "소역이 어떤 책략으로 나오겠는가."라고 하니, 우근이 말하기를 "하등 계책이오."라고 하였다. 장손검이 말하기를 "무엇 때문인가."라고 하니, 우근이 말하기를 "소역은 나약하고 무모하며 의심이 많고 결단력이 적다. 어리석은 백성들은 함께 시초를 생각하기 어렵고, 모두 고향에 사는 것을 그리워한다. 그러니 하책을 사용할 것을 알겠다."라고 하였다.

至是하여 魏가 遣柱國于謹中山公宇文護大將軍楊忠하여 將兵五萬하고 伐梁①할새 長孫儉이 問謹曰 爲繹計인대 將如何요 謹曰 耀兵漢沔하고 還據丹楊이 上策也②요 退保子城하며 以待援軍이 中策也며 難於移動하여 據守羅郭이 下策也③니라 儉曰 繹이 出何策가 謹曰 下策이니라 儉曰 何故오 謹曰 繹이 懦而無謀하며 多疑少斷이라 愚民은 難與慮始요 皆戀邑居하니 所以知其用下策也하노라

① 宇文護는 宇文泰의 형의 아들이다.
護, 泰之兄子也.
② 〈'還據丹楊'은〉 동쪽으로 建康에 돌아가는 것을 말한다.
謂東還建康也.
③ '羅郭'은 外郭이다. 세속에서는 外羅城이라고 부른다.
羅郭, 外郭也. 俗呼外羅城.

【目】武寧太守 宗均이 西魏의 군사가 장차 도착할 것이라고 알리자 領軍 胡僧祐, 黃羅漢이 말하기를 "두 나라가 분쟁이 없었으니, 반드시 그렇게 하지 않을 것입니다."라고 하고, 마침내 다시 王琛에게 서위에 사신으로 가도록 하였다. 于謹이 樊·鄧에 도착하였는데, 梁王 蕭詧이 무리를 인솔하고 그와 만났다. 梁主(元帝)가 마침내 《老子》 강의를 중지하고 경계를 엄중히 하였다. 왕침이 石梵에 도착하여 급보로 황나한에게 보고하기를 "변경은 평안하니 이전에 하였던 말은 모두 어린이의 장난일 뿐입니다."라고 하였다. 梁主가 이에 다시 강의를 할 때에 백관들이 戎服(군복)을 입고 들었다.

武寧太守宗均이 告魏兵且至한대 領軍胡僧祐黃羅漢曰 二國이 無隙하니 必應不爾라하고 乃復

使王琛使魏[①]러니 于謹이 至樊鄧이어늘 梁王詧이 帥衆會之하다 梁主가 乃停講戒嚴[②]하더니 琛이 至石梵이어늘 馳報羅漢曰 境上帖然하니 前言은 皆兒戱耳[③]라하더라 梁主가 乃復講할새 百官이 戎服以聽이러라

① 〈'復使王琛使魏'는〉 지난해에 梁主가 王琛을 西魏에 사신으로 보냈기 때문이다.
去年梁主使琛使於魏.
② '停講'은 ≪老子≫ 강의를 중지한 것이다.
停講, 停講老子也.
③ 杜佑는 말하기를 "石梵은 沔州 沔口 가에 있다."라고 하고, 또 ≪梁書≫ 〈安成王秀傳〉에 의거하면 석범은 당시에 竟陵의 경내에 속하였다. ≪資治通鑑≫에는 "王琛이 석범에 도착하였는데, 西魏 군대를 보지 못했다."라고 하였다.
杜佑曰 "石梵在沔州沔口上." 又據梁書安成王秀傳, 石梵時屬竟陵界. 通鑑 "王琛至石梵, 未見魏軍."

【目】 王僧辯을 불러 大都督으로 삼고, 陳霸先에게 명령하여 자리를 옮겨서 揚州에서 진수하도록 하였다. 왕승변이 侯瑱을 파견하여 程靈洗 등을 인솔하여 선봉이 되도록 하고, 杜僧明은 吳明徹 등을 인솔하여 後軍이 되도록 하였다.

육법화는 西魏의 군대가 도착하였다는 소식을 듣고서 江陵으로 가려고 하였다. 梁主(元帝)는 사람을 시켜서 그를 맞이하여 머물게 하면서 말하기를 "여기는 스스로 도적을 격파할 수 있다."라고 하니, 육법화가 還州로 돌아와 白土를 城門에 칠하고 衰絰(상복)을 입고 돗자리에 앉아서 하루 종일이 지나서 마침내 상복을 벗었다.

徵王僧辯爲大都督하고 命陳霸先하여 徙鎭揚州하니 僧辯이 遣侯瑱하여 帥程靈洗等하여 爲前軍하고 杜僧明帥吳明徹等하여 爲後軍하다 陸法和가 聞魏師가 至하고 將赴江陵이러니 梁主가 使逆止之曰 此는 自能破賊이리라 法和가 還州하여 堊其城門하고 著(착)衰絰하고 坐葦席하여 終日乃脫之[①]하다

① 堊(회칠을 하다)은 烏各의 切이다. 白土를 城門에 칠하여 初喪이 있음을 나타낸 것이다. 著(붙다)은 陟略의 切이다. 衰(상복)는 倉回의 切이다. 이는 陸法和가 미리 군주를 잃었을 때 입는 상복을 입은 것이다.
堊, 烏各切. 以白土塗城門, 示有喪也. 著, 陟略切. 衰, 倉回切. 此法和預爲喪君之服也.

【目】 11월에 西魏의 군대가 漢水를 건너자 于謹이 宇文護·楊忠을 시켜 정예 기병을 인솔하고 먼저 江津을 점거하여 동쪽 길을 차단하도록 하였다. 梁主(元帝)가 성 밖에 나가

목책을 순찰하여 나무를 꽂아서 목책을 만들게 하니, 주위가 60여 리였다. 將軍 胡僧祐·僕射 王褒로 督城東軍事·督城西軍事를 나누어 맡게 하였다.

서위의 군대가 梁軍의 목책 아래에 도착하자 梁主가 마침내 왕림을 불러 湘州刺史로 삼아, 그에게 군사를 이끌고 江陵으로 들어와 구원하도록 하였다. 우근이 긴 포위 담장을 쌓게 하니, 성의 안팎이 마침내 단절되었다.

梁主가 성을 순시할 적에도 여전히 입에서 부르는 대로 詩가 이루어졌는데, 여러 신하들이 또한 詩에 화답하는 사람이 있었다. 梁主는 또 비단을 찢어 편지를 써서 왕승변에게 재촉하여 말하기를 "나는 죽음을 참고 공이 오는 것을 기다리고 있소이다. 〈제때에〉 도착할 수 있겠소."라고 하였다.

호승우 등이 나가 싸웠으나 모두 패배하자 朱買臣이 칼을 안고 양주에게 나아가서 말하기를 "오직 宗懔·黃羅漢을 참수해야 천하의 사람들에게 사과할 수 있습니다."라고 하니, 梁主가 말하기를 "지난번은 사실 나의 뜻이었으니 종름·황나한이 무슨 죄가 있는가."라고 하였다.

十一月에 魏軍이 濟漢하니 于謹이 令宇文護楊忠으로 帥精騎하고 先據江津하여 斷東路하다 梁主가 出城行柵하여 插木爲之하니 周六十里[①]라 以將軍胡僧祐僕射王褒分督城東西軍事러니 魏軍至柵下하니 梁主가 乃徵王琳爲湘州刺史하여 使引兵入援하다 于謹이 令築長圍하니 中外遂絶이라 梁主가 巡城에 猶口占爲詩하니 群臣이 亦有和者러라 梁主가 又裂帛爲書하여 趣(촉)王僧辯曰 吾는 忍死待公하니 可以至矣[②]라하다 胡僧祐等이 出戰皆敗어늘 朱買臣이 按劍進曰 唯斬宗懔黃羅漢이라야 可以謝天下[③]라하니 梁主曰 曩實吾意니 宗黃이 何罪리오

① 行(순찰하다)은 去聲이다.
行, 去聲.
② 趣(재촉한다)은 促으로 읽는다.
趣, 讀曰促.
③ 〈'可以謝天下'는〉 朱買臣은 그들이 建康으로 돌아가는 것을 반대한 것을 죄로 여긴 것이다.
買臣罪其諫還建康也.

【目】 王琳의 군대가 長沙에 도착하자 長史 裴政이 샛길로 江陵에 가서 먼저 보고하게 해 달라고 청하였다가 百里洲에 도착하여 西魏의 사람에게 사로잡혔다. 梁王 蕭詧이 배정에게 말하기를 "나는 武皇帝(蕭衍)의 손자이니 그대의 주군이 될 수 없겠는가. 만약 나의 계책을 좇으면 부귀가 자손에게 미치겠으나 그렇게 하지 않으면 허리와 목이 나뉠

것이다."라고 하니, 배정이 거짓으로 대답하기를 "오직 명령만 하십시오."라고 하였다.

소찰이 그를 쇠사슬로 잡아매고 강릉성 아래에 이르러 그로 하여금 "왕승변이 이미 스스로 황제가 되었고 왕림도 다시 구원하러 올 수 없다."라고 하게 하자, 배정이 이에 말하기를 "구원병이 대규모로 도착할 것이니 각각 스스로 힘쓸 것을 생각하라."라고 하였는데, 소찰이 노하여 그를 죽이라고 명령하였다. 참군 蔡大業이 간언하기를 "이 사람은 백성에게 명망이 있는 자이니 그를 죽이면 荊州는 함락할 수 없습니다."라고 하니, 마침내 그를 풀어주었다.

王琳軍至長沙한대 長史裴政이 請間道先報江陵이라가 至百里洲하여 爲魏人所獲①이라 梁王詧이 謂政曰 我는 武皇帝之孫也라 不可爲爾君乎아 若從我計인대 貴及子孫이어니와 不然이면 腰領分矣②니라 政이 詭曰 唯命호리라 詧이 鎖之至城下하여 使言曰 僧辯이 已自爲帝요 王琳도 不復能來라한대 政이 乃言曰 援兵이 大至하니 各思自勉하라 詧이 怒하여 命殺之한대 參軍蔡大業이 諫曰③ 此는 民望也니 殺之하면 則荊州不可下矣니라 乃釋之하다

① 裴政은 裴邃의 손자이다.
政, 邃之孫也.
② '腰領分'은 몸과 머리가 다른 곳에 있다고 말한 것과 같다.
腰領分, 猶言身首異處也.
③ 蔡大業은 蔡大寶의 동생이다.
大業, 大寶之弟也.

【目】 西魏의 군인들이 사방팔방에서 일제히 성을 공격하였는데, 胡僧祐는 친히 화살과 돌에 맞으며 밤낮으로 싸움을 감독하고 장수와 병사를 장려하며 상벌을 분명하게 행하니, 군인들이 모두 죽기를 각오하였기 때문에 향하는 곳마다 적을 꺾어 죽이니, 서위는 전진할 수 없었다. 잠시 후에 호승우가 떠도는 화살에 맞아서 죽으니, 안팎에서 크게 놀랐다. 서위가 군인들을 모두 보내어 목책을 공격하자 배반한 사람이 서쪽 문을 열고 서위의 군대를 성으로 받아들이니, 梁主(元帝)는 물러나 金城을 지키고 汝南王 蕭大封 등으로 우근에게 인질이 되어 강화를 청하도록 하였다.

서위의 군대가 처음 이르렀을 때 무리들이 왕승변의 아들인 王顗를 도독으로 삼을 수 있다고 하였으나 梁主는 등용하지 않고 다시 그의 병사를 빼앗았다가 호승우가 죽고 나자 마침내 그를 등용하였다. 이때 성의 남쪽은 비록 파괴되었으나 성 북쪽에 있던 여러 장수들은 아직도 苦戰하고 있었는데, 날이 저물자 온 성이 함락되었다는 소식을 듣고서

마침내 흩어졌다.

魏人百道攻城호대 **胡僧祐**가 **親當矢石**하여 **晝夜督戰**하여 **奬勵將士**하여 **明行賞罰**하니 **衆咸致死**라 **所向摧殄**하니 **魏不得前**이러니 **俄而僧祐**가 **中流矢死**하니 **內外大駭**러니 **魏**가 **悉衆攻柵**한대 **反者**가 **開西門納魏師**하니 **梁主**가 **退保金城**하고 **令汝南王大封等**으로 **質於于謹**하여 **以請和**①러라 **魏軍之初至也**에 **衆**이 **以王僧辯子顗可爲都督**호대 **梁主**가 **不用**하고 **更奪其兵**이러니 **及僧祐死**에 **乃用之**하다 **時城南雖破**나 **而城北諸將**은 **猶苦戰**이러니 **日暝**에 **聞城陷**하여 **乃散**②이라

① 蕭大封은 簡文帝(蕭綱)의 아들이다.
大封, 簡文帝之子.
② 暝은 莫定의 切이니, 저녁이다.
暝, 莫定切, 夕也.

【目】梁主(元帝)는 이에 古今의 圖書 14만 권을 불태우도록 하며 보검을 가지고서 기둥을 찍어 보검을 부러뜨리고 탄식하며 말하기를 "文武의 道는 오늘 밤으로 끝났다."라고 하였다. 御史中丞 王孝祀를 시켜 항복 문서를 만들도록 명령하였다. 謝答仁이 간언하기를 "성안에는 병사가 많고 아직도 강하니 어둠을 틈타서 포위를 뚫고 나가면 도적은 반드시 놀랄 것입니다. 이를 이용하여 압박하면 長江을 건너서 任約에게 갈 수 있습니다."라고 하였다.

梁主는 평소 말을 타고 달리는 것에 편치 않아서 말하기를 "일은 반드시 이루지 못하고 단지 치욕만 더할 뿐이다."라고 하니, 사답인이 스스로 梁主를 부축하겠다고 청하였는데, 王褒가 말하기를 "사답인은 侯景의 도당이니 어찌 믿을 수 있습니까."라고 하였다. 사답인이 또 子城을 지켜서 군사를 수습하겠다고 청하자 梁主는 옳게 여겼으나 왕포가 또 안 된다고 하니, 사답인이 피를 토하고 죽었다. 우근이 태자를 불러서 인질로 삼자, 梁主는 왕포를 시켜 태자를 호송하도록 하였다.

우근의 아들이 왕포가 서예를 잘한다고 하여 그에게 종이와 붓을 주자, 왕포가 이에 말을 쓰기를 "柱國 常山公의 家奴 왕포"라고 하였다.

梁主가 드디어 백마를 타고 흰 옷차림으로 동쪽 문을 나가는데 蕭詧이 철갑 기병을 시켜 梁主를 데리고 군영 안으로 들어가서 검은 휘장 속에 가두도록 하였다.

梁主가 **乃焚古今圖書十四萬卷**하며 **以寶劍擊柱折之**하고 **歎曰 文武之道**가 **今夜盡矣**①라하다 **命御史中丞王孝祀**하여 **作降文**하다 **謝答仁**이 **諫曰 城中兵衆**이 **猶彊**하니 **乘闇突圍而出**이면 **賊必**

驚호리니 因而薄之하면 可度江하여 就任約[②]이니라 梁主가 素不便走馬라 曰 事必無成이요 祗增辱耳니라 答仁이 求自扶梁主한대 王褒曰 答仁은 侯景之黨이니 豈可信이리잇고 答仁이 又請守子城하여 收兵이어늘 梁主가 然之러니 褒가 又以爲不可라하니 答仁이 歐血而死하다 于謹이 徵太子爲質한대 梁主가 使王褒送之러니 謹子가 以褒가 善書라하여 給之紙筆이어늘 褒가 乃書曰 柱國常山公家奴王褒[③]라하더라 梁主가 遂白馬素衣로 出門이어늘 詧이 使鐵騎하여 擁之入營하여 囚于烏幔之下[④]하다

① 〈'文武之道 今夜盡矣'는〉 책을 불태우고 검을 부러뜨려서 문무의 도가 다했다고 여긴 것이다.
焚書折劍, 以爲文武道盡.

② 〈'可度江就任約'은〉 任約이 馬頭岸에 보루를 쌓았는데, 江陵과 겨우 강 하나를 사이에 두고 있을 뿐이었다.
任約築壘馬頭岸, 與江陵僅隔一江耳.

③ 于謹은 柱國大將軍이 되었으며, 常山公에 책봉되었다.
謹爲柱國大將軍, 封常山公.

④ 幔은 莫半의 切이니, 휘장이다.
幔, 莫半切, 帳也.

【目】 梁主(元帝)는 성격이 잔인하고 또 高祖(武帝)가 너그럽게 풀어놓았던 폐단을 경계하였기 때문에 정치를 행할 때 엄격함을 숭상하였다. 감옥 안에 있던 사형수가 늘 수천 명이었는데, 有司가 그들을 석방하여 전투 병사로 충당하기를 청하였으나 梁主는 허락하지 않고 모두 곤봉으로 때려서 죽이도록 하였으니, 그 일이 끝나기 전에 성이 함락되었다.

中書郎 殷不害가 그의 어머니를 잃었는데, 당시에는 얼음이 얼고 눈이 쌓여 죽은 사람이 도랑을 가득 채웠다. 은불해가 길에서 통곡을 하고 도랑 안에 있는 죽은 사람을 보면 번번이 아래로 내려가서 들쳐보니, 은불해의 온몸은 얼어 젖었고, 물이나 음료수를 마시지 않고 부르짖으며 우는 소리가 그치지 않았다. 이와 같이 하여 7일 만에 마침내 어머니의 시신을 찾았다.

어떤 사람이 梁主에게 묻기를 "무슨 마음으로 책을 불태웠습니까?"라고 하니, 梁主가 말하기를 "읽은 책이 만 권이었는데도 오히려 오늘의 사태가 있게 되었으므로 불태웠소."라고 하였다.

梁主가 性殘忍하고 且懲高祖寬縱之弊라 故爲政尙嚴하니 獄中死囚가 常數千人이어늘 有司가 請釋之하여 以充戰士호대 梁主가 不許하고 悉令棓殺之러니 事未成而城陷하다 中書郎殷不害가 失其

母러니 時에 氷雪交積하여 死者滿溝라 不害가 行哭於道하여 見溝中死人이면 輒投下捧視하니 擧體凍濕하고 水漿을 不入口하고 號哭不輟聲하다 如是七日에 乃得之하다 或이 問梁主호대 何意焚書오 梁主曰 讀書萬卷이로대 猶有今日이라 故焚之호라

【目】12월에 西魏 사람이 梁主와 愍懷太子 蕭元良 등을 죽였다. 우근은 궁중 府庫에 있는 진귀한 보배와 宋나라 때 만든 渾天儀, 梁나라가 만든 銅晷表(구리로 만든 해시계)와 여러 法物(帝王의 儀仗, 祭器)을 거두어들였고, 왕공 이하를 모두 포로로 하고 남녀 백성 수만 명을 잡아 노비로 삼아서 三軍에 나누어 포상하고 어리고 약한 사람을 모두 죽였다. 모면할 수 있었던 사람은 3백여 가구였고 사람과 말에 밟히고 얼어 죽은 사람이 열에 두셋이었다.

十二月에 魏人이 殺梁主及愍懷太子元良等하다 于謹이 收府庫珍寶와 及宋渾天儀와 梁銅晷表와 及諸法物하고 盡俘王公以下하고 及選百姓男女數萬口爲奴婢하여 分賞三軍하고 小弱者를 皆殺之하다 得免者가 三百餘家요 而人馬所踐하고 及凍死者는 什二三①러라

① 宋나라 渾天儀는 元嘉 13년(436)에 錢樂之가 주조한 것이다. 梁나라 天監(502~519) 연간에 祖常이 8尺의 銅表를 만들고 그 아래 土圭(해 그림자를 재는 기구)와 서로 연결하여 土圭 위에 도랑을 만들어 물을 두어 平正을 취하고 해 그림자를 측정하였다. 〈梁나라〉 大同 연간(535~545)에 太史令이 9尺 圭表를 사용하여 江左(江東)의 해 그림자를 측정하였다. 陳氏(陳나라)는 오직 梁나라 法만 사용하였다.
宋渾天儀, 元嘉十三年錢樂之所鑄也. 梁天監中祖常造八尺銅表, 其下與土圭相連圭上爲溝置水, 以取平正, 揆測日景. 大同中, 太史令用九尺表格江左之景. 陳氏惟用梁法焉.

【目】宇文泰가 于謹에게 노비 천 명과 梁나라의 보물과 아울러 雅樂 1部(한 樂團)를 상으로 주고 별도로 新野公에 책봉하였는데, 우근이 굳게 사양하였지만 우문태가 허락하지 않았다. 우근은 자기가 오랫동안 중요한 직위에 있었다고 하여 마침내 이전에 탄 준마와 착용했던 갑옷 등을 올려 바쳤다. 우문태가 그 뜻을 알아차리고 말하기를 "지금 巨猾(北齊)이 아직 평정되지 않았으니, 공이 어찌 갑자기 혼자서만 좋을 수 있겠는가."라고 하고, 〈우문태는〉 마침내 받지 않았다.

宇文泰가 賞謹奴婢千口와 及梁之寶物과 幷雅樂一部하고 別封新野公①이어늘 謹이 固辭호대 不許라 自以久居重任이라하여 乃上先所乘駿馬와 及所著鎧甲等②하니 泰識其意曰 今巨猾을 未平하니 公이 豈得遽爾獨善이리오 遂不受③하다

① 이미 常山에 책봉되었고, 또다시 新野에 책봉했으므로 '別封'이라고 한 것이다.
既封常山, 又封新野, 故曰別封.
② 上(올리다)은 時掌의 切이다.
上, 時掌切.
③ '巨猾'은 北齊를 말한다.
巨猾, 謂齊也.

【綱】 西魏가 襄陽을 취하고 梁王 蕭詧을 옮겨서 江陵에서 황제를 일컫게 하고 병사를 주둔하여 그를 지키게 하였다.

魏取襄陽하고 **徙梁王詧**하여 **使稱帝于江陵**하고 **屯兵守之**[59)]하다

【目】 西魏가 蕭詧을 세워 皇帝로 삼고 〈원래 소유했던〉 雍州 지역을 빼앗고 荊州를 주니, 너비가 3백 리였다. 서위가 또 〈江陵城에〉 防主를 두어서 군대를 거느리고 西城에 살게 하니, 명색이 '助防'이라고 했지만 실제로는 소찰을 제압하는 것이었다.

예전에 서위의 군사가 아직 돌아오기 전에 蕭詧의 부하 장수인 尹德毅가 소찰을 설득하기를 "江東에 있는 사람들이 도탄에 빠져서 이 지경에 이르렀는데, 모두 전하께서 그렇게 만들었다고 말합니다. 사람들은 다 원수로 여기니, 누가 함께 나라를 위하겠습니까. 지금 서위의 정예병이 모두 여기에 모였으니 만약 전하께서 향연을 베풀고 미리 무사를 숨기고서 이를 이용하여 그들을 죽이고, 여러 장군들에게 나누어 명령하여 그들의

59) 魏取襄陽……屯兵守之 : "'稱帝'로써 기록한 것이 많으나 '使稱帝'로 기록한 것은 없었다. '使'라 쓴 것은 어째서인가. 敵國에 대한 말이다. 병사를 주둔시킨 것은 後梁을 돕기 위한 것이다. 어찌하여 '그곳을 수비하였다〔戍之〕'라고 기록하지 않았는가. 명색은 '助防'이라고 했지만 실제로는 蕭詧을 제압하기 위한 것이었으니, 이것은 西魏의 사사로운 일이다. ≪資治通鑑綱目≫에서는 그 실정을 깊이 탐구하였으므로 특별히 '그를 지키게 하였다〔守〕'라고 기록하였다. 위에서는 '襄陽을 취하였다〔取襄陽〕'라고 기록하고, 아래에서는 '그를 지키게 하였다〔守之〕'라고 기록하였으니 망하는 것을 보존해주고 끊어지는 것을 이어주는 도리가 진실로 이와 같겠는가. 매우 나무란 것이다.〔書以稱帝多矣 未有書使者 使者 何 敵國之辭也 屯兵 所以助梁也 曷爲不書戍之 名爲助防 實以制詧 此魏人之私也 綱目深探其情 故特書守 上書取襄陽 下書守之 存亡繼絶之義 固如是乎 深譏之也〕" ≪書法≫

"帝는 天下를 소유한 호칭이다. 남북으로 국토가 분할되면서 각각 일개 나라에서 帝 노릇을 하였으니 이미 통일된 뜻이 아니다. 지금 또 작은 지역을 가지고 帝 노릇을 하게 한 것은 어째서인가. ≪資治通鑑綱目≫에서는 '西魏가 梁王 蕭詧을 옮겨서 황제를 일컫게 하였다〔魏徙梁王詧使稱帝〕'라고 기록하였으니 어찌 황제의 높음을 가지고 남에게 하여금 황제를 일컫게 할 수 있단 말인가. 이것을 곧바로 책에 기록하였으니 둘 다 죄준 것이다.〔帝者 有天下之號也 自南北瓜分 各帝一國 已非一統之義 今又欲以蕞爾之地而帝焉 何耶 綱目書魏徙梁王詧使稱帝 烏有以帝者之尊 而可使人稱之者哉 直書于冊 兩皆罪也〕" ≪發明≫

진영과 보루를 습격하여 추악한 자들을 크게 섬멸하여 남은 종자가 없도록 하십시오. 江陵의 백성을 거두어들여 그들을 어루만져 편안하게 하고, 문무의 여러 관료를 재능에 따라 뽑아서 벼슬을 주십시오. 서위 사람들은 두려워 숨을 죽이고 감히 군사를 죽이러 보내지 않을 것이고, 왕승변의 무리는 반쪽 편지 한 장이면 불러올 수 있습니다. 그런 연후에 朝服 차림으로 장강을 건너서 〈建康으로〉 들어가서 황제에 즉위하시면 잠깐 사이에 큰 공을 세울 수 있습니다. 옛사람이 말하기를 '하늘이 주는데 받지 않으면 도리어 하늘의 허물을 받는다.'라고 하였으니, 바라건대 전하께서는 원대한 책략을 크게 넓히시어 필부의 행위를 생각하지 마십시오."라고 하였다.

소찰이 말하기를 "卿의 이 책략이 좋지 않은 것은 아니나 서위 사람들이 나를 후하게 대하니, 만약 갑자기 경의 계책을 실행하면 사람들이 장차 내가 먹다 남긴 음식도 먹지 않을 것이오."라고 하였다. 이때에 이르러 온 강릉성이 포로가 되었고, 또 襄陽(雍州)을 잃게 되니, 윤덕의의 말을 채용하지 않은 것을 한스러워하였다.

魏가 立詧爲皇帝하고 取其雍州之地하고 而資以荊州하니 延袤三百里요 又置防主하여 將兵居西城하니 名曰 助防이나 實以制詧也러라 初에 魏師가 未還에 詧將尹德毅가 說詧曰 江東之人이 塗炭至此어늘 咸謂殿下가 爲之라하니 人盡讐也니 誰與爲國이니잇고 今魏之精銳盡萃於此하니 若殿下가 爲設享會하시고 預伏武士하여 因而斃之하고 分命諸將하여 掩其營壘하여 大殲群醜하여 俾無遺類하소서 收江陵百姓하여 撫而安之하고 文武群僚를 隨材銓授하소서 魏人이 慴息하여 未敢送死하리니 王僧辯之徒는 折簡可致라 然後朝服濟江하여 入踐皇極하면 晷刻之間에 大功可立①이니이다 古人云 天與不取면 反受其咎라하니 願殿下는 恢弘遠略하여 勿懷匹夫之行②하라 詧曰 卿此策이 非不善也언마는 然魏人이 待我厚하니 若遽爲此면 人將不食吾餘③리라하더니 至是하여 闔城繫虜하고 又失襄陽하니 乃恨不用德毅之言이러라

① '折簡'은 半紙(반쪽 종이)라는 말과 같다. '入踐皇極'은 建康으로 돌아가 卽位함을 말한다.
折簡, 猶言半紙也. 入踐皇極, 謂還建康卽位也.

② '匹夫之行'은 작은 청렴과 작은 근신으로 자신을 鄕黨에 의탁하는 것이다.
匹夫之行, 小廉小謹以自託於鄕黨.

③ ≪春秋左氏傳≫ 莊公 6년에 "楚나라 文王이 鄧을 지나갔다. 鄧祁侯가 말하기를 '나의 생질이다.'라고 하고서, 楚나라 文王을 머무르게 하고는 연회를 베풀어 접대하였다. 騅甥・聃甥・養甥이 楚子를 죽이라고 청하니, 鄧侯가 말하기를 '사람들이 내가 먹다 남긴 음식도 먹지 않을 것이다.' 하였다."고 하였다. 注에 "스스로 생질을 살해한다면 반드시 사람들에게 천시를 받기 때문에 내가 먹다 남긴 음식도 먹지 않는다는 말이다." 하였다.

左傳 "楚文王過鄧. 鄧祁侯曰 '吾甥也.' 止而享之. 騅甥聃甥養甥請殺楚子, 鄧侯曰 '人將不食吾餘.' 注 '言自害其甥, 必爲人所賤, 故不食吾餘食.'"

【綱】 梁나라 王僧辯·陳霸先이 晉安王 蕭方智를 받들어서 承制하였다.

梁王僧辯陳霸先이 **奉晉安王方智**하여 **承制**①하다

① 蕭方智는 元帝의 아들이다.
方智, 元帝子也.

【綱】 西魏가 益州刺史 尉遲迥에게 〈18州를〉 더해주고 承制를 하게 하였다.

◑ 魏加益州刺史尉遲迥承制하다

【目】 西魏가 尉遲迥에게 都督十八州를 더하여 劍閣 남쪽으로 封拜·黜陟을 承制할 수 있게 하였다. 울지형이 賞罰을 밝히고 위엄과 은혜를 펴서 새로 편입된 백성들을 화목하게 안정시키면서 아직 귀의하지 않은 이들을 경략하니, 中原 사람과 夷族들이 감격하였다.

魏加尉遲迥督十八州하여 **自劍閣以南**으로 **得承制封拜黜陟**이라 **迥**이 **明賞罰**하고 **布威恩**하여 **綏輯(安)〔新〕**[60] **民**하여 **經略未附**하니 **華夷懷之**①라

① 輯은 화목함이다.
輯, 和也.

60) (安)〔新〕: 저본에는 '安'으로 되어 있으나, ≪資治通鑑≫에 의거하여 '新'으로 바로잡았다.

思政殿訓義 資治通鑑綱目 제34권 상

-梁 敬帝 紹泰 원년(555)~陳 文帝 天嘉 원년(560)-

≪資治通鑑綱目≫ 제34권은 乙亥年(555) 梁나라 敬帝 紹泰 원년, 西魏 恭帝 2년, 北齊 文宣帝 天保 6년부터 시작하여 辛卯年(571) 陳나라 宣帝 太建 3년, 北齊 後主 武平 2년, 北周 武帝 天和 6년까지이니, 모두 17년이다.

起乙亥梁敬帝紹泰元年과 魏恭帝二年과 齊文宣帝天保六年하여 盡辛卯陳宣帝 太建三年과 齊後主武平二年과 周武帝天和六年하니 凡十七年이라

乙亥年(555)

梁나라 敬帝 蕭方智 紹泰 원년이고, 西魏 恭帝 拓跋廓 2년이고, 北齊 顯祖 文宣帝 高洋 天保 6년이다. 後梁 中宗 宣帝 蕭詧 大定 원년이다. 모두 4國이다.

梁敬帝方智紹泰元年이요 魏恭帝二年이요 齊天保六年이라 ◑ 後梁中宗宣帝蕭詧大定元年이라 ◑ 凡四國이라

【綱】 봄 정월에 梁王(後梁) 蕭詧이 비로소 황제를 칭하였다.[1)]

春正月에 梁王詧이 始稱帝[2)]하다

【目】 梁王 蕭詧이 江陵에서 황제의 자리에 올라 연호를 바꾸니, 이것이 後梁이다. 상벌

---

1) 봄……칭하였다 : 西魏에 의해 건국된 後梁을 가리킨다. 후량은 서위와 北周의 괴뢰정권으로, 隋나라 文帝 때 없어졌다.

2) 梁王詧 始稱帝 : "경오년(550)에 西魏는 蕭詧을 梁나라 皇帝로 삼으려고 하였었다. 소찰이 황제를 하려고 하지 않자 梁王으로 세웠다. 蕭繹이 죽은 뒤에 다시 황제를 일컫게 하자, 이때에 처음으로 일컬었으므로 '비로소〔始〕'라고 기록하였다.〔庚午 魏嘗欲立詧爲梁帝矣 詧不肯帝 立爲梁王 蕭繹既亡 復使稱帝 於是始稱 故書始〕" ≪書法≫

제도를 모두 梁王이었을 때와 같이 하되, 오직 西魏에 상소할 때에만 신하라고 일컫고 서위의 正朔(책력)을 사용하였다. 蔡大寶를 侍中·尙書令으로 삼고 王操를 五兵尙書로 삼았다.

채대보가 엄정하며 지모가 있어서 평소 정사에 통달하였으며 글과 말이 넉넉하며 민첩하고, 왕조가 또한 채대보에 버금갔다.

梁王詧이 卽位改元於江陵하니 是爲後梁이라 賞刑制度를 竝同王者호대 唯上疏于魏則稱臣하고 奉其正朔하다 以蔡大寶爲侍中尙書令하고 王操爲五兵尙書하니 大寶가 嚴整有智謀하여 雅達政事하며 文辭가 贍速하고 操가 亦亞之하더라

【綱】 梁나라 廣州刺史 王琳이 江陵을 구원하였으나 미치지 못하였고, 長沙에 주둔하여 군사를 파견하여 後梁을 정벌하였다.

梁廣州刺史王琳이 救江陵이로되 弗及하고 次于長沙하여 遣兵伐後梁[3]하다

【目】 王琳이 군사를 거느리고 북쪽으로 내려가 蒸城에 도착하여 江陵이 이미 함락되었다는 소식을 듣고 梁나라 世祖(蕭繹)를 위하여 發哀하여 三軍 모두에게 상복을 입게 하고 별장 侯平을 파견하여 수군을 인솔하고 後梁을 공격하도록 하였다. 왕림이 군사를 長沙에 주둔시키고서 州郡에 격문을 전달하고 진격하여 〈강릉을〉 탈취할 계획을 세웠다. 長沙王 蕭韶와 상류에 있던 여러 장군들이 모두 왕림을 추대하여 盟主로 삼았다.

琳이 將兵北下하여 至蒸城하여 聞江陵已陷하고 爲世祖發哀하여 三軍縞素①하고 遣別將侯平하여 帥舟師하여 攻後梁하다 琳이 屯兵長沙하여 傳檄州郡하고 爲進取之計하니 長沙王韶及上游諸將이

3) 梁廣州刺史王琳……遣兵伐後梁 : "'미치지 못했다〔弗及〕'라고 기록한 것은 어째서인가. 추후에 梁主(元帝)를 허물한 것이다. 충성과 역량이 王琳과 같은 이도 멀리 廣州까지 갔기 때문에 구원에 미치지 못하였으니 왕림을 나무란 것이 아닐 것이다. 11월에 군사를 징발하고 12월에 나라가 망하였으니 미치지 못한 것은 마땅하다. 왕림에 대해 어찌 나무랄 것인가. 그렇다면 後梁 역시 梁나라의 후예인데 어찌하여 '정벌하였다〔伐〕'라고 기록하였는가. 蕭繹을 죽인 것은 西魏이다. 蕭詧은 서위가 즉위시켜준 것을 받았으니, 왕림의 입장에서 본다면 자신의 원수이다. 왕림은 옛 임금에 대한 마음이 있었으므로 ≪資治通鑑綱目≫에서 '梁'이라고 기록하고 '伐'이라고 기록하였으니 의리를 권면한 것이다. ≪자치통감강목≫을 마치도록 '미치지 못했다〔不及〕'라고 기록한 것이 세 번인데(羊祜, 王琳, 이해에 北齊가 군대를 파견한 일), 오직 왕림에게만 나무라는 말이 아니다.〔書弗及 何 追咎梁主也 忠力如王琳 而遠之廣州 是以弗及救也 非譏琳乎 十一月徵兵 十二月而國亡 其弗及 宜矣 於琳何譏焉 然則後梁亦梁裔也 曷爲書伐 殺繹者 魏也 詧受魏立 自琳視之 則吾讐也 琳有舊主之心焉 故綱目書梁書伐 所以勸義也 終綱目救書不及三(羊祜 王琳 是年齊遣兵) 惟王琳非譏辭〕" ≪書法≫

皆推琳爲盟主②하다

① 蒸城은 대개 漢나라 때 臨蒸縣의 古城이니, 衡州 경계에 있다.
蒸城, 蓋漢臨蒸縣古城也, 在衡州界.
② 蕭韶는 蕭懿의 손자이다.
韶, 懿之孫也.

【綱】 北齊가 군사를 파견하여 江陵을 구원하였으나, 미치지 못하고 梁나라 郢州를 취하였다.

齊가 遣兵救江陵이로되 不及하고 取梁郢州[4]하다

【目】 北齊主(文宣帝)가 淸河王 高岳에게 군사를 거느리고 西魏의 安州를 공격하여 이로써 江陵을 구원하도록 하였다. 고악이 義陽에 도착하였을 때 강릉이 함락되었는데 이를 틈타 진군하여 長江까지 가니, 郢州刺史 陸法和가 州를 가지고 그에게 항복하였다. 長史인 王珉이 따르지 않자 그를 죽였다. 북제가 儀同三司 慕容儼에게 郢州를 지키도록 하니, 王僧辯이 侯瑱을 파견하여 영주를 공격하였다.

齊主가 使淸河王岳將兵하고 攻魏安州하여 以救江陵①이러니 岳이 至義陽에 江陵이 陷이어늘 因進軍臨江하니 郢州刺史陸法和가 擧州降之하다 長史王珉이 不從이어늘 殺之하다 齊가 使儀同三司慕容儼으로 戍郢州하니 王僧辯이 遣侯瑱攻之하다

① ≪五代志≫에는 "安陸郡은 西魏 때에 安州에 두었다."라고 하였다.
五代志 "安陸郡, 西魏置安州."

【綱】 北齊가 梁나라 貞陽侯 蕭淵明을 파견하여 梁나라로 돌아가서 황제를 칭하게 하고 군사를 파견하여 그를 〈양나라로〉 들여보냈다.

齊가 遣梁貞陽侯淵明하여 還梁稱帝하고 以兵納之①하다

① 寒山의 패배에 貞陽侯(蕭淵明)가 北齊에서 사로잡혔다.
寒山之敗, 貞陽沒於齊.

---

4) 齊遣兵救江陵……取梁郢州 : "'郢州를 취하였다[取郢州]'라고 기록한 것은 어째서인가. 北齊를 죄준 것이다. 남의 환난을 구제하려다가 이미 미치지 못하였고, 또 그것을 이용하여 이익을 챙기려 하였으므로 죄를 준 것이다.[書取郢州 何 罪齊也 救人之難 旣不及矣 又因以爲利 故罪之]" ≪書法≫

【綱】 2월에 梁王 蕭方智가 즉위하였다.

◑ 二月에 梁王方智가 立하다

【目】 晉安王 蕭方智가 尋陽에서 建康으로 들어가 梁王에 즉위하니, 이때 나이가 13세였다. 王僧辯을 中書監 錄尙書 驃騎大將軍 都督中外諸軍事로 삼고, 陳霸先에게 征西大將軍을 더해주었다.

晉安王이 自尋陽入建康하여 卽梁王位하니 時年이 十三이러라 以王僧辯爲中書監錄尙書驃騎大將軍都督中外軍事하고 加陳霸先征西大將軍하다

【綱】 3월에 北齊 사람이 梁나라의 東關에서 승리하였다.

三月에 齊人이 克梁東關하다

【目】 北齊主(文宣帝)가 먼저 邢子才를 시켜 建康에 가게 하여 王僧辯에게 편지를 주어 말하기를 "계승한 주군이 어려서 重任을 감당하지 못할 것이다. 저 사람 貞陽侯(蕭淵明)는 梁 武帝(蕭衍)의 조카이며 長沙王의 아들인데, 나이로 보나 명망으로 보나 金陵을 보존할 수 있을 것이므로 그를 세워 梁主로 삼아야 하니, 경은 마땅히 영접해야 한다."라고 하였으나, 왕승변이 따르지 않았다.

3월에 소연명이 東關에 도착하자, 梁나라 散騎常侍 裵之橫이 그를 막다가 패하여 죽었다. 왕승변이 크게 두려워하여 나가서 姑孰에 주둔하고 소연명을 받아들일 것을 모의하였다.

齊主가 先使邢子才로 詣建康하여 與王僧辯書曰 嗣主가 沖藐(묘)하여 未堪負荷[①]하니 彼貞陽侯는 梁武猶子이며 長沙之胤이니 以年以望으로 堪保金陵이라 故置爲梁主하니 卿宜迎接이라한대 僧辯不從[②]이러니 三月에 淵明이 至東關하니 散騎常侍裵之橫이 禦之라가 敗死하니 僧辯이 大懼하여 出屯姑孰하고 謀納淵明하다

① 藐(어리다)은 亡沼의 切이다.
藐, 亡沼切.

② 貞陽侯가 비록 북제의 縲臣(구류된 신하)이지만 '貞陽侯'는 梁나라의 작위이다. 그러므로 王僧辯에게 보낸 편지에 "저 사람 정양후"라고 말한 것이다. 蕭淵明은 長沙王 蕭懿의 아들이며 武帝(蕭衍)의 형의 아들이므로 猶子(조카)라 한 것이다.

貞陽雖爲縲臣於齊, 而貞陽侯則梁爵也, 故於僧辯書稱彼貞陽侯. 淵明, 長沙王懿之子, 武帝兄子, 故曰猶子.

【綱】西魏는 梁나라의 포로 수천 명을 사면해주었다.

魏免梁俘數千口하다

【目】西魏의 宇文泰가 庾季才를 얻자 그를 후하게 대우하고 太史의 업무에 참여해 관장하도록 하였다. 유계재가 私財를 털어서 친구 중에 노비가 된 사람들을 사들였는데, 우문태가 그 이유를 묻자, 대답하기를 "제가 듣기로는 타국을 이기고 현명한 사람들을 예우하는 것은 옛날의 도리입니다. 지금 郢都가 전복되었으니, 그 군주는 진실로 죄가 있으나 사대부들에게 무슨 죄로 모두 노예가 됩니까. 저는 객지 사람이니 감히 말씀을 드리지 못하지만 진실로 그들을 가엾게 생각하므로 개인적으로 이들을 사들였을 뿐입니다."라고 하니, 우문태가 마침내 깨닫고 말하기를 "나의 허물이오. 그대가 아니었다면 결국 천하 백성들의 신망을 잃었을 것이오."라고 하고, 이어서 명령을 내려서 梁나라 포로 수천 명을 사면해주었다.

魏宇文泰가 **得庾季才**한대 **厚遇之**하고 **令參掌太史**러니 **季才**가 **散私財**하여 **購親舊之爲奴婢者**어늘 **泰**가 **問其故**한대 **對曰 僕**이 **聞克國禮賢**은 **古之道也**[①]라 **今郢都**가 **覆沒**하니 **其君信有罪矣**어니와 **搢紳**은 **何咎**로 **皆爲阜隷**[②]오 **鄙人羇旅**하니 **不敢獻言**이로대 **誠竊哀之**라 **故私購之耳**라한대 **泰**가 **乃悟曰 吾之過也**라 **微君**이면 **遂失天下之望**이라하고 **因出令**하여 **免梁俘數千口**하다

① 周 武王이 商나라를 이기고, 箕子의 收監을 풀어주고, 商容의 마을에 경례하고, 比干의 묘를 봉분하였으니, 이른바 현명한 사람들을 예우한 것이다.
武王克商, 釋箕子囚, 式商容閭, 封比干墓, 所謂禮賢也.

② 江陵은 楚나라의 옛 도읍이고, 옛 郢城과 渚宮은 모두 그 땅에 있다.
江陵, 楚之故都, 古郢城及渚宮皆在其地.

【綱】여름 5월에 梁나라 王僧辯이 蕭淵明을 받들고 建康으로 돌아가서 梁王 蕭方智를 太子로 삼았다.

夏五月에 **梁王僧辯**이 **奉淵明**하고 **歸建康**하여 **以梁王方智爲太子**하다

【目】 王僧辯이 使臣을 보내어 啓文을 蕭淵明에게 올려 君臣의 禮를 정하고 이어서 梁王을 太子로 삼을 것을 요구하자 소연명이 허락하고 采石에서 長江을 건너니, 北齊의 군사가 돌아갔다. 소연명이 建康으로 들어와서 朱雀門을 바라보면서 통곡하자, 길에 맞이하러 나온 신하들도 통곡하며 응대하였다. 소연명이 들어가 황제에 즉위하고 蕭方智를 太子로 삼고, 왕승변을 大司馬로 삼고, 陳霸先을 侍中으로 삼았다.

王僧辯이 遣使奉啓於淵明하여 定君臣之禮하고 因求以梁王爲太子한대 淵明이 許之하고 自采石濟江하니 齊師가 還하다 淵明이 入建康하여 望朱雀門而哭하니 道逆者가 以哭對하더라 入卽位하고 以方智爲太子하고 王僧辯爲大司馬하고 陳霸先爲侍中하다

【綱】 6월에 北齊가 長城을 쌓았다.

六月에 齊가 築長城[5)]하다

【目】 北齊가 백성 180만 명을 징발하여 長城을 쌓아서 幽州의 夏口부터 서쪽으로 恒州에 이르니, 〈모두〉 9백여 리였다.

齊가 發民一百八十萬하여 築長城하여 自幽州夏口로 西至恒州하니 九百餘里①러라

① 幽州 夏口는 바로 居庸 下口이다. 유주 軍都縣 서북쪽에 居庸關이 있다. 濕餘水는 上谷 沮陽縣의 동쪽에서 나와 남쪽으로 흘러 居庸關으로 나가니, 그곳을 下口라고 말한다. 夏는 下가 되어야 한다.
幽州夏口, 蓋卽居庸下口也. 幽州軍都縣西北有居庸關. 濕餘水出上谷沮陽縣之東, 南流出關, 謂之下口. 夏, 當作下.

【綱】 北齊 사람이 郢州를 梁나라에 돌려주었다.

齊人이 歸郢州于梁[6)]하다

【目】 北齊 慕容儼이 처음에 郢州에 들어왔을 때 侯瑱 등이 갑자기 성 아래에 들이닥쳤다. 모용엄이 방략에 따라 방어하고 빈틈을 타서 출격하여 후진의 군대를 격파하였다. 영주성 안에 식량이 떨어져서 풀과 나무뿌리와 가죽 신발과 허리띠를 삶아서 먹으면서

5) 齊築長城 : "北齊는 이때에 長城을 쌓은 것을 기록한 것이 두 번째였다.〔齊於是再書長城矣〕" ≪書法≫
6) 齊人歸郢州于梁 : "잘못을 고친 것을 아름다워한 것이다.〔嘉改過也〕" ≪書法≫

견고하게 지키기를 반년이나 하였으나 사람들은 이반할 마음이 없었다. 이때에 이르러 蕭淵明이 명하여 후진에게 豫章으로 돌아오도록 하였다. 북제 사람들은 〈영주〉 땅이 멀어 지키기가 어렵다는 이유로 분할하여 梁나라에 돌려주고, 양나라 백성을 또한 양나라로 돌아가게 하였다.

齊慕容儼이 始入郢州而侯瑱等이 奄至城下하니 儼이 隨方備禦하고 乘間出擊破之하다 城中이 食盡하니 煮草木靴帶하여 食之호대 堅守半歲하니 人無異志①러니 至是하여 淵明이 命瑱還豫章하니 齊人이 以地遠難守라하여 割以予梁하고 凡梁民을 亦還之하다

① '草木靴帶'는 풀과 나무뿌리와 잎사귀와 가죽 신발과 소의 뿔로 장식한 허리띠를 말한다. 草木靴帶, 謂草木根葉及靴皮帶角也.

【綱】 가을 7월에 北齊主(文宣帝)가 柔然을 정벌하여 크게 격파하였다.

秋七月에 齊主가 伐柔然하여 大破之하다

【綱】 8월에 北齊가 道士를 沙門으로 삼았다.

◑ 八月에 齊가 以道士爲沙門[7]하다

【目】 北齊主(文宣帝)는 불교와 도교 두 종교가 教義가 같지 않다는 이유로 그중에 하나를 없애려고 하였다. 불교와 도교의 학자들을 모아 御前에서 논쟁하게 하고, 마침내 道士들로 하여금 모두 머리를 깎고 승려가 되도록 조서를 내렸다. 도사 중에 따르지 않는 사람이 있었는데 4명을 죽이자 마침내 명령을 받들었다.

齊主가 以佛道二教不同이라 欲去其一하다 集二家學者하여 論難於前하고 遂敕道士하여 皆剃髮爲沙門하니 有不從者어늘 殺四人하니 乃奉命①하다

---

7) 齊以道士爲沙門 : "東魏는 일찍이 道壇을 철폐하였다.(병진년(무진년(548)의 잘못임)) 이때에 다시 '道士를 沙門으로 삼았다〔以道士爲沙門〕'라고 기록하였으니 道教는 모두 두 번 폐출된 것이다. ≪資治通鑑綱目≫을 마치도록 도교 한쪽만 철폐된 것이 두 번이고, 佛教와 아울러 철폐된 것이 두 번인데(갑오년(574) 北周는 2教를 폐기시키고, 唐나라는 武德 9년(626)에 僧·道를 도태시켰다.) 아울러 철폐된 것은 오래지 않아 그에 따라서 회복되었다. 한쪽만 철폐된 것은 이로부터 들은 것이 없으니, 불교가 사람을 미혹시키는 것은 또다시 도교보다 심하다.〔東魏嘗罷道壇矣(丙辰年) 於是復書以道士爲沙門 道教凡再黜矣 終綱目道教偏廢者再 與佛教竝廢者再(甲午年 周罷二教 唐武德九年 沙汰僧道) 竝廢者 不久而隨復 偏廢者 自是而無聞焉 則佛之惑人 又甚於道矣〕" ≪書法≫

① 胡三省이 말하기를 "지금 道家 ≪太霄琅書經≫에 이르기를 '사람이 大道를 행하는 사람을 부르기를 道士라고 한다. 士는 어째서인가. 이치이고 일이다. 몸과 마음이 이치를 따라 오직 道만을 따라서 道를 따르는 것을 일삼기 때문에 道士라고 한 것이다. 내가 이 설을 살펴보면 道流는 우리 儒經을 빌어서 大義를 해석하여 道士 두 글자를 연역한 것이다. 道家를 비록 宗老子(노자를 숭상하는 사람)라고 말하지만 西漢 이전에는 道士라고 스스로 부른 적이 없었고 東漢에 이르러 비로소 張道陵·于吉 등이 있었으니 실제로 佛敎와 함께 모두 東漢 때에 일어난 것이다."라고 하였다.

胡三省"今道家有太霄琅書經云'人行大道, 號曰道士. 士者何, 理也, 事也. 身心順理, 惟道是從, 從道爲事, 故曰道士. 余按此說, 是道流借吾儒經解大義以演繹道士二字. 道家雖曰宗老子, 而西漢以前未嘗以道士自名, 至東漢始有張道陵于吉等, 其實與佛敎皆起於東漢之時."

【綱】 9월에 梁나라 陳霸先이 王僧辯을 죽이고 蕭淵明을 폐하였다. 겨울 10월에 蕭方智를 복위시키고 北齊의 藩國이라고 칭하였다.

九月에 **梁陳霸先**이 **殺王僧辯**하고 **廢淵明**하고 **冬十月**에 **復立方智**하여 **稱藩于齊**[8)]하다

8) 九月……稱藩于齊 : "蕭淵明은 황제를 칭하였는데 '淵明'이라고 이름을 말한 것은 어째서인가. 황제를 칭한 것을 인정해주지 않은 것이다. 王僧辯은 中書監인데 죽음에 관직을 기록하지 않은 것은 어째서인가. 그가 소연명을 받든 것을 인정해주지 않은 것이다. 앞에서 '蕭方智가 즉위하였다.'라고 기록하고 여기에서 '소방지를 세웠다.'라고 기록하였으니, 마땅히 세워야 한다는 말이다. 소방지는 어찌하여 마땅히 세워야 하는가. 蕭繹의 아들이기 때문이니 蕭懿의 아들(蕭淵明)과는 다르다. 그러므로 杜龕·徐嗣徽의 무리들은 모두 '반란하였다〔叛〕'라고 기록하였다.〔淵明稱帝矣 名淵明 何 不予其稱帝也 僧辯中書監也 殺不書官 何 不予其奉淵明也 前書方智立 此書立方智 宜立之辭也 方智則何以宜立 繹子也 與懿之子異矣 故杜龕徐嗣徽輩 皆書叛〕" ≪書法≫

"≪資治通鑑綱目≫에서는 앞에서 '北齊가 梁나라 貞陽侯 蕭淵明을 파견하여 梁나라로 돌아가 황제를 칭하게 하고 군사로 그를 들여보냈다.〔北齊遣貞陽侯淵明還梁稱帝 以兵納之〕'라고 기록하고, 이어서 '梁王 蕭方智가 즉위하였다.〔梁王方智立〕', '北齊 사람이 梁나라 東關에서 승리하였다.〔北齊人克東關〕'라고 기록하였다. '還梁稱帝'라고 말한 것은 외부에서 오랫동안 우환을 당하였음을 보인 것이니 대통을 계승함이 마땅하지 않은 뜻이다. '以兵納之'라고 말한 것은 梁나라 사람들이 받아들이지 않음을 보인 것이니, 강제로 군사를 써서 그를 들여보낸 뜻이다. '梁王方智立'이라고 말한 것은 마땅히 소연명을 세워서는 안 됨을 보인 것이니, 국가에 이미 임금이 있는 뜻이다. '北齊人克東關'이라고 말한 것은 强暴하여 옳지 않음을 보인 것이니, 威力으로 위협한 뜻이다. 이것은 모두 북제 사람이 소연명을 즉위시킨 것을 인정해주지 않는 말이다. 이윽고 또 '王僧辯이 소연명을 받들고 建康으로 돌아갔다.〔王僧辯奉淵明歸建康〕'라고 기록하였는데 '奉淵明'이라고 말하고 '그 임금을 받들었다〔奉其主〕'라고 기록하지 않았으며, '陳霸先이 먼저 왕승변을 죽이고 소연명을 폐하였다.〔陳霸先殺僧辯廢淵明〕'라고 기록하였는데 '僧辯'이라고 말하고 그 관직을 기록하지 않았으며, '淵明'이라고 말하고 '梁主'라고 기록하지 않았으니, 이는 是非와 曲直이 환하게 명백한 것이다. 소연명은 蕭懿의 아들로 敗軍의 장수이며 땅을 잃은 사람이니 그가 국가에 임금이 되어 백성을 사랑하면서 梁나라의 대통을 계승하기에 마땅하지 않은 것은 본래 의심스러울 것이 없다. 북제 사람들은 부도덕하여 강포한 협박으로 겁을 주었다. 왕승변은 진실로 강포한 이웃의 핍박을 겁내었으니 자신은 당연히 진패선의 무리들과 함께 계획하고 협력하여 大義로 고하고 국경에서 막아서 소연명을 국도에 발을 들여놓지 못하게 하여 神

【目】 예전에 王僧辯은 陳霸先과 더불어 侯景을 함께 멸망시키고 친분이 심히 돈독하였다. 왕승변은 石頭城에 있았고 진패선은 京口에 있었다. 왕승변은 誠心을 다해 그를 대우였는데 아들 王顗가 여러 차례 간언하였으나 듣지 않았다.

왕승변이 蕭淵明을 建康에 받아들이려고 할 때에 진패선이 사자를 보내어 받아들이지 말 것을 쟁변하였지만 왕승변이 따르지 않았다. 진패선이 한탄하기를 "武帝(蕭衍)의 자손들이 아주 많으나 오직 孝元帝(蕭繹)만이 〈후경을 주살함으로〉 복수하여 치욕을 씻었는데, 그 아들이 무슨 죄를 지었다고 그를 돌연히 폐위시킨단 말인가. 나는 王公(王僧辯)과 함께 어린 임금을 부탁받은 처지에 있었는데, 왕공이 갑자기 바꾸기를 도모하여, 밖의 戎狄에 의지하고 황위의 순서가 아닌 사람을 도와 즉위시켰으니, 그 뜻이 무엇을 하고자 하는 것인가."라고 하고, 마침내 은밀히 금은과 비단을 모아서 〈부하들에게〉 상으로 내려줄 물품을 준비하였다.

初에 王僧辯이 與陳霸先共滅侯景하고 情好甚篤하다 僧辯은 居石頭城하고 霸先은 在京口하니 僧辯이 推心待之어늘 子顗가 屢諫不聽이러니 及僧辯이 納淵明에 霸先이 遣使爭之호대 不從이라 霸先이 歎曰 武帝子孫이 甚多호대 唯孝元이 能復讐雪恥어늘 其子가 何罪而忽廢之①오 吾가 與王公竝處託孤之地어늘 而王公이 一旦改圖하여 外依戎狄하고 援立非次하니 其志가 欲何爲乎오하고 乃密聚金帛하여 爲賞賜之具러라

器(정권)을 모독하지 않게 해야 할 것이었다. 그런데 어찌 계획을 좋게 하지 못해 이미 소방지를 세우고 나서 또다시 소연명을 세워서 마침내 진패선에게 손을 빌려 쓸 수 있게 해주어 도리어 찬탈하는 바탕을 마련해주었으니, 어찌 매우 애석하지 않을 수 있겠는가. ≪자치통감강목≫은 한 번 기록하고 두 번 기록하였는데, 예컨대 '蕭方智를 太子로 삼았다.〔以蕭方智爲太子〕'라고 한 것은 왕승변을 마음에 두려운 점이 있어서 우선 이것으로 梁나라 사람들을 기쁘게 하였다고 한 것이고, 예컨대 '북제 사람이 양나라에 郢州를 돌려주었다.〔北齊人歸郢州〕'라고 한 것은 북제 사람이 옳지 않음을 스스로 알아서 우선 이것으로 이익을 삼아 梁나라 사람들을 빠뜨렸다고 한 것이다. 왕승변을 꾸짖으며 소연명을 꾸짖으며 북제 사람들을 꾸짖은 것이 書法의 속에 자세히 보인다. 이른바 몇 가지 일이 있으나 뜻은 하나라는 것이니, 이러한 부류가 그것이다. 보는 사람은 앞뒤로 기록한 것을 합하여 살펴야만 그 뜻을 알 수 있다.〔綱目前書北齊遣貞陽侯淵明還梁稱帝 以兵納之 繼書梁王方智立 北齊人克東關 其曰還梁稱帝者 則見其淹恤於外 不宜承統之意爾 其曰以兵納之者 則見梁人不受 强以兵納之之意爾 其曰梁王方智立 則見所不當立 國已有君之意 其曰北齊人克東關 則見强暴不義 脅以威力之意 是皆不予北齊人立淵明之詞也 旣而又書王僧辯奉淵明歸建康 曰奉淵明而不書奉其主 書陳霸先殺僧辯廢淵明 曰僧辯而不書其官 曰淵明而不書梁主 此其是非曲直 較然明矣 夫淵明 蕭懿之子 敗軍之將 失地之人 其不宜君國子民 繼承梁統 本無可疑 北齊人不道 强脅以威 王僧辯儻懼强隣之逼 自當與霸先輩 幷謀協力 告以大義 拒之境上 毋使入踐國都 褻瀆神器可也 夫何謀之不臧 旣立方智 又立淵明 遂使霸先得以藉手 反爲簒竊之資 豈不深可惜哉 綱目一書再書 如曰以方智爲太子 則以僧辯有餒於中 姑爲是以悅梁人 如曰北齊人歸郢州 則以北齊人自知不義 姑以利而陷梁人 其所以責僧辯 責淵明 責北齊人者 具見於書法之間 所謂有數事而一義者 此類是也 觀者要當合前後所書而察之 則得其旨矣〕" ≪發明≫

① '復讎雪恥'는 侯景을 주살한 것을 말한다.
復讐雪恥, 謂誅滅侯景也.

【目】 마침 北齊의 군사가 도착했다고 보고한 사람이 있었는데, 王僧辯이 사람을 파견하여 陳霸先에게 보고하고서 그 대비를 하도록 하였다. 진패선이 장수와 사졸들의 부서를 나누고 금은과 비단을 나누어 하사하고 徐度·侯安都에게 수군을 인솔하여 石頭城으로 달려가도록 하고, 스스로 기병과 보병을 인솔하여 江乘縣의 羅落橋에서 그들과 만나기로 하였다. 사람들이 모두 북제의 군사를 방어하려는 것으로 생각하여 그것을 이상하게 여기지 않았다.

會有告齊師至者어늘 僧辯이 遣人告霸先하여 使爲備하다 霸先이 部分將士하여 分賜金帛하고 使徐度侯安都帥水軍하여 趨石頭하고 自帥馬步하여 自江乘羅落會之하니 人이 皆以爲將禦齊師라하여 不之怪也①하더라

① '江乘羅落'은 江乘縣의 羅落橋이다. 강승현에서 나락교까지는 京口에서 建康으로 빨리 달리도록 만든 큰 길이다.
江乘羅落, 江乘縣之羅落橋. 自江乘至羅落橋, 京口趨建康之大路.

【目】 侯安都가 함선을 이끌고서 石頭城으로 빨리 달려가려고 하였다. 陳霸先이 말고삐를 당기고 진격하지 않자, 후안도가 크게 두려워하여 진패선을 쫓아가서 꾸짖으며 말하기를 "〈우리가〉 오늘 역적이 되는 것은 일의 형세상 이미 이루어졌으니 살고 죽는 것이 필시 결정될 것이거늘 뒤에 있으면서 무엇을 바라고자 하는 것입니까."라고 하니, 진패선이 마침내 전진하였다.

후안도가 석두성 북쪽에 도착하여 배를 버리고 언덕을 올랐을 때에 갑옷을 입고 칼을 차고 있었다. 軍人들이 그를 들어 올려 女垣 안으로 던져 넣으니, 무리들이 따라서 들어가고 진패선의 군사들도 남문에서 석두성으로 진입하였다.

王僧辯이 한창 군사업무를 보고 있을 때 밖에서 군사가 있다고 보고하였는데, 얼마 지나지 않아 군사들이 〈왕승변의 침실〉 안에서 나왔다. 왕승변이 아들 王頠(왕외)와 함께 측근을 인솔하여 苦戰하고 패하여 달아나다 곧바로 붙잡혔다. 진패선이 말하기를 "나에게 무슨 잘못이 있기에 공은 북제의 군사와 더불어 〈나를〉 토벌하려고 하면서 이와 같이 아무 대비가 없었소."라고 하니, 왕승변이 말하기를 "공에게 북문을 맡겼으니,

어찌 아무 대비가 없다고 말하는 것이오."라고 하였다. 진패선이 왕승변을 죽였는데, 얼마 후 끝내 북제의 군사가 〈출병함이〉 없었다.

이전에 青州刺史였던 程靈洗가 병사를 인솔하고 왕승변을 구원하고자 힘써 싸웠으나 군사가 패배하여 한참 지난 뒤에야 항복하였다. 진패선이 그를 매우 의롭게 여겼다.

蕭淵明이 황제의 자리를 물려주고 사저로 갔다. 10월에 蕭方智(敬帝)가 황제에 즉위하여 북제에 왕승변이 은밀히 簒逆을 도모하였다고 말하고, 이어서 북제에 藩國이라고 칭할 것을 청하고 소연명을 봉하여 建安公으로 삼았다.

安都가 引舟艦하여 將趣石頭러니 霸先이 控馬未進①이라 安都가 大懼하여 追霸先罵曰 今日作賊이 事勢已成하니 生死須決이어늘 在後欲何所望가하니 霸先이 乃進②하다 安都가 至石頭城北하여 棄舟登岸할새 被甲帶刀하니 軍人捧之하여 投於女垣內하니 衆隨而入③하고 霸先兵이 亦自南門入하다 僧辯이 方視事에 外白有兵이러니 俄而兵自內出하니 僧辯이 與子頠로 帥左右苦戰하고 敗走就執하니 霸先曰 我가 有何辜완대 公이 欲與齊賜討하고 而乃無備如此오 僧辯曰 委公北門하니 何謂無備④리오 霸先이 殺之하니 既而竟無齊兵이라 前青州刺史程靈洗가 帥兵救僧辯이라가 力戰軍敗하여 久之乃降하니 霸先이 義之하더라 淵明이 遜位就邸하니 十月에 方智卽皇帝位하여 告齊以僧辯이 陰圖簒逆이라하고 仍請稱藩於齊하고 封淵明爲建安公하다

①'控馬'는 말고삐를 당기는 것이다.
控馬, 勤馬也.

②〈'霸先乃進'은〉 陳霸先이 말고삐를 당기고 주저하며 侯安都의 뜻을 살폈는데, 후안도가 죽음을 결의하고서 앞으로 향하는 것을 보고 마침내 전격한 것이다.
霸先控馬踟躕, 以觀安都之意, 見安都決死前向, 乃進.

③'女垣'은 성 위의 성가퀴이다.
女垣, 城上堞也.

④'京口'는 建康의 북문이다.
京口爲建康北門.

【綱】 梁나라 陳霸先이 스스로 尙書令이 되고 都督中外諸軍事가 되었다.

梁陳霸先이 自爲尙書令하고 都督中外諸軍事하다

【綱】 梁나라 吳興太守 杜龕이 반란하였는데, 梁나라가 陳蒨을 파견하여 토벌하였다. 譙·秦刺史 徐嗣徽와 南豫州刺史 任約이 建康을 습격했다가 이기지

못하고 石頭城에 들어가서 반란을 하였다. 11월에 北齊가 병사를 파견하여 서사휘와 임약을 원조하였다.

◑ 梁吳興太守杜龕이 **叛**이어늘 **梁**이 **遣陳蒨**하여 **討之**하니 **譙秦刺史徐嗣徽**와 **南豫州刺史任約**이 **襲建康**이라가 **不克**하고 **入于石頭**하여 **以叛**하니 **十一月**에 **齊**가 **遣兵援之**[9]하다

【目】 예전에 杜龕이 王僧辯의 세력을 믿고 陳霸先에게 예우하지 않았다. 吳興에 있으면서 매번 법으로 진패선의 종족을 다스리니, 진패선이 그것을 심히 원망하였다. 〈진패선이〉 장차 왕승변을 도모하려고 할 때 은밀히 형의 아들 陳蒨에게 長城縣으로 돌아가서 목책을 세워서 두감을 방비하게 하였다. 왕승변이 죽자 두감이 오흥을 점거하여 진패선에게 저항하니, 義興太守 韋載가 義興郡을 들어서 그에게 호응하였다. 왕승변의 동생 王僧智가 吳郡太守가 되었었는데 또한 城을 성을 점거하고 〈진패선에게〉 항거하였다.

진천이 장성현에 도착하여 군사를 수습한 것이 겨우 수백 명이었다. 두감이 부하 장수 杜泰를 파견하여 병사를 거느리고 가서 공격하게 하였으나 수십 일이 되어도 이기지 못하여 퇴각하였다.

진패선이 周文育에게 義興을 공격하게 하였는데 不利하였다. 스스로 표문을 올려 동쪽을 토벌하고 侯安都·杜陵를 남겨서 〈臺省을〉 숙위하게 하였다. 〈진패선이〉 의흥에 도착하여 그 물가의 목책을 뽑아버렸다.

初에 龕이 恃王僧辯之勢하고 不禮於陳霸先①하니 在吳興에 每以法繩其宗族하니 霸先이 深怨之러니 及將圖僧辯에 密使兄子蒨還長城하여 立柵以備龕②하다 僧辯死에 龕이 據吳興하여 拒霸先하니 義興太守韋載以郡應之③하다 僧辯弟僧智爲吳郡太守러니 亦據城拒守하다 蒨이 至長城하여 收兵纔數百人이라 龕이 遣其將杜泰하여 將兵攻之러니 數旬에 不克而退하다 霸先이 使周文育攻義興이어늘 不利하니 自表東討하고 留侯安都杜稜하여 宿衛하고 至義興하여 拔其水柵④하다

① 杜龕은 王僧辯의 사위이다.
龕, 僧辯之婿也.

② 蒨은 倉甸의 切이다. 長城縣에는 陳霸先과 그의 종족이 대대로 살았다. 晉나라 太康 3년(282)에 烏程을 나누어 長城縣을 세우고 吳興郡에 소속시켰다.
蒨, 倉甸切. 長城縣, 霸先與其宗族世居之. 晉太康三年, 分烏程立長城縣, 屬吳興郡.

9) 齊遣兵援之 : "배반하였는데 '구원하였다〔援〕'라고 기록한 것은 구원한 자를 죄준 것이다.〔叛而書援 罪援者也〕" ≪書法≫

③ 韋載는 韋放의 동생 韋正의 아들이다.
載, 放弟正之子也.
④〈'拔其水柵'은〉 韋載가 성 밖에서 물을 점거하고 목책을 세웠다.
載於城外據水立柵.

【目】譙·秦刺史 徐嗣徽의 사촌동생 徐嗣先은 王僧辯의 생질이었다. 서사선이 서사휘에게 도망가자, 서사휘가 譙州·秦州를 가지고서 北齊로 들어갔다. 서사휘가 은밀히 南豫州刺史 任約과 결탁하여 군사를 거느리고 빈틈을 타서 建康을 습격하고, 石頭를 점거하였다. 유격 기병이 대궐 아래에 도착하였는데 侯安都가 성문을 닫고 성안의 사람들에게 말하기를 "성가퀴에 올라 도적들을 엿보는 사람은 목을 벨 것이다."라고 하였다.

저녁이 되자 서사휘 등이 돌아왔는데 후안도는 밤중에 전투할 준비를 하였다. 아침이 되려 할 때에 서사휘 등이 또 도착하니, 후안도가 출전하여 그를 크게 격파하자 서사휘 등이 도망하여 석두로 돌아갔다. 陳霸先이 편지를 보내서 韋載를 회유하게 하니, 위재가 항복하였는데 진패선이 그를 끌어들여 함께 모의하였다. 진패선은 군사를 거두어서 建康에 돌아가면서 周文育에게 두감을 토벌하게 하고 裴忌에게 吳郡을 공격하게 하였다. 배기는 경무장을 하여 밤에 성 아래에 도착하여 북을 치며 함성을 지르면서 압박하였다. 王僧智는 吳興으로 도망하였는데, 배기가 들어와 吳郡을 점거하였다.

譙秦刺史徐嗣徽의 從弟嗣先은 僧辯之甥也라 亡就嗣徽하여 以州로 入于齊[①]하니 嗣徽가 密結南豫州刺史任約하여 將兵乘虛襲建康하고 據石頭하니 游騎가 至闕下하니 侯安都가 閉門하고 令城中하여 登陴闚賊者를 斬이라하다 及夕에 嗣徽等이 還이어늘 安都가 夜爲戰備러니 將旦에 嗣徽等이 又至하니 安都가 出戰大破之한대 嗣徽等이 奔還石頭하다 霸先이 以書로 諭韋載하니 載降이어늘 霸先이 引與謀議하다 卷甲還建康하여 使周文育으로 討杜龕하고 裴忌로 攻吳郡하니 忌輕行하여 夜至城下하여 鼓譟薄之하니 僧智奔吳興이어늘 忌入據郡하다

① ≪五代志≫에는 "江都郡 淸流縣은 梁나라 때에 新昌郡과 譙州를 두었다. 또 六合縣은 秦郡과 秦州를 두었다."라고 하였다. ≪資治通鑑≫에는 "徐嗣先은 도망하여 徐嗣徽에게 갔으며, 서사휘는 譙州·秦州를 가지고서 북제로 들어갔다."라고 하였다.
五代志 "江都郡淸流縣, 梁置新昌郡及譙州. 又六合縣, 置秦郡及秦州." 通鑑 "亡就嗣徽, 嗣徽以州入于齊."

【目】11월에 北齊는 군사를 파견하여 長江을 건너 姑孰을 점거하고 또 군사를 파견하여

양곡과 말을 운송하여 石頭城으로 진입하였다.

陳霸先이 韋載에게 계책을 묻자, 위재가 말하기를 "북제가 만약 군사를 나누어 三吳의 길목을 먼저 점거하여 동쪽 변경의 땅을 강탈한다면 이 경우 형세는 틀려버립니다. 지금 신속히 秦淮河의 남쪽에 성을 수축하여 동쪽 도로의 운송로를 통하게 하고, 군사를 나누어 보내 저들의 수송로를 절단하여 북제의 군사가 진군할 적에 의지할 바를 없게 한다면 북제 장수의 수급을 10일 안에 가져올 수 있습니다."라고 하자, 진패선이 위재의 계책을 따랐다. 侯安都에게 밤중에 북제의 선박 1천여 척을 불태우게 하고, 周鐵虎에게 북제의 양곡 운송로를 차단하고 이어서 위재를 파견하여 大航(朱雀航)에 보루를 수축하게 하고 杜稜에게 그곳을 지키게 하였다. 북제 사람들이 또한 목책을 세우고 梁나라의 군사와 더불어 서로 대치하다가 都督 蕭軌에게 군사를 거느리고 장강 북쪽에 주둔하게 하였다.

十一月에 齊遣兵하여 渡江據姑孰하고 又遣兵하여 度糧馬入石頭하니 霸先이 問計於韋載한대 載曰 齊若分兵하여 先據三吳之路하고 略地東境하면 則時事去矣라 今可急於淮南에 築城하여 以通東道轉輸하고 分兵絶彼糧運하여 使進無所資則齊將之首를 旬日에 可致[①]라한대 霸先이 從之하다 使侯安都로 夜燒齊船千餘艘하고 周鐵虎斷齊運輸하고 仍遣載於大航에 築壘하고 使杜稜守之[②]하니 齊人이 亦立柵하고 與相拒하다가 使都督蕭軌로 將兵屯江北하다

① '淮南'은 秦淮河의 남쪽이다.
淮南, 秦淮之南也.
② 大航은 바로 朱雀航이다.
大航, 卽朱雀航.

【綱】 北齊主(文宣帝)가 淸河王 高岳을 죽였다.

齊主가 殺其淸河王岳하다

【目】 예전에 北齊의 平秦王 高歸彦이 어릴 때 고아가 되었다. 高祖(高歡)가 淸河王 高岳에게 그를 양육하게 하였는데, 고악이 그에 대한 인정이나 예우가 아주 야박하여 고귀언은 마음속으로 앙심을 품었다. 고악이 여러 차례 군사를 거느리고 공을 세워 위엄과 명성이 있었으나 성격이 호방하며 사치스럽고 술과 여자를 좋아하여 성의 남쪽에 저택을 지었다. 고귀언이 그것을 참소하기를 "청하왕은 참람하게도 〈宮禁 제도를〉 모방하였

습니다."라고 하니, 북제주가 고악을 미워하였다.

북제주가 倡婦 薛氏를 후궁으로 맞아들여 총애하였는데, 얼마 뒤에 설씨가 일찍이 고악과 사통한 것을 알고 더욱 화가 나서 고귀언을 시켜서 고악에게 鴆酒를 마시게 하였다. 오래 지나서 북제주는 까닭 없이 설씨의 머리를 베고, 그 머리를 품안에 감추고 나가서는 東山으로 나가 연회하면서 술을 마셨다. 술을 권하여 비로소 어울려졌을 때, 홀연히 설씨의 머리를 꺼내어 쟁반 위에 올려놓으니, 온 좌석의 사람들이 크게 놀랐다. 다시 명령하여 머리를 수습하여 가져오게 하여 머리를 마주하며 눈물을 흘리고 설씨의 시신을 수레에 싣고 나올 적에 북제주가 머리를 풀어 헤치고 걸으며 곡하면서 시신을 따랐다.

初에 齊平秦王高歸彦이 幼孤하니 高祖가 令淸河王岳으로 養之한대 情禮甚薄하여 歸彦이 心銜之[①]러니 岳이 屢將兵하고 立功하여 有威名而性이 豪侈하고 好酒色하여 起第城南하니 歸彦이 譖之하여 言其僭擬하니 齊主가 惡之[②]하더라 齊主가 納倡婦薛氏하여 有寵이러니 旣而요 知其嘗與岳通하고 益怒하여 使歸彦鴆岳하고 久之요 齊主가 無故斬薛氏하여 藏首於懷하고 出東山宴飮하다 勸酬始合에 忽出其首하여 投於柈上하니 一座가 大驚[③]하더라 復命收取하여 對之流涕하고 載尸以出할새 被髮步哭而隨之하더라

① 高歸彦은 高歡의 族弟이다. 고귀언의 아버지 高徽는 고환에게 舊恩이 있었으므로, 고환은 그가 고아인 것을 가엾게 여겨 고악에게 그를 양육하도록 명하였다. 고환의 廟號는 高祖이다.
歸彦, 高歡族弟也. 歸彦父徽, 於歡有舊恩, 故歡憐其孤而命岳養之. 歡廟號高祖.
② '城南'은 鄴城의 남쪽이다.
城南, 鄴城之南.
③ 柈은 槃(소반)과 같다.
柈與槃同.

【綱】 12월에 梁나라 陳霸先이 北齊 군사와 싸워서 패배시키니 徐嗣徽·任約이 북제로 도망하였다.

十二月에 梁陳霸先이 及齊人戰하여 敗之하니 徐嗣徽任約이 奔齊하다

【目】 陳霸先이 여러 군대를 거느리고 徐嗣徽의 목책을 공격하였다. 북제의 장수 柳達摩 등이 秦淮河를 건너 진지를 설치하자 진패선이 빠르게 공격하면서 북제의 목책을 불태

우니, 북제의 군사가 크게 패배하여 물에 빠져 죽은 사람이 1천 명을 헤아렸다.

서사휘가 임약과 북제의 군사를 이끌고 돌아와서 석두를 점거하였다. 진패선이 군사를 파견하여 먼저 험준한 요충지를 점거하자 서사휘 등이 감히 전진하지 못하고 浦口에 머물러 있었다. 진패선이 후안도를 파견하여 그들을 습격하여 격파하니, 서사휘 등이 배 한 척으로 도주하였다. 진패선이 석두성을 공격하였다. 성안에는 물이 없었기 때문에 유달마가 진패선에게 화친하기를 요청하고, 진패선의 자식을 인질로 보낼 것을 요구하였다. 당시에 建康은 허약하고 양곡의 운반이 이어지지 못하였기 때문에 북제와 화친하고자, 진패선의 조카 陳曇朗과 永嘉王 蕭莊, 丹陽尹 王沖의 아들 王珉을 인질로 보내 북제와 맹약을 맺으니, 서사휘・임약이 모두 북제로 도망하였다. 소장은 蕭方等의 아들이다.

陳霸先이 帥諸軍하고 攻徐嗣徽柵하니 齊將柳達摩等이 度淮置陳[①]이어늘 霸先이 疾戰燒柵하니 齊兵이 大敗하여 溺死者가 以千數러라 嗣徽가 與任約引齊兵하고 還據石頭하니 霸先이 遣兵先據要險한대 嗣徽等이 不敢進하고 頓浦口[②]하다 霸先이 遣侯安都하여 襲破之하니 嗣徽等이 單舸脫走한대 霸先이 攻石頭하니 城中이 無水라 達摩請和하고 且求質子[③]하니 時에 建康이 虛弱하고 糧運이 不繼라 乃與齊和하고 以霸先從子曇朗及永嘉王莊丹陽尹王沖之子珉爲質하여 而與齊盟하니 嗣徽約이 皆奔齊하다 莊은 方等之子也라

① 陳(진을 친다)은 陣으로 읽는다.
陳, 讀曰陣.
② '浦口'는 江寧의 浦口이다.
浦口, 江寧浦口.
③ 화친을 요청하면서 인질을 요구하는 것은 돌아와서 공적이 없는 것으로 죄를 얻을까 두려워서 인질을 가지고 작은 공적〔藉手〕으로 삼고자 한 것이다.
請和而求質子者, 恐還以無功得罪, 欲以質子藉手.

【綱】 梁나라가 陳寶應을 晉安太守로 삼았다.

梁이 以陳寶應爲晉安太守하다

【目】 예전에 晉安의 백성 陳羽가 대대로 閩中 지역의 큰 姓氏였고, 그의 아들 陳寶應이 권모술수가 많으니, 郡中이 두려워하고 복종하였다. 侯景의 난 때 晉安太守인 蕭雲이

晉安郡을 진우에게 양보하자 진우가 진보응에게 군사 업무를 관장하게 하였다.

당시 진안군 동쪽 지역이 기근이 들었으나 진안군만이 풍년이 들어 넉넉하였다. 이에 이르러 진우가 진보응에게 진안군을 물려주겠다고 청하였는데, 진패선이 그것을 허락하였다.

初에 晉安民陳羽가 世爲閩中豪姓①하고 其子寶應이 多權詐하니 郡中이 畏服이러니 侯景之亂에 晉安太守蕭雲이 以郡讓羽한대 羽가 令寶應으로 典兵하니 時에 東境이 荒饉이나 而晉安이 獨豐衍하더라 至是하여 羽가 求傳郡於寶應이어늘 霸先이 許之②하다

① 吳나라 때에는 東安縣을 세우고 晉 武帝 때에 이름을 바꾸어 晉安이라고 하였다. 太康 3년(282)에 建安을 나누어 晉安郡을 세웠다. 閩中은 곧 漢나라 때의 閩越 지역이다.
吳立東安縣, 晉武帝更名晉安, 太康三年, 分建安立晉安郡. 閩中, 卽漢閩越地.

【綱】 西魏가 宗室의 王을 강등하여 公으로 삼았다.

魏가 降其宗室王者爲公①하다

① 宇文泰가 淮安王 元育을 넌지시 타이르고 표문을 올려 古制와 같이 작위를 강등하여 公으로 삼자고 하였다. 이에 宗室의 여러 왕을 모두 강등하여 公으로 삼았다.
宇文泰諷淮安王育, 上表請如古制, 降爵爲公. 於是宗室諸王, 皆降爲公.

【綱】 突厥이 柔然을 멸망시키니 可汗 郁久閭鄧叔子가 西魏로 도망하였는데 돌궐이 잡아서 그를 죽였다.

○ 突厥이 滅柔然하니 可汗鄧叔子가 奔魏어늘 突厥이 取而殺之[10]하다

【目】 突厥 木杆可汗이 柔然을 공격하여 멸망시켰다. 柔然의 군주 郁久閭鄧叔子가 나머지 살아남은 자들을 거두어 西魏로 도망하였다. 당시에 목간가한이 서쪽으로 嚈噠을 격파하고 동쪽의 契丹을 몰아내고 북쪽의 契骨을 병합하여 塞外 지역을 威力으로 승복시켰다. 그 지역이 동쪽은 遼海에서 서쪽은 西海에 이르렀으니 길이는 1만 리이고 남쪽은

10) 突厥滅柔然……突厥取而殺之 : "'잡았다〔取〕'라고 기록한 것은 어째서인가. 수월하다는 말이다. 남의 기탁을 받고 보호해주지 못하였으니 西魏는 이에 나라가 되기에 부족하다. 기록하기를 '잡아서 그를 죽였다〔取而殺之〕'라고 하였으니 서위를 죄준 것이다.〔書取何 易辭也 受人之寄而不能芘焉 魏於是不足以國矣 書曰取而殺之 罪魏也〕" ≪書法≫

漢北에서 5, 6천 리가 모두 거기에 속하였다. 목간가한이 그 강함을 믿고 욱구려등숙자 등을 다 죽일 것을 서위에 요청하자 宇文泰가 욱구려등숙자 이하 3천여 명을 거두어서 목간가한의 사자에게 주어서 靑門의 밖에서 다 죽였다.

突厥木杆可汗이 **擊柔然滅之**하니 **柔然主鄧叔子**가 **收其餘燼**하여 **奔魏**하다 **時**에 **木杆**이 **西破嚈噠**하고 **東走契丹**하고 **北幷契骨**하여 **威服塞外**[①]하니 **其地東自遼海**로 **西至西海**하니 **長萬里**요 **南自漢北**으로 **五六千里**가 **皆屬焉**하니 **木杆**이 **恃其彊**하고 **請盡誅鄧叔子等於魏**한대 **宇文泰收叔子以下三千餘人**하여 **付其使者**하여 **盡殺之於靑門外**[②]하다

① 嚈噠은 西域의 나라 이름이다. 契骨은 곧 唐나라 때의 結骨이다. ≪新唐書≫에는 "黠戛斯는 옛날의 堅昆國이며, 혹은 居勿이라고 하고, 혹은 結骨이라고 한다."라고 하였다. 堅昆은 말이 잘못되어 結骨이 되었을 것이다. 점차 紇骨이라고 불렀고, 또한 '紇扢斯'라고 하였다. 契丹의 契는 欺訖의 切이며, 또 음이 喫이다. 契骨의 契는 苦結의 切이다.
嚈噠, 西域國名. 契骨, 卽唐之結骨. 唐書曰"黠戛斯, 古堅昆國, 或曰居勿, 或曰結骨." 蓋堅昆語訛爲結骨, 稍號紇骨, 亦曰"紇扢斯." 契丹之契, 欺訖切, 又音喫. 契骨之契, 苦結切.
② 長安城 동쪽으로 나가는 남쪽 끝 제일 첫 번째 문을 霸城門이라고 하는데, 백성들이 문의 색이 푸른 것을 보고 부르기를 靑城門이라고 하고, 혹은 靑門이라고 하였다.
長安城東出南頭第一門曰霸城門, 民見門色靑, 名曰靑城門, 或曰靑門.

丙子年(556)

梁나라 敬帝 蕭方智 太平 원년이고, 西魏 恭帝 拓跋廓 3년이고, 北齊 顯祖 文宣帝 高洋 天保 7년이다.

梁太平元年이요 **魏恭帝三年**이요 **齊天保七年**이라

【綱】 봄 정월에 西魏가 처음으로 六官을 세우고 宇文泰를 大冢宰로 삼았다.

春正月에 **魏初建六官**하고 **以宇文泰**로 **爲大冢宰**하다

【目】 예전에 宇文泰는 漢나라·魏나라의 관직이 번잡하다고 하여 蘇綽과 尙書令 盧辯에게 명령하여 ≪周禮≫에 의하여 六官을 제정하게 하였다. 이때에 이르러 시행하여 우문태를 太師 大冢宰, 李弼을 太傅 大司徒, 趙貴를 太保 大宗伯, 獨孤信을 大司馬, 于謹을

大司寇, 侯莫陳崇를 大司空으로 삼았다. 나머지 백관의 설치는 모두 《주례》를 모방하도록 하였다.

初에 宇文泰는 以漢魏官繁이라하여 命蘇綽及尙書令盧辯하여 依周禮하여 定六官이러니 至是行之하여 以泰爲太師大冢宰하고 李弼爲太傅大司徒하고 趙貴爲太保大宗伯하고 獨孤信爲大司馬하고 于謹爲大司寇하고 侯莫陳崇爲大司空하다 自餘百官은 皆倣周禮하다

【綱】 梁나라 陳蒨이 吳興을 함락시키고 杜龕을 붙잡아서 죽였다.

梁陳蒨이 克吳興하고 獲杜龕殺之하다

【目】陳蒨·周文育이 군사를 연합하여 吳興에 있는 杜龕을 공격하였다. 두감이 용맹하였으나 지략이 없고 술 마시기를 좋아하여 항상 취해 있으니, 그의 부하 장수 杜泰가 몰래 진천 등과 내통하였다. 두감이 싸우다가 패배할 적에 두태는 그것으로 인하여 두감을 설득하여 항복하게 하니, 두감이 옳다고 하였다. 두감의 처 王氏가 말하기를 "〈陳霸先과〉 원수로 틈이 벌어진 것이 이와 같은데, 어찌 다시 화해할 수 있겠습니까."라고 하였다.

〈두감은〉 이어서 개인 재산을 내어 상을 주며 군사를 모집하여 다시 진천 등을 공격하여 그들을 격파하였다. 두태가 마침내 나가서 항복하니, 두감은 술에 취해 죽임을 당하고 王僧智는 동생 王僧愔과 더불어 北齊로 도망갔다.

陳蒨周文育이 合軍하여 攻杜龕於吳興하니 龕이 勇而無謀하고 嗜酒常醉러니 其將杜泰陰與蒨等通하다 龕이 戰敗에 泰因說(세)龕使降하니 龕이 然之하다 其妻王氏曰 讐隙如此어늘 豈復可和리오하고 因出私財賞募하여 復擊蒨等破之러니 泰遂出降하니 龕이 醉하여 見殺하고 王僧智與弟僧愔奔齊하다

【綱】 梁나라가 군대를 파견하여 湓城의 侯瑱을 공격하였다.

梁이 遣兵擊侯瑱於湓城[11)]하다

---

11) 梁遣兵擊侯瑱於湓城 : "杜龕에게 '배반하였다〔叛〕'라고 기록하고 '토벌하였다〔討〕'라고 기록하고는 侯瑱이 江州를 점거한 것에는 어찌하여 '공격하였다〔擊〕'라고 기록하였는가. 후진은 陳霸先에게 귀부하지 않았으니 梁나라를 배반한 것이 아니다. 그러므로 강주를 점거한 것을 기록하지 않고, '湓城의 侯瑱을 공격하였다〔擊侯瑱於湓城〕'라고 기록한 것이다.〔杜龕書叛書討 瑱據江州 則曷爲書擊 瑱不附霸先 非叛於梁也 故據江州不書 書擊侯瑱於湓城〕" 《書法》

【目】 江州刺史 侯瑱이 본래 王僧辯을 섬겼는데 또한 군사를 장악하여 豫章과 江州를 점거하여 陳霸先에게 귀부하지 않았다. 진패선이 周文育에게 군사를 거느리고 湓城을 공격하게 하고 또 侯安都·周鐵虎를 파견하여 梁山에 목책을 세워 강주를 방비하게 하였다.

江州刺史侯瑱이 本事王僧辯이러니 亦擁兵하여 據豫章及江州하여 不附陳霸先하니 霸先이 使周文育으로 將兵擊湓城하고 又遣侯安都周鐵虎하여 立柵於梁山하여 以備之①하다

① 梁山은 太平州 當塗縣 서남쪽 30리에 있다. 또 이름을 蛾眉山이라고 한다. 두 산이 大江의 동쪽과 서쪽으로 마주하고 있는데, 동쪽을 博望山이라고 하고, 서쪽을 梁山이라고 한다. 세속에서는 동쪽과 서쪽의 두 梁山이라고 하였다.
梁山, 在太平州當塗縣西南三十里. 又名蛾眉山. 兩山對處大江之東西, 東曰博望, 西曰梁山. 俗名東西二梁山.

【綱】 3월에 北齊의 儀同三司 蕭軌가 梁나라를 침략하여 蕪湖에 주둔하였다.

三月에 齊儀同三司蕭軌가 侵梁하여 次于蕪湖[12)]하다

【目】 北齊는 蕭軌 등을 파견하여 任約·徐嗣徽와 더불어 군사 10만 명을 연합하여 梁나라를 침략할 적에 柵口를 나와서 梁山으로 향하였다. 陳霸先의 帳內(군막 안의 보좌 장군) 盪主 黃叢이 맞서서 공격하여 그들을 격파하자, 북제의 군사들이 물러나 蕪湖를 지켰다. 진패선이 沈泰 등을 파견하여 侯安都에게 가서 함께 梁山을 점거하여 그들을 방어하게 하였다.

齊遣蕭軌等하여 與任約徐嗣徽合兵十萬하여 侵梁할새 出柵口하여 向梁山①하니 陳霸先의 帳內盪主黃叢이 逆擊破之②한대 齊師가 退保蕪湖하다 霸先이 遣沈泰等하여 就侯安都하여 共據梁山하여 以禦之하다

① 胡三省이 말하기를 "柵口는 柵江의 입구이다. 지금 和州 歷陽縣 서남쪽 150리에 있으며 無爲軍과 경계를 나누었으니 곧 옛날의 濡須口이다."라고 하였다.
胡三省曰 "柵口, 柵江口也, 在今和州歷陽縣西南百五十里, 與無爲軍分界, 卽古之濡須口."
② 盪主는 勇士를 인솔하여 적군을 소탕하는 것이다.
盪主, 主勇士以突盪敵人.

---

12) 齊儀同三司蕭軌侵梁 次于蕪湖 : "'침략하였다〔侵〕'라고 기록한 것은 어째서인가. 北齊가 반란한 자의 원군이 되었기 때문이다.〔書侵 何 北齊爲叛援也〕" ≪書法≫

【綱】 여름 5월에 梁나라 建安公 蕭淵明이 卒하였다.

夏五月에 梁建安公淵明이 卒하다

【綱】 6월에 梁나라 陳霸先이 北齊 군사와 싸워서 패퇴시키고 蕭軌와 徐嗣徽를 죽였다.

◑ 六月에 梁陳霸先이 及齊師戰하여 敗之하고 殺蕭軌及徐嗣徽[13)]하다

【目】 北齊 사람들이 建安公 蕭淵明을 불러들이고 거짓으로 군사를 퇴각할 것을 허락하였다. 陳霸先이 배를 구비하여 그를 전송하였는데, 마침 소연명이 병이 나서 죽었다. 북제의 군사들이 마침내 秣陵에 도착하자 진패선이 周文育을 불러서 徐度·杜稜과 함께 북제를 방어하게 하였다.

북제 사람들이 秦淮河를 건너 橋柵(임시 목책 교량)을 세우고 군사들을 건너게 하여 밤중에 方山에 도착하니, 徐嗣徽 등이 함선을 青墩에 나열해놓아 주문육의 귀로를 차단하였다. 주문육이 공격하여 효장인 鮑砰의 목을 베자, 서사휘의 무리들이 크게 놀라 이어서 배를 蕪湖에 버려두고 丹楊에서부터 걸어서 강안으로 올라왔다.

북제의 군사들이 전진하여 兒塘에 도착하자 建康城의 사람들이 크게 놀랐다. 진패선이 서사휘 등을 白城에서 방어하고 있었는데 마침 주문육과 회합하여 〈북제와〉 싸우려고 할 때 큰 바람이 불자 진패선이 말하기를 "병법에는 바람을 마주보지 않는다고 하였소."라고 하니, 주문육이 말하기를 "사태가 급박하오. 옛날 병법을 어찌 사용한단 말이오."라고 하고, 창을 들고 말에 올라타고 먼저 진격하니, 많은 군사들이 주문육을 따랐다. 바람 또한 얼마 안 되어 방향을 바꾸니 북제 군사 수백 명을 殺傷하고 侯安都가 12명의 기병을 거느리고 그의 진지로 돌진하여 북제 군사를 격파하였다.

齊人이 召建安公淵明하고 詐許退師하니 陳霸先이 具舟送之러니 會其病卒이라 齊兵이 遂至秣陵한대 陳霸先이 召周文育하여 與徐度杜稜禦之하니 齊人이 跨淮하여 立橋柵하고 度兵하여 夜至方山①하니 徐嗣徽等이 列艦青墩하여 以斷文育歸路②하다 文育이 攻之하여 斬其驍將鮑砰③하니 嗣徽

13) 梁陳霸先……殺蕭軌及徐嗣徽 : "杜龕·徐嗣徽는 모두 '반란하였다〔叛〕'라고 기록하였는데, 그들을 죽이자 어찌하여 '주벌했다〔誅〕'라고 기록하지 않았는가. 陳霸先 父子는 주벌할 수 없기 때문에 다만 蕭軌에 딸려서 '죽였다〔殺〕'라고 기록했을 뿐이다.〔杜龕嗣徽皆書叛矣 殺之 則曷爲不書誅 霸先父子不得而誅之也 故止從蕭軌書殺〕" ≪書法≫

衆이 大駭하여 因留船蕪湖하고 自丹陽步上하다 齊兵이 進及兒(예)塘하니 建康이 震駭④하더라 霸先이 拒嗣徽等於白城⑤이러니 適與文育會하여 將戰할새 風急이어늘 霸先曰 兵不逆風이라하니 文育曰 事急矣라 何用古法이리오하고 抽槊上馬하고 先進하니 衆軍이 從之러니 風亦尋轉하니 殺傷數百人하고 安都가 帥十二騎하고 突其陳破之하다

① ≪輿地記≫에는 "方山은 建康 서쪽에 있다."라고 하였다.
輿地記曰 "方山在建康西."

② 青墩은 곧 青山이다. 太平州 當塗 동남쪽 30리에 있다. 謝眺가 이곳에 살았기 때문에 이름을 謝公山으로 바꿨다.
青墩, 卽青山也. 在太平州當塗東南三十里. 謝眺居此因改名謝公山.

③ 砰은 普耕의 切이다.
砰, 普耕切.

④ 兒는 음이 倪이며, 글자가 혹은 '倪'로 되어 있다. 兒塘은 地名이며 建康 서쪽에 있다.
兒, 音倪, 字或作倪. 兒塘, 地名, 在建康西.

⑤ 白城은 마땅히 湖熟縣 경계에 있을 것이다.
白城, 當在湖熟縣界.

【目】6월에 北齊의 군사들이 幕府山에 도착하자 陳霸先이 別將을 파견하여 북제 군의 운반하는 양식을 공격하여 양식을 다 빼앗았다. 북제의 군사들이 〈식량이 떨어지자〉 말과 나귀를 잡아서 먹었는데, 玄武湖 서북쪽에 도착하여 때마침 연일 큰 비가 내려 평지에 물이 1길 남짓하게 되었다. 〈북제의 군사들은〉 밤낮으로 진흙 속에서 앉거나 서 있었고 솥을 높이 걸어서 밥을 지었다. 그러나 臺中과 潮溝의 북쪽 길은 말라 있으니 梁나라의 군사들은 매번 윤번으로 교대할 수 있었다. 그러나 사방에서 운반하는 양식이 도착하지 않았다.

장차 싸우려 할 적에 진패선이 시장 사람들에게 徵發하여 麥飯(보리 밥)을 얻어 군사들에게 나누어주어도 군사들은 모두 굶주리고 피로하였다. 때마침 陳蒨이 쌀 3천 斛과 오리 1천 頭를 보내오니, 진패선이 밥을 짓고 오리를 삶도록 명령하여 연잎으로 밥과 고기를 싸게 하여 날이 아직 밝지 않았을 때 草席에서 식사하고, 막부산으로 출발하였다.

진패선이 吳明徹·沈泰 등과 함께 앞뒤에서 일제히 공격하여 군사를 풀어 〈북제 군사와〉 크게 싸웠고, 侯安都가 白下에서 군사를 이끌고 북제군의 후방을 기습하니, 북제의 군사들이 크게 궤멸되어 죽은 사람이 이루 다 헤아릴 수 없었다.

徐嗣徽를 생포하여 그의 목을 베어서 조리돌려 보이고, 〈양나라 군사가〉 도망하는 북

제 군사를 추격하여 臨沂에 이르렀다. 양나라의 여러 군사들이 차례로 승리하고, 북제의 蕭軌 등을 사로잡아 참수하였다. 북제 군사가 물억새를 엮어 뗏목을 만들어서 건너다가 빠져 죽은 자가 매우 많았는데, 오직 任約・王僧愔만이 죽음을 면할 수 있었다. 양나라 군사들이 상으로 받은 포로를 술과 바꾸었는데, 포로 한 사람에 겨우 한 번 술에 취할 수 있었다. 북제 사람이 陳曇朗을 죽였다.

六月에 齊兵이 至幕府山①한대 霸先이 遣別將하여 擊其糧運하여 盡獲之하니 齊軍이 殺馬驢以食이러니 至玄武湖西北하여 會連日大雨하여 平地水丈餘라 晝夜坐立泥中하고 懸鬲以爨하다 而臺中及潮溝北路燥하니 梁軍이 每得番易②하더라 然四方糧運이 不至하니 將戰할새 調市人하여 得麥飯하여 分給軍士에 士皆飢疲③러니 會陳蒨이 饋米三千斛과 鴨千頭하니 霸先이 命炊米煮鴨하여 裹以荷葉하여 未明에 蓐食하고 出幕府山하다 與吳明徹沈泰等首尾齊擧하여 縱兵大戰하고 侯安都가 自白下로 引兵하고 橫出其後하니 齊師가 大潰하여 死者가 不可勝計러라 擒徐嗣徽하여 斬以徇하고 追奔至于臨沂하니 諸軍이 相次克捷하니 虜蕭軌等斬之④하다 齊軍士가 縛荻筏以濟라가 溺死가 甚衆호대 唯任約王僧愔이 得免⑤하다 軍士가 以賞俘貿酒하니 一人裁得一醉러라 齊人이 殺陳曇朗하다

① 幕府山은 建康城 서쪽 25리에 있다. 晉나라 琅邪王이 처음 江을 건넜을 때에 丞相 王導가 산 위에 幕府를 세워서 그 때문에 산 이름이 되었다.
幕府山, 在建康城西二十五里. 晉琅邪王, 初渡江時, 丞相王導建幕府於其上, 因以名山.

② 鬲은 음이 歷이며 솥의 등속이다. 潮溝는 吳나라 孫權이 개척한 곳인데 潮水를 이끌어서 秦淮河까지 이르게 하였다. '番易'은 윤번으로 바꾸는 것이다.
鬲, 音歷. 鼎屬也. 潮溝, 吳孫權所開, 以引潮抵于秦淮. 番易, 輪番更易也.

③ 調(징발하다)는 徒弔의 切이다.
調, 徒弔切.

④ 晉나라 成帝 咸康 원년(335)에 桓溫이 南琅邪太守를 겸직하여, 江乘 蒲州의 金城에 진수하고서 丹陽의 江乘縣 경계를 분할하여 郡을 세울 것을 요청하였다. 또 강승현의 지역을 나누어 臨沂縣을 세웠다.
晉成帝咸康元年, 桓溫領南琅邪太守, 鎭江乘蒲州之金城, 求割丹陽之江乘縣境立郡. 又分江乘地立臨沂縣.

⑤ '荻筏'은 물억새로 뗏목을 만든 것이다.
荻筏, 以荻葦爲葦筏.

【綱】 梁나라 王琳이 使者를 파견하여 西魏와 北齊에 표문을 올렸다.

梁王琳이 遣使奉表于魏于齊하다

【目】侯平이 자주 後梁 군대를 격파하였는데, 王琳의 군세가 〈쇠하여 지원이〉 계속되지 않을 것이라고 여겨 指麾를 받지 않았다. 왕림이 장수를 파견하여 후평을 토벌하자 후평이 그의 군대를 거두어 江州로 도망하니, 侯瑱이 후평과 결연하여 兄弟가 되었다. 왕림은 군세가 더욱 쇠퇴하여 使者를 파견하여 표문을 北齊에 올렸다. 江陵이 함락될 적에 왕림의 妻子들이 西魏에 잡혀 들어가니 왕림이 또 서위에 귀순하고서 표문을 올려 처자를 요구하고, 또한 梁나라에 신하라고 칭하였다.

侯平이 頻破後梁軍에 以王琳兵威不接으로 不受指麾하니 琳이 遣將討之한대 平이 收其衆하여 奔江州하니 侯瑱이 與之結爲兄弟하다 琳軍勢益衰하여 遣使奉表於齊러니 江陵之陷에 琳妻子沒于魏하니 琳이 又獻款于魏하여 以求之하고 亦稱臣于梁하다

【綱】北齊가 宮室을 크게 지었다.

齊가 大治宮室[14)]하다

【目】北齊가 壯丁・工匠 30만 명을 징발하여 三臺의 궁전을 수축하여 넓혔다. 北齊主(文宣帝)가 처음 즉위할 적에는 政術(政治 方略)에 마음을 두어 힘쓰는 것이 간편하며 안정시키는 것에 있었고, 신하를 임명할 때에 허심탄회하게 하니 사람들이 힘을 다할 수 있었다. 또 법을 가지고 아랫사람을 제어하니 안팎으로 숙연해졌다. 軍國의 기밀과 정책에 있어서는 다만 자신의 마음에서 결단하였고, 매번 戰陣에 가서 임할 때에는 친히 화살과 돌을 맞는 것을 무릅쓰니, 향하는 곳마다 공로를 세웠다.

---

14) 齊大治宮室 : "宮室을 지은 것을 반드시 기록한 것은 백성의 노력을 중시한 것이다. 北齊가 건립된 지 7년 만에 백성을 동원한 것이 많았다. 이때에 다시 크게 宮室을 수축하였으니, 백성이 어찌 감당하겠는가. 기록하기를 '크게 지었다〔大治〕'라고 하였으니 北齊를 죄준 것이다. 그러므로 後漢 明帝 때(永平 3년(40)) 北宮 공사를 '중지하였다〔罷〕'라고 기록한 이외에 魏나라에서 '크게 지었다〔大營〕'라고 기록하였고, 趙나라에서 '백성을 크게 징발하여 지었다〔大發民治〕'라고 기록하였고, 宋나라에서 '크게 수축하였다〔大修〕'라고 기록하였고, 북제에서 '크게 지었다〔大治〕'라고 기록하였으니, 모두 죄를 준 것이다. ≪資治通鑑綱目≫을 마치도록 宮室에 '크게 하였다〔大〕'라고 기록한 것은 다섯 번이다.(永平 12년(69)에 자세하다.)〔築宮必書 重民力也 北齊立七年 用民多矣 於是復大治宮室 民何堪焉 書曰大治 罪北齊也 故自明帝北宮書罷之外 魏書大營 趙書大發民治 宋書大修 北齊書大治 皆罪之也 終綱目宮室書大五(詳永平三年)〕" ≪書法≫

몇 년이 지난 뒤에는 점차 공적을 가지고 스스로 자랑하게 되고 드디어 술을 좋아하여 음란하고 방탕해져 멋대로 광포하게 행동하여 웃옷을 벗어 몸을 드러내기도 하고 큰 거리에서 앉기도 하며 골목길에서 노숙하기도 하였다.

齊가 發丁匠三十餘萬하여 修廣三臺宮殿①하다 齊主之初立也에 留心政術하여 務存簡靖하고 坦於任使하니 人得盡力②이러라 又能以法馭下하니 內外肅然하다 至於軍國機策에 獨決懷抱하고 每臨行陣에 親當矢石하니 所向有功이러니 數年之後에 漸以功業自矜하고 遂嗜酒淫泆하고 肆行狂暴하여 袒露形體하고 街坐巷宿하다

①'三臺'는 鄴城에 있고, 曹操가 지은 것이다.
三臺在鄴城, 曹操所築.
②'坦於任使'는 맡겨 부릴 때 허심탄회하게 상대방을 대하였음을 말한다.
坦於任使, 謂任使之際, 坦懷待人.

【目】 婁太后가 일찍이 北齊主(文宣帝)가 술주정을 부린 것으로 몽둥이를 들어 그를 때리자 북제주가 말하기를 "즉시 이 늙은 어미를 오랑캐에게 시집보내야 하겠다."라고 하니, 태후는 크게 화를 냈는데, 북제주가 스스로 기어서 몸소 침상을 들어 〈침상에 있던〉 태후를 땅에 떨어뜨려서 꽤 부상을 당하였다. 이윽고 술에서 깨어나자 크게 부끄러워하고 한스러워하여 자신을 불태우려고 하였는데 태후가 두려워 만류하며 말하기를 "조금 전에 네가 술에 취했을 뿐이다."라고 하였다.

북제주가 마침내 땅바닥에 자리를 깔고서 平秦王 高歸彥에게 몽둥이를 잡으라고 명령하고, 입으로 스스로 죄를 열거하며 꾸짖으면서 등을 노출시키고 벌을 받겠다고 하였다. 태후가 앞으로 가서 직접 그를 껴안자, 북제주가 눈물을 흘리며 애써 요청하자 마침내 종아리 50대를 쳤

婁妃昭君(婁太后)

고, 그런 연후에 의관을 차려 입고서 절하며 사죄하고 슬픔을 스스로 견디지 못하였다. 이 일로 인하여 술을 경계하였으나 10일이 지나자 또다시 처음과 같아졌다.

비록 楊愔을 재상으로 삼았으나 厠籌(대변 본 뒤에 닦는 얇은 대나무 조각)를 바치게 하였으며 말채찍으로 그의 등을 채찍질하여 피가 흘러 도포를 적셨다. 또한 일찍이 창을 들고 말을 달려 斛律金의 가슴을 겨눈 적이 세 번이나 있었는데, 곡률금은 서서 꿈쩍도 하지 않았다.

婁太后가 嘗以其酒狂으로 擧杖擊之한대 齊主曰 卽當嫁此老母與胡라하니 太后가 大怒하거늘 齊主가 自匍匐하여 以身擧牀하여 墜太后於地하여 頗有所傷이러니 旣醒에 大慙恨하여 欲自焚이어늘 太后가 懼하여 挽之曰 曏에 汝醉耳라하니 齊主가 乃設地席하고 命平秦王歸彦하여 執杖하고 口自責數하여 脫背就罰[①]하니 太后가 前하여 自抱之한대 齊主가 流涕苦請이어늘 乃笞脚五十然後에 衣冠拜謝하여 悲不自勝하다 因是戒酒러니 一旬에 又復如初하더라 雖以楊愔爲宰相하나 使進厠籌하며 以馬鞭鞭其背하여 流血浹袍하다 又嘗持槊走馬하여 以擬斛律金之胸者가 三이로대 金이 立不動하더라

① 數(세다)는 所具의 切이니, 스스로를 꾸짖으며 죄를 세는 것이다.
數, 所具切, 自責而數罪也.

【目】高氏의 부녀들을 가깝거나 멀거나 불문하고 이따금 그와 음란 행위를 하고, 혹은 좌우의 사람들에게 주기도 하고 따르지 않는 자를 직접 칼로 찔러 죽였다. 큰 가마, 긴 톱, 작두, 절구 등속을 만들어서 그것을 궁정에 진열해놓고, 술에 취할 때마다 번번이 직접 사람을 죽여서 이를 오락으로 삼았다. 楊愔이 마침내 사형당할 죄수들을 선발하여 殿庭 좌우에 의장대로 세워두고 그들을 '供御囚(황제에게 바쳐 죽이는 죄수)'라고 하여, 北齊主가 사람을 죽이려고 하면 번번이 죄수를 붙잡아 명령에 응하도록 하고, 3개월 동안 죽지 않으면 그를 용서하였다.

高氏婦女를 不問親疏하고 往往에 亂之하고 或以賜左右하고 不從者를 手刃之하다 作大鑊長鋸剉碓之屬하여 陳之於庭하고 每醉에 輒手殺人하여 以爲戲樂하니 楊愔이 乃簡死囚하여 置仗內하고 謂之供御囚[①]라하여 齊主가 欲殺人이어든 輒執以應命하고 三月을 不殺則宥之하더라

① 〈'置仗內'는〉 殿庭 좌우에 의장대로 세운 것이다.
殿庭左右立仗.

縱酒妄殺

【目】開府參軍 裴謂之가 글을 올려 극력으로 간언하자, 北齊主가 楊愔에게 말하기를 "이는 어리석은 사람이니, 어찌 감히 이와 같이 하는가."라고 하니, 양음이 대답하기를 "저 사람은 폐하께서 그를 죽이게 하여 명성을 후세에 이루고자 할 뿐입니다."라고 하자, 북제주가 말하기를 "내가 또한 죽이지 않는다면 그가 어찌 명성을 이룰 수 있겠는가."라고 하였다.

북제주가 좌우의 사람들과 술을 마시며 말하기를 "즐겁도다."라고 하니, 都督 王紘이 말하기를 "큰 즐거움이 있으면 또한 큰 고통이 있습니다."라고 하였다. 북제주가 말하기를 "무슨 소리인가?"라고 하니, 대답하기를 "나라가 망하고 몸이 죽는 것이 이른바 큰 고통입니다."라고 하였다. 북제주가 왕굉의 목을 베려고 하다가 이윽고 그를 풀어주었다.

하루는 눈물을 흘리면서 여러 신하들에게 말하기를 "宇文黑獺(宇文泰)이 나의 명령을 받지 않으니 무슨 까닭이오?"라고 하니, 都督 劉桃枝가 말하기를 "신이 3천의 기병을 갖게 된다면 그를 사로잡아 오겠습니다."라고 하였다. 북제주가 그를 장하게 여기고 비단 1천 필을 하사하였다. 趙道德이 나서서 말하기를 "유도지가 경망하게 말하니, 응당 죽여야 하는데, 폐하께서는 어찌 함부로 상을 내릴 수 있습니까."라고 하자, 북제주가

〈유도지에게 준〉 비단을 되돌려 그에게 하사하였다.

또 일찍이 말을 타고 가파른 언덕을 내려가려고 하는데 조도덕이 말고삐를 잡고 되돌아오게 하자, 북제주가 화가 나서 그를 죽이려고 하였다. 조도덕이 말하기를 "신이 죽는 것은 한스럽지 않으니 마땅히 지하에 계시는 先帝께 보고하여 이 아이가 술을 즐기고 주정하며 미쳐서 훈계할 수 없었다고 고할 것입니다."라고 하였다. 북제주가 잠자코 있다가 중지하였다.

뒷날에 〈북제주가〉 조도덕에게 말하기를 "내가 술을 먹는 것이 지나치면 반드시 몽둥이로 나를 매우 쳐라."라고 하니, 조도덕이 그를 매질하였다.

開府參軍裴謂之가 上書極諫한대 齊主가 謂楊愔曰 此愚人이니 何敢如是오 對曰 彼欲陛下殺之하여 以成名於後世라한대 齊主曰 我且不殺이어든 爾焉得名이리오하더라 齊主가 與左右로 飮曰 樂哉라 都督王紘曰 有大樂이어든 亦有大苦①로이다 齊主曰 何謂也오 對曰 國亡身殞이 所謂大苦니이다 齊主가 欲斬之라가 旣而捨之하다 一日에 泣謂群臣曰 黑獺이 不受我命하니 奈何오 都督劉桃枝曰 臣得三千騎하면 請擒之以來호리이다 齊主가 壯之하여 賜帛千匹하니 趙道德이 進曰 桃枝가 忘言하니 應誅어늘 陛下가 奈何濫賞이리오한대 齊主가 卽回絹賜之하다 又嘗乘馬하여 欲下峻岸이어늘 道德이 攬轡回之한대 齊主가 怒하여 將斬之러니 道德曰 臣이 死不恨이니 當於地下에 啓先帝하여 論此兒가 酣酗顚狂하여 不可教訓②이라하리이다 齊主가 默然而止하다 它日에 謂道德曰 我가 飮酒過어든 須痛杖我하라하니 道德이 抶之③하더라

① 王紘은 王基의 아들이다.
紘, 基之子也.
② '酣'은 술을 마셔 즐거운 것이다. '酗'는 술에 취해 화를 내는 것이다.
酣, 酒樂也. 酗, 醉怒也.
③ '過'는 過多한 것을 말한다. '抶'은 丑栗의 切이니, 매질하는 것이다.
過, 謂過多. 抶, 丑栗切, 擊也.

【目】典御丞 李集이 면전에서 간언하면서 〈北齊主를〉 桀·紂에 비유하자 북제주가 포박하여 흐르는 물속에 넣고 오래 두었다가 끄집어내어 말하기를 "내가 걸·주와 비하여 어떠한가?"라고 하니, 이집이 말하기를 "더욱 그만 못합니다."라고 하였다. 다시 그를 물에 잠기게 하였다가 끌어내어 다시 물어서 이와 같이 한 것이 서너 번을 하되 이집이 처음과 같이 대답하였다. 북제주가 크게 웃으며 말하기를 "천하에 이와 같이 멍청한 사람이 있으니, 비로소 關龍逄(관용방)·比干이 준걸한 인물이 아니라는 것을 알겠다."라

고 하고, 드디어 그를 석방하였다. 잠시 후에 또 들어와 뵙고 간언할 말이 있을 듯하자 마침내 그를 참수하였다.

이로 말미암아 조정 안팎이 고통스러워하며 각기 깊은 원한을 품었지만 〈북제주는〉 정사를 양음에게 위임하여 〈양음이〉 機務를 총괄하니 모든 일이 다스려졌다. 이 때문에 주군은 위에서 어두웠으나 정치는 아래에서 깨끗하였다.

양음은 젊었을 때 고난을 겪었는데 뜻을 이루게 되어서는 한 번이라도 음식을 베풀어 준 사람이 있으면 반드시 그에게 두 배로 보답하였다. 비록 먼저 자기를 죽이려고 한 적이 있는 사람일지라도 역시 불문에 부쳤다. 국가의 인재 선발을 맡은 지 20여 년 동안 현명한 인재를 장려하여 선발하는 것을 자기의 임무로 삼았다. 성향이 기억을 특히 잘하여 한번 만나면 모두 그 성명을 잊지 않았다.

典御丞李集이 面諫하여 比之桀紂[①]한대 齊主가 令縛置流中이라가 久之요 引出하여 謂曰 吾가 何如桀紂오 集曰 彌不及矣[②]로라 又令沈之라가 引出更問하여 如此數四호대 集이 對如初하다 齊主가 大笑曰 天下에 有如此癡人하니 方知龍逢比干이 未是俊物이로다 遂釋之러니 頃之요 入見하여 似有所諫이어늘 竟斬之하니 由此로 內外憯憯하여 各懷怨毒이로대 而能委政楊愔하여 總攝機衡하니 百度가 修敕이라 是以로 主昏於上호대 政淸於下[③]하더라 愔이 少歷屯阨[④]이러니 及得志에 有一餐之惠者라도 必重報之하다 雖先嘗欲殺己者라도 亦不問하더라 典選二十餘年에 以獎拔賢才爲己任하고 性復彊記하여 一見에 皆不忘其姓名하다

① ≪五代志≫에는 "後齊(北齊)의 官制는 대부분 後魏(北魏)의 옛것을 따랐다. 尙食局·尙藥局 2局은 모두 典御와 丞을 두었다. 尙食總知御膳事·尙藥總知御藥事는 門下省에 속한다."라고 하였다.
五代志曰 "後齊制官, 多循後魏之舊. 尙食·尙藥二局, 皆有典御及丞. 尙食總知御膳事·尙藥總知御藥事, 屬門下省."

② '流中'은 흐르는 물속이다.
流中, 流水中也.

③ 憯은 七感의 切이다. '憯憯'은 고통스럽게 여긴다는 뜻이다. 敕은 다스린다는 뜻이다.
憯, 七感切. 憯憯, 痛毒之意. 敕, 理也.

④ 爾朱氏가 楊氏를 도륙하였으나 오직 楊愔이 벗어날 수 있었고 몰래 숨어 있기를 여러 해 동안 하다가 후에 高歡에게 돌아왔다. 또 참소와 이간을 당하자 海島로 도망하여 숨었는데 고환이 찾아서 그를 등용하였다.
爾朱屠害楊氏, 唯愔得脫, 潛竄累載, 後歸高歡, 又以讒間逃隱海島, 歡訪而用之.

【綱】 가을 7월에 梁나라 陳霸先이 스스로 司徒 揚州刺史가 되고 長城公으로 작위를 올리고, 양나라가 侯瑱을 司空으로 삼았다.

秋七月에 梁陳霸先이 自爲司徒揚州刺史하고 進爵長城公하고 梁以侯瑱爲司空[15]하다

【目】 예전에 余孝頃이 豫章太守가 되었다. 侯瑱이 豫章을 鎭守하니 余孝頃이 新吳縣에 성을 쌓고 후진과 서로 대치하였다. 후진이 병사를 전부 내어 공격하다가 함락시키지 못하였다. 侯平이 군대를 출동시켜 빈틈을 타서 豫章을 공격하니 후진의 무리들이 궤멸되어 湓城으로 도망하였다. 陳霸先이 記室 蔡景歷에게 후진을 설득하여 항복하게 하니, 후진이 마침내 〈建康의〉 궁궐에 나아와서 죄를 자신에게 돌렸다. 진패선이 후진을 司空으로 삼았다.

初에 余孝頃이 爲豫章太守러니 侯瑱이 鎭豫章하니 孝頃이 城新吳하여 與相拒하다 瑱이 悉衆攻之라가 不克①이니 侯平이 發兵하여 乘虛攻豫章하니 瑱衆이 潰하여 奔湓城하다 霸先이 使記室蔡景歷說瑱하여 令降하니 瑱이 乃詣闕歸罪하다 霸先이 以爲司空하다

① 漢나라 靈帝 中平(184~189) 연간에 新吳縣을 세우고 豫章郡에 소속시켰다.
漢靈帝中平中, 立新吳縣, 屬豫章郡.

【綱】 8월에 西魏 陵州의 獠人이 반란을 일으켰는데 토벌하여 평정하였다.

---

15) 梁陳霸先……梁以侯瑱爲司空 : "이때에 侯瑱이 항복하였는데 기록하지 않은 것은 어째서인가. 후진을 배반자에 끼워들지 않게 한 것이다. 후진은 陳霸先에게 귀부하지 않았으니 梁나라를 배반한 것이 아니었다. 그러므로 江州를 점거하였는데도〔據〕 '점거하였다〔據〕'라고 기록하지 않았고 항복하였는데도〔降〕 '항복하였다〔降〕'라고 기록하지 않았으니, ≪資治通鑑綱目≫의 저울질하여 판단한 것이 세심하다. 진패선이 스스로 司徒가 된 것에 이미 '梁'이라고 기록하였는데 侯瑱을 司空으로 삼은 것에 어찌하여 재차 '梁'이라고 기록하였는가. 후진을 진패선과 구별한 것이다. '梁'이라고 재차 기록하지 않으면 '以之(그로써)'는 결국 진패선이 하는 것이다. 그러므로 王龔을 梁冀와 구별해서는 재차 '以(그로써)'라고 기록하고(漢 順帝 永和 원년(136)), 孔融을 荀彧과 구별해서는 재차 '以(그로써)'라고 기록하고(漢 獻帝 建安 원년(196)), 阮佃夫를 劉秉과 구별해서는 재차 '宋'이라고 기록하고(임자년(472)), 謝朏를 蕭嶷과 구별해서는 재차 '宋'이라고 기록하고(기미년(479)), 侯瑱을 진패선과 구별해서는 재차 '梁'이라고 기록하고(병자년(556)), 劉仁贍을 周廷構와 구별해서는 재차 '唐'이라고 기록하였으니(五代 정사년(957)), ≪자치통감강목≫의 구별이 엄격하다.〔於是瑱降 其不書 何 不使瑱列於叛人也 瑱不附霸先 非叛梁也 故據江州不書據 降不書降 綱目之權衡審矣 霸先自爲司徒 旣書梁矣 以侯瑱爲司空 則曷爲再書梁 殊瑱於霸先也 不再書梁 則以之者果霸先矣 是故殊王龔於梁冀 則再書以(漢順帝永和元年) 殊孔融於荀彧 則再書以(漢獻帝建安元年) 殊佃夫於劉秉 則再書宋(壬子) 殊謝朏於蕭嶷 則再書宋(己未) 殊侯瑱於霸先 則再書梁(丙子) 殊仁贍於廷構 則再書唐(丁巳) 綱目之區別嚴矣〕" ≪書法≫

八月에 魏陵州獠가 叛이어늘 討平之하다

【目】 西魏 江州刺史 陸騰이 陵州에서 반란을 일으킨 獠人을 토벌하였다. 獠人이 산을 이용하여 성을 쌓으니 공격하였으나 빼앗기가 어려웠다. 육등이 妓女 樂團을 성 아래 한쪽에 진열하였는데 요인들이 무기를 버리고 처자식을 데리고서 구경하자 육등이 복병을 삼면에 잠복시켜서 함께 성으로 올라가서 마침내 요인을 평정하였다.

魏江州刺史陸騰이 討陵州叛獠①하니 獠가 因山爲城하니 攻之難拔이라 騰이 乃陳伎樂於城下一面한대 獠가 棄兵하고 攜妻子觀之어늘 騰이 潛師三面俱上하여 遂平之하다

① 陸騰은 陸俟의 玄孫이다. 胡三省이 말하기를 "≪五代志≫에는 '隆山郡은 西魏 때에 陵州를 설치하였다.' 하였으니, 지금 陵井監이 이곳이다. 江州는 또한 융산군의 隆山縣에 설치하였다."라고 하였다.
騰, 俟之玄孫也. 胡三省曰 "五代志 '隆山郡, 西魏置陵州.' 今陵井監是也. 江州亦置於隆山郡之隆山縣."

【綱】 北齊主(文宣帝)가 晉陽에 갔다.

齊主가 如晉陽하다

【目】 北齊主(文宣帝)가 서쪽으로 巡視하려고 할 적에 百官들이 紫陌(교외의 길)에서 하직인사를 하니, 북제주가 矟騎들에게 그들을 포위도록 하고 말하기를 "내가 채찍을 들어서 바로 너희들을 죽일 것이다."라고 하였다. 黃門郎 是連子暢이 말하기를 "陛下께서 이와 같이 하시니 신들이 두려움을 견디지 못하겠습니다."라고 하였다. 북제주가 마침내 죽이지 말라고 명하였다.

齊主가 將西巡할새 百官이 辭於紫陌이러니 齊主가 使矟騎로 圍之하고 曰 我가 擧鞭에 卽殺之①하라 黃門郎是連子暢曰② 陛下가 如此하니 群臣이 不勝恐怖로이다 齊主가 乃命勿殺하다

① 騎兵이 창을 잡은 자를 矟騎라고 한다.
騎兵執矟者爲矟騎.

② 是連은 오랑캐의 複姓이다.
是連, 虜複姓.

【綱】 9월에 梁나라 陳霸先이 스스로 丞相 錄尙書事가 되었다.

九月에 梁陳霸先이 自爲丞相錄尙書事하다

【綱】 西魏와 突厥이 吐谷渾을 습격하여 패배시켰다.

◑魏及突厥襲吐谷渾하여 敗之하다

【目】 突厥 木杆可汗이 涼州에 길을 빌려서 吐谷渾을 습격하니, 西魏 宇文泰가 涼州刺史 史寧에게 騎兵을 거느리고 그를 따라가게 하였다. 吐谷渾이 南山으로 도망하였는데 木杆可汗이 그를 추격하려고 하니, 사녕이 말하기를 "樹敦·賀眞의 두개의 城은 토욕혼의 巢穴이므로 그의 뿌리를 뽑으면 나머지 무리들이 저절로 흩어질 것입니다."라고 하자, 목간가한이 그의 말을 따랐다. 사녕과 길을 나누어 가서 두 개의 성을 격파하고 다시 목간가한과 淸海에서 회합하였다. 〈목간가한은〉 사녕의 용감함과 결단력에 감탄하고 선물을 매우 후하게 주었다.

突厥木杆可汗이 假道於涼州하여 以襲吐谷渾하니 魏宇文泰가 使涼州刺史史寧으로 帥騎隨之하니 吐谷渾이 奔南山이어늘 木杆이 將追之러니 寧曰 樹敦賀眞二城은 吐谷渾之巢穴也라 拔其本根하면 餘衆이 自散①이라한대 木杆이 從之하다 與寧分道하여 破二城하고 復與會于淸海하니 歎寧勇決하고 贈遺甚厚②하더라

① 樹敦城은 曼頭山 북쪽에 있으니, 吐谷渾의 옛날 도읍이다.
樹敦城, 在曼頭山北, 吐谷渾之舊都也.

② 淸은 ≪資治通鑑≫에 靑으로 쓰여 있다. 吐谷渾 영역 안에 靑海가 있는데 주위가 1천여 리가 되고 청해 가운데 작은 산이 있다. 겨울마다 물이 얼면 좋은 암말을 이 산에 두었다가 봄에 이르러 암말을 거두어들이면 암말이 모두 임신을 하여 망아지를 낳았고, 이를 부르기를 龍種(용마의 종자)이라고 하니, 반드시 대부분 뛰어나서 하루에 1천 리를 간다."라고 하였다.
淸, 通鑑作靑. 吐谷渾中有靑海, 周回千餘里, 海中有小山. 每冬水合, 以良牝馬置此山, 至來春收之, 牝馬皆有孕, 生駒, 號爲龍種, 必多駿異, 日行千里."

【綱】 겨울 10월에 西魏 太師 大冢宰 安定公 宇文泰가 卒하니 世子 宇文覺이 지위를 계승하였다.

冬十月에 魏太師大冢宰安定公宇文泰가 卒하니 世子覺이 嗣[16)]하다

【目】宇文泰는 영웅호걸들을 잘 이끌어서 그들의 힘을 얻었고, 성격은 소박한 것을 좋아하여 허식을 숭상하지 않았으며, 정사에 밝게 통달하고 유학을 숭상하며 옛것을 좋아하여 무릇 施政 조치를 모두 三代를 모방하여 행하였다. 이때에 와서 〈우문태가〉 북으로 황하를 건너 牽屯山에 돌아와 병이 들으니, 역말로 中山公 宇文護를 불렀다. 우문호가 涇州에 도착하자 말하기를 "나의 여러 아들들이 모두 어린데다 외적은 바야흐로 강성하여, 천하의 일을 너에게 부탁하니, 마땅히 노력하여 내 뜻을 이루도록 하라."라고 하고, 마침내 卒하였다.

世子 宇文覺이 지위를 계승하여 太師 柱國 大冢宰 安定公이 되었고, 외방으로 나가서 同州를 수비하니, 당시 나이가 15세였다.

泰能駕御英豪하여 得其力用하고 性好質素하여 不尙虛飾하며 明達政事하고 崇儒好古하여 凡所施設을 皆依倣三代而爲之하더라 至是에 北渡河하여 還至牽屯山而病①하니 驛召中山公護하다 至涇州한대 謂曰 吾諸子가 皆幼에 外寇는 方彊하여 天下之事를 屬之於汝하노니 宜努力하여 以成吾志하라하고 遂卒하니 世子覺이 嗣位하여 爲太師柱國大冢宰安定公하고 出鎭同州하니 時年이 十五②러라

① ≪北史≫ 〈周帝紀〉에 의하면 "宇文泰가 북쪽으로 순시하여 北河를 건넜다."라고 하였다. 杜佑가 말하기를 "牽屯山은 平涼郡 高平縣에 있는데 또한 汧屯山이라고도 한다."라고 하였다.

---

16) 魏太師……世子覺嗣 : "賀善의 贊에 이르기를 '宇文泰는 군대를 거느려서 돌아와 관직이 진급한 것을 기록한 데에는 모두 「-로써〔以〕」라고 기록하고, 「그 임금 元修를 시해했다〔弑其君修〕」라고 기록하고 나서는 「자신이 관직에 나아갔다〔自官〕」라고 기록한 것이 두 번이다. 그러나 ≪資治通鑑綱目≫에서는 그를 단절시키지 않아, 高歡을 두 번 적대하고 東魏를 두 번 정벌하고 金墉을 한 번 구원하고 長安을 한 번 안정시킨 것을 ≪資治通鑑綱目≫에서는 모두 우문태의 공으로 기록하였다. 우문태가 西魏에 재상이 되어서는 「새 제도를 만들었다〔作新制〕」라고 기록하고, 「현인을 구하였다〔求賢〕」라고 기록하고, 「禮樂을 제정하였다〔制禮樂〕」라고 기록하고, 「權·衡·度·量과 服制를 바꾸었다〔更權衡度量服制〕」라고 기록하고, 「宮刑을 제거하였다〔除宮刑〕」라고 기록하고, 「府兵을 만들었다〔作府兵〕」라고 기록하고, 「九命과 九秩을 만들었다〔作九命九秩〕」라고 기록하여 책에 서로 이어질 만큼 자주 있으나 蘇綽을 기용하여 行臺에 학교를 설치한 데에는 곧바로 「우문태〔泰〕」로 기록하였다. 우문태가 太師·大冢宰가 된 것에는 여전히 「스스로〔自〕」라고 기록하지 않았으나 廢位와 弑害를 거듭 행한 데에는 ≪자치통감강목≫에서 우문태의 姓名을 지적하였으니 무겁게 죄를 준 것이다. 우문태의 마음의 자취는 선악이 서로 덮일 수 없다고 하는 것이 옳다.' 하였다.〔賀善贊曰 泰自書統軍回進官皆書以 旣書弑其君修則書自官者再 然綱目未絶之也 再敵高歡 再伐東魏 一救金墉 一定長安 綱目皆書其功 其相魏也 書作新制 書求賢 書制禮樂 書更權衡度量服制 書除宮刑 書作府兵 書作九命九秩 相望于冊 至用蘇綽 置行臺學 直以泰書之 其爲太師大冢宰 猶不書自也 及其再行廢弑 則綱目斥其姓名 重罪之矣 泰之心跡 瑕瑜不相揜可也〕" ≪書法≫

據魏紀 "泰北巡, 度北河." 杜佑曰 "牽屯在平涼郡高平縣, 亦曰汧屯山."

② 宇文泰의 정치를 보필하는 자들이 同州에 많이 있었는데, 그 지역이 關(函谷關)·河(黃河)의 요충을 막고 있어서 北齊 사람이 혹은 침략해오면 대응하기에 편리했기 때문이다.
宇文泰輔政多居同州, 以其地扼關·河之要, 齊人或來侵軼, 便於應接也.

【目】 예전에 宇文泰가 北魏 孝武帝(元脩)의 여동생인 馮翊公主에게 장가들어서 宇文覺을 낳았는데, 〈우문태의 妾〉 姚夫人이 宇文毓을 낳았다. 우문육이 여러 아들 가운데 가장 나이가 많았고 大司馬 獨孤信의 딸을 아내로 맞이하였다. 우문태가 장차 후계자를 세우려고 할 적에 공경들에게 말하기를 "孤가 嫡子(우문각)를 세우려고 하는데, 대사마가 의심할까 우려되니 어찌하면 좋겠소."라고 하니, 여러 사람들이 말하는 사람이 없었다.

僕射 李遠이 말하기를 "무릇 아들을 세울 때는 嫡子로 하고 나이로 해서는 안 되니, 공이 어찌 의심할 것입니까. 만약 독고신이 싫어한다면 우선 그를 참수하겠습니다."라고 하고, 드디어 칼을 빼어들고 일어났다. 우문태가 일어나 저지하니 이에 의론이 정해졌다.

이원이 밖으로 나가서 독고신에게 절하고 사과하며 말하기를 "大事에 임하여 부득불 이와 같이 하였을 뿐입니다."라고 하자, 독고신 또한 이원에게 사과하며 말하기를 "오늘 공에게 힘입어 이 큰 논의를 결정하였소."라고 하였다. 드디어 우문각을 세워 세자로 삼았다.

初에 泰尙魏孝武妹馮翊公主하여 生覺이어늘 姚夫人이 生毓하다 毓이 於諸子에 最長하고 娶大司馬獨孤信女라 泰將立嗣할새 謂公卿曰 孤가 欲立嫡인대 恐大司馬가 有疑하노니 如何오 衆이 未有言者러니 僕射李遠曰 夫立子以嫡이요 不以長이니 公何所疑오 若以信爲嫌이면 請先斬之호리라하고 遂拔刀而起하다 泰起하여 止之하니 於是에 議定하다 遠이 出外하여 拜謝信曰 臨大事하여 不得不爾라한대 信이 亦謝遠曰 今日에 賴公하여 決此大議라하더라 遂立覺爲世子하다

【目】 宇文護는 명망과 지위가 본래 낮았다. 이때에 이르러 정사를 보좌하게 하였지만 여러 공들이 승복하는 자가 없었다. 우문호가 大司寇 于謹에게 계책을 묻자, 우근이 말하기를 "오늘의 일은 제가 반드시 죽을 각오로 그것을 쟁취하겠으니, 만약 대신들을 대면하여 국책을 결정한다면 공께서는 반드시 양보하여서는 안 됩니다."라고 하였다.

다음 날 모여서 논의할 때 우근이 말하기를 "옛날 황실이 기울어질 위기에 처하였을 때 安定公(宇文泰)이 아니었으면 다시 오늘이 없었을 것인데, 〈안정공께서〉 갑자기 세상을 떠나셨으니, 계승한 아들이 비록 어리지만 中山公(우문호)은 親屬 관계가 형의 아들이고 아

울러 〈우문태의〉 부탁을 받았습니다. 軍國의 일은 이치로 보아 반드시 그에게 돌려주어야 합니다."라고 하여, 말소리가 크고 낯빛이 엄숙하니, 무리들이 모두 두려움에 떨었다.

우근은 평소 우문태와 〈지위가〉 동등하였으므로 우문호가 항상 그에게 절을 하였는데, 이때에 이르러 우근이 일어나서 〈우문호에게〉 두 번 절하자 여러 공경들이 또한 절하니, 이에 무리들의 의견이 비로소 결정되었다. 우문태의 諡號를 '文公'이라고 하였다.

護가 名位素卑러니 至是에 輔政호대 群公이 莫服하다 護가 問計於大司寇于謹한대 謹曰 今日之事는 謹必以死爭之니 若對衆定策이면 公은 必不得讓矣라하고 明日에 會議할새 謹曰 昔에 帝室傾危에 非安定公이면 無復今日①이러니 一旦違世하니 嗣子가 雖幼나 中山公은 親其兄子요 兼受顧託이라 軍國之事는 理須歸之라하여 辭色이 抗厲하니 衆皆悚動②하더라 謹은 素與泰等夷라 護가 常拜之러니 至是에 謹起하여 再拜한대 群公亦拜하니 於是에 衆議始定하다 諡泰曰文公이라하다

①〈'帝室傾危'는〉 北魏 孝武帝(元修)는 高歡의 핍박을 받아 도망하여 函谷關으로 들어갔는데, 宇文泰가 맞이하여 그를 도와서 關右 지역에 나라를 세운 것을 말한다.
謂魏孝武帝爲高歡所逼, 遁逃入關, 宇文泰迎而輔之, 以立國於關右.

②'抗厲'는 말소리가 크고 또 얼굴빛이 엄숙한 것이다.
抗厲, 擧聲高亢, 且正色嚴厲也.

【綱】 11월에 梁나라가 王琳을 불러 司空으로 삼았으나, 왕림이 도착하지 않았다.

十一月에 梁이 徵王琳爲司空하되 不至하다

【綱】 北齊가 州縣을 합병하여 줄였다.

◑齊가 併省州縣하다

【目】 北齊主(文宣帝)가 조서를 내리기를 "北魏 말년에 豪傑이 鄕里를 糾合하여 인연에 의해 請託하여 각각 州郡을 세웠다. 공적으로나 사적으로 일이 번거롭고 재물을 소비하여 丁口(인구)는 옛날보다 감소하고 守令은 지난날보다 배나 되었다."라고 하였다. 이에 3州, 153郡, 589縣, 3鎭, 26戍로 합병하여 줄였다.

齊主가 詔以魏末豪傑이 糾合鄕部하여 因緣請託하여 各立州郡하니 公私煩費하여 丁口는 減於疇日하고 守令은 倍於昔時①라하다 於是에 併省三州, 一百五十三郡, 五百八十九縣, 三鎭, 二十六戍하다

① '疇日'은 '昔日'이라는 말과 같다.
疇日, 猶言昔日.

【綱】 12월에 西魏 太師 宇文覺이 스스로 周公이 되었다.

十二月에 魏太師覺이 自爲周公①하다

① 宇文氏가 西魏를 보좌하고 周나라를 모방하여 法制를 세웠다. 그러므로 西魏 조정의 신하들이 周公으로 그를 봉하니, 장차 禪位를 받아 대신하려고 한 것이다.
宇文輔魏, 倣周以立法制, 故魏朝之臣以周封之, 將禪代也.

【綱】 梁나라가 周迪을 臨川內史로 삼았다.

◑梁이 以周迪爲臨川內史하다

【目】 예전에 侯景의 난리 때에 臨川의 백성 周續이 臨川郡 안에서 군사를 일으키니, 始興王 蕭毅가 임천군을 그에게 양보하고 떠나갔다. 주속이 얼마 안 있어 部將에게 죽임을 당하니, 주속의 宗人인 周迪이 군대 안에서 용맹이 으뜸이었는데 무리들이 추대하여 主將으로 삼았다. 梁나라 조정에서는 주적을 臨川內史로 삼았다.

당시 백성들이 난리를 만나서 모두 농업을 버리고 무리 지어 도적이 되었으나, 오직 주적이 관할하는 곳에서 홀로 農業과 蠶業에 힘써서 각기 남는 저축이 있었고, 정치와 교화가 엄격하며 명확하여 징수하여 걷는 것은 반드시 도착해 완납하니, 나머지 군 중에 모자라는 곳에서는 모두 도와줄 것을 앙망하였다. 주적은 성품이 질박하여 威儀를 일삼지 않았고 새끼를 꼬거나 대나무를 쪼갰는데 곁에 사람이 없는 것처럼 하였으며, 말에 서툴렀어도 가슴속에 신의와 성실을 지니고 있어서 사람들이 모두 그에게 귀부하였다.

初에 侯景之亂에 臨川民周續이 起兵郡中하니 始興王毅가 以郡讓之而去①러니 續이 尋爲部將所殺하니 其宗人迪이 勇冠軍中이어늘 衆이 推爲主하다 梁朝가 以爲臨川內史하다 時에 民이 遭亂하여 皆棄農業하고 群聚爲盜호대 唯迪所部가 獨務農桑하여 各有贏儲하고 政敎가 嚴明하여 徵斂必至하니 餘郡乏絶者는 皆仰以取給하더라 迪이 性質朴하여 不事威儀하고 挼繩破篾호대 旁若無人하며 訥於言語而襟懷信實하여 人皆附之②하더라

① '臨川'은 漢나라 때에는 豫章郡 南城縣 지역이었고, 後漢 때에는 南城의 북쪽 경계를 나누어 臨汝縣으로 삼았다. 吳나라 孫亮 太平 2년(257)에 豫章의 東部 南城縣·臨汝縣 2縣을 나누

어 臨川郡을 설치하였다.

臨川, 漢豫章郡南城縣之地, 後漢分南城北境爲臨汝縣, 吳孫亮太平二年, 分豫章之東部南城・臨汝二縣置臨川郡.

② 挼는 奴和의 切이니, 두 손으로 비벼 만지는 것이다. 篾은 莫結의 切이니, 댓조각이다.
挼, 奴和切, 兩手相切摩也. 蔑, 莫結切, 竹�也.

【綱】北齊가 長城을 쌓았다.

齊가 **築長城**[17]하다

【目】北齊가 西河에서부터 總秦戍까지 長城을 쌓으니 동쪽으로 바닷가에 이르렀다. 전후로 장성을 쌓은 것이 東西가 모두 3천여 리이고 대개 10리에 하나의 戍(城堡)를 설치하고 要害 지역에는 州鎭을 설치하니 모두 25곳이었다.

齊가 自西河(摠)〔總〕[18]秦戍하여 築長城하니 東至於海라 前後所築이 東西가 凡三千餘里요 率十里에 一戍하고 其要害置州鎭하니 凡二十五所러라

丁丑年(557)

梁나라 敬帝 蕭方智 太平 2년이고 西魏 恭帝 拓跋廓 4년이고 北齊 文宣帝 顯祖 高洋 天保 8년이고 陳나라 高祖 武帝 陳霸先 永定 원년이고 北周 孝愍帝[19] 宇文覺 원년이고 9월 이후에 世宗 明帝 宇文毓 원년이다. 이해에 梁나라와 西魏가 모두 망하고 陳나라와 北周가 대신했는데 北齊를 합하여 세 개의 大國이 되고, 後梁이 한 小國이 되니, 모두 네 개의 나라이다.

17) 齊築長城 : "秦나라에서 '長城을 쌓았다〔築長城〕'라고 기록한 것에서부터 627년을 지나서 北魏에 한 번 기록하고(宋나라 癸亥年(423)), 또 120년 만에 東魏에 한 번 기록하였다(梁나라 癸亥年(543)). 이때에 이르러 北齊는 5년 동안에 세 번 기록하고(壬申年(552), 乙亥年(555), 이해(556)) 전후로 모두 3,000여 리인데(丁丑(557)), 重城을 쌓은 것이 400리였으나 여기에 포함시키지 않았고(癸未(563)) 長城을 쌓은 것이 200리였으나 기록하지 않아 포함시키지 않았다. 그런데 또다시 宮室을 크게 수축하여 백성을 동원한 것이 이와 같았으니, 北齊는 망한 것이 너무 늦었다.〔自秦書築長城 越六百二十七年而魏一書(宋癸亥) 又百二十年而東魏一書(梁癸亥) 至是 齊五年間而三書(壬申 乙亥 是年) 前後凡三千餘里(丁丑) 築重城四百里 不與焉(癸未) 築長城二百里不書 不與焉 而又大治宮室 用民如此 齊亡已後矣〕" 《書法》

18) (摠)〔總〕: 저본에는 '摠'으로 되어 있으나, 《資治通鑑》에 의거하여 '總'으로 바로잡았다.

19) 孝愍帝 : 저본과 《資治通鑑》에는 孝愍帝로, 《周書》에는 孝閔帝로 되어 있다. 본서에서는 저본을 따랐다.

梁太平二年이요 魏恭帝四年이요 齊天保八年이요 陳高祖武帝陳霸先永定元年이요 周孝愍帝宇文覺元年이요 九月以後에 世宗明帝毓元年이라 ○ 是歲에 梁魏皆亡하고 陳周代하여 幷齊하여 三大國이요 後梁一小國이니 凡四國이라

【綱】 봄 정월에 周公 宇文覺이 天王이라 칭하고 西魏主(恭帝)를 폐위시켜 宋公으로 삼았으니, 宇文護가 스스로 大司馬가 되었다.

春正月에 周公覺이 稱天王하고 廢魏主爲宋公하니 宇文護가 自爲大司馬[20]하다

【目】 西魏 宇文護는 周公 宇文覺이 어리고 유약하다는 이유로 서둘러 그를 제위에 올려 인심을 안정시키고자 하여, 西魏主(恭帝)의 詔勅으로 冊書와 玉璽를 받들어 주공에게 帝位를 선양하고, 서위주를 옮겨 궁궐 밖으로 나가 大司馬府에 머물게 하였다. 주공이 天王의 자리에 오르고서 부친 文公(宇文泰)을 文王에 追尊하고 妣를 文后로 삼고, 서위주를 봉하여 宋公으로 삼았다. 木德으로 서위의 水德을 계승하고 夏나라의 曆法을 사용하고 복색은 흑색을 중시하였다. 李弼을 太師로, 趙貴를 太傅 大冢宰로, 獨孤信을 太保

20) 周公覺稱天王……宇文護自爲大司馬 : "孔子가 말하기를 '예악과 정벌이 제후에게서 나오면 10世에 나라가 망하지 않는 경우가 드물고, 대부에게서 나오면 5세에 나라가 망하지 않는 경우가 드물고, 家臣이 국정을 잡으면 3세에 나라가 망하지 않는 경우가 드물다.'라고 하였는데, 찬탈이 서로 이어짐으로부터 權臣들이 명령을 독단하였으니 그 유래는 이미 하루가 아니었다. 지금 宇文護가 막 국정을 담당한 초기에 우문호가 이미 大權을 전담하였으므로 ≪資治通鑑綱目≫에서는 '우문호가 스스로 大司馬가 되었다[其自爲大司馬]'라고 기록하기를 天王이라 칭하고 西魏 恭帝를 폐위시킨 아래에 하였으니, 이른바 메아리가 소리에 응하는 것과 같으며 그림자가 형체를 따르는 것과 같아서 그 반역이 더욱 심할수록 그 잃음이 더욱 빠르다는 것이다. 分注(目)를 살펴보면 이때에 李弼·趙貴·獨孤信이 太師·太傅·太保의 높은 지위에 있게 되었는데 모두 다시 기록하지 않고 다만 우문호를 기록한 것은 국가를 독단하며 명령을 전제한 것을 드러내고, 또 西魏를 찬탈하는 거사는 실로 우문호가 한 것임을 드러낸 것이다. 그러나 우문호가 국가를 독단하였는데도 도리어 여러 사람들의 아래에 있었던 것은 어째서인가. 대사마는 六軍을 모두 통솔하는데 우문호는 兵權을 독점하여 中外를 제압하려 하였으므로 저것을 버리고 이것을 취하여, 진실로 높은 것을 사절하고 낮은 데에 처하면서 겸손하게 자신의 몸가짐을 갖는 자가 아니었다. 그렇다면 임금이 권력을 公室로 돌아가게 하려면 반드시 그 근본을 먼저 바르게 하여 '자기에게 베풀기를 바라지 않는 것을 또한 남에게 베풀지 말라'는 것이 옳다. ≪자치통감강목≫에서는 이를 기록하였으니, 後世에 경계로 삼은 것을 어찌 매우 절실하게 드러내지 않았겠는가.〔孔子曰 禮樂征伐 自諸侯出 蓋十世希不失矣 自大夫出 五世希不失矣 陪臣執國命 三世希不失矣 自篡竊相尋 權臣擅命 其來已非一日 今宇文方當得國之初 而護已專大柄 故綱目書其自爲大司馬 於稱天王廢魏主之下 所謂如響應聲 如影隨形 其逆彌甚 其失彌速者也 考之分注 是時李弼趙貴獨孤信爲太師太傅太保之尊 皆不復書 而獨書護者 著其專國制命 且以見簒魏之擧 實護爲之也 然護旣專國 乃反居諸人之下何哉 大司馬總統六軍 護欲專兵柄 威制中外 是以捨彼取此 固非辭尊居卑 廉退自將者 然則人主欲權歸公室 其必先正其本 施諸己而不願 亦勿施諸人 可也 綱目書此 其所以爲後世戒 豈不深切著明也哉〕" ≪發明≫

大宗伯으로, 中山公 우문호를 大司馬로 삼았다.

魏宇文護가 以周公覺幼弱으로 欲早使正位하여 以定人心하여 以魏主詔로 奉冊璽하여 禪位于周하고 遷魏主하여 出居大司馬府하다 周公이 卽天王位하여 追尊文公爲文王하고 妣爲文后하고 封魏帝爲宋公하고 以木德으로 承魏水하여 行夏之時하고 服色尙黑①하다 以李弼爲太師하고 趙貴爲太傅大冢宰하고 獨孤信爲太保大宗伯하고 中山公護爲大司馬하다

① 夏나라의 曆法을 사용한다는 것은 寅正(寅月(현재 음력 1월)로 正月을 삼는 曆法)을 사용한 것이다. 복색에 흑색을 중시한 것은 〈五行 중〉 水行(水德)을 따른 것이다.
行夏之時, 用寅正也. 服色尙黑, 隨水行也.

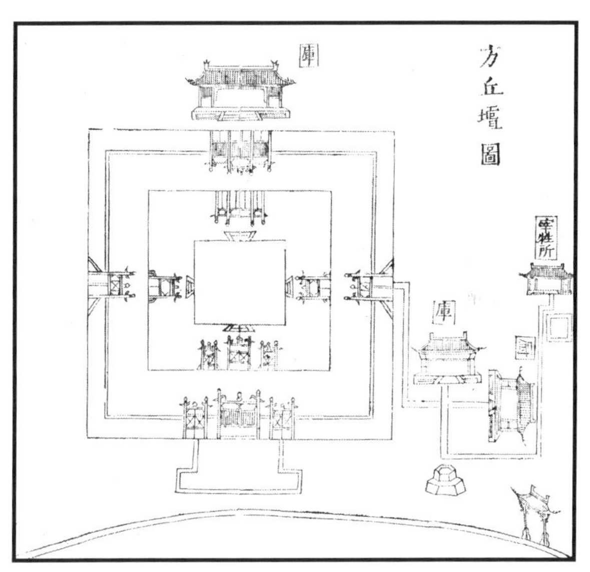

方丘

【綱】 北周主(愍帝)가 圜丘에서 제례를 거행하고 郊廟의 의례 제도를 제정하였다.

周主①가 祀圜丘하고 定郊廟之制하다

① 主는 王으로 써야 한다.
主, 當作王.

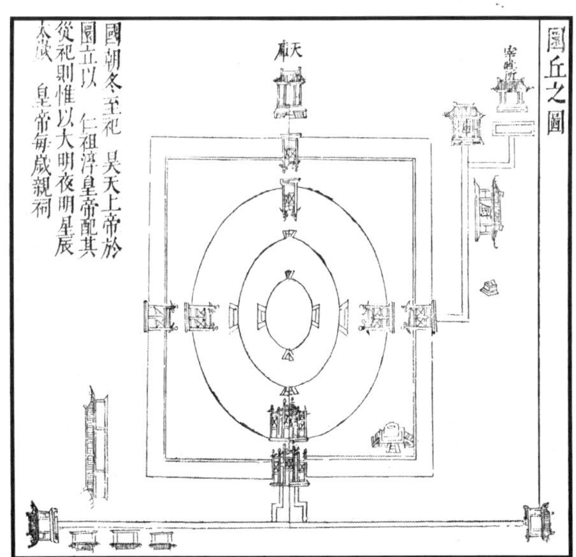

圜丘

【目】 北周主(愍帝)가 圜丘에서 제례를 거행하고 선대가 神農氏로부터 나온 것이라 하여, 신농씨를 二丘(圜丘·方丘)에 배향하고 始祖 獻侯 莫那를 南郊와 北郊에 배향하고 文王(宇文泰)을 明堂에 배향한 뒤 廟號를 太祖라 하였다. 그리고 鄭玄의 의견을 채용하여, 太祖와 二昭·二穆으로 된 다섯 개의 廟를 만들고 덕행이 있는 선조는 별도로 祧廟를

세워 훼철하지 않았다.

周主가 祀圜丘하고 自謂先世出於神農이라하여 以神農配二丘①하고 始祖獻侯莫那로 配南北郊하고 文王配明堂하고 廟號를 太祖②라하고 仍用鄭玄義하여 立太祖與二昭二穆하여 爲五廟하고 其有德者는 別爲祧廟하여 不毁③하다

① 宇文氏는 선대가 炎帝에게서 시작됐다고 주장하였다. 염제가 黃帝에게 멸망하자 자손들이 朔野로 도망갔고, 그의 후예 가운데 葛烏菟가 힘이 대단하고 지략이 많아서 鮮卑가 군주로 떠받들었다. 그의 후손 普回가 사냥을 나갔다가 세 개의 인끈이 달린 玉璽를 얻었는데 '皇帝璽'라는 글자가 새겨져 있었다. 이를 하늘이 내려준 것이라 여겼고, 그곳 풍습에 天子를 宇文이라 하였는데 마침내 氏와 국호로 삼았다. '二丘'는 圜丘와 方丘이다.
宇文氏自謂其先出於炎帝. 炎帝爲黃帝所滅, 子孫遁去朔野, 其後有葛烏菟者, 雄武多算略, 鮮卑奉以爲主. 裔孫曰普回, 因狩得玉璽三組, 文曰'皇帝璽', 以爲天授, 其俗謂天子曰宇文, 遂以爲氏及國號. 二丘, 圜丘·方丘也.
② 莫那는 普回의 아들로 陰山에서 남쪽으로 옮겨 처음 遼西에서 살았으니, 시호를 獻侯라고 하였다.
莫那, 普回子, 自陰山南徙, 始居遼西, 諡曰獻侯.
③ 鄭玄은 後漢 사람이다. '義'는 ≪資治通鑑≫에 議로 되어 있다.
鄭玄後漢人. 義, 通鑑作議.

【綱】 吐谷渾이 北周를 침략하였다.

吐谷渾이 寇周하다

【目】 吐谷渾이 涼州·鄯州·河州 3州를 침공하자, 秦州都督이 渭州刺史 于翼을 파견해서 3州를 구원하게 하였는데, 우익이 말하기를 "성을 공격하여 차지하는 것은 夷族들의 장점이 아닙니다. 침략해온 이유는 재물을 약탈하려는 것에 불과하니 약탈해도 별 소득이 없으면 형세상 자연스레 물러날 것입니다."라고 하였다. 며칠이 지나 소식이 도착했는데 정말 그의 말처럼 되었다.

吐谷渾이 攻涼鄯河三州①어늘 秦州都督이 遣渭州刺史(子)〔于〕[21]翼하여 赴援②한대 翼이 曰 攻取는 非夷俗所長이요 寇來는 不過鈔掠耳니 掠而無獲이면 勢將自走라하더니 數日에 問至하니 果如其言이러라

21) (子)〔于〕: 저본에는 '子'로 되어 있으나, ≪資治通鑑≫에 의거하여 '于'로 바로잡았다.

① 武威郡은 涼州이고, 西平郡은 鄯州이고, 枹罕郡은 河州이다.
武威郡, 涼州. 西平郡, 鄯州. 枹罕郡, 河州.
② 이 秦州都督은 河州・渭州・涼州・鄯州 등을 감독한다.
此秦州都督, 蓋都督河・渭・涼・鄯諸州也.

【綱】 2월에 梁나라 蕭勃이 廣州에서 병사를 일으켜 南康에 주둔하였다.

二月에 梁蕭勃이 起兵廣州하여 次于南康[22)]하다

【目】 蕭勃이 廣州에서 병사를 일으켜서 歐陽頠와 그의 장수 傅泰와 蕭孜를 보내 선발대로 삼으니, 南江州刺史 余孝頃이 병사를 이끌고 와서 합쳤다.

勃이 起兵於廣州하여 遣歐陽頠及其將傅泰蕭孜하여 爲前軍①하니 南江州刺史余孝頃이 以兵會之러라

① 蕭孜는 蕭勃의 從子이다.
孜, 勃之從子也.

【綱】 北周 大司馬 宇文護가 冢宰 趙貴를 살해하였다.

周大司馬護가 殺冢宰趙貴[23)]하다

【目】 北周의 楚公 趙貴와 衛公 獨孤信은 과거에 모두 太祖 宇文泰와 지위가 동등했는데 晋公 宇文護가 정권을 독차지하자 모두 불만스러워하며 승복하지 하였다. 조귀가 宇文護를 죽일 것을 도모하자 독고신이 만류했었는데, 우문호가 이 사실을 듣고 조귀는 살해하고 독고신은 관직을 삭탈하였다.

---

22) 梁蕭勃起兵廣州 次于南康 : "王琳은 '도착하지 않았다〔不至〕'라고 기록하고, 蕭勃은 '군사를 일으켰다〔起兵〕'라고 기록하였다. 대개 이때에 陳霸先이 신하 노릇 하지 않을 자취를 감출 수가 없으므로 周文育을 시켰는데 다만 '공격하였다〔擊〕'라고 기록하였다.〔王琳書不至 蕭勃書起兵 蓋於是霸先不臣之跡不可掩矣 故使周文育止書擊〕" ≪書法≫ 王琳이 도착하지 않은 것은 556년 11월 조에 보인다. 周文育을 시켜 공격한 것은 아래에 보인다.

23) 周大司馬護殺冢宰趙貴 : "宇文氏가 成周를 모방하여 관직을 세웠으니 그 명칭은 옳다. 그러나 司馬로서 六官의 長官인 冢宰를 죽였으니 周나라에 어찌 이러한 일이 있었는가. 宇文護가 제멋대로 살해하고 임금을 무시한 죄와 같은 것은 또한 말하지 않아도 절로 드러난다.〔宇文倣成周而建官 其名是也 然以司馬而殺六官之長 周豈有是哉 若護專殺無君之罪 則又不言自見矣〕" ≪發明≫

周楚公趙貴와 衛公獨孤信은 故皆與太祖等夷나 及晋公護專政하얀 皆怏怏不服이라 貴가 謀殺護어늘 信이 止之러니 護가 聞之하고 殺貴하고 免信官이러라

【綱】 梁나라 丞相 陳霸先이 周文育에게 蕭勃을 공격하게 해서 그 장수 歐陽頠와 傅泰를 생포하자, 소발이 그 부하에게 살해당하였다.

梁丞相霸先이 使周文育擊蕭勃하여 獲其將歐陽頠傅泰하니 勃이 爲其下所殺[24)]하다

【目】 歐陽頠가 南康을 나가 苦竹灘에 주둔하고 傅泰가 蹠口城을 거점으로 삼고 余孝頃이 豫章을 나가 石頭城을 점거하였다. 巴山太守 熊曇朗이 구양위를 유인해서 함께 高州刺史 黃法氍를 습격할 때 성 아래에 이르자, 웅담랑이 거짓으로 패해 달아나는 시늉을 하니 황법구가 이를 틈타 추격하였다.[25)] 구양위가 지원군을 잃고 도망가자, 웅담랑이 그의 말과 무기를 획득해 돌아왔다. 周文育이 예장에 목책을 세우고, 노약한 병사들을 나누어 보내서 오래된 선박에 태워 물줄기를 따라 모두 내려보낸 뒤 예장의 목책을 불태워 도망가는 것처럼 위장하자, 여효경이 멀리서 바라보고 대단히 기뻐하며 더 이상 방비책을 세우지 않았다. 주문육이 사잇길로 길을 재촉해 구양위와 蕭孜・부태・여효경의 군영 사이를 점거하고서, 성을 쌓고 병사들에게 푸짐한 잔치를 베풀어주자 구양위 등이 크게 놀랐다. 주문육이 周鐵虎 등을 보내 구양위를 습격하여 생포하고, 주문육이 많은 병기들을 성대하게 펼쳐놓고 구양위와 함께 배를 타고 연회를 하고 척구성 아래를 순행하여 장수 丁法洪에게 부태를 공격하게 해서 생포하자, 소자와 여효경이 물러나 달아났다. 소발의 군사들이 이 소식을 듣고 두려운 나머지 결국 소발을 살해하였다.

歐陽頠가 出南康하여 屯苦竹灘하고 傅泰가 據蹠口城하고 余孝頃이 出豫章하여 據石頭①러니 巴山太守熊曇朗이 誘頠하여 共襲高州刺史黃法氍할새 至城下하여 曇朗이 陽敗走어늘 法氍가 乘之하니 頠가 失援而走어늘 曇朗이 取其馬仗하여 以歸라 周文育이 於豫章에 立柵하고 分遣老弱하여 乘故

---

24) 梁丞相霸先……勃爲其下所殺 : "陳霸先이 시켰다고 기록한 것은 어째서인가. 蕭勃이 군사를 일으킨 것은 진패선 때문이니, 이에 '시켰다〔使〕'라고 기록하였다. 무릇 '시켰다〔使〕'라고 기록한 것은 임금의 명령이 아니다. 그러므로 '공격했다〔擊〕'라고 기록하고 '토벌했다〔討〕'라고 기록하지 않았으며, '살해했다〔殺〕'라고 기록하고 '주륙했다〔誅〕'라고 기록하지 않았다.(北魏의 鄭儼에 의거하면 部下에게 죽임을 당했는데, ≪資治通鑑綱目≫에서 '伏誅'라고 기록하였다.)〔霸先使何 勃之起兵 以霸先也 於是書使 凡書使 非君命也 故書擊不書討 書殺不書誅(據魏鄭儼 爲部下所殺 綱目書伏誅)〕" ≪書法≫

25) 巴山太守……추격하였다 : ≪資治通鑑≫을 보면 熊曇朗이 이미 黃法氍와 歐陽頠를 공격할 것을 약속하였다.

船하여 沿流俱下하고 燒豫章柵하여 僞若遁去者하니 孝頃이 望之하고 大喜하여 不復設備라 文育이 由間道로 兼行하여 據頠及蕭孜傳泰余孝頃之間하여 築城饗士하니 頠等이 大駭라 文育이 遣周鐵虎等하여 襲頠하여 擒之하고 文育이 盛陳兵甲하여 與頠乘舟而宴하고 巡䠞口城下하여 使其將丁法洪攻泰擒之하니 孜孝頃이 退走라 勃軍聞之하고 忷懼하여 遂殺勃이러라

① 苦竹灘은 豫章에 있다. 䠞은 음이 隻이며 䠞口城은 南康 북쪽에 있다. 汪藻가 이르기를 "豫章에서부터 江水를 가로질러 서쪽으로 높이 솟은 산 하나가 江水와 함께 튀어나온 것이 있으니 石頭渚이다. 江水를 가로막고 성을 등진 채 10리쯤 가까이 있다."라고 하였다.
苦竹灘在豫章. 䠞音隻, 䠞口城在南康之北. 汪藻曰 "自豫章絶江而西, 有山屹然, 竝江而出者, 石頭(者)〔渚〕[26]也. 阻江負城, 十里而近."

【綱】北周 宇文護가 스스로 大冢宰가 되었다.

周宇文護가 自爲大冢宰[27]하다

【綱】北周 冢宰 宇文護가 中山王(西魏 恭帝)을 시해하였다.

周冢宰護가 弑中山王[①28]하다

26) (者)〔渚〕: 저본에는 '者'로 되어 있으나, 《資治通鑑》 註에 의거하여 '渚'로 바로잡았다.

27) 周宇文護自爲大冢宰 : "宇文護는 지난날에 스스로 大司馬가 되었는데, 兵權을 專制하려고 한 것이었다. 이제 마침내 스스로 大冢宰가 되었으니, 또한 어찌 그 병권을 놓았겠는가. 宇文泰가 西魏에 재상이 되고서부터 左右 12軍을 세워 相府에 모두 소속하게 하였는데, 우문태가 죽자 좌우 12군이 모두 우문호의 처분을 받았다. 이전 국가를 찬탈한 초기에 우선 병권이 귀속한 바가 있게 하려고 한 것이고, 이제 이미 中外가 안정되고 나자 天官의 높은 자리를 차지하였으니, 병권은 손에서 놓은 적이 없었다. 《資治通鑑》을 살펴보면 이때에 동시에 진급한 자가 모두 5人인데 《자치통감강목》에서 모두 기록하지 않고 다만 우문호만 기록한 것은 바로 국가를 전제하고 임금을 무시하는 죄를 드러내어 주벌한 것이다.〔護前日自爲大司馬 蓋欲專制兵權也 今乃自爲大冢宰 亦豈釋去其權耶 自宇文泰相魏 立左右十二軍 總屬相府 泰卒皆授護處分 前日簒國之始 姑欲柄有所歸 今旣中外已定 所以進居天官之尊 而兵柄則未嘗去手也 考之通鑑 是時同進位者凡五人 綱目皆不書 而獨書護者 正以著其專國無君之罪而誅之也〕" 《發明》

28) 周冢宰護弑中山王 : "中山王이라 쓴 것은 어째서인가. 西魏의 恭帝이다. 폐주를 시해한 경우는 반드시 찬탈한 임금〔簒君〕을 기록하였는데, 여기에서 '宇文護가 시해하였다〔宇文護弑〕'라고 기록한 것은 어째서인가. 이때에 宇文覺은 어리고 우문호가 전제하였으므로 우문호를 죄준 것이다. 《資治通鑑綱目》에서 폐위에 簒君을 기록하고 시해에 사람을 기록한 것은 두 번이다.(齊나라 사람이 涪陵王 蕭寶卷을 시해하고, 北周 冢宰 宇文護가 中山王을 시해하였다)〔中山王 何 魏恭帝也 弑廢主 必書簒君 此其書護弑 何 於是覺幼護專 故罪護 綱目廢書簒君 弑書人者二(齊人弑涪陵王 周冢宰護弑中山王)〕" 《書法》
歷代로 폐위와 시해는 모두 簒君을 기록하였는데 다만 여기에서 그 신하에게 죄를 돌린 것은 이때에 軍國의 大權이 모두 宇文護의 손에서 나왔기 때문에 부득이 사실대로 기록한 것이니 세상 변고가 더욱 하락되었다.〔歷代廢弑 皆以簒君書之 獨此歸獄於其臣者 是時軍國大權 皆出護手 故不得不以實

① ≪提要≫에는 中山王이 宋公으로 되어 있다.
提要, 中山王作宋公.

【目】 시호를 魏恭帝라고 하였다.

謚曰魏恭帝러라

【綱】 3월에 北周 冢宰 宇文護가 趙公 獨孤信을 살해하였다.

三月에 周冢宰護가 殺趙公獨孤信하다

【綱】 여름 4월에 梁나라가 四柱錢을 주조하고 細錢의 유통을 금지하였다.

夏四月에 梁이 鑄四柱錢하고 禁細錢하다

四柱錢

【目】 四柱錢은 1枚의 값이 細錢 20枚의 값에 해당하였다.

四柱錢은 一當二十①이러라

① 梁나라 말기에 兩柱錢과 鵝眼錢이 있었는데, 사람들이 섞어 썼으며 가격도 같았으나 다만 양주전은 무겁고 아안전은 가벼웠다. 이때 四柱錢을 주조했는데, 사주전 1매가 細錢 20매에 해당하였다.
梁末有兩柱錢及鵝眼錢, 時人雜用, 其價同, 但兩柱重, 鵝眼輕. 至是鑄四柱錢, 一當細錢二十.

【綱】 梁나라가 다시 歐陽頠를 衡州刺史로 임명하여 廣州를 토벌하게 해서 함락시켰다.

梁이 復以歐陽頠로 爲衡州刺史하여 使討廣州하여 克之[29]하다

書之 世變爲愈下矣]" ≪發明≫

29) 梁復以歐陽頠爲衡州刺史 使討廣州 克之 : "周文育이 廣州를 토벌하는 데에 '공격하였다[擊]'라고 기록하였는데 여기에서 '토벌하였다[討]'라고 기록한 것은 어째서인가. 歐陽頠로써 한 것은 梁나라이기 때문이다. 陳霸先은 구양위와 옛 인연이 있었는데 어찌하여 '梁'이라고 기록하였는가. 구양위를 현명하게 여긴 것이다. '진패선이 시켰다[霸先使]'라고 기록하지 않은 것은 진패선의 사사로움으로 구양위에게 累를 끼치게 하지 않은 것이다.[周文育討廣州書擊 此其書討 何 以頠者梁也 霸先與頠有舊 則曷爲書梁 以頠賢也 不書霸先使 不以霸先之私累頠也]" ≪書法≫

【目】 예전에 周文育이 歐陽頠와 傅泰를 建康으로 압송하였을 때, 陳霸先이 구양위와 지난 인연이 있었으므로 구양위를 석방하고 후대하였다. 蕭孜와 余孝頃이 여전히 石頭城을 점거한 채 함선을 많이 준비하여 물을 사이에 끼고 진지를 구축하자, 진패선이 侯安都를 보내 주문육을 도와 공격하게 하였다. 후안도가 군사들을 잠입시켜 밤에 배들을 불태우고 물과 육지 양쪽에서 공격하자 소자가 성에서 나와 항복하고 여효경이 도망하여 〈新吳로〉 돌아갔다. 진패선은 구양위의 명성이 남방에 자자하다는 이유로 그를 다시 衡州刺史로 임명해서 嶺南을 토벌하게 했는데, 도착하기도 전에 그의 아들 歐陽紇이 이미 始興을 점거하였다. 구양위가 도착하자 여러 郡들이 모두 항복하여 결국 廣州를 차지하였다.

初에 周文育이 送歐陽頠傅泰于建康할새 陳霸先이 與頠로 有舊라 釋而厚待之①러라 蕭孜와 余孝頃이 猶據石頭하고 多設船艦하여 夾水而陳하니 霸先이 遣侯安都하여 助周文育하여 擊之어늘 安都가 潛師하여 夜燒其船艦하고 水陸攻之하니 蕭孜가 出降하고 孝頃이 逃歸라 霸先이 以頠聲著南土로 復以爲衡州刺史하여 使討嶺南②이러니 未至하여 其子紇이 已克始興이라 頠가 至하니 諸郡이 皆降하여 遂克廣州러라

① 陳霸先이 嶺南에서 출세하기 시작했으므로 歐陽頠와 지난 인연이 있는 것이다.
霸先發身於嶺南, 故與頠有舊.

② ≪五代志≫를 살펴보건대 "南海郡 含洭縣에 梁나라가 衡州를 설치하였다."라고 하였다.
按五代志 "南海郡含洭縣, 梁置衡州."

【綱】 6월에 梁나라 丞相 陳霸先이 군사를 파견해서, 郢城에서 王琳을 공격하였다.

六月에 梁丞相霸先이 遣兵하여 擊王琳于郢城[30)]하다

【目】 王琳이 陳霸先의 부름에 응하지 않고 배들을 대규모로 준비해 진패선을 공격하려 하자, 진패선이 侯安都와 周文育을 보내 水軍을 거느리고 武昌에 모이게 해서 왕림을 공격하였다.

---

30) 梁丞相霸先遣兵 擊王琳于郢城 : "陳霸先이 파견한 것은 어째서인가. 王琳이 진패선을 공격하려 하였으므로 '공격하였다〔擊〕'라고 기록하고 '토벌하였다〔討〕'라고 기록하지 않았다.〔霸先遣 何 琳將攻霸先也 故書擊 不書討〕" ≪書法≫

王琳이 既不就徵하고 大治舟艦하여 將攻陳霸先이어늘 霸先이 遣侯安都와 周文育하여 將舟師會武昌하여 以擊之러라

【綱】 北齊에 蝗蟲이 크게 발생하였다.

齊가 大蝗하다

【目】 황하 남북에 蝗蟲이 크게 발생하자, 北齊主(文宣帝)가 魏郡의 丞 崔叔瓚에게 대책을 물었는데, 대답하기를, "〈五行志〉에는 '토목공사가 제철을 벗어나 진행되면 황충이 재해를 일으킨다.'라고 했습니다. 지금 밖에 長城을 축조하고 안에 三臺[31)]를 건설한 것이 그 원인이지 않을까 싶습니다."라고 하니, 북제주가 크게 노하여 측근에게 명하여 그를 구타하고 그의 모발을 뽑아 분뇨를 머리에 붓고 발을 끌고 나가게 하였다.

河南北에 大蝗이어늘 齊主가 以問魏郡丞崔叔瓚①한대 對曰 五行志에 土功不時하면 蝗蟲爲災②라하니 今外築長城하고 內興三臺하니 殆以此乎인저하니 齊主가 大怒하여 使左右로 毆之하고 擢其髮하여 以溷沃之[32)]하고 曳足以出③하다

① ≪五代志≫에는 "北齊의 제도는 上郡의 丞은 6品, 中郡의 丞은 7品, 下郡의 丞은 8品이다."라고 하였다. 崔叔瓚은 崔季舒의 형이다.
五代志 "齊制, 上郡丞, 六品, 中, 七品, 下, 八品." 叔瓚, 季舒之兄也.

② 〈五行志〉에는 "메뚜기와 황충의 재해는 대부분 백성들을 힘들게 하거나 많은 사람들을 동원한 데서 기인한다."라고 했으므로 崔叔瓚이 그렇게 말한 것이다.
五行志言 "螽蝗之災, 率歸之勞民動衆", 故叔瓚云然.

③ 擢은 뽑는 것이다. 溷은 戶困의 切이니 불결한 것이다.
擢, 拔也. 溷, 戶困切, 不潔也.

【綱】 가을 8월에 北周 사람들이 작고한 梁主 元帝 蕭繹의 靈柩를 王琳에게 돌려보냈다.

秋八月에 周人이 歸故梁主繹之喪于王琳[33)]하다

31) 三臺 : 金鳳臺・銅雀臺・冰井臺이다. 魏나라 때 처음 건축한 뒤 東魏와 北齊가 鄴의 南城에 계속해서 건설하였다.
32) 以溷沃之 : ≪資治通鑑≫에는 "분뇨를 그 머리에 부었다.〔以溷沃其頭〕"라고 하였다.
33) 周人歸故梁主繹之喪于王琳 : "'王琳에게〔于王琳〕'라고 쓴 것은 어째서인가. 왕림이 요청한 것이므로

【目】 王琳이 요청한 것이었다.

琳이 請之也라

【綱】 9월에 梁나라 丞相 陳霸先이 스스로 相國이 되어 陳公에 책봉되고 九錫을 더하였다.

九月에 梁丞相霸先이 自爲相國하여 封陳公하고 加九錫하다

【綱】 北周 冢宰 宇文護가 그의 임금 宇文覺을 시해하고 柱國 李遠을 죽이고 寧都公 宇文毓을 옹립하였다.

周冢宰護가 弑其君覺①하고 及其柱國李遠하고 而立寧都公毓[34]하다

①〈宇文覺은〉 향년이 60세였다.
壽六十.

【目】 北周主(愍帝) 宇文覺은 성품이 굳세고 과감하여 宇文護의 전횡을 싫어하였다. 司會 李植과 軍司馬 孫恒이 오랫동안 요직에 있었는데, 그들 역시 받아들여지지 않을까 우려해서 宮伯 乙弗鳳과 賀拔提 등과 함께 모함하기를, "우문호가 趙貴를 죽이고 나서부터 권력이 나날이 강해졌습니다. 신이 살펴보건대 그는 신하의 절의를 지키지 않을 터이니, 폐하께서 일찍이 대비하시기 바랍니다."라고 하자, 天王(愍帝)이 동의를 표하고서 무사들을 후원으로 자주 불러들여 체포하는 연습을 했고, 이식 등이 다시 宮伯 張光洛을 끌어들여 함께 모의했는데, 장광락이 이를 우문호에게 고발해서 우문호가 이식을 외지로 내보내서 그 모의를 무산시켰다.

그 뒤 천왕이 이식 등을 생각하여 매번 그를 부르고자 했으나 우문호가 울면서 간언

기록하여 아름답게 여긴 것이다.〔于王琳 何 琳請之也 故書美之〕" ≪書法≫

34) 周冢宰護弑其君覺……而立寧都公毓 : "'폐위했다〔廢〕'라고 기록하지 않은 것은 어째서인가. 곧이어 시해했기 때문이다. 乙弗鳳 등을 살해한 것은 기록하지 않고 李遠을 기록한 것은 이원이 충성했기 때문이다. 이원이 죽고 난 뒤에 宇文覺이 시해되었는데 어찌하여 임금을 시해한 것을 먼저 기록하였는가. 임금을 시해한 것을 먼저 기록한 것은 이원의 충성을 이루어주기 위한 것이다. ≪資治通鑑綱目≫을 마치도록 시해를 기록하고 大臣에게 '미쳐갔다〔及〕'라고 기록한 것은 둘뿐이다.(宋나라 袁淑 等, 北周 李遠.)〔不書廢 何 尋弑也 殺乙弗等不書 書遠 遠忠也 遠死而後覺弑 曷爲先書弑君 先書弑君 所以成遠之忠也 終綱目書弑 大臣書及 二而已(宋袁淑等 周李遠)〕" ≪書法≫

해서 천왕각이 결국 그만두었다. 을불봉 등이 두려운 나머지 은밀히 날짜를 정해 우문호를 죽이려고 했으나 장광락이 또다시 이를 고발하였다. 우문호가 柱國 賀蘭祥과 領軍 尉遲綱 등을 불러 대책을 논의하였는데, 하란상 등이 우문호에게 천왕을 폐위시키고 새로운 황제를 세울 것을 권하였다. 당시 울지강이 궁내 禁兵을 총괄하고 있었는데, 우문호가 우문강을 궁중으로 들여보내 을불봉 등을 체포하고 이어서 宿衛 병사들을 해산시켰다. 천왕이 이를 알아채고 혼자 內殿에 있으면서 宮人들에게 무기를 들고 지키게 하였다. 우문호가 하란상을 보내 천왕에게 양위를 압박하여 옛 저택에 유폐시키고, 公卿들을 불러 의논하여 천왕을 폐위시켜 略陽公으로 삼고 岐州刺史 寧都公 宇文毓을 맞이하여 황제로 옹립했으며, 을불봉과 손항 등은 모두 죽임을 당하였다.

周主覺이 性剛果하여 惡宇文護之專이러니 司會李植과 軍司馬孫恒이 久居權要라 亦恐不見容[①]하여 乃與宮伯乙弗鳳과 賀拔提等으로 共譖之曰 護가 自誅趙貴以來로 威權日盛하니 以臣觀之컨대 將不守臣節이니 願陛下早圖之[②]하소서 王이 以爲然하여 數引武士於後園하여 講習爲執縛之勢하고 植等이 又引宮伯張光洛하여 同謀러니 光洛이 以告護하여 護가 乃出植於外하여 以散其謀[③]러라 後에 王이 思植等하여 每欲召之호대 護가 泣諫하여 王이 乃止러라 鳳等이 懼하여 密謀刻日誅護어늘 光洛이 又以告하니 護가 乃召柱國賀蘭祥과 領軍尉遲綱等하여 謀之[④]하니 祥等이 勸護廢立이러라 時에 綱이 總領禁兵이러니 護가 遣綱入宮하여 執鳳等하고 因罷散宿衛兵하니 王이 方悟하여 獨在內殿하여 令宮人執兵自守어늘 護가 遣祥하여 逼王遜位하여 幽於舊第[⑤]하고 召公卿議하여 廢王爲略陽公하고 迎立岐州刺史寧都公毓하며 鳳恒等이 皆被誅[⑥]러라

① ≪周禮≫에는 "司會는 재정의 會計를 평가하여 王과 冢宰에게 보고하는 일을 관장한다." 라고 하였다. 後周(北周)의 제도에서 司會中大夫이고 大冢宰에 속하며 5命이다. ≪唐六典≫에는 "≪周禮≫에 大司馬의 속관에 軍司馬가 있으며 下大夫라고 했는데 兵部郎中의 직책이다."라고 하였다. 後周가 ≪주례≫에 의거해서 이 관직을 둔 것이며, 軍司馬中大夫는 5命이다.
周禮 "司會掌聽財用之會計以詔王及冢宰." 後周之制, 司會中大夫, 屬大冢宰, 五命. 唐六典, "周禮大司馬屬官有軍司馬, 下大夫, 蓋兵部郎中之任也." 後周依周置官, 軍司馬中大夫, 五命.

② ≪周禮≫에는 "宮伯은 명부에 등재된 王宮의 士와 庶子들을 관장하고, 관련 政令을 관장하며 그들에게 주어진 직책의 등급과 봉록을 시행하고, 그들이 해야 할 계획을 세우며, 계절마다 의복을 배포하고 그들에 대한 상벌을 관장한다."라고 하였다. 天官 冢宰에 속한다. 後周(北周)의 左宮伯 中大夫는 5命이다.
周禮 "宮伯掌王宮之士庶子凡在版者, 掌其政令, 行其秩敘, 作其徒役之事, 以時頒其衣裳, 掌其誅賞." 屬天官冢宰. 後周左宮伯中大夫, 五命.

③ ≪資治通鑑≫에는 "李植을 내보내서 梁州刺史로 삼고 孫恒을 潼州刺史로 삼았다."라고 하였다.

通鑑 "出植爲梁州刺史, 恒爲潼州刺史."

④ 尉遲綱은 尉遲迥의 아우이다.
綱, 迥之弟也.

⑤〈'舊第'는〉 略陽公의 옛집이다.
略陽公舊第也.

⑥ ≪五代志≫에는 "西城郡 安康縣은 과거의 寧都이다."라고 하였다.
五代志 "西城郡安康縣, 舊曰寧都."

【目】 당시 李植의 아버지 柱國 李遠이 弘農을 지키고 있었는데 宇文護가 이원과 이식을 불러 조정으로 돌아오게 하자, 변고가 발생한 것으로 의심한 이원이 한동안 고민하다가 말하기를 "대장부가 충신의 귀신이 될지언정 어떻게 배반의 신하가 될 수 있겠는가."라고 하고, 결국 부름에 응하였다. 이원이 도착하자 우문호가 이원의 목숨을 온전히 하고자 하여 이식을 이원에게 보내서 이원에게 직접 이식을 죽이게 하자, 이원이 평소 이식을 아끼고 이식도 구변이 뛰어나 예전에 이러한 모의가 없었다고 진술하였다. 이원이 이식을 이끌어서 우문호를 알현하게 하자, 우문호가 명하여 略陽公과 대질을 시키니 이식이 변명이 궁해져서 그제야 말하기를 "본디 이런 모의를 꾀한 것은 사직을 안정시켜 至尊을 이롭게 하려는 것이있습니다. 오늘 이미 여기까지 왔는데 무슨 말을 더하겠습니까."라고 하였다. 이원이 이 이야기를 듣고 평상 자리에 몸을 던지며 "그렇다면 진실로 만 번 죽어 마땅하다."라고 하였다. 그리하여 우문호가 이식을 살해하고, 동시에 이원을 핍박하여 스스로 목숨을 끊게 하고, 이어 낙양공을 시해하고 愍帝의 황후 元氏를 퇴출시켜 비구니로 삼았다. 寧都公이 도착해서 天王의 지위에 올랐다.

時에 李植父柱國遠이 鎭弘農①이러니 護가 召遠及植하여 還朝어늘 遠이 疑有變하여 沈吟久之라가 乃曰 大丈夫가 寧爲忠鬼언정 安可作叛臣邪리오하고 遂就徵이라 既至에 護가 欲全之하여 以植付遠하여 使自誅之어늘 遠이 素愛植하고 植又口辯이라 自陳初無此謀라하니 遠이 將植謁護②한대 護가 令略陽公與相質③하니 植이 辭窮하여 乃曰 本爲此謀는 欲安社稷利至尊耳라 今日至此하니 何事云云④이라하다 遠이 聞之하고 自投於牀曰 若爾면 誠合萬死라라라 於是에 護가 乃害植하고 幷逼遠하여 令自殺하고 尋弑略陽公하고 黜其后元氏하여 爲尼러라 寧都公이 至하여 卽天王位⑤러라

① 西魏의 국경은 동쪽으로 瀍水·洛水까지 이르는데 弘農을 요충지로 삼아 중요 장수를 임명해 관장하게 하였다.
西魏之境, 東盡瀍·洛, 以弘農爲要地, 率用重將鎭之.

②將은 끌어당기는 것이다.
將, 引也.
③質은 職日의 切이다. 대면해서 사실을 확인하는 것이 質이다.
質, 職日切. 對面相辨正爲質.
④'云云'은 이러이러하다는 말과 같다.
云云, 猶言如此如此也.
⑤元氏는 西魏 文帝(元寶炬)의 딸 晉安公主이다.
元氏, 魏文帝之女晉安公主也.

陳 武帝

【綱】 겨울 10월에 梁나라 陳公 陳霸先이 작위를 진급하여 王이 되고서 결국 황제라 칭하고, 梁主(敬帝)를 폐위시켜 江陰王으로 삼았다.

冬十月에 **梁陳公霸先**이 **進爵爲王**하여 **遂稱皇帝**하고 **廢梁主**하여 **爲江陰王**[35)]하다

【目】 梁主(敬帝)가 陳霸先에게 帝位를 禪讓하자 陳王(陳霸先)이 中書舍人 劉師知에게 沈恪을 불러 병사를 이끌고 宮에 들어오게 한 뒤, 梁主를 別宮으로 호송하게 하자, 심각이 궁문을 열고 陳王을 알현하며 머리를 조아리고 사죄하기를, "제가 지난날 蕭氏를 모셔왔는데 오늘 이 모습을 차마 볼 수 없으니 제 본분에 죽임을 받더라도 결코 명을 받들 수 없습니다."라고 하였다. 陳王이 그의 생각을 가상히 여겨 王僧志에게 그 일을 대신하게 하였다. 陳王이 결국 南郊에서 즉위하고, 梁主를 받들어 江陰王으로 삼았다.

梁主가 禪位于陳하니 陳王이 使中書舍人劉師知로 引沈恪하여 勒兵入宮하여 衛送梁主如別宮한대 恪이 排闥見王하고 叩頭謝曰 恪이 經事蕭氏어든 今日不忍見此하노니 分受死耳나 決不奉命①이니이다하니 王이 嘉其意하여 更以王僧志로 代之라 王이 遂卽位于南郊하고 奉梁主爲江陰王이러라

---

35) 梁陳公霸先進爵爲王……爲江陰王 : "'황제를 일컬었다〔稱皇帝〕'라고 기록한 것이 많으나 '결국 일컬었다〔遂稱〕'라고 기록한 것은 없었는데 여기에서 '결국 일컬었다〔遂稱〕'라고 기록한 것은 어째서인가. 급한 것이다. 작위를 진급하여 王이 되고, 따라서 황제라고 칭한 것은 이전에는 없었으므로 이상하게 여긴 것이다. ≪資治通鑑綱目≫을 마치도록 황제를 일컫고 '결국〔遂〕'이라고 기록한 것은 하나뿐이다.〔書稱皇帝多矣 未有書遂稱者 此其書遂 何 遽也 進爵爲王 隨稱皇帝 前乎此無是也 故異之 終綱目稱皇帝書遂者 一而已〕" ≪書法≫

① 侯景이 臺城을 포위할 때, 沈恪이 右軍將軍 東土山主가 돼서 이를 막아낸 공로로 東興縣侯에 책봉되었다. 分(분수)은 扶問의 切이다.
侯景圍臺城, 恪爲右軍將軍東土山主, 以拒戰功封東興縣侯. 分, 扶問切.

【綱】 陳나라가 蔡景歷을 中書通事舍人으로 삼았다.

陳이 以蔡景歷爲中書通事舍人하다

【目】 당시 政事가 모두 中書省에서 관장되었다. 尙書의 각 曹처럼 중서성에 21개의 局을 두어 국가의 주요 업무를 총괄하고 尙書는 결재만 할 뿐이었다.

是時에 政事가 皆由中書省이라 置二十一局하여 各當尙書諸曹하여 揔國機要하고 尙書는 唯聽受而已러라

【綱】 陳主(武帝)가 蔣帝廟[36]에 제례를 거행하였다.

陳主가 祠蔣帝廟[37]하다

【綱】 陳나라가 删定郎을 두어 律令을 맡게 하였다.

◑ 陳이 置删定郎하여 治律令①하다

① 删定郎은 晉·宋 이래로 대부분 설치하였다.
删定郎, 自晉宋以來多置之.

【綱】 北周가 太祖를 太廟에 祔祭하였다.

◑ 周가 祔太祖於太廟하다

---

36) 蔣帝廟 : 蔣子文의 사당으로, 後漢 때 秣陵尉가 되었다가 죽었는데, 孫權이 建業에 도읍하자, 장자문이 항상 白馬를 타고 白羽扇을 쥐고 나오는 영험을 보여서 마침내 鍾山에 사당을 짓고 모셨으며, 蔣侯에 봉하였다고 한다.

37) 陳主祠蔣帝廟 : "宋나라가 淫祠를 폐기하여 蔣子文 이하를 일찍이 제거하였다. 〈南齊〉 蕭昭業이 처음으로 승격시켜 황제로 삼은 뒤로부터 이때에 또 직접 제사를 올렸다. 그렇다면 어찌하여 '친히〔親〕'라고 기록하지 않았는가. 陳主라고 지적하였으니 그가 친히 제사 지낸 것을 알 수 있다. 陳主가 막 天下를 얻고는 장자문의 사사로운 보우를 받고자 장자문을 제사하는 데 시급해하였으므로 이를 기록하여 나무랐다.〔宋罷淫祠 蔣子文以下 嘗去之矣 自昭業始升爲帝 於是又親祠之 然則曷爲不書親 斥陳主 則其爲親祠可知矣 陳主初得天下 德其私佑 汲汲於此 故書譏之〕" ≪書法≫

【目】 七廟에 공통적으로 하나의 太牢를 사용하되 始祖는 희생의 머리를 祭需로 올리고 나머지는 모두 희생의 몸체를 제수로 올렸다.

七廟에 共用一太牢하여 始祖는 薦首하고 餘는 皆骨體러라

【綱】 梁나라 王琳이 陳나라 사람들과 싸워서 그들을 패퇴시키고 진나라 장수 周文育과 侯安都를 포획하고 마침내 江州를 함락시켰다.

梁王琳이 **及陳人戰**하여 **敗之**하고 **獲其將周文育**과 **侯安都**하고 **遂克江州**[38]하다

【目】 侯安都가 武昌에 도착하자 王琳의 장수 樊猛이 성을 버리고 도망갔다. 周文育이 豫章에서 와서 합쳤는데, 후안도는 陳主(武帝)가 帝位를 禪讓 받은 소식을 듣고 탄식하기를, "이번 싸움에서 반드시 패할 것이니, 전쟁에 명분이 없다."라고 하였다. 당시 후안도와 주문육 두 장수가 동행하여, 통솔체계가 잡히지 않아 부하들이 서로 다투며 점차 평안하지 않았다. 병사들이 郢州에 이르러 포위했으나 함락시키지 못했는데, 왕림이 도착하자 후안도가 무리들을 모두 이끌고 沌口(전구)로 가서 싸움을 벌였다가 크게 패하여, 후안도와 주문육, 裨將 徐敬成·周鐵虎·程靈洗가 모두 생포되었다. 주철호가 말투를 굽히지 않자 왕림이 그를 살해하고, 후안도 등을 옥에 가둔 뒤 긴 쇠사줄로 한꺼번에 그들을 묶어두었다. 왕림이 湘州의 軍府를 郢城으로 옮기고, 번맹을 보내서 江州를 습격하여 점거하였다.

侯安都가 至武昌하니 王琳의 將樊猛이 棄城走러라 周文育이 自豫章으로 會之러니 安都가 聞陳主受禪하고 歎曰 今兹必敗니 戰無名矣①라하다 時에 兩將이 俱行하여 不相統攝하니 部下가 交爭하여

38) 梁王琳及陳人戰……侯安都遂克江州 : "이때에 梁나라가 망했는데, '梁나라 王琳〔梁王琳〕'이라고 기록한 것은 어째서인가. 왕림의 마음에는 梁나라가 없은 적이 없었다. 그러므로 韓나라가 비록 망하였으나 張良이 복수의 마음을 지녔으니 다시 '韓나라 張良〔韓張良〕'이라고 기록하였고, 梁나라가 망했으나 王琳이 복수의 마음을 지녔으니 다시 '梁나라 王琳〔梁王琳〕'이라고 기록하였고, 陳나라가 망했으나 叔愼이 복수의 마음을 지녔으니 다시 '陳나라 叔愼〔陳叔愼〕'이라고 기록하였으니, ≪資治通鑑綱目≫에서 의리를 권면한 것이 매우 절실하다.〔於是梁亡矣 書梁王琳 何 琳之心未嘗無梁也 是故 韓雖亡矣 張良有復讐之志 則復書韓張良 梁雖亡矣 王琳有復讐之志 則復書梁王琳 陳雖亡矣 叔愼有復讐之志 則復書陳叔愼 綱目之勸義也深切矣〕" ≪書法≫

이때에 梁나라가 이미 망하였는데 王琳을 여전히 梁나라에 연계시킨 것은 왕림이 本朝를 잊지 않는 마음을 이루어주어 梁나라와 단절시키지 않은 것이다. 뒤에 '梁나라 王琳'이라고 기록하고 '梁나라 丞相 王琳'이라고 기록한 것도 그 뜻이 모두 그렇다.〔是時梁已亡矣 而王琳猶係之梁者 遂其不忘本朝之志 不絶之於梁也 後書梁王琳 梁丞相琳 其義皆然〕" ≪發明≫

稍不相平이러라 軍至郢州하여 圍之未克이러니 而王琳이 至하니 安都가 乃悉衆詣沌口하여 合戰大敗[②]하여 安都文育과 及裨將徐敬成周鐵虎程靈洗가 皆被擒이라 鐵虎가 辭氣不屈이어늘 琳이 殺之하고 囚安都等하여 摠以長鎖로 繫之하고 移湘州軍府하여 就郢城하고 遣樊猛하여 襲據江州러라

① 예전에 王琳이 梁나라의 부름에 응하지 않았다는 이유로 그를 토벌한 것은 그래도 天子를 끼고 諸侯를 호령하고 있었다. 그런데 지금 이미 〈陳王이〉 梁主(敬帝)로부터 禪位를 받았다면 侯安都의 군사는 명분이 없게 된다.
始者以王琳不應梁召而討之, 猶是挾天子以令諸侯. 今旣受梁禪, 則安都之師爲無名.
② 沌은 음이 篆이다. 沌水는 江夏에서 나와 江水로 들어간다.
沌, 音篆. 沌水, 出江夏入江.

【綱】 陳나라가 蕭乾을 建安太守로 삼았다.

陳이 以蕭乾爲建安太守하다

【目】 당시 熊曇朗은 豫章, 周迪은 臨川, 留異는 東陽, 陳寶應은 晋安에서 서로 연계 전선을 펼치고 있었는데 閩中의 장수들이 이따금 요새를 만들어 지키는 작전을 폈다. 이를 고민하던 陳主(文帝)가 侍郎 蕭乾에게 이해관계를 설명하며 타이르게 했고, 장수들이 모두 항복하자, 곧바로 소건을 建安太守로 삼았다.

時에 熊曇朗이 在豫章하고 周迪이 在臨川하고 留異가 在東陽하고 陳寶應이 在晋安하여 共相連結하니 閩中豪帥가 往往立砦하여 以自保[①]러니 陳主가 患之하여 使侍郎蕭乾諭以禍福하니 豪帥가 皆降이어늘 卽以乾爲建安太守[②]러라

① 砦(성채)는 寨와 통용한다. 험지에 나무를 세우고 돌을 쌓아 스스로 지키는 것을 砦라고 한다.
砦, 與寨通. 依險立木壘石以自保守曰砦.
② 蕭乾은 蕭子範의 아들이다. ≪五代志≫를 살펴보면 "閩州 建安縣은 과거에 建安郡을 설치하였다."라고 하였다.
乾, 子範之子也. 按五代志 "閩州建安縣, 舊置建安郡."

【綱】 北周가 令狐整을 豐州刺史로 삼았다.

周가 以令狐整爲豐州刺史하다

【目】 예전에 梁나라 興州刺史 席固가 興州를 바치며 西魏에게 투항하자 서위가 그를 豐州刺史로 삼았었다. 한동안 시간이 흘렀는데도 석고가 북방의 제도를 준수하지 않자 北周 사람들이 조용히 그를 다른 사람으로 대체하려 하여 司憲中大夫 令狐整에게 임시로 豐州를 관장하게 하였다. 영호정이 온 힘을 다해 그들을 돌보아주니 그곳 사람들이 마음이 마침내 흡족해하였다. 그리하여 영호정을 刺史에 임명하고 석고를 湖州刺史로 옮겼다. 영호정이 풍주의 州府를 武當으로 옮길 때 열흘 정도의 기간에 府의 성이 완비되자 옮겨오는 사람들이 마치 제 고향에 돌아온 듯하고, 석고의 부하들이 대부분 그곳에 머물며 영호정의 측근이 되려 하자, 영호정이 조정의 제도라 타이르며 허락하지 않으니, 모두들 눈물을 흘리며 떠났다.

初에 梁興州刺史席固가 以州降魏한대 魏가 以爲豐州刺史①러니 久之에 固가 不遵北方制度어늘 周人이 密欲代之하여 乃以司憲中大夫令狐整權鎭豐州②하고 整이 傾身撫接하니 人情이 遂洽이라 於是에 除整刺史하고 徙固湖州③라 整이 遷州於武當하여 旬日之間에 府城이 周備하니 遷者如歸하고 固의 部曲이 多願留하여 爲整左右어늘 整諭以朝制하여 弗許하니 莫不流涕而去④러라

① ≪五代志≫에는 "淅陽郡 武當縣에 이전에 武當郡과 始平郡을 설치했는데 뒤에 齊興郡으로 바꿨고, 梁나라가 興州를 설치했는데 後周(北周)가 豐州로 바꾸고, 隋나라가 均州로 바꿨다."라고 하였다.
五代志 "淅陽郡武當縣, 舊置武當郡及始平郡, 後改爲齊興郡, 梁置興州, 後周改爲豐州, 隋改爲均州."

② ≪唐六典≫에는 "後周(北周)가 秋官에 司憲中大夫 2인을 두었는데 司寇의 법을 받들어 관장하며 형벌 관련 일을 도우니 御史中丞의 직책이다."라고 하였다.
唐六典曰 "後周秋官置司憲中大夫二人, 掌丞司寇之法, 以左右刑罰, 蓋此御史中丞之職也."

③ ≪五代志≫에는 "春陵郡 湖陽縣은 後魏(北魏)때에 淮安郡과 南襄州를 설치하였다가 뒤에 南平州로 바꿨는데 西魏 때에 고쳐서 昇州라고 하고 뒤에 다시 고쳐서 湖州라고 하였다."라고 하였다.
五代志 "春陵郡湖陽縣, 後魏置淮安郡及南襄州, 後改爲南平州, 西魏改曰昇州, 後又改曰湖州."

④ '朝制'는 北周의 법제도를 말한다.
朝制, 謂周朝之法制.

【綱】 北齊 사람들이 重城을 축조하였다.

齊人이 築重城하다

【目】 北齊 사람들이 長城 안에 또다시 重城을 축조했는데 庫洛枝에서 동쪽 鳴紇戍까지 4백여 리였다.

齊人이 於長城內에 築重城하니 自庫洛枝로 東至鳴紇戍하니 凡四百餘里①러라

① ≪北史≫에는 '庫洛拔'·'塢紇戍'로 되어 있다.
北史作庫洛拔·塢紇戍.

【綱】 12월에 北齊主(文宣帝)가 아우 永安王 高浚과 上黨王 高渙을 땅속 감옥에 구금시켰다.

十二月에 齊主가 幽其弟永安王浚과 上黨王渙於地牢[39]하다

【目】 예전에 北齊의 術士가 있어 "高氏 정권을 망하게 할 자는 검은 옷이다."라고 해서, 北齊主(文宣帝)가 주변 사람에게 "어떤 것이 가장 검은가."라고 묻자 "漆보다 더 검은 것은 없습니다."라고 대답하였다. 북제주가 上黨王 高渙이 형제 가운데 七(일곱째. 七과 漆은 동음)이라 하여 그를 체포하게 하자, 고환이 使者를 살해하고 도망갔다가 사람들에게 생포되어 鄴城으로 보내졌다.

북제주가 永安王 高浚과 묵은 원한이 있었는데 帝位에 오른 뒤, 고준이 靑州刺史가 되어서 뛰어난 재능으로 사람들을 보살피자 관리와 백성들이 모두 좋아하였다. 고준은 북제주가 술을 좋아한 것을 두고 사적으로 가까운 사람에게 이르기를 "둘째 형이 술로 인해 덕행을 망가트리는데도 조정 신하들이 감히 간언하는 자가 없고, 큰 적(北周)이 아직 소멸되지 않아 매우 걱정이다. 驛馬를 타고 鄴城으로 가서 직접 간언하려 하는데 내 말을 들어줄지 모르겠다."라고 하였다. 혹자가 이를 북제주에게 밀고하자 북제주가 더욱 그를 미워하였다.

고준이 조정에 들어와 북제주를 따라 東山을 노닐 때 북제주가 알몸을 드러내고 유희

39) 齊主幽其弟永安王浚 上黨王渙於地牢 : "앞에서 北齊가 궁실을 크게 수축함을 기록하였고 그 악독함을 分注(目)에 기록하였는데, 여기에 와서 또 文宣帝(高洋)의 아우 高浚과 高渙을 땅속 감옥에 구금시킨 것을 기록하고 명년에 그들을 죽였으니, 악독함이 사악할수록 재앙이 더욱 참혹하였다. ≪資治通鑑綱目≫의 기록에 나아가보면 分注의 기록에 잔혹하며 학대하여 다시 사람의 도리가 없는 것을 증험하였다. 세상에 牧野(周 武王이 승리한 곳)의 임금이 없으니 어찌 고양의 머리를 베어 太白旗(적의 首級을 매다는 旗)에 늘어뜨릴 수 있겠는가.〔前書齊大治宮室 而載其惡於分注之下 至是又書幽其弟浚渙於地牢 越明年 殺之 惡愈肆而禍愈慘矣 即綱目之所書 驗分注之所述 殘酷忍虐 無復人理 世無牧野之君 安得取高洋之首而垂之太白之旗乎〕" ≪發明≫

를 즐기자, 고준이 간언하기를 "이것은 임금이 마땅히 할 일이 아닙니다."라고 하고, 또 조용한 곳에서 楊愔을 불러 간언하지 않은 것을 꾸짖었다. 당시 북제주는 大臣들이 諸王들과 소통하지 않게 하려 했는데 양음이 두려운 나머지 이를 보고하자 북제주가 대노하였다. 고준이 靑州로 돌아가 또다시 글을 올려 절절하게 간언하자, 조칙을 내려 고준을 불렀고, 화를 당할까 두려워한 고준이 병을 핑계로 오지 않자, 북제주가 역마를 다그쳐 보내 그를 체포하게 하니, 노인과 어린이 등 울면서 그를 전송한 이들이 수천 명이었다. 鄴城에 이르자 상당왕 고환과 함께 모두 철창에 넣어 땅속 옥에 가두고 먹는 것과 배설하는 것을 모두 한 장소에서 하게 하였다.

初에 齊有術士하여 言亡高者는 黑衣[①]라커늘 齊主가 因問左右하여 何物이 最黑가하니 對曰 無過於漆이니이다 齊主가 以上黨王渙이 於兄弟에 第七이라 執之한대 渙이 殺使者하여 而逃라가 爲人所獲하여 送鄴이러라 齊主가 又與永安王浚으로 有舊怨[②]이러니 及卽位에 浚이 爲靑州刺史하여 聰明矜恕하니 吏民이 悅之러라 浚이 以齊主嗜酒로 私謂親近曰 二兄이 因酒敗德하되 朝臣이 無敢諫者[③]하고 大敵이 未滅하니 吾甚憂之하여 欲乘驛至鄴하여 面諫하노니 不知見聽否[④]러라 或이 密以白齊主한대 齊主가 益銜之러니 浚이 入朝하여 從幸東山할새 齊主가 裸裎爲樂[⑤]이어늘 浚이 進諫曰 此는 非人主所宜니이다하고 又於屛處에 召楊愔하여 譏其不諫하니 時에 齊主가 不欲大臣이 與諸王交通이라 愔이 懼하여 奏之하니 齊主가 大怒어늘 浚이 還州하고 又上書切諫이러라 詔徵浚하니 浚이 懼禍하여 謝疾不至어늘 齊主가 遣馳驛收之하니 老幼泣送者가 數千人이러라 至鄴하니 與上黨王渙으로 皆盛以鐵籠하여 寘於地牢하고 飮食溲穢를 共在一所[⑥]러라

① 〈黑衣의〉 흑색은 宇文(北周)의 군복이다.
黑者, 宇文戎衣也.

② 北齊主(文宣帝)가 太原公일 때에 永安王 高浚과 함께 世宗을 알현하였는데 북제주가 이따금 콧물을 흘려 고준이 북제주의 측근들을 다그치며 "왜 둘째 형을 위해 콧물을 닦지 않느냐." 라고 하였는데, 북제주가 이것을 가슴 깊이 담고 있었다.
齊主之爲太原公也, 與永安王浚偕見世宗, 齊主有時洟出, 浚責齊主左右曰 "何不爲二兄拭鼻." 齊主深銜之.

③ 北齊主(文宣帝)는 형제 가운데 두 번째이다.
齊主於兄弟之次第二.

④ '大敵'은 北周를 말한다.
大敵, 謂周也.

⑤ 從(따르다)은 才用의 切이다. 裸은 郎果의 切이고 裎은 馳成의 切이니, '裸裎'은 맨몸을 드러낸 것이다.

從才用切. 裸, 郎果切, 裎, 馳成切, 裸裎, 露體也.

⑥ 盛(담다)은 음이 成이고 溲(배설하다)는 所鳩의 切이다.

盛, 音成. 溲, 所鳩切.

戊寅年(558)

陳나라 高祖 武帝 陳霸先 永定 2년이고 北周 世宗 明帝 宇文毓 2년이고 北齊 顯祖 文宣帝 高洋 天保 9년이다.

陳永定二年이요 周明帝二年이요 齊天保九年이라

【綱】 봄 정월에 梁나라 王琳이 陳나라 정벌에 나서 白水에 주둔한 뒤, 北齊에 사신을 보내 군사를 요청하였다.

春正月에 梁王琳이 伐陳할새 次于白水하고 遣使乞師于齊[40]하다

【目】 王琳이 십만의 병사를 이끌고 湓城에 도착해 白水浦에 주둔한 뒤, 魯悉達을 장군으로 삼으니, 陳主(武帝) 역시 노실달을 장군으로 삼고서, 노실달에게 제각기 鼓樂과 妓女와 歌舞를 보냈다. 노실달이 양쪽으로부터 받기만 하고 취임하지 않으니 왕림이 감히 동쪽으로 내려가지 못하고 北齊에 사신을 보내 구원병을 요청하는 한편, 永嘉王 蕭莊을 梁나라로 보내주어 양나라 왕실의 제사를 주관할 수 있도록 해달라고 요청하였다. 余孝頃이 사람을 보내 왕림을 달래기를, "周迪과 黃法氍가 모두 金陵에 의거하여 은밀히 빈틈을 엿보고 있는데, 그대의 대군이 동쪽으로 내려가면 반드시 후환이 야기될 것이다. 따라서 우선 南川을 평정한 뒤 동쪽으로 내려가게 되면 내가 부하들을 모두 거느리고 당신의 부하가 되기를 요청할 것이다."라고 하자, 왕림이 樊猛, 李孝欽, 劉廣德을 보내서, 병사를 이끌고 남천으로 가게 하고, 여효경으로 하여금 세 장수들을 총 감독하여 臨川 故郡에 주둔하게 한 뒤 주적에게 군량을 징수하여 그의 동정을 살폈다.

---

40) 梁王琳伐陳……遣使乞師于齊 : "'정벌하였다〔伐〕'라고 기록한 것은 어째서인가. 陳나라가 찬탈했기 때문에 이로부터 梁나라가 진나라에 무력을 가할 적에는 '伐'이라고 기록하고 진나라가 양나라에 무력을 가할 적에는 '공격하였다〔攻〕'라고 기록하였다.〔書伐 何 陳簒也 故自是梁加於陳 書伐 陳加於梁 書攻〕" ≪書法≫

王琳이 引兵十萬하여 下至湓城하여 屯於白水浦하고 以魯悉達로 爲將軍하니 陳主가 亦以悉達로 爲將軍하여 各送鼓吹女樂한대 悉達이 兩受之하고 而無所就하니 琳이 不敢下하여 乃遣使求援於齊하고 且請納永嘉王莊하여 以主梁祀하니 余孝頃이 遣說(세)琳曰 周迪과 黃法氍가 皆依附金陵하여 陰窺間隙하니 大軍이 若下하면 必爲後患이라 不如先定南川하고 然後東下하면 孝頃이 請席卷所部하여 以從下吏①리라하니 琳이 乃遣樊猛李孝欽劉廣德하여 將兵赴之하고 使孝頃總督三將하여 屯於臨川故郡하고 徵兵粮於迪하여 以觀其所爲②러라

① 南康에서 豫章까지를 南川이라고 하는데, 南江이 경유한 것을 중심으로 말한 것이다.
自南康至豫章之地, 謂之南川, 以南江所經言之也.
② '臨川故郡'은 周敷가 주둔한 곳이다. 王琳이 병사를 보내 周迪을 공격하면서 동시에 주부를 위협한 것이다.
臨川故郡, 周敷所屯也. 琳遣兵攻迪, 幷以脅敷.

【綱】北周 宇文護가 스스로 太師가 되었다.

周宇文護가 自爲太師하다

【綱】2월에 北齊 北豫州刺史 司馬消難이 배반하여 北周로 들어갔다.

二月에 齊北豫州刺史司馬消難이 叛하여 入于周[41]하다

【目】司馬消難은 北齊主(文宣帝)가 갈수록 포학이 심한 것을 보고, 남몰래 자신을 온전히 할 계책을 마련하여 의도적으로 부하들을 잘 감싸 안았다. 上黨王 高渙이 도망갈 때 鄴城이 크게 동요하여 모두들 그가 成皐로 갈 거라고 의심하니, 御史中丞 畢義雲이 御史를 北豫州로 보내 먼저 사마소난의 典籤과 家客 등을 엄금하자, 사마소난이 두려워하여 은밀히 北周에 항복을 요청하였다. 북주가 柱國 達奚武와 大將軍 楊忠에게 기병을 거느리고 가서 사마소난을 맞이하게 했는데, 세 번이나 사람을 보냈는데도 사마소난이 모두 답하지 않았다. 달해무가 변고가 생긴 것이라 여기며 돌아가려 하자, 양충이 말하기를 "전진하여 죽을 의리만 있을 뿐, 물러나 목숨을 부지할 도리는 없다."라고 하며 홀

41) 齊北豫州刺史司馬消難叛 入于周 : "이보다 앞서 東人이 서쪽으로 들어갔는데 '배반했다〔叛〕'라고 기록하지 않고 이때에 비로소 기록하였다. 北周와 北齊는 모두 찬탈하였으니 魏(西魏·東魏)의 시대와 비교할 것은 아니다.〔先是東人入西不書叛 於是始書 周齊皆簒也 非魏世比矣〕" ≪書法≫

로 기병 천 기를 이끌고 밤길을 내달려 성 아래로 갔는데, 드높은 성곽 사면에서 밤 시간을 알리는 딱따기 소리만 들려왔다. 달해무는 기병을 이끌고 서쪽으로 가고, 양충이 남은 기병을 지휘해서 움직이지 않고 있다가 문이 열리기를 기다려 성안으로 들어간 뒤, 빠른 기병을 보내 달해무를 불렀다. 달해무가 사마소난과 그의 부하들을 먼저 북주로 돌아가게 했고, 양충이 3천의 기병을 후방으로 삼아, 洛南에 이르러 모두 안장을 푼 채 쉬고 있었다. 北齊 군사들이 추격해 洛北에 이르자, 양충이 장수와 군사들에게 "지금 우리가 必死의 장소에 있어서 적들이 반드시 감히 물을 건너오지 못할 것이다."라고 하였는데 얼마 후 정말 그랬다. 그러고 나서 서서히 병사를 이끌고 돌아가자, 달해무가 감탄하며 말하기를 "내가 스스로 천하의 健兒라고 자부했는데 오늘 〈양충에게〉 고개를 숙인다."라고 하였다.

消難이 以齊主昏虐滋甚으로 陰爲自全之計하여 曲意撫循所部①러니 上黨王渙之亡也에 鄴中大擾하여 疑其赴成皐②하니 御史中丞畢義雲이 遣御史하여 詣北豫州하여 先禁消難典籤家客等한대 消難이 懼하여 密請降于周어늘 周가 遣柱國達奚武와 大將軍楊忠하여 帥騎士迎消難하되 三遣使에도 消難이 皆不報어늘 武가 疑有變하여 欲還한대 忠이 曰 有進死요 無退生이라하고 獨以千騎로 夜趣城下하니 城四面이 峭絶하고 但聞擊柝聲③이러라 武가 麾騎西去하고 忠이 勒餘騎不動하여 俟門開而入하여 馳遣召武하니 武가 以消難及其屬으로 先歸하고 忠이 以三千騎로 爲殿하여 至洛南하여 皆解鞍而臥러니 齊衆이 來追하여 至洛北이어늘 忠이 謂將士曰 今在死地라 賊이 必不敢度水라터니 已而果然이어늘 乃徐引還하니 武가 歎曰 達奚武가 自謂天下健兒러니 今日服矣라러라

① 難은 乃旦의 切이다. 司馬消難은 司馬子如의 아들이니, 高祖(北齊 高歡)의 딸과 결혼했는데 사이가 좋지 않아 公主가 하소연하였다.
難, 乃旦切. 消難, 子如之子也, 尙高祖女, 情好不睦, 公主訴之.
② 北齊 北豫州 治所 虎牢가 成皐이다.
齊北豫州治虎牢, 成皐之地也.
③ 峭은 드높음이다. 柝은 밤에 순찰하며 치는 도구이다.
峭, 峻也. 柝, 巡夜所擊者.

【綱】北齊가 梁나라 永嘉王 蕭莊을 梁나라 군사에게 돌려보내고, 王琳을 梁나라 丞相으로 삼았는데 왕림이 결국 蕭莊을 皇帝라 칭하게 하였다.

齊가 納梁永嘉王莊于梁軍하고 以王琳爲梁丞相하니 琳이 遂以莊稱帝하다

【綱】 여름 4월에 陳主 陳霸先이 江陰王(蕭方智)을 시해하였다.

◑夏四月에 陳主霸先이 弑江陰王하다

【目】 시호를 '梁敬帝'라고 하였다.

謚曰 梁敬帝러라

【綱】 5월에 陳主(武帝)가 大莊嚴寺에서 捨身(불교에 귀의함)하였다.

五月에 陳主가 捨身於大莊嚴寺[42]하다

【綱】 梁나라 丞相 王琳이 臨川을 정벌했으나 함락시키지 못하였다.

◑梁丞相琳이 伐臨川이나 不克[43]하다

【目】 余孝頃 등이 여덟 개 성 병사들을 연계하여 周迪을 압박하였다. 주적이 두려운 나

42) 陳主捨身於大莊嚴寺 : "佛氏는 죽임을 미워하고 베풂을 귀중히 여기는데 陳霸先이 막 자기 임금을 시해하고는 다시 어찌하여 捨身을 하는가. 《資治通鑑綱目》에서는 〈자기 임금을 시해한 것과〉 나란히 기록하였으니 매우 나무란 것이다. 《자치통감강목》을 마치도록 捨身을 기록한 것은 네 번이다.(梁 武帝 세 번, 陳 後主 한 번이다. 이 이외에는 捨身을 기록한 것이 없다.)〔佛氏惡殺貴施 霸先方弑其主 復何以捨身爲哉 綱目比而書之 深譏之也 終綱目書捨身四(梁武帝三 陳後主一 舍是 無書捨身者矣)〕" 《書法》
"梁 武帝가 세 번 捨身하였으나 나라를 망하는 것을 면하지 못하였다. 이것은 陳主(진패선)가 직접 목격한 것인데 또다시 그 실패를 이어받았다. 어리석으며 잘못됨이 이와 같으니 또한 말할 것이 못 된다. 이를 책에 기록하였으니 또한 부끄러워할 만한 것이다.〔梁武三捨其身 不免亡國 此陳主之所親目 而又尋其覆轍 愚謬若此 抑又不足道矣 書之于冊 亦可愧哉〕" 《發明》

43) 梁丞相琳伐臨川 不克 : "丞相 王琳이라 쓴 것은 어째서인가. 蕭莊이 梁主가 되는 것을 인정해주었으므로 '정벌하였다〔伐〕'라고 기록하였다. 臨川은 周迪의 管內이다. 주적은 梁나라 시대부터 內史를 지냈는데 어찌하여 '주적을 정벌하였다〔伐迪〕'라고 기록하지 않고 臨川이라고 기록하였는가. 이때를 맞아 양나라 국토는 모두 진나라 지역이 되었는데 왕림은 주적이 진나라에 귀부하지 않았으므로 정벌하였으나 주적은 진나라를 따르지 않는 사람이었다. 《資治通鑑綱目》에서는 '陳臨川'이라고 기록한다면 임천은 아직 진나라가 되지 않았고, '주적을 정벌하였다〔伐周迪〕'라고 기록한다면 주적은 정벌할 만한 명분이 없으므로 다만 '臨川을 정벌하였다〔伐臨川〕'라고 기록하였다. 이에 주적은 두려워하여 맹약을 청하였고 王琳의 부하 장군들이 불화하자 주적은 이를 이용하여 추격하여 모두 사로잡았으니 그렇다면 크게 패한 것이다. 《資治通鑑綱目》에서는 왕림을 의리로 인정해주었으므로 '함락시키지 못하였다〔不克〕'라고 기록한 것이다.〔丞相琳何 成莊之爲梁主也 故書伐 臨川 周迪也 迪自梁世爲內史 曷爲不書伐迪 書臨川 方是時梁土皆爲陳境 琳以迪不附陳 故伐之 而迪不從陳者也 綱目書陳臨川 則臨川未爲陳 書伐周迪 則迪無辭可伐 故止書伐臨川 於是迪懼請盟 而琳將矛盾 迪因追擊盡擒之 則大敗矣 綱目予琳以義 故止以不克書之〕" 《書法》

머지 화평을 요청하였는데 樊猛 등이 맹약을 받고 돌아가려 하자, 여효경 등이 이익을 탐하여 허락하지 않고 목책을 세워 포위하니, 이 일로 말미암아 번맹 등이 여효경과 불화가 생겼다. 黃法氍 등이 구원에 나서 병사를 나눠 여효경의 別城을 공격하자, 번맹 등이 구원하지 않아 별성이 함락되니, 주적이 이들을 추격하여 모두 생포한 뒤, 여효경은 建康에 보내고, 번맹은 王琳에게 돌려보냈다.

余孝頃等이 連八城하여 以逼周迪하니 迪이 懼하여 請和한대 樊猛等이 欲受盟而還이어늘 孝頃이 貪其利하여 不許하고 樹柵圍之하니 由是로 猛等이 與孝頃不協이러라 黃法氍等이 救之하여 分兵攻孝頃別城한대 猛等이 不救而沒하니 迪이 追擊盡擒之하여 送孝頃於建康하고 歸樊猛於王琳이러라

【綱】 가을 8월에 陳나라 侯安都와 周文育이 〈王琳의〉 湓城에서 도망하여 〈진나라로〉 돌아갔다.

秋八月에 陳侯安都와 周文育이 自湓城으로 逃歸하다

【目】 王琳이 白水浦에 있을 때 周文育과 侯安都 등이 간수들에게 뇌물을 주어 〈배를 타고〉 연안 위로 올라가 도보로 진나라 군대에 투항하니, 陳主(武帝)가 그들을 용서하여 원래의 관직으로 복귀시켜주었다.

王琳이 在白水浦하니 周文育과 侯安都等이 賂守者하고 得上岸하여 步投陳軍하니 陳主가 宥之하여 復其本官이러라

【綱】 梁나라 丞相 王琳이 湘州로 돌아갔다.

梁丞相琳이 歸于湘州하다

【目】 陳主(武帝)가 謝哲을 파견해서, 王琳에게 諭示를 전하자, 왕림이 湘州로 돌아갈 것을 요청하니, 陳나라 군사 역시 되돌아왔다.

陳主가 遣謝哲하여 往諭王琳한대 琳이 請還湘州하니 陳軍이 亦還[①]이러라

① 謝哲은 謝朏의 손자이다.
哲, 朏之孫也.

【綱】 겨울에 北齊가 常山王 高演을 錄尙書事로 삼았다.

冬에 齊가 以常山王演錄尙書事하다

【目】 예전에 常山王 高演이 北齊主(文宣帝)가 술에 빠진 것을 두고 우환과 울분이 얼굴에 드러나자, 북제주가 이 사실을 알아차리고 "너만 있다면 내 어찌 맘껏 즐기지 않으랴." 라고 하였다. 고연이 울며 엎드려 절을 하고 끝내 아무 말이 없자, 북제주 역시 크게 슬퍼하고 술잔을 땅 위에 던지며 "오늘부터 감히 술을 올리는 자는 참수하겠다."라고 하였다. 그런데 얼마 안 되어 술에 빠짐이 더욱 심해지고 때론 貴戚의 집에서 씨름 놀이를 하는 등 귀천의 구애 없이 즐기다가 고연이 도착하면 주변이 숙연해졌다. 고연이 또다시 구체적 사항을 적은 글을 은밀히 지어 간언하려 하자, 그의 友 王晞가 만류했지만 고연이 따르지 않고 기회를 엿보아 거리낌 없이 간언하였다. 북제주가 크게 노하여 고연이 왕희에게 말을 빌린 것이라 의심하여 왕희를 죽이려 하였다.

고연이 조용히 왕희에게 이르기를 "王博士. 내일 일부러 일을 하나 꾸미려 하는데 이는 당신을 살리려는 것이고 또한 스스로의 안전을 도모하게 하려는 것이니 달리 생각하지 말라."라고 하고, 사람들이 모인 곳에서 왕희에게 杖 20대를 가하였다. 북제주가 이 사실을 알게 되었고, 이 일로 목숨은 부지한 채 머리만 깎이고 매질만 당한 채 甲坊[44]에 배치되었다.

初에 常山王演이 以齊主沈湎으로 憂憤하여 形於顔色①이어늘 齊主가 覺之하고 謂曰 但令汝在하면 我何爲不縱樂이리오하니 演이 唯啼泣拜伏하고 竟無所言한대 齊主가 亦大悲하여 抵盃於地曰 自今으로 敢進酒者는 斬②이라터니 未幾에 沈湎益甚하고 或於諸貴戚家에 角力하여 不限貴賤하되 唯演이 至하면 則內外肅然③이러라 演이 又密撰事條하여 將諫이러니 其友王晞가 以爲不可④라하되 演이 不從하고 因間極言하니 齊主가 大怒하여 疑演이 假辭於晞하여 欲殺之어늘 演이 私謂晞曰 王博士야 明日當作一條事하리니 爲欲相活이요 亦圖自全이니 勿怪하라하고 乃於衆中에 杖晞二十⑤한대 齊主가 聞之하고 以故로 得不死하여 髡鞭配甲坊⑥이러라

① 高演은 北齊主의 同母 아우이다.
演, 齊主之母弟也.
② 抵는 던진다는 뜻이다.
抵, 擲也.

44) 甲坊 : 갑옷과 투구를 만드는 곳.

③ 角은 다툼이니 '角力'은 둘이 서로 맞서서 힘으로 맞부딪치는 놀이이다.
角, 鬪也. 角力, 謂兩兩相當, 以力相觸而戲.

④ 友는 관직명이니, 諸王의 관료로 師와 友가 있다.
友, 官名. 諸王官僚, 有師有友.

⑤ 爲(위하다)는 去聲이니, 아래 '爲撰'의 爲도 같다.
爲去聲. 下爲撰同.

⑥ 杖을 맞은 것 때문에 高演이 시킨 것이 아니라 하여, 결국 죽지 않았다.
以其得杖之故, 謂非敎演爲之, 遂不殺.

【目】 그로부터 3년 뒤 高演이 또다시 간언한 일로 크게 구타를 당해 입을 닫고 밥을 먹지 않자 太后가 밤낮으로 눈물을 흘렸다. 北齊主가 어찌할 바를 몰라 하며 여러 차례 고연에게 병문안을 가서 "부디 밥을 먹기 바란다. 王晞를 너에게 돌려주겠다."라고 하고, 왕희를 풀어주자, 왕희가 눈물을 흘리며 고연에게 말하기를 "殿下께서 진지를 드시지 않으면 太后 역시 진지를 드시지 않으시니 전하께서야 자신을 아끼지 않는다 해도 어찌 태후를 생각하지 않을 수 있겠습니까."라고 하였다. 말이 채 끝나기 전에 고연이 애써 앉아 밥을 먹으니, 이 일로 왕희가 사면되어 돌아와 常山王(고연)의 友가 되었다.

고연이 錄尙書事로 있을 때 관직에 임명된 자들이 모두 고연에게 찾아와 감사 인사를 하고 임지로 떠날 때도 반드시 찾아와 고별인사를 하자, 왕희가 고연에게 말하기를 "천자의 조정에서 벼슬을 받고 私邸에서 감사의 인사를 받는 것은 예로부터 옳지 않은 일이라 여겼으니, 일체 약속을 끊어야 합니다."라고 하니, 그의 말을 따랐다.

그 뒤 고연이 편안하게 왕희에게 이르기를 "主上의 평소 행동이 일정하지 않으시니 내 어찌 이전에 노여움을 한번 받은 일로 끝내 입을 닫아야 하겠는가. 경은 간언의 글을 지어라. 내 마땅히 기회를 엿봐서 거리낌 없이 간언하겠다."라고 하였다. 왕희가 십여 조항의 글을 지어 바치고 고연에게 이르기를 "지금 조정에서 믿는 것은 전하뿐인데, 匹夫의 올곧음을 배우려다 목숨을 가볍게 여겨 하루아침에 재앙이 닥치면 家業은 어찌 되겠습니까."라고 하니, 고연이 한숨을 내쉰 뒤 스스로 감내하지 못해 하며 곧바로 글을 불태웠다.

그 뒤 또다시 빈틈을 엿봐서 고심 어린 간언을 하자, 북제주가 力士에게 마구 때리게 했는데, 마침 술에 취해 있어 풀려났다. 북제주의 방탕한 유희가 宗臣과 戚臣 집에서 두루 이루어졌지만 상산왕의 집에만 오면 맘껏 즐기지 못하고 떠났다. 僕射 崔暹이 곧잘 간언을 하자, 고연이 대단히 부끄러워하며 감사의 뜻을 전하였다.

居三年에 演이 又因諫爭하여 大被毆撻하고 閉口不食하니 太后가 日夜涕泣이어늘 齊主가 不知所爲하여 數(삭)往問演疾하고 謂曰 努力强食하라 當以王晞로 還汝하리라하고 乃釋晞하니 晞가 流涕曰 殿下가 不食하시면 太后도 亦不食하시니 殿下가 縱不自惜이나 獨不念太后乎잇가하니 言未卒에 演이 强坐而飯하니 晞가 由是로 得免하여 還爲王友러라 及演이 錄尙書事에 除官者가 皆詣演謝하고 去에 必辭어늘 晞가 言於演曰 受爵天朝하고 拜恩私第를 自古以爲不可라하니 宜一切約絶하라하니 演이 從之러라 久之에 演이 從容謂晞曰 主上이 起居가 不恒하시니 吾豈可以前逢一怒로 遂爾結舌이리오 卿宜爲撰諫草하라 吾當伺便極諫하리라하니 晞가 遂條十餘事하여 以呈하고 因謂演曰 今朝廷所恃는 唯殿下어늘 乃欲學匹夫耿介하여 輕一朝之命하여 一旦에 禍至하면 奈家業何[①]리잇가한대 演이 歔欷不自勝하여 卽焚之러라 後에 復乘間苦諫하니 齊主가 使力士로 亂捶之라가 會에 醉하여 得解러라 齊主褻黷之遊가 遍於宗戚하되 唯至常山第하면 則不適而去[②]러라 僕射崔暹이 屢諫하니 演이 深愧謝之[③]러라

① '耿介'는 굳세고 용맹한 뜻이다.
耿介, 剛勇之意.
② 適은 기쁨을 만끽한 것이다.
適, 歡極也.
③ ≪資治通鑑≫에 "高演이 崔暹에게 이르기를 '지금 太后께서 감히 말씀하지 않고 우리 형제도 입을 다물고 있는데 僕射(崔暹)가 홀로 거리낌 없이 간언하니 內・外가 대단히 부끄럽다.' 하였다."라고 하였다.
通鑑 "演謂暹曰 '今太后不敢言, 吾兄弟杜口, 僕射獨能犯顔, 內外深相感愧.'"

【目】 太子 高殷이 어려서부터 마음이 따뜻하고 너그럽고 명랑하며 식자를 예우하고 학문을 좋아하며 政事에 관심을 보여 대단히 美名을 가지고 있었다. 北齊主가 자신을 닮지 않았다는 이유로 그를 폐위시키고자 하여 태자에게 직접 죄수에게 칼을 대게 하자 태자가 불쌍한 마음에 그의 머리를 처단하지 못하니, 북제주가 크게 노하여 직접 말채찍으로 태자를 때렸다. 태자가 이 일로 벌벌 떨고 말을 더듬거리며 정신이 혼미하였다. 북제주가 잔치에서 얼근히 취한 틈을 이용하여 누차 "태자의 성품이 나약하고 사직은 중요하니 결국 常山王에게 帝位를 전해야 한다."라고 하자, 太子少傅 魏收가 楊愔에게 이르기를 "태자는 국가의 근본이므로 흔들어서는 안 되며, 이것은 농담 삼아 할 일이 아니다."라고 하니, 양음이 그대로 북제주에게 말하자, 북제주가 그 말을 멈췄다.

북제주가 이미 잔인한데다 담당관들 또한 모두 냉혹하여 쟁기 날을 불로 데운 뒤 그

위에 죄수를 서 있게 하기도 하고 수레바퀴를 가로지른 바퀴통 쇠를 불에 달구어 팔을 그 속에 꿰게 하였다. 하지만 郎中 蘇瓊은 임소에 도착하면 모두 관대함과 공평함으로 정사를 이끌어, 모반을 일으켰다는 사건이 접수됐을 때 그 일을 소경에게 맡기면 대부분 억울함이 풀렸다.

太子殷이 自幼로 溫裕開朗하여 禮士好學하고 關覽時政하여 甚有美名하되 齊主가 以其不似己로 欲廢之하여 使手刃囚한대 太子惻然하여 不斷其首어늘 齊主가 大怒하여 親以馬鞭으로 撞之하니 太子가 由是로 氣悸語吃하고 精神昏擾[①]러라 齊主가 因酣宴하여 屢云 太子性懦하고 社稷事重하니 終當傳位常山이라한대 太子少傅魏收가 謂楊愔曰 太子는 國之根本이라 不可動搖니 此言이 非所以爲戲라하니 愔이 白收言한대 齊主가 乃止러라 齊主가 既殘忍하니 有司가 莫不嚴酷하여 或燒犁耳하여 使囚立其上하고 或燒車釭하여 使以臂貫之[②]하되 唯郎中蘇瓊이 所至에 皆以寬平으로 爲治라 有人告反者事하여 或付瓊하면 多得申雪이러라

① 吃은 음이 訖이니, 말을 더듬거리는 것이다.
吃音訖, 語難也.
② '犁'는 밭을 가는 도구이다. 釭은 음이 江이니, 수레바퀴 가운데를 가로지른 바퀴통 쇠이다.
犁, 墾田器. 釭音江, 車轂中鐵也.

【綱】 北齊가 百官의 祿俸을 삭감하였다.

齊가 減百官祿하다

【目】 北齊主(文宣帝)가 북쪽에 장성을 쌓고 남쪽의 蕭莊을 도우면서 죽은 병사와 말이 수십만이었고, 이에 더하여 樓臺와 殿閣을 건축하고 下賜에 절제가 없어 창고의 저장이 공급할 수가 없었다. 그래서 百官의 녹봉을 삭감하고 군사들의 봉급을 철회하고 省·州·郡·縣·鎭·戌의 관직을 줄여 비용을 절감하였다.

齊主가 北築長城하고 南助蕭莊하여 士馬死者가 以數十萬計요 重以修築臺殿하고 賜與無節하니 府藏之積이 不足以供이라 乃減百官之祿하고 撤軍人常廩하고 併省州郡縣鎭戌之職하여 以節費用焉이러라

【綱】 12월에 北齊主(文宣帝)가 永安王 高浚과 上黨王 高渙을 죽였다.

十二月에 齊主가 殺永安王浚과 上黨王渙하다

【目】北齊主(文宣帝)가 北城을 가는 길에 永安王 高浚과 上黨王 高渙을 땅속 감옥에서 만나봤다. 북제주가 감옥 입구에서 노래를 부르며 고준 등에게 화답하게 하자, 고준 등이 슬픔과 두려움에 목소리가 떨렸다. 북제주가 서글퍼 눈물을 흘리며 그들을 풀어주려 했으나, 평소 고준과 사이가 좋지 않았던 長廣王 高湛이 나서서 말하기를 "사나운 호랑이를 어찌 우리에서 내보낼 수 있겠습니까."라고 하니, 북제주가 한동안 침묵하다가 측근에게 명을 내려 〈창으로 찔러〉 죽이게 했고, 고준과 고환이 〈창을 손으로 잡아 꺾고〉 하늘을 부르며 울부짖었다.[45] 이에 그들을 불에 태워 죽이자 원근에서 애통하고 비분해하였다. 북제주가 결국 고준과 고환의 비를 고준과 고환을 죽인 측근들에게 하사했는데 북제주가 세상을 떠나고 常山王 高演이 정사를 주도하면서 그들의 시신을 거두어 장례를 치르고 妃를 본가로 돌려보냈다.

齊主가 如北城하여 因視永安王浚과 上黨王渙於地牢러라 齊主가 臨穴謳歌하여 令浚等和之①하니 浚等이 悲怖하여 聲顫이어늘 齊主가 愴然泣下하여 將赦之②어늘 長廣王湛이 素與浚不睦이라 進曰 猛虎를 安可出穴③이리잇가하니 齊主가 默然하고 使左右刺之하니 浚渙이 號哭呼天이요 乃燒殺之하니 遠近이 痛憤이러라 齊主가 遂以浚渙妃로 賜左右之殺浚渙者러니 及齊主殂하고 常山王演爲政에 乃收葬之하고 令妃還第하다

① 和(화답하다)는 去聲이다.
和, 去聲.
② 顫은 음이 戰이며 사지가 벌벌 떠는 것이다.
顫音戰, 四支寒動.
③ 高湛은 北齊主의 아우이다. 湛은 丈減의 切이다.
湛齊主之弟. 湛丈減切.

【綱】陳나라 高涼太守 馮寶가 卒하였다.

陳高涼太守馮寶가 卒하다

【目】당시 연해 일대가 혼란해 휩싸였는데 馮寶의 아내 冼氏가 부락들을 잘 다독여 여러

45) 측근에게……울부짖었다 : ≪資治通鑑≫의 내용이 보다 자세하여 이를 참조하여 보충역을 두었다.

州들이 안정되어 있었다. 그의 아들 馮僕이 9세였는데, 이해에 그에게 추장들을 거느리고 조정에 들어가게 하자, 조칙을 내려 陽春太守로 삼았다.

時에 海隅가 擾亂하되 寶妻洗氏가 懷集部落하여 數州晏然이러라 其子僕이 生九年이어늘 是歲에 遣帥諸酋長하여 入朝하니 詔以爲陽春守①러라

① 帥(거느리다)은 率로 읽는다. ≪五代志≫에는 "高涼郡 陽春縣에 梁나라가 陽春郡을 설치하였다."라고 하였다.
帥讀曰率. 五代志 "高涼郡陽春縣, 梁置陽春郡."

己卯年(559)

陳나라 高祖 武帝 陳霸先 永定 3년이고 北周 世祖 明帝 宇文毓 武成 원년이고 北齊 顯祖 文宣帝 高洋 天保 10년이다.

陳永定三年이요 周武成元年이요 齊天保十年이라

【綱】 봄 정월에 北周 天王(明帝)이 親政을 시작하였다.

春正月에 周王始親政[46)]하다

【目】 宇文護가 表文을 올려 天王에게 정권을 돌려주어, 北周의 천왕이 비로소 萬機를 親覽했는데, 군사와 관련된 일 만큼은 여전히 우문호가 총괄하였다.

宇文護가 上表歸政하여 周王이 始親萬機하되 軍旅之事는 護가 猶總之러라

【綱】 北周가 都督을 總管으로 바꿨다.

周가 改都督하여 爲總管①하다

① 諸州의 總管이 이때부터 시작되었다.
諸州總管이 自此始러라

46) 周王始親政 : "宇文護가 전권을 행사한 것이다.〔護專也〕" ≪書法≫

【綱】 여름 4월에 北齊主(文宣帝)가 膠州刺史 杜弼을 죽였다.

◑夏四月에 齊主가 殺其膠州刺史杜弼①하다

① ≪五代志≫에는 "高密郡은 예전에 膠州를 설치하였다."라고 하였다.
五代志 "高密郡, 舊置膠州."

【目】 北齊主가 東魏의 재상이었을 때 杜弼이 長史로 있었는데 북제주가 帝位를 선양받으려 할 때 두필이 간언해서 저지하고, 僕射 高德政이 정사를 주관할 때 두필이 그의 부하가 되려하지 않았는데, 고덕정이 곧잘 그의 단점을 지적하였다. 북제주가 술 마시는 자리에서 사람을 보내 그를 처형하게 하였다가 얼마 뒤 이를 뉘우쳐 역마를 다그쳐 보내 취소시키려 했으나 처형한 뒤에 도착했다.

崔暹이 卒하자 북제주가 직접 찾아가 애도하고 그 처에게 이르기를 "최섬을 많이 생각하는가."라고 하자 "생각합니다."라고 하니 북제주가 "그렇다면 그를 따라가 보살피라."라고 하고 손수 그의 처를 처단하여 머리를 담장 밖으로 내던졌다.

齊主之爲魏相也에 弼爲長史러니 齊主가 將受禪에 弼이 諫止之하고 僕射高德政이 用事에 弼이 又不爲之下한대 德政數短之하니 齊主가 因飮酒하여 遣使斬之하고 旣而요 悔之하여 驛追不及이러라 崔暹이 卒커늘 齊主가 親往哭하고 謂其妻曰 頗思暹乎아 對曰 思之니이다한대 齊主曰 然則往省之하라하고 乃手斬其妻하여 擲首墻外러라

【綱】 윤4월에 北周가 曆法을 새로 바꿨다.

閏月에 周更定曆하다

【綱】 北齊主(文宣帝)가 僕射 高德政을 죽였다.

◑齊主가 殺其僕射高德政하다

【目】 高德政이 楊愔과 함께 재상으로 있을 때 양음이 그를 시기하였다. 北齊主가 술에 취해 있을 때 고덕정이 곧잘 격렬하게 간언하면 북제주가 달가워하지 않으며 측근에게 이르기를 "고덕정이 항상 정신적으로 사람을 압박한다."라고 하니, 고덕정이 두려운 나머지 병을 핑계로 나오지 않았다. 양음이 말하기를 "만일 冀州刺史로 임용하면 병이 저

절로 나을 것입니다."라고 하니, 그의 말을 따랐다. 고덕정이 곧바로 병석에서 일어났고, 북제주가 크게 노하여 그를 죽였다.

德政이 與楊愔으로 同爲相할새 愔이 忌之러니 齊主가 酣飮이어든 德政이 數(삭)彊諫커늘 齊主가 不悅하여 謂左右曰 高德政이 恒以精神으로 凌逼人이라하니 德政이 懼하여 稱疾이어늘 愔이 曰 若用爲冀州면 病當自差라하니 從之러니 德政이 卽起하니 齊主가 大怒하여 殺之①러라

① 差는 楚懈의 切이니, 낫는 것이다.
差, 楚懈切, 愈也.

【綱】 北周가 담당관에게 명을 내려, 赦免令 이전에 벌어진 일을 추궁하지 못하게 하였다.

周가 令有司로 毋得糾赦前事[47]하다

【目】 北周主(明帝)가 담당관에게 조칙을 내려, 사면령 이전에 벌어진 일을 추궁하지 말고, 오직 庫房과 馬廐와 糧倉만이 세상과 함께할 재산이니, 만일 이를 침범하거나 훔치는 자가 있으면 사면을 받아 죄를 모면한 자라도 법대로 징벌하고 배상하게 하라고 하였다.

周主가 詔有司하여 無得糾赦前事하고 唯庫廐倉廩이 與海內所共이니 若有侵盜어든 雖經赦免罪라도 徵備如法①하라하다

① 備는 보상이다.
備, 償也.

【綱】 北周 사람들이 吐谷渾을 격파하고 洮州를 설치하였다.

周人이 敗吐谷渾하고 置洮州하다

【目】 北周 賀蘭祥이 吐谷渾과 전쟁을 벌여 격파하고, 그들의 洮陽, 洪和 두 성을 점령한 뒤 그곳을 洮州로 삼았다.

47) 周令有司毋得糾赦前事 : "훌륭한 정사를 기록한 것이므로 특별히 기록하였다.〔錄善政也 故特書之〕" ≪書法≫

周賀蘭祥이 與吐谷渾으로 戰하여 破之하고 拔其洮陽洪和二城하여 以其地爲洮州러라

【綱】 5월 초하루에 일식이 있었다.

五月朔에 日食하다

【綱】 北齊主(文宣帝)가 東魏의 宗室 25家를 죽였다.

◑ 齊主가 殺魏宗室二十五家하다

【目】 北齊 太史가 올해에 옛것을 없애고 새것을 반포해야 한다고 상주해서, 북제주가 彭城公 元韶에게 묻기를 "漢나라 光武帝가 무슨 이유로 중흥하였는가."라고 하자, 대답하기를 "모든 劉氏를 완전히 제거하지 않은 탓입니다."라고 하였다. 그리하여 북제주가 始平公 元世哲 등 25家를 죽이고, 元韶 등 19家를 구금하니, 원소가 땅속 감옥에 갇힌 채 음식을 끊고 죽었다.

齊太史가 奏今年當除舊布新이라하니 齊主가 問於彭城公元韶曰 漢光武가 何故中興고 對曰 爲誅諸劉를 不盡이니이다 於是에 齊主가 誅始平公世哲等二十五家하고 囚韶等十九家하니 韶가 幽於地牢하여 絶食而死러라

【綱】 陳나라 豫章內史 熊曇朗이 周文育을 죽였다.

陳豫章內史熊曇朗이 殺周文育하다

【目】 周文育과 周迪이 함께 힘을 모아 余孝頃의 아들 余公颺을 토벌할 때, 豫章內史 熊曇朗이 병사를 이끌고 회합하였다. 王琳이 그의 장수 曹慶을 보내 주적을 공격하게 하여 그를 패퇴시키니 주문육이 金口로 퇴각하였다. 웅담랑이 그들의 불리함을 틈타서 주문육을 죽이고 그 무리들을 병합했는데, 周敷가 그를 격파하자, 웅담랑이 單騎를 타고 巴山으로 도망갔다.

周文育과 周迪이 共討余孝頃之子公颺하고 豫章內史熊曇朗이 引兵會之러니 王琳이 遣其將曹慶하여 攻迪敗之하니 文育이 退據金口①러라 曇朗이 因其失利하여 殺文育하고 而併其衆이어늘 周敷가 擊破之하니 曇朗이 單騎로 奔巴山이러라

① 豫章 서남쪽에서 象牙江으로 유입해 金溪口에 이르렀다.
自豫章西南入象牙江, 至金溪口.

【綱】北齊가 梁나라 北江州를 점령하자 刺史 魯悉達이 陳나라로 도망갔다.

齊가 **取梁北江州**하니 **刺史魯悉達**이 **奔陳**[①]하다

① ≪五代志≫에는 "宣城郡 南陵縣은 陳나라 때에는 北江州를 설치하였다."라고 하였다.
五代志 "宣城郡南陵縣, 陳置北江州."

【目】魯悉達의 部將이 北齊 군사를 이끌어 新蔡城으로 진입하자, 노실달이 휘하의 수천 병사를 이끌고서 陳나라에 항복하였다.

魯悉達部將이 **引齊軍**하여 **入城**하니 **悉達**이 **帥**(솔)**麾下數千人**하여 **降陳**[①]이러라

① 魯悉達이 新蔡城에 의거하였다.
悉達據新蔡城.

【綱】6월에 장맛비가 내렸다.

六月에 **霖雨**하다

【目】北周가 장마를 맞아 群臣들에게 숨김없이 간언하라고 조칙을 내리자, 左光祿大夫 樂遜이 네 가지 사항에 대해 거론하였다. 첫 번째는 "근래 守令들의 임기가 촉박한데 성과를 추궁해서, 오직 위엄으로 다그치는 것만 힘씁니다. 지금 關東 백성들이 도탄에 빠져 있는데 만일 너그러운 정사를 펼치지 않는다면 어떻게 저들 피로한 백성을 즐거운 곳으로 나아가게 할 수 있겠습니까."라고 하였고, 두 번째는 "근래 北魏가 洛陽에 도읍을 정하면서 갑자기 富가 창출되니 권력가들이 앞 다투어 사치를 일삼아 결국 재앙과 혼란을 야기시켰습니다. 요즘 조정에 귀족들의 기구와 복식이 점차 화려하고 각종 기능공들의 제작이 힘써 기묘함을 뽐내고 있으니 신은 정말 세상의 풍습이 이런 쪽으로 옮겨가 백성의 교화에 손상을 줄까 두렵습니다."라고 하였고, 세 번째는 "관리를 선임할 때와 보직을 임명할 때는 의당 많은 사람들과 의견을 나누어 사람들의 생각이 분명해진 다음에 임금에게 그 내용을 보고하게 해야 합니다."라고 하였고, 네 번째는 "高洋이 山

東을 점거하고 있어 쉽사리 제어하지 못할 형국이니 마치 바둑을 둘 때 霸를 쓰는 것이 서로 버티어 앞서거니 뒤서거니 서로 다투다가 만일 한번만 실수하면 곧장 상대방의 승리로 귀결되게 되는 것과 같습니다. 당연히 작은 것을 두고 큰 것을 경영하여 우선 관할 영토를 보호해야 하고, 변방의 이익을 탐하여 가볍게 행동하는 것은 마땅하지 않습니다."라고 하였다.

周가 以霖雨로 詔群臣極諫한대 左光祿大夫樂遜이 言四事하니 其一은 以爲比來守令이 代歸期促이어늘 責其成效하여 專務威猛이라 今에 關東之民이 淪陷塗炭하니 若不布政優優하면 何以使彼勞民으로 歸就樂土리오하고 其二는 以爲頃者에 魏都洛陽하여 一時殷盛하니 貴勢가 競爲侈靡하여 終使禍亂交興이러니 比來에 朝貴器服이 稍華하고 百工造作이 務盡奇巧하니 臣이 誠恐物逐好移하여 有損政俗이라하고 其三은 以爲選曹와 補擬가 宜與衆共하여 衆心明白이라야 然後呈奏라하고 其四는 以爲高洋이 據有山東하여 未易猝制하니 譬猶碁劫이 相持하여 爭行先後라 若一行不當이면 或成彼利[①]니 應捨小營大하여 先保封域이요 不宜貪利邊陲하여 輕爲興動이라러라

① 碁는 바둑이다. 바둑을 둘 때 霸를 써서 피차가 팽팽하게 서로 겨누며 선후로 두어 한 판의 승부를 결정한다. 當(마땅히)은 去聲이다.
碁, 博奕也. 奕棋有劫, 彼此爭行以相持, 以先後著決一枰之勝負. 當, 去聲.

【綱】 北周 天王(明帝)이 處士 韋敻에게 逍遙公이란 號를 하사하고, 西魏의 將軍이었던 寇儁을 불러 조정에 들어와 알현하게 하였다.

周王이 賜處士韋敻號逍遙公하고 徵魏將軍寇儁하여 入見[48)]하다

【目】 韋敻은 韋孝寬의 형이다. 지향하는 바가 평이 간소하여 西魏와 北周의 즈음에서 열 번을 불렀지만 뜻을 굽혀 나아가지 않아, 太祖(宇文泰)가 중시하여 그 뜻을 빼앗지 않았다. 북주 天王이 그를 더욱 후대하여 逍遙公이란 호를 하사하였다. 晉公 宇文護가 그를 자신의 처소로 초청해 정사에 대하여 묻자, 위형이 하늘을 우러러보고 탄식하며 말하기

48) 周王賜……入見 : "〈戰國時代의〉 孟嘗君은 '齊나라가 〈薛公 田文의 이름을 맹상군이라〉 칭하였다.'고 기록했을 뿐인데, 여기에서 '周王'이라고 기록한 것은 어째서인가. 周王을 인정해준 것이다. 處士에게 호칭을 하사한 것은 韋敻 한 사람뿐이다. ≪資治通鑑綱目≫을 마치도록 臣子에게 호칭을 하사함을 기록한 것은 아홉 번이다.(周 顯王 48년(B.C. 321)에 자세하다.) 오직 韋敻, 郭子儀만은 나무라는 말이 없다.〔孟嘗君書齊號而已 此書周王 何 予周王也 處士賜號 韋敻一人而已矣 終綱目臣子書賜號九(詳周顯王四十八年) 惟韋敻郭子儀無譏焉〕" ≪書法≫ 맹상군에 대한 것은 본서 1책 제1권 중 庚子年(B.C. 321)에 보인다.

를 "술에 젖고 음악을 즐기며 집을 높이 짓고 담장을 잘 꾸미는 짓을 한 가지라도 있으면 망하지 않을 수 없을 것입니다."라고 하니, 우문호가 달가워하지 않았다.

驃騎大將軍 開府儀同三司 寇儁이 어려서부터 학문과 품행이 남달랐다. 집안사람이 일찍이 물건을 팔아 5필의 견을 많이 얻어오자 구준이 이 사실을 알고 말하기를 "재물을 얻으며 품행을 잃는 것은 내가 취하지 않는 바다."라고 하고, 주인을 찾아 돌려주었다. 종친들과 돈독한 관계를 추구하여 경제적 평등을 유지하고 자손들을 잘 가르쳐 반드시 예의를 우선하였다. 大統(535~551) 연간부터 늙고 병들었다고 핑계 대며 조정에 나오지 않았는데 천왕이 보고 싶어 하자 구준이 어쩔 수 없이 들어와 알현하니, 천왕이 그를 끌어당겨 같은 자리에 앉아 지난 일을 묻고 御駕를 태워 보냈다.

敻은 孝寬之兄也라 志尙夷簡[①]하여 魏周之際에 十徵不屈이어늘 太祖가 重之하여 不奪其志러니 周王이 禮敬尤厚하여 號曰 逍遙公이라호라 晉公護가 延之至第하여 訪以政事한대 敻이 仰視歎曰 酣酒嗜音과 峻宇彫墻을 有一于此하면 未或不亡이라하니 護가 不悅이러라 驃騎大將軍開府儀同三司寇儁이 少有學行[②]이러니 家人이 嘗賣物하여 多得絹五匹한대 儁이 知之하고 曰 得財失行은 吾所不取니 訪主還之러라 敦睦宗族하여 與同豐約하고 教訓子孫하여 必先禮義러라 自大統中으로 稱老疾하여 不朝謁[③]이러니 王이 欲見之어늘 儁이 不得已入見하니 王이 引與同席하여 問以舊事하고 以御輿로 送之러라

① 敻은 許縣·休政 두 개의 切이다. 夷는 평탄함이다.
敻, 許縣·休政二切. 夷, 平也.
② 寇儁은 寇讚의 손자이다.
儁, 讚之孫也.
③ 大統은 西魏 文帝의 연호이다.
大統西魏文帝年號.

【綱】 陳나라 侯安都가 左里에서 梁나라 군사들을 패퇴시켰다.

陳侯安都敗梁師于左里하다

陳 文帝

【綱】 陳主 陳霸先이 殂하자 형의 아들 臨川王 陳蒨이 帝位를 계승하였다.

◑ 陳主霸先殂[①]하니 兄子臨川王蒨立[49)]하다

① 향년이 57세였다.
壽五十七.

【目】 陳나라 武帝가 전쟁에 임해 승리를 도모할 때 빼어난 지략을 발휘하고, 정사를 펼칠 때 관대함과 간소함을 힘써 시급한 업무가 아니면 군대를 가볍게 동원하지 않았다. 본성이 검소하여 평소에 먹는 음식의 숫자가 몇 가지에 지나지 않고 사적인 연회에선 질그릇과 나전 소반을 사용하고, 물고기 반찬과 나물 등으로 먹거리를 채울 뿐이었다. 후궁의 妃嬪들은 황금이나 비취 등의 장식이 없었고, 여자 악단을 설립하지 않았다.

세상을 떠날 때 아들 陳昌과 조카 陳頊이 모두 江陵이 함락된 일로 長安에 잡혀 있어, 내부엔 계승할 적자가 없고 외부엔 강한 적만 있으며, 원로 장수들은 밖에 있고 조정엔 중신들은 없이 오직 中領軍 杜稜이 宿衛 병사를 관장하고 있었다. 章皇后가 두릉과 中書侍郎 蔡景歷을 궁중으로 불러 논의를 결정하여 南皖에 있는 臨川王 陳蒨을 긴급히 불러들였다. 侯安都가 군사를 이끌고 돌아오는 길에 마침 남환에 도착하게 되어서 결국 임천왕과 함께 建康에 돌아왔다. 뭇 신하들이 임천왕을 옹립해 帝位를 계승하려 하게 하자, 임천왕이 감히 맡을 수 없다고 사양하고, 장황후 역시 진창 때문에 명령을 내리지 않으려 해서, 뭇 신하들이 머뭇거리며 결정짓지 못하자, 후안도가 말하기를 "지금 사방이 안정돼 있지 않은데, 먼 훗날까지 생각할 겨를이 어디 있겠습니까. 임천왕이 천하에 큰 공로를 세웠으니, 오늘의 거사에서 뒤에 호응하는 자는 참수할 것입니다."라고 하며, 곧장 칼을 쥐고 御殿으로 올라가 황후에게 옥새를 내놓으라고 아뢰었다. 이날 帝位에 올라 侯瑱을 太尉로 삼고 후안도를 司空으로 삼았다.

---

49) 陳主霸先殂 兄子臨川王蒨立 : "賀善이 贊하였다. '陳霸先이 처음 관직을 진급하였을 적에 「~으로써〔以〕」라고 기록한 것이 세 번이고 叛亂에 「토벌하였다〔討〕」라고 기록한 것이 네 번이다. 侯景의 변란에 두 번 토벌했다고 인정해주었고, 그 공을 기록하는 데에 있어서는 「侯景을 쳐서 패퇴시키니 후경이 吳 지역으로 도주하였다〔擊敗侯景 景亡走吳〕」라고 하였으니 인정해준 것이다. 蕭方智를 세우고 나서는 네 번이나 「스스로 관직에 나아갔다〔自官〕」라고 기록하였고, 작위가 진급하는 데에 역시 「스스로 진급하였다〔自進〕」라고 글이 쓰였고, 그 뒤에 蕭勃이 「군사를 일으켰다〔起兵〕」라고 기록하였고, 王琳이 「정벌하였다〔伐〕」라고 기록하였으며, 「폐위하였다〔廢〕」라고 기록하고, 「시해하였다〔弑〕」라고 기록하는 데에 있어서는 말의 뜻이 엄숙하였다. 皇帝를 칭한 것에 「결국〔遂〕」이라고 기록한 것은 또다시 ≪資治通鑑綱目≫ 이래로 없는 것이다.〔賀善贊曰 霸先之初進官 書以者三 叛亂書討者四 侯景之變 再予以討 至書其功曰 擊敗侯景 景亡走吳 蓋予之也 旣立方智 四書自官 而進爵亦以自進爲文 然後蕭勃得書起兵 而王琳得書伐 以至書廢書弑 辭義凜然矣 若其稱皇帝書遂 則又自綱目以來 未之有也〕" ≪書法≫

陳主가 臨戎制勝에 英謀獨運하고 而爲政에 務崇寬簡하여 非軍旅急務어든 不輕調發하며 性이 儉素하여 常膳이 不過數品하고 私宴에 用瓦器蚌盤하고 殽核이 充事而已며 後宮에 無金翠之飾하고 不設女樂①이러라 及殂에 子昌과 〔姪〕50)頊이 皆以江陵之陷으로 沒於長安하여 內無嫡嗣하고 外有彊敵하며 宿將이 在外하고 朝無重臣하여 唯中領軍杜稜이 典宿衛兵②이러니 章皇后가 召稜과 及中書侍郎蔡景歷하여 入禁中定議하여 急召臨川王蒨於南皖③하니 侯安都가 軍還適至하여 遂與王俱還至建康이라 群臣이 奉王嗣位한대 王이 謙讓不敢當하고 后가 以昌故로 未肯下令하고 群臣이 猶豫不能決이어늘 安都가 曰 今에 四方未定이어늘 何暇及遠이리오 臨川王이 有大功於天下하니 今日之事는 後應者를 斬이라하고 卽按劍上殿하여 白皇后出璽러라 是日에 卽位하여 以侯瑱爲太尉하고 安都爲司空④이러라

① 蚌(조개껍질)은 步項의 切이다. '蚌盤'은 漆器에 조개껍질을 장식한 것이니 바로 螺鈿(나전)이다.
蚌, 步項切. 蚌盤者, 桼器以蚌爲飾, 卽螺鈿也.
② 陳頊은 陳道譚의 둘째 아들이다.
頊, 卽道譚次子.
③ 章皇后는 高祖(陳霸先)의 后이다. 皖은 戶板의 切이다. 南皖口는 皖水가 江水로 들어가는 입구이며 舒州 山口鎭에 있다.
章皇后, 高祖后也. 皖, 戶板切. 南皖口, 皖水入江之口也, 在舒州山口鎭.
④ 陳 武帝가 王僧辯을 죽이고 나서 陳蒨에게 杜龕과 張彪 등을 제압해 東土를 평정하게 했으므로 큰 공로가 있다고 한 것이다.
武帝旣殺王僧辯, 使蒨平杜龕·張彪等以定東土, 故云有大功.

【綱】 北齊主(文宣帝)가 元氏 일족을 멸족시켰다.

齊主가 滅元氏之族51)하다

【目】 北齊主가 元氏 가족들을 모두 죽였는데, 전후로 죽은 자의 수가 모두 721명이었

50) 〔姪〕: 저본에는 '姪'이 없으나, ≪資治通鑑≫에 의거하여 보충하였다.
51) 齊主滅元氏之族 : 앞에서 '東魏 종실을 살해했다.〔殺魏宗室〕'라고 기록하고 여기에서 '元氏 일족을 멸족시켰다.〔滅元氏族〕'라고 기록하였으니 高洋의 악행이 역시 참혹하다. 그러나 또한 스스로 그 자신의 일족을 전복시켰으니, 예컨대 元韶, 元景安과 같은 무리들은 사람의 도리로 논의할 수 있겠는가. 〈원경안은〉 뒷날 高氏가 되었으나 또한 타인의 손에 멸망함을 면하지 못해 살육이 서로 이어져 끝이 없었으니 슬퍼할 만하다."〔前書殺魏宗室 此書滅元氏族 高洋之惡亦慘矣 然又有自覆其族 如元韶元景安之徒者 是豈可以人理論耶 他時高氏 亦不免殄滅於他人之手 殺戮相尋 無有紀極 可哀也哉〕" ≪發明≫

다. 그들의 시신을 모두 漳水에 버렸는데, 그 가운데 元蠻과 元文遙 등 몇 집안만이 이를 모면하였다. 定襄縣令 元景安이 성을 高氏로 바꿔달라고 요청하려 하자, 그의 종형 元景皓가 말하기를 "어찌 자기 성을 버리고 남의 성을 따를 수 있겠는가. 장부가 부서진 옥이 될지언정 온전한 기와가 돼서야 되겠는가."라고 하였는데, 원경안이 이를 북제주에게 그대로 아뢰어서, 북제주가 원경호를 죽이고, 원경안에게 高氏 姓을 하사하였다.

齊主가 盡誅諸元하니 前後死者가 凡七百二十一人이라 悉棄尸漳水하되 唯元蠻元文遙等數家가 獲免①이러라 定襄令元景安欲請改姓高氏②어늘 其從兄景皓가 曰 安有棄其本宗하고 而從人之姓者乎리오 丈夫가 寧可玉碎언정 何能瓦全이리오한대 景安이 以其言白齊主하니 齊主가 誅景皓하고 賜景安姓高氏러라

① 元蠻은 元繼의 아들로, 常山王 高演의 妃의 아버지이다. 元文遙는 元遵의 5세손이다. 蠻, 繼之子, 常山王演妃父. 文遙, 遵之五世孫也.
② 이곳은 後漢 新興郡 定襄으로 隋나라 秀容縣 경계에 있다. 元景安은 元虔의 현손이다. 此後漢新興郡之定襄也, 在隋秀容縣界. 景安, 虔之玄孫也.

【目】 胡氏(胡寅)가 다음과 같이 평하였다.

"元魏(北魏)는 본디 훌륭한 군주가 많고 孝文帝의 다스림이 더욱 훌륭해서 江左의 다섯 국가가 모두 미칠 수 없었는데, 그 뒤 高洋에게 죽임을 당하여 거의 섬멸에 이른 것은 무엇 때문이겠는가. 拓跋珪 이래로 많은 사람들을 죽였지만, 효문제만은 관대하고 인자하고 학자를 좋아했음에도 그 역시 자주 크게 병사들을 동원하였다. 무릇 병사란 흉기여서 그만둘 수 없을 때 써야 하는데 그만둘 수 있음에도 그만두지 않으면 하늘이 미워한다. 하늘의 도란 살리는 것일 뿐이고 천자의 덕은 살리는 것을 좋아하는 것일 뿐이다. 따라서 병사를 남용하고 전쟁을 믿는 자는 후일이 있기 어려운 법이다. 그렇다 하더라도 저 이미 망한 국가는 본디 자초한 것이긴 하지만 그를 죽인 자 또한 不仁이 극에 이른 것이다."

胡氏曰 元魏가 固多賢君하고 孝文治行이 尤美하여 江左五朝가 皆莫及也러니 其後에 爲高洋所勦하여 幾至於殲焉하니 是何也오 自拓跋珪已來로 殺人多也로되 獨孝文이 寬仁好儒나 亦數大擧兵하니 夫兵은 凶器라 不得已而用之니 得已不已면 天之所惡也라 天之道는 生而已矣요 天子之德은 好生而已矣라 故玩兵恃武者가 難乎其有後也라 雖然이나 彼已亡之國이 固有以取之어니와 而殺之者도 亦不仁之極矣로다

【綱】 가을 8월에 北周 天王(明帝)이 비로소 皇帝라 칭하였다.

秋八月에 周王이 始稱皇帝[52)]하다

【目】北周 御正中大夫 崔猷가 건의하기를 "聖人이 帝位를 계승하며 개혁함에 있어 시의에 맞게 제정해야 하는데, 지금 천자가 王이라 칭하면 천하에 위엄을 보일 수 없으니, 秦漢의 옛 제도를 따라 皇帝라 칭하고 年號를 세우기를 청합니다."라고 하자, 그의 말을 따랐다.

周御正中大夫崔猷가 建議하여 以爲聖人이 沿革하여 因時制宜하나니 今天子가 稱王이면 不足以威天下니 請遵秦漢舊制하여 稱皇帝하고 建年號라한대 從之①러라

① ≪五代志≫에는 "御正中大夫는 大冢宰에 속하며 5命이다."라고 하였다.
五代志 "御正中大夫, 屬大冢宰, 五命."

【綱】 陳主(陳蒨)가 아들 陳伯茂를 始興王으로 책봉하였다.

陳主가 封子伯茂하여 爲始興王[53)]하다

【目】예전에 陳 高祖(陳霸先)가 형 陳道譚을 追封하여 始興昭烈王으로 삼고 그의 둘째 아들 陳頊이 이를 계승하게 했었다. 그런데 陳主(陳蒨) 때에 와서, 진욱이 長安에 포로로 잡혀 있어 宗家의 제사를 주관할 사람이 없다는 이유로 진욱을 安成王으로 옮겨 책봉하고 陳伯茂를 始興王으로 삼았다.

初에 高祖가 追封兄道譚하여 爲始興昭烈王하고 以其次子頊으로 襲封①이러니 至是하여 陳主가 以頊在長安하고 本宗乏饗이라하여 徙封頊爲安成王하고 而以伯茂爲始興王②이러라

① 陳道譚은 陳主 陳蒨의 아버지이다.

52) 周王始稱皇帝 : "'비로소[始]'라고 기록한 것은 어째서인가. 周王(天王)을 칭한 지 3년인데 이에 비로소 황제를 칭하였으므로 '始'라고 일컬은 것이다.〔書始 何 稱周王三年矣 於是始稱 故稱始〕" ≪書法≫
53) 陳主封子伯茂 爲始興王 : "아들을 책봉한 경우는 '主'라고 기록한 것이 없는데 여기서 기록한 것은 어째서인가. 陳主를 인정해준 것이다. 陳主가 이에 근본을 중시할 줄을 알았다고 말할 수 있고, 權道에 참여할 수 있다고 말할 수 있다. ≪資治通鑑綱目≫을 마치도록 아들을 책봉하여 '主'라고 기록한 것은 다섯 번이다.(이해(559), 庚午(910) 蜀 宗裕, 癸丑(953) 周 郭榮, 己未(959) 周 宗訓, 唐 從嘉) 伯茂, 郭榮, 宗訓은 모두 인정해준 말이다.〔封子未有書主者 此其書 何 予陳主也 陳主於是 可謂知重本矣 可謂能與權矣 終綱目封子書主五(是年 庚午蜀宗裕 癸丑周郭榮 己未周宗訓 唐從嘉) 伯茂郭榮宗訓 皆予辭〕" ≪書法≫

道譚, 陳主蒨之父.
② 陳道譚의 제사를 받들게 한 것이다.
以奉道譚祀.

【綱】 北周가 安成公 宇文憲을 益州總管으로 삼았다.

周가 以安成公憲爲益州總管하다

【目】 예전에 北周 太祖(宇文泰)가 蜀 땅을 평정한 뒤, 형세가 뛰어난 지역에 노숙한 장수를 책임자로 맡기려 하지 않아 자식들에게 누가 갈 만하냐고 묻자, 모두 대답을 안 했는데, 어린 아들 安成公 宇文憲이 자신이 가겠다고 요청하니, 태조가 아직 어리다는 이유로 허락하지 않았었다. 이 무렵이 돼서 그를 益州總管으로 삼았는데, 나이가 16세였지만 백성들을 잘 어루만지고 정사에 마음을 기울여 촉 지역 사람들이 좋아하였다.

初에 周太祖가 平蜀하고 以其形勝之地로 不欲使宿將居之하여 問諸子하여 誰可往者오하되 皆不對어늘 少子安成公憲이 請行하니 太祖가 以其幼로 不許러니 至是하여 以爲益州總管하니 時年이 十六이라 善於撫綏하고 留心政術하니 蜀人이 悅之러라

【綱】 겨울 10월에 北齊主(文宣帝) 高洋이 殂하자, 太子 高殷이 帝位에 올랐다.

冬十月에 齊主洋이 殂①하니 太子殷이 立[54)]하다

① 향년이 21세였다.
壽二十一.

【目】 北齊主(文宣帝)가 술을 즐기다 병이 들어 오래 살 수 없음을 감지하고 李后에게 말하기를 "사람은 반드시 죽는 법인데, 무엇이 아깝겠는가. 다만 正道가 아직 어려 사람들

54) 齊主洋殂 太子殷立 : "賀善이 贊하였다. '高洋이 찬탈하며 시해한 이래로 친히 정벌한 것을 기록한 것이 다섯 번이고, 宮室을 크게 수축한 것을 기록한 것이 한 번이고, 長城을 쌓은 것을 기록한 것이 세 번이고, 축조한 것이 네 번이고, 洛陽에 성을 쌓은 것을 기록한 것이 한 번이고, 重城을 쌓은 것을 기록한 것이 한 번이니 백성의 힘을 사용한 것이 많았다. 그리고 또다시 죽임을 기록한 것이 열 번인데 北齊主를 지적해 기록한 것이 아홉 번이니 하나도 훌륭함을 기록할 만한 것이 없다. 그 음흉하고 사나운 것과 같은 것은 夏·商의 말기도 이를 넘지 못한다.'〔賀善贊曰 高洋簒弑以來 書親伐五 書大治宮室一 書築長城三 築四 城于洛陽一 築重城一 用民多矣 而又書殺十 而斥書齊主者九 蓋無一善可紀焉 若其淫酗肆虐 則夏商之季 不是過也〕" 《書法》

이 帝位를 빼앗을까 걱정이다."라고 하였다. 또 常山王 高演에게 이르기를 "帝位를 빼앗는 것은 너에게 맡기겠지만 부디 내 아들은 죽이지 말라."라고 하였다. 尙書令 楊愔, 領軍 平秦王 高歸彦, 侍中 燕子獻, 侍郎 鄭頤를 불러 遺詔를 받아 정사를 보좌하도록 하고, 10월에 晉陽에서 세상을 떠났다. 뭇 신하들 가운데 눈물을 흘린 자가 없었지만, 양음만이 눈물을 흘리며 오열하였다. 太子 高殷이 帝位에 올라서 조칙을 내려 각종 사업들을 모두 멈추게 하였다.

齊主가 嗜酒成疾하여 自知不能久하고 謂李后曰 人生이 必有死니 何足惜이리오 但憐正道가 尙幼하여 人將奪之耳[①]로라 又謂常山王演曰 奪則任汝어니와 愼勿殺也라하고 召尙書令楊愔과 領軍平秦王歸彦과 侍中燕子獻과 侍郎鄭頤하여 受遺詔輔政하고 十月에 殂於晉陽하니 群臣無下泣者하되 唯楊愔이 涕泗嗚咽이러라 太子殷卽位하여 詔諸雜作을 一切停罷러라

① 正道는 太子 高殷의 字이다.
正道, 太子殷字.

【綱】 11월에 梁나라 丞相 王琳이 湓城에서 陳나라 군사를 패퇴시켰다.

十一月에 梁丞相琳이 敗陳師于湓城하다

【目】 王琳이 陳 高祖가 세상을 떠났다는 소식을 듣고 孫瑒을 郢州刺史로 삼아 그곳 모든 일을 총괄하게 하고, 梁主 蕭莊을 모시고 나와 濡須口에 주둔하자 北齊 行臺 慕容儼이 무리들을 이끌고 강을 따라 진지를 구축하여 그에 응원하였다. 왕림이 大雷를 공격하자 陳나라가 侯瑱, 侯安都, 그리고 徐度를 파견하여 군사를 거느리고 방어하게 했는데, 吳明徹이 밤에 湓城을 습격하자 왕림이 任忠을 보내 오명철을 크게 격파시킨 뒤 병사를 이끌고 동쪽으로 내려왔다.

王琳이 聞陳高祖殂하고 乃以孫瑒爲郢州刺史하여 總留任하고 奉梁主莊하여 出屯濡須口하니 齊行臺慕容儼이 帥衆臨江하여 爲之聲援이러라 琳이 攻大雷하니 陳이 遣侯瑱과 侯安都와 及徐度하여 將兵禦之[①]러니 吳明徹이 夜襲湓城하니 琳이 遣任忠하여 擊明徹大破之하고 因引兵東下러라

① ≪五代志≫에는 "同安郡 望江縣은 陳나라 때에는 大雷郡을 설치하였다."라고 하였다.
五代志 "同安郡望江縣, 陳置大雷郡."

庚辰年(560)

陳나라 世祖 文帝 陳蒨 天嘉 원년이고 北周 世宗 明帝 宇文毓 武成 2년이고 北齊主 高殷 乾明 원년이고 肅宗 孝昭帝 高演 皇建 원년이다.

陳世祖文帝蒨天嘉元年이요 周武成二年이요 齊主殷乾明元年이요 肅宗孝昭帝演皇建元年이라

【綱】 봄 2월에 梁나라 丞相 王琳이 陳나라를 공격하였다가 패퇴한 뒤 梁主 蕭莊과 함께 北齊로 도망갔다.

春二月에 **梁丞相琳**이 **伐陳**이라가 **敗績**하고 **與梁主莊**으로 **皆奔齊**[55]하다

【目】 王琳이 柵口에 이르자 侯瑱이 병사를 이끌고 나와 蕪湖에 주둔하며 백여 일 동안 대치하였다. 北周 사람들이 왕림이 동쪽으로 내려왔다는 소식을 듣고 荊州刺史 史寧을 파견해 수만의 병사를 이끌고 가서 빈틈을 타 郢州를 습격하게 했는데, 郢州刺史 孫瑒이 농성하며 굳게 지키고 있었다. 군사들이 흩어질까 두려워한 王琳이 水軍을 이끌고 동쪽으로 내려가 蕪湖에서 십 리쯤 떨어진 곳에 정박하자, 北齊의 군대가 蕪湖 서안에 주둔하여 이에 聲援하였다. 당시 서남풍이 세차게 불었는데, 왕림이 병사를 이끌고 곧장 建康으로 향하자 侯瑱 등이 서서히 그 뒤를 밟았는데, 후진에게 유리하게 바람 방향이 갑자기 바뀌어 왕림이 후진에게 횃불을 던졌다가 반대로 자신의 배를 모두 태웠다. 후진이 拍竿(狼牙拍)을 사용해 적선을 공격하고 소가죽을 작은 蒙衝船에 씌워서 왕림의 적선을 공격하니 왕림의 군사가 크게 패하고 북제 군사들도 서로 짓밟으며 혼란에 휩싸였다. 陳나라 군사들이 이를 틈타 만여 명의 군사를 참수하거나 생포하였다. 왕림이 북제로 도망가고 梁主 蕭莊의 측근들도 모두 뿔뿔이 흩어졌는데, 유독 侍中 袁泌만이 작은 배로 소장을 북제의 국경까지 陪送하여 작별 인사를 하고 되돌아와 마침내 陳나라로 도망갔다. 御史中丞 劉仲威가 소장을 시봉하여 북제로 도망가고, 樊猛과 그의 형 樊毅은 부하들을 이끌고 진나라에 투항하였다.

---

55) 梁丞相琳伐陳……與梁主莊皆奔齊 : "도망갔는데 '梁主'라고 기록한 것은 어째서인가. 그에게 梁나라 군주가 됨을 인정한 것이다. ≪資治通鑑綱目≫에서 '~로 황제를 칭하다〔以稱帝〕'라고 기록한 것이 다섯 번인데, 오직 梁主 蕭莊만은 그에게 梁나라 군주가 됨을 인정해준 것이다. 어찌하여 그를 인정해주었는가. 소장을 인정해준 것은 王琳을 의롭게 여기기위해서이다.〔奔矣 書梁主何 成之爲梁君也 綱目書以稱帝五 惟梁主莊 則成之爲君 曷爲成之 成莊所以義琳也〕" ≪書法≫

王琳이 至柵口하니 侯瑱이 出屯蕪湖하여 相持百餘日할새 周人이 聞琳東下하고 遣荊州刺史史寧하여 將兵數萬하여 乘虛襲郢州러니 孫瑒이 嬰城自守어늘 琳이 恐衆潰하여 乃帥舟師東下하여 去蕪湖十里而泊하니 齊軍이 屯西岸하여 爲之聲勢러라 時에 西南風이 急이어늘 琳이 引兵直趣建康한대 瑱等이 徐躡其後러니 風이 反爲瑱用①하여 琳이 擲火炬라가 皆反燒其船이라 瑱이 發拍擊艦하고 以牛皮로 冒蒙衝小船하여 觸之②하니 琳軍이 大敗하고 齊軍이 自相蹂踐이어늘 陳軍이 乘之하여 斬獲萬計러라 琳이 走奔齊하고 梁主莊左右가 皆散하되 獨侍中袁泌이 以輕舟送莊하여 達于齊境하여 拜辭而還하여 遂奔陳③하니 御史中丞劉仲威가 奉莊奔齊하고 樊猛及其兄毅이 帥部曲降陳④이러라

① 反(뒤바뀌다)은 본음대로 읽는다.
反, 如字.
② 拍은 拍竿을 말한다. 戰船 앞뒤에 拍竿을 설치해 적선을 공격하는 데 쓰인다.
拍謂拍竿也. 戰船前後置拍竿以拍敵船.
③ 袁泌은 袁昂의 아들이다.
泌, 昂之子也.
④ 이때부터 江南은 모두 陳나라의 소유가 되었다.
自此江南皆爲陳有矣

狼牙拍　　蒙衝

【綱】北齊 太傅 常山王 高演이 尙書令 楊愔 등을 죽이고 스스로 丞相 都督中外諸軍事가 되었다.

齊太傅常山王演이 殺尙書令楊愔等하고 自爲丞相都督中外諸軍事하다

【目】北齊 顯祖(文宣帝)의 喪에 常山王 高演이 宮中에 있으면서 喪禮를 주관했는데, 婁太后가 그를 황제로 옹립하려 했으나 뜻대로 되지 않았다. 北齊主(高殷)가 즉위할 때 고연이 여전히 東館에 머물어서 모든 일이 고연의 자문을 받아 결정되었다. 楊愔 등은 고연과 長廣王 高湛이 지위가 높고 황실과 가까운 것이 계승한 군주에게 이롭지 않을까 우려하여 그들을 시기했었다. 시간이 흐른 뒤 高演이 동관을 나가 常山王府로 돌아가려 하자, 혹자가 말하기를 "사나운 새가 집을 떠나면 반드시 알을 탐내는 위험이 도사리는 법인데, 왕께선 어찌 자주 나가셔야 되겠습니까."라고 하였다.

齊顯祖之喪에 常山王演이 居禁中하여 護喪事할새 婁太后가 欲立之而不果러니 齊主殷이 立에 演이 乃居東館하여 事皆咨決[①]이러라 楊愔等이 以演與長廣王湛이 位地親逼이 恐不利於嗣主하여 忌之[②]러니 居頃之에 演이 出歸第한대 或謂之曰 鷙鳥離巢면 必有探卵之患이어니 王何宜屢出邪[③]이러라

① 東館은 鄴宮 昭陽殿 동쪽에 있을 것이다.
東館, 蓋在鄴宮昭陽殿東.

② 高演은 神武帝(高歡)의 여섯째 아들이고 高湛은 아홉째 아들인데 모두 婁太后의 소생이며, 顯祖(高洋)의 同母弟이다.
演, 神武第六子, 湛, 第九子, 皆婁太后所生, 顯祖母弟也.

③ 鷙는 음이 至이니, 사나운 새이다.
鷙音至, 鳥之勇猛者也.

【目】中山太守 陽休之가 高演을 뵈러 왔는데 고연이 만나주지 않자, 양휴지가 王晞에게 말하기를 "지난날 周公은 아침에 백 편의 책을 읽고 저녁에 70명의 인사를 만났으면서도 충분치 않을까 걱정했는데, 왕은 무엇을 의심하여 객을 거부하는 것인가."라고 하니, 왕희가 고연에게 이르기를 "先帝 때엔 東宮을 한 사람의 胡人에게 맡겨 가르치게 했는데 지금 황상의 나이가 아직 어리고 갑자기 수많은 일을 처리하셔야 하시니, 殿下가 응당 아침저녁으로 뵙고 잘 인도하여, 직접 그 말씀과 聖旨를 받들어야 합니다. 만일 다른 성씨에게 詔命이 출납되게 하면 국가의 大權이 반드시 다른 데로 귀착될 것이니, 〈그 상황이 되면〉 전하가 藩國을 지키고 싶다 해도 가능하겠습니까. 설령 뜻을 이루고 용퇴한다 해도 高氏 집안의 운명이 어찌 오래갈 수 있겠습니까."라고 하니, 고연이 한동안 잠자코 있다가 말하기를 "내가 어떻게 대처해야 하는가."라고 하자, 왕희가 말하기를 "주공이 칠 년 동안 攝政을 한 뒤 成王에게 권력을 돌려주었으니, 전하께서도 이를 고려

하셔야 합니다."라고 하니 고연이 말하기를 "내가 어찌 감히 주공에 견주겠는가."라고 하자, 왕희가 말하기를 "전하의 오늘날의 지위와 신망이 주공이 되고 싶지 않다고 해도 가능한 일이겠습니까."라고 했지만 고연이 응하지 않았다.

中山太守陽休之가 詣演한대 演이 不見이어늘 休之가 謂王晞曰 昔에 周公이 朝讀百篇書하고 暮見七十士하되 猶恐不足이어늘 王何疑而拒客邪아하니 晞가 乃謂演曰 先帝時에 東宮을 委一胡人하여 傅之[①]러니 今에 春秋尙富하고 驟覽萬機하시니 殿下가 宜朝夕先後하여 親承音旨어늘 而使它姓으로 出納詔命하면 大權必有所歸니 殿下가 雖欲守藩이나 其可得邪잇가 借令得遂沖退런들 家祚가 亦何得長[②]이리잇가하니 演이 默然久之曰 何以處我오 晞曰 周公이 攝政七年하고 然後復辟하니 惟殿下가 慮之하소서 演이 曰 我何敢自比周公이리오 晞曰 殿下가 今日地望이 欲不爲周公이나 得邪잇가 演이 不應이러라

① 顯祖(高洋)가 언제나 胡族 출신 康虎兒에게 太子를 보호하게 했으므로 王晞가 이와 같이 언급한 것이다.
顯祖常使胡人康虎兒保護太子, 故晞言及之.

② 先과 後는 모두 去聲이니 앞과 뒤로 인도하는 것을 先後라 한다. 일설에는 先後는 본래 음의대로 읽는 글자라고 했으니, 高演이 아침저녁으로 北齊 군주의 前後에 있다는 말이다. '家祚'는 國祚(국가의 운명)와 같은 말이다. 高演이 친족인 叔父로서 국가와 운명을 같이하므로 '家祚'라 말한 것이다.
先後竝去聲. 相導前後曰先後. 一說先後只作如字讀. 謂演當朝夕在齊主之前後也. 家祚, 猶云國祚也. 演以叔父之親, 與國同休等戚, 故言家祚.

【目】北齊主(高殷)이 〈晉陽에서〉 鄴으로 돌아올 적에, 누군가 "高演이 근본(晉陽)에 머물며 튼튼한 토대를 다질 것이다."라고 하니 楊愔이 이를 의심하여 고연에게 長廣王 高湛과 함께 북제주를 따라 〈업으로〉 가게 하였다. 平秦王 高歸彦에게 禁衛軍을 총괄하게 하였는데, 양음이 御駕를 따르는 5천 병사를 西中(晉陽)에 머물게 하여 은밀하게 비상사태에 대비하게 하자, 이를 본 고귀언이 양음을 원망하였다. 領軍將軍 可朱渾天和가 매번 말하기를 "만약 두 왕(高演・高湛)을 죽이지 않으면 어린 군주가 편할 일이 없을 것이다."라고 하였다. 燕子獻이 모의해서 婁太后를 鄴城 北宮에 머물며 정권을 李太后에게 돌려주게 하고, 양음이 官爵과 褒賞이 너무 과도하다는 이유로 모두 취소 처리하였다. 이 일로 인해 관직을 잃은 무리들이 두 왕에게 귀의하였다.

齊主가 還鄴에 人謂演이 必留守根本[①]하니 楊愔이 疑之하여 使與長廣王湛으로 俱從[②]하고 平秦

王歸彦으로 總知禁衛하고 愔이 留從駕五千兵於西中하여 陰備非常하니 歸彦이 由是로 亦怨愔③이러라 領軍將軍可朱渾天和가 每日 若不誅二王이면 少主無自安之理④라러니 燕子獻이 謀處婁太后於北宮하여 使歸政李太后⑤하고 楊愔이 又以爵賞多濫으로 悉加澄汰하니 由是로 失職之徒가 歸心二王⑥이러라

① 高歡이 晉陽에 大丞相府를 세우고 文宣帝가 이를 의거하여 魏鼎을 옮기고 노숙한 장수와 강한 병사들이 모두 머물고 있으므로 '根本'이라 말한 것이다.
高歡建大丞相府於晉陽, 文宣席之以移魏鼎, 宿將勁兵咸在焉, 故以爲根本.
② 從(뒤따르다)은 才用의 切이니, 아래 '從駕'의 從도 같다.
從, 才用切, 下從駕同.
③ 晉陽은 鄴 서쪽에 있으므로 西中이라 이른 것이다.
晉陽在鄴西, 故謂之西中.
④ 可朱渾天和는 可朱渾道元의 아들이며, 北齊主(高殷)의 고모인 東平公主에게 장가들었다.
天和, 道元之子也, 尙齊主姑東平公主(二)〔也〕[56].
⑤ 鄴城에 北宮이 있다.
鄴城有北宮.
⑥ '澄汰'는 물로 비유한 것이니 澄은 〈물로〉 진흙을 제거하는 것이고 汰는 〈물로〉 모래나 돌을 제거하는 것이다.
澄汰以水爲諭也. 澄者, 去泥滓. 汰者, 去沙石.

【目】 高歸彦이 예전에 楊愔・燕子獻과 한마음이었으나, 시간이 흐른 뒤 마음이 변해 그들의 음모를 두 왕에게 모두 밀고하였다. 侍中 宋欽道가 두 왕을 제거할 것을 요청하자, 北齊主(高殷)가 허락하지 않았다. 양음 등이 李太后에게 상주하여, 두 왕을 刺史로 내보내자고 하였다. 宮人 李昌儀가 高仲密의 아내였는데, 이태후가 〈이창의가 자기와 同姓이어서 매우 친애하여 양음 등이〉[57] 상주한 내용을 그녀에게 보여주었고, 이창의가 이를 婁太后에게 은밀히 보고하였다.

歸彦이 初에 與楊燕同心이나 旣而요 中變하여 盡以其謀告二王이러라 侍中宋欽道가 請去二王한대 齊主不許①하니 愔等乃奏李太后하여 出二王爲刺史하니 宮人李昌儀는 卽高仲密之妻也②라 李后가 以啓로 示之하니 昌儀가 密啓婁太后러라

① 宋欽道는 宋弁의 손자이다.

56) (二)〔也〕: 저본에는 '二'로 되어 있으나, ≪資治通鑑≫에 의거하여 '也'로 바로잡았다.
57) 이창의가……친애하여 : ≪資治通鑑≫의 부분이 보다 자세하여 이에 의거하여 보충역을 하였다.

欽道, 弁之孫也.

② 昌儀도 역시 內職으로 보이는데, ≪北史≫ 〈后妃傳〉에 관련 내용이 없지만 아마 太后의 女官 명칭일 것이다.
昌儀意亦內職, 而北史后妃傳無之, 蓋太后女官之名.

【目】 楊愔 등이 또다시 두 왕을 모두 내보내선 안 된다는 의견을 내서, 高湛을 晉陽太守로 삼고 高演을 錄尙書事로 삼자고 상주하였다. 두 왕(고담・고연)이 尙書省에서 보직을 받고 백관들이 다 모일 적에 양음 등이 참석하려 하자, 鄭頤가 말렸으나 양음이 듣지 않았다. 고담이 家僕 수십 명을 尙書省 後室에 잠복시키고 賀拔仁, 斛律金 등 몇 명과 사전에 약속하여, 연회 석상에서 양음과 可朱渾天和・宋欽道・燕子獻을 붙잡아 내리치니, 양음이 큰 소리로 외치기를, "諸王이 반역을 조성하여 忠臣과 良將을 죽이려 드는 것인가. 천자를 드높이고 제후의 힘을 빼며 진심으로 국가를 받들었는데 무슨 죄가 있단 말인가."라고 하였다. 사람을 보내 정이를 구속하자, 정이가 말하기를 "智者의 말을 듣지 않아 이 지경에 이르렀으니 운명이다."라고 하였다. 두 왕이 高歸彦 등과 함께 양음 등을 에워싸고 雲龍門으로 돌입하자 開府 成休寧이 칼을 뽑아 들고 고연을 꾸짖었다. 고연이 고귀언에게 그를 달래게 했지만 듣지 않았다. 고귀언이 오랫동안 領軍으로 있어, 군사들이 그에 복종해 모두 병기를 내려놓자 성휴녕도 탄식하며 반항을 멈췄다. 고연이 昭陽殿에 들어오자 婁太后가 나와 殿閣 위에 앉아 있고 李太后와 北齊主(高殷)가 옆에 서 있었다. 고연이 머리를 조아리며 말하기를 "신과 폐하는 골육의 가까운 친속인데 楊遵彦 등이 홀로 조정의 권력을 차지하여 위엄(형벌)과 복(상)을 자기 멋대로 하려 해서, 일찍이 조처하지 않으면 반드시 종묘사직에 해가 될 것이어서, 신이 고담과 함께 그를 체포하였고, 감히 죽임의 형벌을 시행하지 않았으니, 제멋대로 한 저의 죄는 진실로 만 번 죽어 마땅합니다."라고 하였다.

愔等이 又議不可令二王俱出이라하여 乃奏以湛으로 鎭晉陽하고 演으로 錄尙書事하니 二王이 拜職於尙書省하고 大會百僚할새 愔等이 將赴之어늘 鄭頤가 止之나 愔이 不聽이러라 湛이 伏家僮數十人於後室하여 與賀拔仁斛律金等數人으로 約하여 於坐에 執愔及天和欽道子獻하여 毆之[①]하니 愔이 大言曰 諸王이 反逆하여 欲殺忠良邪아 尊天子削諸侯하고 赤心奉國이어늘 何罪之有리오러라 使人執頤한대 頤가 曰 不用智者言하여 至此하니 命也라러라 二王이 與歸彦等으로 擁愔等하고 突入雲龍門하니 開府成休寧이 抽刃呵演이어늘 演이 使歸彦으로 諭之하되 不從이러니 歸彦기 久爲領軍이라 軍士가 服之하여 皆弛仗하니 休寧이 歎息而罷[②]러라 演이 入至昭陽殿하니 婁太后가 出坐殿上하고 李

太后及齊主가 側立이어늘 演이 叩頭曰 臣이 與陛下로 骨肉至親이어늘 楊遵彦等이 欲獨擅朝權하고 威福自己[3]하니 若不早圖하면 必爲宗社之害라 臣與湛等으로 已共執之하고 未敢刑戮하니 專輒之罪가 誠當萬死니이다러라

① 後室은 錄尙書가 연회를 열며 휴식하는 장소이다.
後室, 錄尙書者宴息之所.
② 弛는 버림이다.
弛, 廢也.
③ 楊遵彦은 楊愔의 字이다.
遵彦, 愔字.

【目】 당시 2천 명의 宿衛 병사가 모두 무장을 하여 명령을 기다리고 있고, 무력이 빼어나 평소 顯祖(高洋)로부터 후대 받았던 武衛將軍 娥永樂이 칼집의 칼 손잡이를 잡고 눈을 부릅뜨고 있었다. 평소 어눌한 北齊主(高殷)가 갑작스러운 상황에서 무슨 말을 해야 할지 몰라 했는데, 婁太后가 물러서라고 명령했음에도 물러나지 않자, 화난 목소리로, "이놈들을 즉시 머리를 날려버려라."라고 하니, 그제야 물러났고 아영락이 칼을 칼집에 넣으며 울음을 터뜨렸다. 누태후가 "楊郎(楊愔)이 어디 있느냐."라고 묻자, 賀拔仁이, "눈 하나가 이미 빠졌습니다."라고 하니, 누태후가 서글퍼하며, "양랑이 무슨 일을 할 수 있겠는가. 남겨두어 일을 시킨다면 어찌 아름답지 않겠는가."라고 하고, 북제주를 꾸짖기를, "이들 역모를 꾸민 자들이 우리 두 아들(고담 · 고연)을 죽이고 그다음으로 나까지 죽이려 했는데, 너는 어찌 그를 그대로 놔두었는가."라고 하였는데, 북제주가 여전히 말을 하지 못하였다. 누태후가 노여움과 슬픔을 함께 표하며, "어찌 우리 모자가 漢族 노파(李太后)의 조처를 받게 한단 말인가."라고 하였다. 이태후가 절을 하며 사죄하자, 북제주가 말하기를 "천자도 감히 숙부(高演)에게 보살핌을 받지 못하는데, 하물며 이런 한족 따위야 말할 게 있겠습니까. 다만 이 아이(북제주 자신)의 목숨을 살려주시어 스스로 殿閣을 내려가게 하고, 이들은 숙부에게 처분하도록 하시지요."라고 하여, 결국 양음 등을 모두 참살하였다.

時衛士二千餘人이 皆被甲待詔하고 武衛娥永樂이 武力絶倫하여 素爲顯祖所厚라 叩刀仰視[1]하니 齊主素吃訥이라 倉猝不知所言이어늘 婁太后가 令却仗하되 不退어늘 又厲聲曰 奴輩를 卽今頭落하라하니 乃退하고 永樂이 內刀而泣[2]이러라 婁太后가 因問楊郎何在[3]오 賀拔仁이 曰 一眼已出이라하니 婁太后가 愴然曰 楊郎이 何所能爲리오 留使가 豈不佳邪[4]아하고 乃讓齊主曰

此等懷逆이 欲殺我二子하고 次將及我어늘 爾何爲縱之⑤오하되 齊主가 猶不能言이어늘 婁太后가 怒且悲曰 豈可使我母子로 受漢老嫗斟酌⑥이리오리라 李太后가 拜謝한대 齊主가 乃曰 天子도 亦不敢爲叔惜이어던 況此漢輩아 但匄兒命하여 自下殿去하고 此屬을 任叔父處分이라하니 遂皆斬之⑦러라

① 娥는 姓이다. '叩刀'는 칼집에서 칼을 조금 빼 드는 것이다.
娥, 姓也. 叩刀者, 拔刀離削纔寸許.
② 內(넣다)은 納으로 읽는다.
內, 讀曰納.
③ 楊愔은 임금의 사위이므로 楊郎이라 부른 것이다.
楊愔主壻, 故謂之楊郎.
④ '留使'는 그곳에 머물며 해당 일을 맡기는 것이다.
留使, 留之以任使.
⑤ 두 아들은 高演과 高湛이니, 모두 太皇太后(婁太后)의 아들이다.
二子, 演・湛, 皆太皇太后之子.
⑥ 婁太后는 鮮卑族이고 李太后는 漢族이므로 이렇게 말한 것이다.
婁太后, 鮮卑也, 李太后, 華族也, 故云然.
⑦ 天子는 皇帝 지위를 말한다. 爲(위하다)는 去聲이다. 匄는 구걸함이다.
天子, 謂帝位. 爲, 去聲. 匄, 乞也.

【目】高演이 高歸彦에게 宿衛 병사들을 이끌어 華林園으로 가게 하고, 京畿 군사를 불러 궁문을 지키게 한 뒤 娥永樂을 참수하였다. 婁太后가 楊愔의 상례에 찾아와 울며 말하기를 "楊郎이 충성을 다했는데 벌을 받았다."라고 하고, 고연도 그를 죽인 것을 후회하였다. 中書令 趙彦深에게 양음을 대신하여 주요 업무를 총괄하게 하자, 鴻臚少卿 楊休之가 개인적으로 말하기를 "천릿길을 가야 하는데 기린 같은 준마를 죽이고 절뚝거리는 노새를 채찍질하니 대단히 슬프구나."라고 하였다. 마침내 고연을 大丞相 都督中外諸軍錄尙書事로 삼았다.

演이 令歸彦으로 引衛士하여 向華林園하고 以京畿軍士로 入守門閤하여 斬娥永樂①이러라 婁太后가 臨愔喪하여 哭曰 楊郎이 忠而獲罪라하고 演도 亦悔殺之러라 以中書令趙彦深으로 代楊愔하여 總機務한대 鴻臚少卿陽休之가 私謂人曰 將涉千里어늘 殺騏驎하고 而策蹇驢하니 可悲甚矣②러라 遂以演爲大丞相都督中外諸軍錄尙書事러라

① 鄴都의 華林園은 魏 武帝(曹操)의 옛터이다. 高歡이 北魏 孝武帝(元修)를 鄴으로 옮기고 자

신은 晉陽에 머물며 그의 아들을 京畿大都督으로 삼아 내외를 방비했으므로 京畿軍士가 있는 것이다.

鄴都華林園, 魏武之舊也. 高歡遷魏主於鄴, 而身居晉陽, 以其子爲京畿大都督, 防遏內外, 故有京畿軍士.

② 驎은 力珍의 切이다. 등이 검은 말을 騏驎이라 한다. 毛晃이 이르기를 "짙푸른색의 말을 기린이라 한다."라고 하고, 〈東方朔傳〉에서 "騏驎·騄駬·蜚鳴·驊騮는 천하의 명마이다."라고 하였다.

驎, 力珍切. 馬黑脊曰騏驎. 毛晃曰 "馬靑驪色曰騏驎." 東方朔傳 "騏驎·騄駬·蜚鳴·驊騮, 天下良馬也."

【綱】 陳나라 衡陽王 陳昌이 北周에서 진나라로 돌아왔다.

陳衡陽王昌이 **自周**로 **歸于陳**하다

【目】 예전에 陳나라 高祖가 北周의 長安에 있는 아들 陳昌과 陳頊을 여러 차례 보내달라고 요청했으나 북주가 보내지 않았는데 이때서야 진창을 돌려보냈다. 진창이 陳主(文帝)에게 편지를 보냈는데 말투가 매우 불손했다. 陳主가 侯安都를 불러, "태자(진창)가 곧 올 터이니, 〈나는〉 藩邦 하나를 구해 여생을 보내려 한다."라고 하자, 후안도가 말하기를, "예부터 대체 되는 천자가 어디 있습니까. 신이 어리석지만 감히 조칙을 받들지 못하겠습니다."라고 하고, 자신이 직접 영접하게 해달라고 청하였다. 이에 陳主가 결국 진창을 衡陽王으로 삼았다.

初에 陳高祖가 以其子昌頊이 在長安으로 屢請於周하되 周가 不遣이러니 至是하여 乃遣昌還이러라 昌이 致書陳主할새 辭甚不遜이어늘 陳主가 召侯安都하여 謂曰 太子가 將至하니 須別求一藩하여 歸老케하라한대 安都曰 自古豈有被代天子리잇가 臣愚不敢奉詔니이다하고 請自迎之하니 於是에 陳主가 遂以昌爲衡陽王하다

【綱】 3월에 北齊 丞相 常山王 高演이 晉陽으로 갔다.

三月에 **齊**나라 **丞相常山王演**이 **如晉陽**하다

【目】 高演이 晉陽으로 가서 王晞에게 말하기를 "경의 말을 듣지 않았다가 거의 패망할 지경에 이르렀었으니 지금 내가 어떻게 처신해야겠소."라고 하니, 왕희가 말하기를, "전

하의 지위는 名敎(유교)를 기준으로 벼슬하고 은퇴할 수 있었으나, 지금의 형세는 결국 天時와 연관된 것이지 인간의 常理로 해결할 수 있는 것이 아닙니다."라고 하였다. 北齊主(高殷)가 마침내 조칙을 내려, 軍國의 정무를 모두 진양에 알려, 大丞相에게 품의해 검토와 결재를 받게 하였다.

演이 如晉陽하여 謂王晞曰 不用卿言하여 幾至傾覆하니 今當何以處我①오 晞曰 殿下往時位地는 猶可以名敎로 出處어니와 今日事勢는 遂關天時요 非復人理所及이니이다하다 齊主가 遂詔軍國之政을 皆申晉陽하여 稟大丞相規筭이러라

① 高演이 少帝(高殷)를 따라 鄴城으로 돌아오자 王晞가 并州長史가 되어서 晉陽에 머물렀다. 演從少帝還鄴, 晞爲并州長史, 留晉陽.

【目】 胡氏(胡寅)가 다음과 같이 평하였다.

"王晞의 말이 어찌 이토록 어긋난단 말인가. 天時가 어긋남이 없는 것은 바로 인간의 常理이고 인간의 상리가 거역함이 없는 것이 바로 천시이다. 아래로 인간의 상리를 다하고 위로 천시에 순응하는 것이 바로 名敎의 正道인데 왕희가 사악한 모의를 이루어서, 高演의 찬탈을 부르기 위해 명교와 천시와 인간의 상리를 셋으로 나눴으니 잘 꾸민 말은 덕을 어지럽히고 유려한 구변은 나라를 전복시킨 것이라 할 수 있다."

胡氏曰 王晞之言이 何其悖歟아 天時之無舛은 卽人理也요 人理之不逆은 卽天時也니 下盡人理하고 上順天時가 乃名敎之正道也어늘 晞가 欲遂其邪謀하여 速演簒奪하여 以名敎天時人理로 分爲三事하니 可謂巧言亂德이요 利口覆邦者矣로다

【綱】 梁나라 郢州刺史 孫瑒이 陳나라에 투항하였다.

梁郢州刺史孫瑒이 降陳하다

【目】 北周 군대가 처음 郢州에 와서 外城을 획득한 뒤 內城까지 공격해서 남쪽 면의 50여 채 누각을 불태웠다. 孫瑒은 병사가 천 명도 되지 않았지만 직접 병사들을 다독거리며 술을 따라주고 밥을 먹여주자 병사들이 모두 목숨을 걸고 싸웠다. 북주 군대가 이기지 못하자 결국 손창을 郢州刺史에 임명했다. 손창이 거짓으로 이를 받은 척하면서 그들의 마음을 느슨하게 만들고, 한편으로 몰래 대비 태세를 준비해서 짧은 시간에 이를

완비하자 다시 저항했다.

북주 군대가 陳나라 군대가 왔다는 소식을 듣고 결국 포위를 풀고 떠나자, 손창이 장수와 보좌들을 소집해서, "나와 王公(王琳)이 梁나라 황실을 보좌할 때 그 노력이 극진했다. 그런데 지금 형세가 이러하니 어찌 하늘의 뜻이 아니겠는가."라고 하고 결국 영주를 바쳐 진나라에 투항했다.

왕림이 동쪽으로 내려갈 때, 陳主(文帝)가 南州의 병사를 징발하자 周迪과 黃法氍가 병사들을 이끌고 갔다. 熊曇朗이 중도에서 길을 막자 주적 등이 웅담랑을 포위했는데, 왕림이 패하자 웅담랑이 달아나다 죽었다.

周軍이 初至郢州하여 得其外城하고 遂攻內城하여 燒其南面五十餘樓하니 孫瑒兵이 不滿千人이로되 身自撫循하여 行酒賦食하니 士卒이 皆爲之死戰[①]이라 周人이 不能克하여 乃授瑒刺史하니 瑒이 僞許하여 以緩之하고 而潛修守備하여 一朝而具하여 乃復拒守러라 周人이 聞陳兵至하고 乃解圍去하니 瑒이 集將佐하여 謂之曰 吾與王公으로 同奬梁室할새 勤亦至矣러니 今에 時事가 如此하니 豈非天乎아하고 乃以州로 降陳이러라 王琳之東下也에 陳主가 徵南州兵할새 周迪黃法氍가 赴之한대 熊曇朗이 塞其中路[②]어늘 迪等이 圍之러니 及琳敗에 曇朗이 走死러라

① 賦는 펼침이니 사병을 위해 음식을 나눠주는 것이다.
賦, 布也, 言爲士卒散飮食.

② 熊曇朗이 당시에 豫章을 차지하고 있었다.
曇朗時據豫章.

【綱】 陳主(文帝)가 아우 衡陽王 陳昌을 죽였다.

陳主가 殺其弟衡陽王昌하다

【目】 陳나라 衡陽王 陳昌이 長江을 건널 때, 侯安都가 중류에서 그를 살해한 뒤 물에 빠져 죽었다고 보고하게 했다. 후안도가 그 공로로 淸遠公에 책봉되었다.

陳衡陽王昌이 濟江할새 侯安都가 中流隕之하고 使以溺告러라 安都가 以功으로 進爵淸遠公[①]이러라

① ≪五代志≫에 "南海郡 翁源縣에 陳나라가 淸遠郡을 설치했다."라고 하였다.
五代志 "南海郡翁源縣, 陳置淸遠郡."

【綱】 陳나라가 北周에 사신을 파견했다.

陳이 **遣使如周**러라

【目】 예전에 陳나라 高祖(陳霸先)가 毛喜에게 安成王 陳頊을 따라 江陵으로 가게 했는데, 이 무렵에 陳昌과 함께 돌아와 和親 대책을 진언하자 陳主(武帝)가 周弘正을 사신으로 보내 北周와 우호관계를 맺었다.

初에 高祖遣毛喜하여 從安成王頊하여 詣江陵이러니 至是하여 與昌으로 俱還하여 因進和親之策하니 陳主가 乃使周弘正으로 通好於周러라

後周(北周) 武帝

【綱】 여름 4월에 北周 冢宰 宇文護가 독약을 올려 임금 宇文毓을 시해하자, 우문육의 아우 魯公 宇文邕이 제위에 올랐다.

夏四月에 **周冢宰護**가 **進毒**하여 **弒其君毓**①하니 **毓弟魯公邕**이 **立**[58)]하다

58) 周冢宰護進毒……毓弟魯公邕立 : "宇文護는 이때에 거듭 '그 임금을 시해하였다〔弑其君〕'라고 기록하였다. 宇文泰가 거듭 시해한 데에는 그 작위를 써주지 않았는데 여기서 '冢宰'라고 기록한 것은 어째서인가. 우문호의 행동은 우문태가 가르친 것이다. 깎아내릴 것은 우문태에게 있으니 우문호는 말할 거리가 못 된다.〔護於是再書弑其君矣 泰再弑則削其爵 此其書冢宰 何 護之擧 泰所敎也 貶削在泰 則護不足道矣〕" ≪書法≫

"옛날 〈≪春秋左氏傳≫ 成公 18년에〉 晉나라 大夫들이 망명한 悼公을 〈임금으로〉 맞이하자 도공이 말하기를 '사람들이 임금을 구하는 것은 임금으로 하여금 命令을 내게 하기 위함인데, 임금으로 세우고서 그 命令을 따르지 않는다면 임금을 무엇에 쓰겠는가.'라고 하자, 대부들이 命을 따른 뒤에 도공이 마침내 즉위하였다. 이른바 임금은 진실로 명령을 내는 사람이니 상벌을 독단하고 이로움과 해로움을 마음대로 할 수 있으며 온 나라의 정치를 거행하여 그의 손에서 모두 제어해야 하니 이와 같아야 비로소 임금이라고 할 것이고, 그렇지 않으면 임금 노릇 하는 것을 잃는다. 拓跋氏(北魏)가 혼란하면서부터 宇文泰가 大權을 모두 잡았고 이어서 그 아들이 西魏를 없애고 자신이 황제가 되었다. 그러나 軍國의 정사는 모두 宇文護에게 돌아갔고 비록 과감함이 宇文覺과 같고 명민함이 宇文毓과 같았어도 시행을 제대로 할 수 없었고 곧바로 그 혹독한 재앙을 만났다. 한 국가의 넓음과 臣民의 많음을 가지고도 한 사람도 그 사이에 가타부타라고 하지 못하고 오래 습관이 되고 일상화 되어 저들은 본래 스스로 생각하기를 법이 당연히 이와 같은 것이라고 하거늘, 하물며 그들에게 적을 토벌하는 임무를 의뢰하게 할 것인가. ≪資治通鑑綱目≫에서 한 번 기록하고 두 번 기록하는 것은 모두 부득이한 것이다. 大義가 밝아지지 않고 君臣의 분수가 확립되지 않아 반역과

①〈宇文毓은〉 향년이 27세이다.
壽二十七.

【目】北周 明帝가 영민하고 국량이 있었는데 宇文護가 꺼려해서, 膳部中大夫 李安에게 꿀떡 안에 독을 넣어 올리게 했다. 먹고 나서 알아 챈 北周主(明帝)가 5백여 자의 조칙을 구술로 남기며 말하기를, "짐의 아들이 나이가 어려 국가를 맡기에 마땅치 않다. 魯公 宇文邕이 짐의 훌륭한 아우로 관대함과 인자함과 큰 국량을 세상이 다 아는 바이니, 우리 北周를 크게 휘날릴 사람은 반드시 이 사람이다."라고 한 뒤 결국 세상을 떠나자, 우문옹이 제위에 올랐다. 우문옹이 성격이 침착하고 식견이 깊어 顧問을 거치지 않으면 바로 말하지 않았다.

周明帝가 明敏有識量이어늘 宇文護가 憚之하여 使膳部中大夫李安으로 寘毒於餹䭔하여 而進之①한대 周主가 覺之하여 口授遺詔五百餘言하고 且曰 朕子가 年幼하여 未堪當國이라 魯公邕이 朕之介弟로 寬仁大度가 海內共聞하니 能弘我周家는 必此子也라하고 遂殂하니 邕이 卽位러라 邕이 性이 深沈有遠識하고 非因顧問이면 未嘗輒言이러라

① 社佑의 ≪通典≫에 의하면, "後周(北周) 膳部中大夫는 冢宰에 속하며 6命이고, 그 밖에 또 膳部下大夫가 있는데 5命이다."라고 하였다. 餹은 음이 唐이니, 餳蜜(당밀)이다. 䭔는 都回의 切이니, 동그란 떡이다.
社佑通典 "後周膳部中大夫, 屬冢宰, 六命. 又有膳部下大夫, 五命." 餹, 音唐, 餳蜜也. 䭔, 都回切, 圓餠也.

【綱】6월에 陳나라 사람들이 梁나라 孝元帝의 장례를 치렀다.

六月에 陳人이 葬梁孝元帝①59)하다

① 梁나라 敬帝 太平 2년(557)에 北周가 孝元帝의 靈柩를 王琳에게 보냈는데 왕림이 패하자

혼란이 서로 이어지고 짐승이 사람을 압박하니 한탄할 만하구나.〔昔晉大夫迎亡悼公 公曰 人之求君使出命也 立而不從 將安用君 諸大夫聽命 而後悼公乃立 夫所謂君者 固將出令者也 擅賞罰 能利害 擧一國之政悉宰制於其手 若是 始謂之君 不然 則失其所以爲君矣 自拓跋乖亂 宇文泰總握大權 繼以其子廢魏自立 然軍國之政 悉歸於護 雖剛果如覺 明敏如毓 未能有所施爲 卽已罹其禍酷 以一國之大 臣民之衆 曾無一人可否其間 積習生常 彼固自以爲法應如此 況欲責之討賊之任乎 綱目一書再書 皆非得已 大義不明 君臣之分不立 逆亂相踵禽獸偪人 可嘆也哉〕" ≪發明≫

59) 陳人葬梁孝元帝 : "'陳人'이라고 기록한 것은 온후함을 인정해준 것이다. 北周 사람들이 孝元帝의 靈柩를 王琳에게 보낸 것이 이때에 4년이 지났다. 왕림이 도주하자 장사를 지내주었으니 마땅하다.〔書陳人 予厚也 周人歸其喪于琳 於是四年矣 琳奔而葬之 宜也〕" ≪書法≫

陳나라가 그 장례를 치른 것이다.

梁敬帝太平二年, 周人歸元帝之柩於王琳, 琳敗, 陳人乃得而葬之.

【綱】가을 8월에 北齊 常山王 高演이 임금 高殷을 폐위시켜 濟南王으로 삼고 자신이 제위에 올랐다.

◑秋八月에 齊常山王演이 廢其主殷하여 爲濟南王하고 而自立하다

【目】高演은 司馬 王晞가 나약하고 느려서 무장들의 마음에 들지 않을까 우려하여 밤마다 수레에 싣고 자신의 거처에 들어오게 하고, 낮에는 이야기를 나누지 않았다. 일찍이 은밀히 말하기를, "근자에 勳臣과 高官들이 매번 나를 크게 협박하며, 하늘의 뜻을 어기면(제위에 오르지 않으면) 상서롭지 못해 변고가 발생할까 우려된다 하니, 내가 이들을 법으로 다스리려 하는데 어떻게 생각하오."라고 하자, 왕희가 말하기를, "근자에 전하께서 갑자기 행하신 일은 신하로서 할 행동이 아니어서 위아래가 서로 의심하는데 어떻게 오래갈 수 있겠습니까. 전하께서 겸손하며 물러서려 해도 先帝의 기반을 무너뜨릴까 염려됩니다."라고 하니, 고연이 말하기를, "경은 더 이상 말하지 말라."라고 하였다.

왕희가 은밀히 趙彦深에게 묻자, 조언심이 말하기를, "나도 근래에 이런 소문과 논의에 놀라 매번 진술하려 했으나 입이 닫히고 심장이 두근거렸소. 아우가 이미 단서를 열었으니 나도 죽음을 무릅쓰고 속마음을 일체 털어놓겠소."라고 한 뒤 함께 고연에게 가서 제위를 권유하였고, 결국 고연이 婁太后에게 말씀드리자, 趙道德이 말하기를, "相王(고연)께서는 周公이 成王을 보필한 것을 본받지 않고 골육끼리 빼앗으려 하니, 후세에 찬탈이라 부르는 것을 두려워하지 않는 것입니까."라고 하였다. 얼마 뒤 고연이 또다시 태후에게 아뢰기를, "인심이 아직 안정되지 않아 갑자기 변고가 일어날까 우려되니, 일찍 이름과 지위를 결정해야 합니다."라고 하자, 태후가 마침내 그 말을 수용해서, 8월에 명령을 내려, 北齊主(高殷)를 폐위시켜 濟南王으로 삼은 뒤 별궁에 나가 머물게 하고, 常山王 고연에게 大統을 잇게 한 뒤, 한편으로 경계하기를, "제남왕에게 다른 일이 있게 하지 말라."라고 하였다.

演이 以司馬王晞儒緩으로 恐不允武將之意하여 每夜에 載入하고 晝則不與語러라 嘗密謂曰 比諸勳貴가 每敦迫하여 言我違天不祥이라 恐當有變이라하니 吾欲以法繩之하니 何如①오 晞曰 比者에 殿下倉猝所行이 非復人臣之事라 上下相疑하니 何由可久리잇가 殿下가 雖欲謙退나 恐墜先帝之

基[②]니이다 演이 曰 卿은 勿多言하라 晞가 又密以問趙彦深한대 彦深이 曰 我比亦驚此聲論하여 每欲陳聞이나 則口噤心悸[③]라 弟旣發端하니 吾亦當昧死하고 一披肝膽이리이다하고 因共勸演한대 演이 遂言於婁太后하니 趙道德이 曰 相王이 不效周公輔成王하고 而欲骨肉相奪하니 不畏後世謂之簒邪[④]아러라 未幾에 演이 自啓太后하여 以人心未定하여 恐奄忽變生하니 須早定名位라한대 太后가 從之하여 八月에 下令하여 廢齊主爲濟南王하여 出居別宮하고 以常山王演으로 入簒大統하고 且戒之曰 勿令濟南有它也[⑤]하라하다

① 比는 가까움이니, 아래 〈'比者'의 比도〉 같다. 敦은 힘씀이다. 迫은 핍박이다.
比, 近也, 下同. 敦, 勉也. 迫, 逼也.
② 先帝는 高歡을 말한다.
先帝, 謂高歡.
③ '聲論'은 여론이 모두 高演에게 모아져 명성이 조야에 가득한 것을 말한다. 噤은 입을 닫는 것이다. 悸는 마음이 떠는 것이다.
聲論, 謂輿論皆歸演, 聲滿朝野也. 噤, 口閉也. 悸, 心動也.
④ 高演이 丞相임으로 相王이라 부른 것이다.
演爲丞相, 故呼之爲相王.
⑤ '有它'는 죽이는 것이다.
有它, 殺之.

【目】 고연이 마침내 晉陽에서 제위에 올라 공신들의 후예를 이어 책봉하고 원로에게 예물을 하사하고 직언한 사람들을 불러 의견을 듣고 국가를 위해 죽은 이들을 포상하고 명예와 덕망이 있는 사람들을 追贈하였다. 王晞에게 말하기를, "경은 어찌 외부의 객처럼 행동해서, 조금도 볼 수가 없단 말인가."라고 한 뒤 조칙을 내려, 尙書 陽休之, 鴻臚卿 崔劼 등과 함께 매일 東廊으로 들어와 역대의 예절·음악·관직 및 田市·徵稅 등을 다 살펴서, 그 시대에 불편하면서도 계승해서 시행하고 있는 것, 예로부터 이롭게 여겼으나 지금은 폐지된 것, 도덕성이 높고 뛰어난데 오랫동안 묻혀 있는 사람, 교묘한 말로 풍속을 현혹시키고 요사스러움으로 정사를 해치는 사람 등을 모두 상세히 점검해 하나하나 아뢰게 하고, 御食(임금 음식)을 제공하였다.

北齊主(孝昭帝)가 식견과 도량이 있고 침착하고 민첩하며 젊어서 臺閣에서 지내면서 관리들의 사무를 명확히 익혔는데, 즉위하고 나서 더욱 노력해 顯祖(文宣帝)의 폐단을 크게 혁파했다. 일찍이 舍人 裴澤에게 정사의 잘잘못에 대해 묻자, 배택이 대답하기를, "폐하께서 총명하고 지극히 공평하시지만 지나치게 세심하시니 제왕의 도량으로 자못

넓지 못하십니다."라고 하니, 효소제가 말하기를, "짐이 처음 공무를 보며 두루 알지 못할까 염려해서 이렇게 된 것이니, 다만 이 다음엔 또 소홀했다는 혐의를 받을까 걱정이오."라고 하고, 신하들이 진언하면 모두 조용히 받아들였다.

효심이 지극하여 태후가 병이 들 때 얼굴빛이 초췌하고 허리띠를 풀지 않은 채 음식과 약물을 모두 직접 챙겼다. 태후가 가슴이 아파 견디지 못해 하자 북제주가 장막 앞에서 간호하며 손톱으로 손바닥을 긁어 대신 아파했는데 흘린 피가 소매를 적셨다. 동생들과 우애가 좋아 임금과 신하의 격의가 없었다.

演이 遂卽位於晉陽하여 紹封功臣하고 禮賜耆老하고 延訪直言하고 褒賞死事하고 追贈名德이러라 謂王晞曰 卿이 何爲自同外客하여 略不可見가하고 卽敕晞與尙書陽休之鴻臚卿崔劼[①]로 日入東廊하여 擧錄歷代禮樂職官及田市徵稅하여 或不便於時하되 而相承施用커나 或自古爲利하되 而於今廢墜커나 或道德高儁이 久在沈淪커나 或巧言眩俗하고 妖邪害政者를 詳思條奏하고 給以御食이러라 齊主가 識度沈敏하고 少居臺閣하여 明習吏事러니 卽位에 尤自勤勵하여 大革顯祖之弊러라 嘗問舍人裴澤得失한대 對曰 陛下가 聰明至公하되 而頗傷細하니 帝王之度가 頗爲未弘이니이다하니 齊主가 笑曰 朕初臨萬機에 慮不周悉이라 故致如此니 但恐後에 又嫌疏漏耳로라러라 群臣이 進言에 皆從容受納하고 性이 至孝하여 太后가 不豫하면 容色이 貶悴하고 衣不解帶하며 食飮藥物을 皆手親之러라 太后가 嘗心痛하여 不自堪이어늘 齊主가 立侍帷前하여 以爪掐掌代痛하니 血流出袖러라 友愛諸弟하여 無君臣之隔[②]이러라

① 劼은 丘八의 切이다.
　劼, 丘八切.
② 掐은 苦洽의 切이니 손톱으로 짓누르는 것을 掐이라 한다.
　掐, 苦洽切, 瓜按曰掐.

【綱】 陳나라 太尉 侯瑱이 湘州를 공격하자 北周가 軍司馬 賀若敦을 보내 구원했다.

陳太尉侯瑱이 攻湘州어늘 周遣軍司馬賀若敦하여 救之[60)]하다

---

60) 陳太尉侯瑱攻湘州……救之 : "江陵의 함락에 湘州 · 巴州가 모두 北周에 편입되었는데, '北周의 湘州〔周湘州〕'라고 기록하지 않은 것은 어째서인가. 옛 梁나라 땅이기 때문이다. 북주가 소유할 수 없으므로 巴陵이 陳나라에 항복한 것에도 '北周'라고 기록하지 않고, 湘州가 陳나라에 항복한 것에도 '北周'라고 기록하지 않았다.〔江陵之陷 湘巴皆入周矣 不書周湘州 何 故梁土也 周不得而有之 故巴陵之降陳 不書周 湘州之降陳 不書周〕" ≪書法≫

【目】江陵이 함락될 때 巴州・湘州 지역이 모두 北周에 편입됐는데, 북주가 梁나라 사람에게 이를 지키도록 했다. 陳나라가 太尉 侯瑱 등에게 군대를 이끌고 가게 해서 상주를 압박하자, 북주가 軍司馬 賀若敦과 獨孤盛을 보내 구원하게 했다. 이들이 湘川에 진을 치고 있을 때 군량의 지원이 끊기자 하약돈은 후진이 이 사실을 알까 두려워 영내에 흙을 많이 쌓아놓고 쌀로 그 위를 덮은 뒤 이웃 마을 사람들을 불러 마치 방문하는 것처럼 하게 하고 곧장 돌려보내자, 후진이 사실이라 생각했다. 하약돈이 또 군영과 성루를 증수하여 오래 머물 계책을 세웠다.

이에 앞서 토착민들이 자주 가벼운 배에 쌀과 고기를 싣고 와서 후진의 군대에 제공했는데, 하약돈이 토착민들의 배로 위장해 甲士들을 그 안에 매복시킨 채 다가갔다. 후진의 군사들이 멀리서 군량선이 왔다고 여겨 앞다퉈 차지하려 할 때 〈매복해 있던〉 갑사들이 나와 그들을 생포했다. 또 하약돈의 군사 가운데 말을 타고 후진에게 투항한 자가 자주 있자, 하약돈이 말 한 필을 별도로 택하여 말을 끌고 배로 향하며 배 위에 있는 사람에게 이 말을 맞아 채찍질하도록 했다. 이렇게 두세 차례 하자 말이 무서워하며 배에 오르지 않았다. 그런 다음 강기슭에 군사를 매복시키고, 사람들에게 배를 무서워하는 말을 타고 가서, 거짓으로 후진의 군사에게 투항하게 했다. 후진이 군사를 보내 영접하게 했으나 말이 배를 무서워해 오르지 않았고, 이때 매복한 군사들이 일제히 나와 그들을 모두 죽였다. 그 뒤로 실제 군량을 보내거나 도망 나와 항복하는 자가 있어도 후진이 이들을 거부하고 공격했다.

후진이 楊葉洲에서 독고성을 습격하여 격파하자 독고성이 병사들을 수습해 강안으로 올라가 성을 쌓고 지켰다.

江陵之陷也에 巴湘之地가 皆入於周어늘 周使梁人守之①러니 陳이 使侯瑱等으로 將兵逼湘州하니 周가 遣軍司馬賀若敦獨孤盛하여 救之라 軍於湘川②러니 會에 糧援이 斷絶이어늘 敦이 恐瑱知之하여 乃於營內에 多爲土聚하여 覆之以米하고 召旁村人하여 陽有訪問하고 隨卽遣之하니 瑱이 以爲實③이러라 敦이 又增修營壘하여 爲久留之計러라 先是에 土人이 多乘輕船하여 載米肉하여 以餉瑱軍이어늘 敦이 乃僞裝餉船하고 伏甲士於中하니 瑱軍이 望見하고 逆來爭取어늘 甲士가 出而擒之러라 又敦軍이 數(삭)有乘馬投瑱者어늘 敦이 乃別取一馬하여 牽以趣船하여 令船中으로 逆以鞭鞭之하여 如是再三하니 馬가 畏不上이라 然後伏兵江岸하고 使人乘畏船馬하여 詐降瑱軍하니 瑱이 遣兵迎接에 馬가 畏船하여 不上이어늘 伏發하여 盡殺之라 後에 實有饋餉及亡降者라도 瑱이 皆拒擊之러라 瑱이 襲破獨孤盛於楊葉洲하니 盛이 收兵登岸하여 築城自保④러라

① 梁人은 後梁의 임금이다.
梁人, 後梁主也.
② 賀若敦은 賀若統의 아들이다.
敦, 統之子也.
③ '旁村人'은 군영 옆 마을 사람이다.
旁村人, 營旁之村人也.
④ 姚思廉의 ≪陳書≫에 의하면, "楊葉洲는 西江 어구에 있다."라고 하였다. 西江은 湘江을 말한다.
據姚思廉陳書"楊葉洲在西江口." 西江, 謂湘江也.

【綱】 겨울 11월에 北齊가 盧叔虎를 太子庶子로 삼았다.

冬十一月에 **齊**가 **以盧叔虎**로 **爲太子庶子**하다

【目】 北齊主(孝昭帝)가 盧叔虎에게 時務에 대해 묻자, 노숙호가 北周의 정벌을 청하며 말하기를, "우리는 강하고 저들은 약하며 우리는 부유하고 저들은 빈곤하여, 그 형세가 현격합니다. 하지만 아직까지 병합하지 못한 것은 강함과 부유함을 잘 활용하지 못한 탓입니다. 마땅히 平陽에 중요한 鎭을 설치하여 북주의 蒲州와 대항 관계를 이루게 한 뒤 도랑을 깊이 파고 보루를 높이 쌓으며 군량을 운반하고 병기를 쌓아두어야 합니다. 저들이 관문을 닫고 나오지 않으면 조금씩 그들의 땅을 잠식하고, 저들이 군사를 출동하면 비용 손실이 반드시 클 겁니다. 우리 군사는 1년마다 한 번씩 수자리를 교대하고 곡식도 풍부합니다. 저들이 와서 싸움을 걸면 우리가 대응하지 않다가 저들이 후퇴하면 우리가 저들의 피폐한 틈을 파헤칩니다. 이렇게 우리와 대치하면 농업 또한 피폐해져 3년이 안 되어 저절로 무너질 것입니다."라고 하니, 북제주가 아주 훌륭한 대책이라 했다.

齊主問時務於叔虎[①]한대 **叔虎請伐周曰 我彊彼弱**하고 **我富彼貧**하여 **其勢**가 **相懸**이나 **然未能倂呑者**는 **此失於不用彊富也**니 **宜立重鎭於平陽**하여 **與彼蒲州**로 **相對**하여 **深溝高壘**하고 **運糧積甲**[②]하여 **彼閉關不出**하면 **則蠶食其地**하고 **若彼出兵**하면 **則費損**이 **必多**요 **我軍士**가 **年別一代**하고 **穀食豐饒**[③]라 **彼來求戰**하면 **我則不應**하고 **彼若退去**하면 **我乘其弊**하여 **與我相持**하여 **農業且廢**라 **不過三年**하여 **彼自破矣**리이다하니 **齊主**가 **深善之**러라

① 盧叔虎는 盧柔의 從叔이다.
叔虎, 柔之從叔也.

② 北魏 神嘉 원년(525)에 河東에 雍洲를 설치했는데 延和 원년(712)에 秦州로 개칭했다가 太和(827~835) 연간에 폐지했다. 북위가 동·서로 나뉘며 東魏 天平(523~537) 초에 河東에 다시 진주를 설치했는데 沙苑의 전투에서 패한 뒤에 하동 지역이 西魏로 편입됐고, 後周(北周)가 蒲阪의 옛 이름을 따라 蒲州를 설치했다.
魏神嘉元年, 置雍洲於河東, 延和元年改曰秦州, 太和中罷. 魏旣分爲東西, 東魏天平初, 復置秦州於河東. 沙苑敗後, 河東之地入于西魏, 後周因蒲阪舊名而置蒲州.
③ '年別一代'는 1년에 한 번씩 수자리를 교대하는 것이다.
年別一代, 一年一更戌也.

【綱】 北齊主(孝昭帝)가 직접 군대를 이끌가 가서 庫莫奚를 공격하자 고막해가 패해 달아났다.

齊主가 自將하여 擊庫莫奚하여 走之하다

【綱】 12월에 陳나라가 봄과 가을에 사형을 단행하지 않는 법을 만들었다.

◑ 十二月에 陳이 制春夏不斷死刑[61)]하다

【綱】 巴陵이 陳나라에 항복했다.

◑ 巴陵이 降陳하다

【目】 北周의 巴陵城主 尉遲憲이 陳나라에 항복하자 獨孤盛이 남은 무리들을 이끌고 살며시 달아났다.

周巴陵城主尉遲憲이 降陳하니 獨孤盛이 將餘衆潛遁이러라

【綱】 北齊가 王晞를 侍郞에 임명했으나 왕희가 받지 않았다.

齊가 以王晞로 爲侍郞이나 不受하다

---

61) 陳制春夏不斷死刑 : "王莽 때에 '명하여 法을 범한 자를 참형으로 論罪하되 철을 기다리지 말라.〔令犯法者 論斬毋須時〕'라고 기록하고, 漢나라 章帝 때에 이르러 비로소 '조서를 내려서 11월과 12월에 판결하지 말라.〔詔毋以十一十二月報決〕'라고 기록하고, 이때에 다시 이 기록이 있다. 陳主는 형벌을 신중히 했다고 말할 만하니 특별히 기록하여 인정해준 것이다.〔自莽書令犯法者 論斬毋須時 至漢章帝始書詔毋以十一十二月報決 於是而復有此書 陳主可謂能恤刑矣 特書予之〕" ≪書法≫

【目】 北齊主(孝昭帝)가 면전에서 사람의 목을 베며 王晞에게 묻기를, "이 사람이 응당 죽어야 하는가."라고 하자, 왕희가 말하기를, "응당 죽어야 하지만 그 죽임이 제자리를 얻지 못한 것이 안타깝습니다. 신이 듣건대, '저잣거리에서 사형을 시행해서 사람들과 함께 그를 버린다.'고 했으니, 궁정은 주륙을 행하는 장소가 아닙니다."라고 하니, 북제주가 자세를 바꾸며 사과하고 왕희를 侍郎으로 삼으려 했으나 애써 사양하며 받지 않았다.

누군가가 왕희에게 받을 것을 권유하자, 왕희가 말하기를, "내가 젊은 시절 이래 요직에 있는 사람들을 많이 봤는데 오랫동안 제 뜻을 펼친 경우가 적고 망가지지 않은 경우가 드물었다. 그리고 나는 본성이 성글고 느슨해서 時務를 감당하지 못하는데 임금의 사사로운 은혜로 어떻게 오랫동안 보전할 수 있겠는가. 만일 실패하면 물러날 길을 찾으려 해도 갈 곳이 없을 것이다. 요직에 있는 것을 좋아하지 않는 것이 아니라 다만 전후 상황을 잘 파악하고 있을 뿐이다." 하였다.

齊主가 斬人於前하고 問王晞曰 是人이 應死不(부)①아 晞曰 應死로되 但恨死不得其地耳니이다 臣이 聞刑人於市하여 與衆棄之라하니 殿廷은 非行戮之所也니이다하니 齊主가 改容謝之하고 欲以爲侍郎이나 苦辭不受②러라 或勸之어늘 晞曰 我少年以來로 閱要人多矣로니 得志少時요 鮮不顚覆③이라 且吾性實疏緩하여 不堪時務하니 人主恩私으로 何由可保리오 萬一披猖하면 求退無地니 非不好作要官이로되 但思之爛熟耳④라러라

① 不(의문사)는 否로 읽는다. 北齊主는 文宣帝가 사람을 죽인 것에 죄가 아닌 경우가 많아, 스스로 죽임은 그 죄에 합당해야 한다고 생각했으므로 王晞에게 물은 것이다.
不, 讀曰否. 齊(王)〔主〕[62]以文宣殺人, 多非其罪, 自謂誅當其罪, 故以問晞.
② ≪北史≫ 〈王晞傳〉에 따르면, 侍郎은 마땅히 侍中이 되어야 한다.
按北史王晞傳, 侍郎當作侍中.
③ '要人'은 권력의 중심에 있는 사람을 말한다. '少時'는 오래하지 않음을 말한다.
要人, 謂位居勢要者. 少時, 言不多時也.
④ '披猖'은 풀어져 찢긴 모양이다.
披猖, (繼)〔縱〕[63]裂貌.

【目】 胡氏(胡寅)가 다음과 같이 평하였다.

"王晞가 요직을 애써 사양하며 망가지기 쉽고 보전하기 어려운 것을 경계로 내세웠다

62) (王)〔主〕: 저본에는 '王'으로 되어 있으나, ≪資治通鑑≫ 註에 의거하여 '主'로 바로잡았다.
63) (繼)〔叉〕: 저본에는 '繼'로 되어 있으나, ≪古今韻會擧要≫에 의거하여 '縱'으로 바로잡았다.

면, 왕희가 高演에게 서둘러 국가를 취하게 함은 그 마음이 부귀 때문이 아니라 단지 顯祖(文宣帝)가 자신을 죽이려 한 앙갚음을 갚기 위해 그 아들에게 분풀이한 것일 뿐이니 또한 잔인하지 않는가."

胡氏曰 王晞가 力辭要官하여 而以易顚難保爲戒어던 則晞之說演하여 使速取國은 其心이 非爲富貴라 直欲報顯祖之欲殺己하여 而遷怒其子耳니 不亦忮乎[①]아

① 忮는 잔인함이다.
忮, 狠也.

【綱】 北齊가 屯田을 설치했다.

齊가 置屯田하다

【目】 예전에 北齊 경내의 곡식 값이 오르자 左丞 蘇珍芝가 石鼈 등지의 屯田 수리를 건의하였는데 이로부터 淮南에 주둔한 방어 군사들의 식량이 넉넉하고, 平州刺史 嵇曄이 督亢陂를 개척해 屯田을 설치할 것을 건의함으로써 해마다 수십만 석의 벼를 수확해 북쪽 변경의 양식이 풍족했다. 또 河內 일대에 懷義 등의 둔전을 설치해서 河南의 비용으로 충당하니 이로부터 식량 운송의 노고가 점차 종료되었다.

初에 齊境糴貴러니 左丞蘇珍芝가 建議하여 修石鼈等屯한대 自是로 淮南軍防이 足食[①]하고 平州刺史嵇曄이 建議하여 開督亢陂하고 置屯田하니 歲收稻粟數十萬石하여 北境周贍[②]하고 又於河內에 置懷義等屯하여 以給河南之費하니 自是로 稍止轉輸之勞[③]러라

① 杜佑가 말하기를, "石鼈은 楚州 安宜縣 서쪽 80리쯤에 있는데 鄧艾가 이곳에 성곽을 축조하고 白水塘을 만들었다. 북쪽으로 洪澤과 연결되었는데 1만 3천 頃의 屯田이 있다."라고 하였다. 安宜는 唐나라 寶應 원년(762)에 寶應縣으로 개칭했다.
杜佑曰 "石鼈, 在楚州安宜縣西八十里, 鄧艾築城於此, 作白水塘, 北接連洪澤, 屯田一萬三千頃." 安宜, 唐寶應元年, 改爲寶應縣.

② 督亢陂는 唐나라 涿州 新城縣 경계에 있으며, 燕나라 荊軻가 秦나라에 督亢地圖를 바쳤는데, 그 지도의 지역이 바로 이곳이다. 亢은 음이 剛이다.
督亢陂, 在唐涿州新城縣界, 燕荊軻獻圖於秦, 卽此地. 亢, 音剛.

③ 北齊가 河內와 汲郡을 나눠 義州로 삼고 懷義 등의 屯田을 설치했다.
齊分河內・汲郡爲義州, 置懷義等屯.

思政殿訓義 資治通鑑綱目 제34권 하

-陳 文帝 天嘉 2년(561)~陳 宣帝 太建 3년(571)-

辛巳年(561)

陳나라 世祖 文帝 陳蒨 天嘉 2년이고 北周 高祖 武帝 宇文邕 保定 원년이고 北齊 世祖 武成帝 高湛 太寧 원년이다.

陳天嘉二年이요 周高祖武帝邕保定元年이요 齊世祖武成帝湛太寧元年이라

【綱】 봄 정월에 北周 太師 宇文護가 스스로 都督中外諸軍事를 더하였다.

春正月에 周太師護가 自加都督中外諸軍事하다

【目】 또다시 조칙을 내려, 五府를 모두 天官에 소속시켜 모든 일을 宇文護에게서 먼저 재가를 받은 뒤 황제에게 보고하라고 하였다.

又詔五府하여 總於天官하여 事無巨細히 皆先斷後聞①이러라

① 五府는 地官·春官·夏官·秋官의 각 官府이다.
五府, 地官·春官·夏官·秋官·各官府也.

【綱】 北齊가 王琳을 揚州刺史로 삼았다.

齊가 以王琳으로 爲(楊)〔揚〕[1]州刺史하다

【目】 北齊主(孝昭帝)가 王琳에게 合肥로 가서 병사들을 모집하게 해서, 다시 進擊할 것을 도모했는데, 陳나라 合州刺史 裴景徽가 왕림에게 자신이 이 일의 선도가 되겠다고 했다. 북제주가 왕림에게 盧潛과 함께 병사를 이끌고 가게 할 때, 왕림이 고민하며 결정

1) (楊)〔揚〕: 저본에는 '楊'으로 되어 있으나, ≪御批資治通鑑綱目≫에 의거하여 '揚'으로 바로잡았다.

하지 못하자, 배경휘가 계책이 발각될까 우려하여 몸을 빼내 북제로 도망갔다. 북제주가 왕림을 驃騎大將軍 開府儀同三司 揚州刺史로 삼아 壽陽을 지키게 했다.

齊主가 使王琳으로 出合肥召募하여 更圖進取러니 陳合州刺史裴景徽가 請爲鄕導①한대 齊主가 使琳으로 與盧潛將兵赴之하니 琳이 沈吟不決이어늘 景徽가 恐事泄하여 挺身奔齊하니 齊主가 以琳으로 爲驃騎開府揚州刺史하여 鎭壽陽이러라

① 기록에 의하면, 梁나라가 合州를 合肥에 설치했는데 侯景의 반란 때 이미 北齊에 편입됐고 北齊의 영토는 남쪽으로 歷陽까지 닿았다. 한편 陳나라가 長江 변에 合州를 僑置[2]하고 裴景徽를 刺史로 삼았다. 배경휘는 王琳의 형 王珉의 사위이다.
按梁置合州於合肥, 侯景之亂, 已入於齊, 齊之境土, 南盡歷陽. 陳蓋僑置合州於江濱, 以景徽爲刺史. 景徽, 琳兄珉之壻也.

【綱】 湘州가 陳나라에 항복하자 北周가 회군했다.

湘州가 降陳하니 周師還하다

【目】 北周 湘州城主 殷亮이 陳나라에 항복했다. 侯瑱이 賀若敦과 오랫동안 대치하며 제압하지 못하자, 하약돈에게 배를 빌려주며 강을 건너가게 했다. 속임수임을 염려한 하약돈이 "반드시 우리가 돌아갈 수 있게 하려면 우리 군대로부터 백 리쯤 떨어져 있으라."라고 답하자, 후진이 江岸에 배를 남겨둔 채 병사를 이끌고 떠났고, 이에 하약돈이 철수해서 북쪽으로 돌아갔다. 宇文護는 하약돈이 땅을 잃고 공로가 없다는 이유로 제명시켜 평민으로 삼았다.

周湘州城主殷亮이 降陳이러라 侯瑱與賀若敦이 相持日久에 不能制하여 乃借船送敦等度江①하니 敦이 慮其詐하여 報云 必須我歸면 可去我百里之外하라하니 瑱이 留船江岸하여 引兵去之하니 敦이 乃自拔하여 北歸러라 宇文護가 以敦失地無功으로 除名爲民이러라

① 〈賀若敦傳〉에 의하면 '借船' 위에 '求'가 있다.[3]
按賀若敦傳, '借船'之上有'求'字.

---

2) 僑置 : 땅 이름을 그대로 옮겨 사용하는 일이다. 六朝時代에 전란으로 북방 사람들이 남방으로 옮겨와서 살게 되자 북방에서 사용하던 땅 이름을 그대로 사용하여 郡縣의 호칭을 삼은 일을 말한다.
3) 賀若敦傳……있다 : ≪北史≫ · ≪周書≫의 〈賀若敦傳〉에 이렇게 되어 있다.

【綱】 2월에 北周가 韋孝寬을 勳州刺史로 삼았다.

二月에 周가 以韋孝寬으로 爲勳州刺史하다

【目】 北周 사람들이 韋孝寬이 玉壁에서 공을 세웠다는 이유로 옥벽에 勳州를 설치하고 위효관을 刺史로 삼았다. 위효관은 온정과 신의가 있고, 간첩을 잘 활용해 北齊의 동정을 모두 감지했다. 어느 主將이 성을 바쳐 북제에 투항하자 위효관이 첩자를 보내 그를 참살했다.

북제 경내의 生胡가 자주 노략질을 일삼았으나 이들을 토벌하지 못했다. 위효관이 험요한 곳에 성을 쌓아 그들을 제압하고자 하여 開府儀同三司 姚岳을 보내 감독하게 했다. 요악이 병사가 적다는 이유로 〈무서워하며〉 감히 나가지 못하자, 위효관이 말하기를, "이 성은 晉州와 4백여 리나 떨어져 있어 성을 쌓는 데 10일이면 완성될 것이다. 우리가 첫날 손을 대기 시작하면 둘째 날에야 적의 국경에서 알아차릴 것이고, 〈북제가〉 진주에서 군사를 징발한다 해도 3일쯤 돼야 비로소 모일 것이고, 대책을 도모하느라 또 3일을 지체할 것이며, 출발을 헤아려 봐도 2일 안에는 도착하지 못할 것이니, 그 사이에 우리의 성과 해자가 완성될 것이다."라고 하고 마침내 성을 쌓았다. 北齊 사람들이 정말 국경에 도착하였으나 대군이 있을까 의심하여 정지한 채 진격하지 못했다. 그날 밤 위효관이 마을들에 불을 놓게 하자 북제 군사들이, 북주의 군사들이 왔다고 여겨 군사들을 거둬들여 수비에 치중했고, 요악이 성 쌓기를 마치고 돌아왔다.

周人이 以韋孝寬이 嘗立勳於玉壁으로 乃置勳州於玉壁하고 以孝寬으로 爲刺史하니 孝寬이 有恩信하고 善用間諜하여 齊之動靜을 皆先知之라 有主帥가 以城降齊어늘 孝寬이 遣諜하여 斬之러라 齊境生胡가 數爲抄掠하되 不可誅討①러니 孝寬이 欲築城於險要以制之하여 遣開府姚岳監之하니 岳이 以兵少로 不敢前이어늘 孝寬이 日 此城이 距晉州四百餘里요 築之十日可畢이니 吾一日에 創手하면 二日에 敵境이 始知요 晉州가 徵兵에 三日方集이요 謀議之間에 自稽三日이며 計其軍行이 二日不到리니 我之城隍이 辦矣리라하고 乃築之러라 齊人이 果至境上하여 疑有大軍하여 停留不進이어늘 其夜에 孝寬使諸村縱火하니 齊人이 以爲軍至하여 收兵自固하니 岳이 卒城而還이러라

① 生胡는 稽胡로, 北周에 부속되지 않은 자이다.
生胡, 卽稽胡之不附屬周者.

【綱】 3월에 北周가 12丁兵 제도를 만들었다.

三月에 周가 制十二丁兵하다

【目】北周가 8丁兵을 바꾸어 12丁兵으로 만들었는데 1년에 1개월을 복역하는 것이다.

周가 改八丁兵爲十二丁兵하고 率歲一月役①이러라

① 8丁兵은 구역 내의 民丁이 8번으로 나눠 번갈아가며 복역하는 것이고, 12丁兵은 12번으로 나눠 월별로 복역하는데 1년을 주기로 회전하는 것이다.
八丁兵者, 凡境內民丁分爲八番, 遞上就役. 十二丁兵者, 分爲十二番, 月上就役, 周而復始.

【綱】여름 4월 초하루에 일식이 있었다.

夏四月朔에 日食하다

【綱】가을 7월에 北周가 돈을 다시 주조했다.

◑秋七月에 周가 更鑄錢[4]하다

布泉錢

【目】錢에 '布泉'이라는 글자가 새겨져 있다(이 錢을 포천이라 함). 1매가 작은 돈의 5매에 해당했으며, 五銖錢과 함께 유통했다.

文曰布泉이라하고 一當五하여 與五銖竝行①이러라

① 布와 泉은 모두 돈의 이름이다. ≪周禮≫ 〈天官 冢宰〉에 "錢은 유통하는 것을 布라 하고 저장하는 것을 泉이라 한다."라고 하였다. 일설에 布泉이란 화폐를 민간에 유포시킨다는 말이다.
布・泉, 皆錢之別名. 周禮 "錢, 行之曰布, 藏之曰泉." 一說, 布泉者, 言貨流布於民間也.

【綱】9월에 北齊主(孝昭帝) 高演이 濟南王(高殷)을 시해했다.

九月에 齊主演이 弑濟南王하다

---

4) 更鑄錢 : "北周는 이로부터 錢幣를 모두 세 번 바꾸었다.(이해에 1매가 작은 돈의 5매에 해당하고, 甲午(574)에 五行大布는 1매가 작은 돈의 10매에 해당하고, 己亥(579)에 永通萬國은 1매가 작은 돈의 1,000매에 해당하였다.) ≪資治通鑑綱目≫을 마치도록 錢幣의 변경이 잦은 것은 王莽 이외에 北周만 한 것이 없다.(왕망은 18년간에 네 번 바꾸고, 북주는 19년간에 세 번 바꾸었다.)〔周自是錢幣凡三變(是年 一當五 甲午 五行大布一當十 己亥永通萬國一當千) 終綱目錢幣更變之亟 王莽之外 莫如周者矣(莽十八年四變 周十九年三變)〕" ≪書法≫

【目】 北齊主가 楊愔·燕子獻을 죽였을 적에 長廣王 高湛을 太弟로 삼기로 했는데, 얼마 후 高百年을 太子로 세우자 고담이 편치 않아 했다. 북제주가 晉陽에 있고 고담이 鄴城을 지키고 있을 때, 散騎常侍 高元海가 주요 기밀을 관장하고 있었다. 북제주가 斛律羨을 領軍으로 삼아 고담의 권한을 나누자, 고담이 곡률선이 업무 보는 것을 허락하지 않았다.

당시 濟南閔悼王(高殷)이 鄴城에 있었는데, 天氣를 살피는 사람이 "업성 지역에 천자의 기운이 감돈다."라고 하자, 平秦王 高歸彦은 濟南王(高殷)이 다시 서게 될까 우려하여 북제주에게 그를 제거할 것을 권유하니, 북제주가 고귀언에게 업성에 가서 제남왕을 부르게 했다. 내심 불안한 고담이 高元海에게 계책을 묻자, 고원해가 말하기를, "세 가지 계책이 있으니 전하께서 梁孝王이 한 故事처럼, 몇 명의 기병과 함께 진양으로 들어가 太后와 主上을 뵙고, 병권을 내놓고 조정의 일을 관여하지 않겠다고 하는 것이 상책이며, 그렇지 않으면 表文을 올려 靑州·齊州刺史를 요청해 조용히 지내는 것이 중책입니다."라고 하였다. 다시 하책을 묻자, "말하면 멸족의 화를 당할까 두렵습니다."라고 하되, 굳이 다그치자, 고원해가 말하기를, "제남왕은 대물린 嫡子인데 주상께서 이를 빼앗았습니다. 이제 문무백관을 소집하여 제남왕을 부르는 조칙을 보여준 뒤 斛律豐樂을 체포하고 고귀언을 참수하고 제남왕을 황제로 옹립해 천하에 호령하여 순리로 반역을 토벌한다면 이것은 만 대에 한 번 찾아오는 기회입니다."라고 하니 고담이 크게 기뻐했으나 적용하지 못했다.

林慮縣令 潘子密이 점을 잘 쳤는데, 살며시 고담에게 말하기를, "전하께서 천하의 주인이 되실 겁니다."라고 하였다. 고담이 제남왕을 진양에 보내자 북제주가 제남왕을 죽였다.

齊主之誅楊燕也에 許以長廣王湛으로 爲太弟러니 旣而立太子百年이어늘 湛이 心不平①이러라 齊主가 在晉陽하고 湛이 守鄴할새 散騎常侍高元海가 典機密②이러니 齊主가 以斛律羨으로 爲領軍하여 分湛權하니 湛이 不聽羨視事③러라 是時에 濟南閔悼王이 在鄴이러니 望氣者가 言鄴中에 有天子氣④라한대 平秦王歸彦이 恐王復立하여 勸齊主除之⑤하니 齊主가 使歸彦으로 至鄴하여 徵濟南王하니 湛이 內不自安하여 問計於高元海한대 元海曰 有三策하니 請殿下如梁孝王故事하여 從數騎入晉陽하여 見太后主上하여 請去兵權하고 不干朝政이 此上策也⑥요 不然이면 表請靑齊刺史하여 沈靖自居가 此中策也니이다. 更問下策한대 曰 發言하면 卽恐族誅니이다하되 固逼之하니 元海曰 濟南은 世嫡이어늘 主上이 奪之니 今集文武하여 示以徵濟南之敕하여 執斛律豐樂하고 斬高歸彦하고 尊立濟南하여 號令天下하여 以順討逆하면 此萬世一時也⑦니이다하니 湛이 大悅이나 然未能用이러라 林慮

令潘子密이 曉占候⑧러니 潛謂湛曰 殿下當爲天下主니이다하여 湛이 乃送濟南主于晉陽한대 齊主가 殺之러라

① 楊·燕은 楊愔과 燕子獻을 말한다.
楊·燕, 謂楊愔·燕子獻.
② 高元海는 北齊 高祖의 從孫이다.
元海, 齊高祖從孫也.
③ 斛律羨은 斛律光의 아우이다.
羨, 光之弟也.
④ 濟南王 高殷의 시호가 閔悼이다.
濟南王殷謚閔悼.
⑤ 北齊主는 高歸彦이 장악한 군대의 힘을 빌려 楊愔과 燕子獻을 제거하였는데, 양음과 연자헌이 죽자 濟南王이 폐기되었다. 그래서 제남왕이 다시 서게 되면 자신에게 이롭지 않을까 우려한 것이다.
齊主籍歸彦握兵以殺楊·燕. 楊·燕死, 而濟南廢矣. 故恐其復立, 爲己不利.
⑥ 梁孝王 관련 이야기는 漢 景帝 中元 2년(B.C. 148) 조에 보인다.
梁孝王, 事見漢景帝中二年.
⑦ 豐樂은 斛律羨의 字이다.
豐樂, 羨字.
⑧ 林慮縣은 漢나라 때에는 河內郡에 속하였고 晉나라 때에는 汲郡에 속하였으며 西魏 敬宗 永安 원년(539)에 林慮郡을 설치하여 林慮縣을 소속시켰다.
林慮縣, 漢屬河內郡, 晉屬(伋)〔汲〕[5]郡, 魏敬宗永安元年置林慮郡, 帶林慮縣.

【綱】 겨울 10월 초하루에 일식이 있었다.

冬十月朔에 日食하다

【綱】 11월에 北齊主(孝昭帝) 高演이 殂하자 아우 長廣王 高湛이 즉위하고, 太子 高百年을 폐출시켜 樂陵王으로 삼았다.

◑ 十一月에 齊主演이 殂①어늘 弟長廣王湛이 立하고 廢太子百年爲樂陵王[6]하다

5) (伋)〔汲〕: 저본에는 '伋'으로 되어 있으나, ≪資治通鑑≫ 註에 의거하여 '汲'으로 바로잡았다.
6) 齊主演殂……廢太子百年爲樂陵王 : "高湛의 즉위는 누가 즉위시킨 것인가. 高演이 즉위시킨 것이다. 고연이 즉위시켰으니 高百年 역시 고연이 폐출시킨 것이다. 고담을 죄준 것은 어째서인가. 高百年은 끝내 죽었는데 폐출시킨 것은 고담의 마음〔志〕이다. ≪資治通鑑綱目≫에서는 마음을 꾸짖었으므로

①〈高演은〉 향년이 27세였다.
壽二十七이라

【目】 北齊主 高演이 사냥을 나갔다가 놀란 말에 의해 땅에 떨어지며 늑골이 부러졌다. 婁太后가 병문안을 와서 濟南王(高殷)의 소재를 재차 물었지만, 효소제가 대답하지 않자, 누태후가 노하며 말하기를, "죽였는가. 내 말을 듣지 않았으니, 〈너는〉 죽어 마땅하다."라고 하고 뒤도 돌아보지 않은 채 가버렸다.

북제주가 高湛을 불러 황제로 세우고, 또 글을 남기기를, "高百年은 아무 죄가 없으니 그를 아주 편한 곳에 두고 이전 사람(나)을 본받지 말라."라고 한 뒤 결국 세상을 떠났다. 고담이 여전히 거짓인가 의심하여, 친한 사람을 시켜 먼저 빈소로 가서 관 뚜껑을 열어 확인하게 하고, 使者가 찾아와 보고하자, 기뻐하며 晉陽으로 달려가 帝位에 오르고 고백년을 세워 樂陵王으로 삼았다.

齊主演이 出畋이라가 馬驚墜地하여 絶肋①이어늘 婁太后가 視疾하여 問濟南所在者三이로되 齊主가 不對어늘 太后가 怒曰 殺之邪아 不用吾言하니 死其宜矣라하고 遂去不顧러라 齊主가 乃徵湛하여 立之하고 又與書曰 百年이 無罪하니 可以樂處置之하고 勿效前人하라하고 遂殂②어늘 湛이 猶疑其詐하여 使所親으로 先詣殯所發視하고 使者가 復命이어늘 乃喜하여 馳赴晉陽하여 卽位하고 立百年爲樂陵王이러라

①肋은 음이 勒이며 갈비뼈이다.
肋, 音勒, 脅骨也.
②'前人'은 자신을 가리킨다. 자기가 일찍이 濟南王을 죽였다.
前人, 自謂也, 已嘗殺濟南王也.

【綱】 北周가 陳나라에 사신을 파견했다.

周가 遣使如陳하다

【目】 北周 사람들이 陳나라 安成王 陳頊을 돌려보내어 司會上士 京兆 사람 杜杲를 陳나라에 파견하자 陳主(文帝)가 사신을 보내 보답하고 사례로 黔中 지역과 魯山郡을 내줬다.

樂陵王이라고 하였다. '廢'라고 기록하고 그것을 고담에게 연계시키고, 악릉왕을 죽였을 때에 北齊主(高湛)를 지적하여 이름〔湛〕을 기록하였다.〔湛之立 孰立之 演立之也 演立之 則百年亦演廢之矣 其以罪湛何 百年竟殺 則廢之者 湛志也 綱目誅志 故其以爲樂陵王也 書廢而繫之湛 其殺之也 齊主斥書名〕" ≪書法≫

周人이 許歸陳安成王頊하여 使司會上士京兆杜杲로 如陳[①]하니 陳主가 遣使報之하고 幷賂以黔中地及魯山郡[②]이러라

① 社佑의 ≪通典≫에 의하면, "後周(北周)의 司會는 天官府에 속하며, 中大夫・上士・中士가 있다."라고 하였다.
社佑通典, 後周司會, 屬天官府, 有中大夫・上士・中士.

② 北周가 黔中을 얻으면 巴蜀 전체를 소유하고 魯山을 얻으면 漢沔 전체를 소유하므로 원하는 것을 따라 내준 것이다.
周得黔中, 則全有巴蜀, 得魯山, 則全有漢沔, 故因其所欲而餌之.

【綱】 12월에 陳나라가 鹽稅의 징수와 술의 전매법을 제정했다.

十二月에 陳이 立鹽賦榷酤法하다

【目】 中庶子 虞荔(우리)와 中丞 孔奐이 국가의 부족한 재정에 대한 해결책으로 上奏하여 제정한 것이다.

庶子虞荔와 中丞孔奐이 以國用不足으로 奏하여 立之[①]러라

① 荔는 음이 吏이다. 孔奐은 孔琇之의 증손이다.
荔, 音吏. 奐, 琇之之曾孫也.

壬午年(562)

陳나라 世祖 文帝 陳蒨 天嘉 3년이고 北齊 世祖 武成帝 高湛 河清 원년이고 北周 高祖 武帝 宇文邕 保定 2년이다. 後梁 世宗 蕭巋 天保 원년이다.

陳天嘉三年이요 齊河清元年이요 周保定二年이라 ○ 後梁世宗巋天保元年[①]이라

① 巋는 음이 歸, 또는 區胃의 切이다.
巋, 音歸, 又區胃切.

【綱】 봄 윤2월에 北齊가 高歸彦을 冀州刺史로 삼고 和士開를 黃門侍郎으로 삼았다.

春閏二月에 **齊以高歸彦**로 **爲冀州刺史**하고 **和士開**로 **爲黃門侍郎**하다

【目】 平秦王 高歸彦이 肅宗(孝昭帝)에게 후한 대우를 받자 권력을 믿고 교만을 부렸다. 이때가 되어 侍中 高元海 등이 "반드시 재앙과 난리가 일어날 것이다."라고 하니, 北齊主(효소제) 또한 고귀언의 배반의 자취를 탐지하고 점차 싫어해서, 그를 冀州刺史에 임명했다. 칙령을 내려 일찍 임지로 출발하게 하니 督將들이 모두 전송하였다. 고귀언이 작별의 인사를 하고 물러날 때 감히 함께 말하는 이가 없었지만 趙郡王 高叡만 그와 오랫동안 이야기를 나눴다.

북제주가 長廣王이었을 때 和士開가 握槊을 잘 놀고 비파를 잘 연주한 일로 총애를 받았는데 帝位에 오르자 여러 번 승진해 黃門侍郎이 되었다. 고원해와 中丞 畢義雲, 黃門侍郎 高乾和가 모두 그를 질시해 그의 문제점 말하려 하자, 화사개가 고원해 등이 서로 결탁해 威勢(형벌)와 福祿(상)을 멋대로 부리려 한다고 상주했다. 이로 인해 고건화가 북제주로부터 멀어지게 되고, 필의운은 화사개에게 뇌물을 주어 兗州刺史가 되었다.

平秦王歸彦이 爲肅宗所厚하여 恃勢驕盈[①]이러니 至是하여 侍中高元海等이 言其必爲禍亂이라하니 齊主가 亦尋其反覆之跡하고 漸忌之하여 以爲冀州刺史하고 敕令早發하니 督將이 悉送하여 拜辭而退할새 莫敢與語하되 唯趙郡王叡가 與語久之[②]러라 齊主之爲長廣王也에 和士開가 以善握槊彈琵琶로 有寵[③]이러니 及卽位하여 累遷黃門侍郎하니 高元海及中丞畢義雲黃門郎高乾和가 皆疾之하여 將言其事어늘 士開가 乃奏元海等이 交納朋黨하여 欲擅威福이라하니 乾和가 由是被疏하고 義雲이 納賂하여 得爲兗州刺史러라

① 高歸彦이 楊愔을 죽인 공로로 숙종에게 후대 받았다.
歸彦以殺楊愔之功, 爲肅宗所厚.

② 高歸彦이 처음엔 文宣帝의 신임을 받았으나 뒤에 楊愔을 배신하고 孝昭帝를 가까이하여 濟南王의 화를 성사시키며 다시 효소제의 신임을 받았다. 효소제가 죽자 또다시 武成帝를 맞이해 하늘이 이룬 공로를 탐내 가졌다. 그래서 무성제가 그의 이런 반복적인 행태를 되짚어 싫어한 것이다. 高叡는 高歡의 아우 高琛의 아들이다.
歸彦始爲文宣所親任. 其後背楊愔, 附孝昭, 以成濟南之禍, 又爲孝昭所委信. 孝昭旣殂, 又迎武成以貪天之功, 故武成跡其反覆而忌之. 叡, 高歡弟琛之子也.

③ 握槊은 雙六이다. 握槊 기구는 骨角으로 만드는데 네모반듯한 바탕에 朱墨을 새겨 넣는다. 짝을 이뤄 던져진 숫자를 합치는데 해와 달의 의미를 취택한 것이며, 굴러서 멈출 때 그것에 의하여 수를 겨루는 것이다.

握槊, 雙六也. 握槊之器, 其制用骨, 觚稜四均, 鏤以朱墨, 耦而合數, 取應日月, 視其轉止, 依以爭道.

【綱】 陳나라가 병사를 보내어, 臨川에서 江州刺史 周迪을 토벌했다.

陳이 **遣兵**하여 **討其江州刺史周迪于臨川**[7]하다

【目】 예전에 陳主(文帝)가 周迪을 불러 湓城으로 가서 鎭守하게 했는데 오지 않았고, 豫章太守 周敷만 앞장서서 조정에 들어오자 安西將軍이란 封號를 내리고 樂隊와 歌妓, 황금과 비단을 준 뒤 豫章으로 돌려보냈다. 이에 불만을 품은 주적이 은밀하게 留異와 결탁해서 병사를 보내 주부를 습격하자, 주부가 맞서 싸워 격파했다.

閩州刺史 陳寶應도 남몰래 유이와 뜻을 합쳤는데, 虞荔(우리)의 아우 虞寄가 閩中에서 유랑 생활을 하고 있었다. 우리가 아우를 생각한 나머지 병이 생기자 陳主가 우리를 위해 우기를 불렀으나 진보응이 붙잡고 놓아주지 않았다. 우기가 차분하게 거역과 순응의 도리에 대해 일깨우듯 이야기할 때면 진보응은 다른 말을 꺼내 그의 논리를 흩뜨렸다. 진보응이 일찍이 사람을 시켜 ≪漢書≫를 읽게 하고 누워서 이를 듣다가, 蒯通이 韓信에게, "그대의 등을 보니 그 귀함이 이루 말할 수 없다."라고 한 대목에 이르러 벌떡 일어나 말하기를, "지혜 있는 사람이라 할 만하다."라고 하였다. 이에 우기가 "괴통의 한 번 설득에 세 사람의 호걸이 죽었는데, 어찌 지혜가 있다고 할 수 있겠습니까. 어찌 班彪의 〈王命論〉이 대세의 귀착점을 알고 있는 것만 하겠습니까."라고 하였다.

우기가 진보응은 간언할 수 없고, 재앙이 자신에게 미칠까 우려하여 居士의 옷을 입은 채 東山寺에서 지내며 발에 병이 났다고 핑계 대고 있었는데, 진보응이 사람을 시켜 집을 태웠지만, 우기가 편안히 누워 미동도 하지 않았다. 가까운 사람이 그를 부축해 나가려 하자, 우기가 말하기를, "나의 운명은 다른 사람에 손에 달려 있는데 피한다 한들 어디로 가겠는가."라고 하니, 불을 놓은 자가 직접 그를 구했다. 陳主가 吳明徹을 江

---

7) 陳遣兵 討其江州刺史周迪于臨川 : "'臨川에서'라고 기록한 것은 아직 命을 받지 않았기 때문이다. 그렇다면 '토벌했다〔討〕'라고 기록한 것은 어째서인가. 周迪은 東陽(留異)·晉安(陳寶應)과 함께 서로 연계 전선을 펼쳤는데 이미 밖으로는 梁나라 군사에게 패하고 다시 안으로 陳나라의 命을 거역하였으니 이는 자신이 한 골짜기를 독차지하여 세 개 굴의 탈출구를 마련한 것이었다. 만일 주적이 예전에 즉시 양나라에 항복하였으면 ≪資治通鑑綱目≫에서 '討'라고 기록하지 않았을 것이다.〔書于臨川 未受命也 然則書討 何 迪與東陽晉安 共相連結 既外敗梁師 復內拒陳命 是欲自專一壑 存三窟也 使迪初卽降梁 則綱目不書以討矣〕" ≪書法≫

州刺史로 삼고, 黃法氍와 周敷를 독촉해 함께 주적을 토벌하게 했다.

初에 陳主가 徵迪하여 出鎭湓城하되 不至①하고 豫章太守周敷가 獨先入朝어늘 進號安西將軍하고 給鼓吹女妓金帛하여 還豫章②하니 迪이 不平하여 陰與留異相結하여 遣兵襲敷하니 敷與戰破之러라 閩州刺史陳寶應이 亦陰與異合③이러니 虞荔弟寄가 流寓閩中하니 荔思之成疾이어늘 陳主가 爲荔徵之하되 寶應이 留不遣이러라 寄가 常從容諷以逆順하니 寶應이 輒引佗語하여 以亂之러라 寶應이 嘗使人讀漢書하고 臥而聽之러니 至蒯通說韓信曰 相君之背하니 貴不可言이로다하여 蹶然起坐曰 可謂智士④로다하니 寄曰 通이 一說(세)에 殺三士하니 何足言智리오 豈若班彪王命이 識所歸乎⑤아러라 寄가 知寶應不可諫하고 恐禍及己하여 乃著居士服하고 居東山寺하여 陽稱足疾⑥이러니 寶應使人燒其屋하되 寄安臥不動하여 親近이 將扶之出이어늘 寄曰 吾命有所懸이어늘 避將安往⑦이리오하니 縱火者가 自救之러라 陳主가 乃以吳明徹로 爲江州刺史하고 督黃法氍周敷하여 共討周迪이러라

① 周迪이 江州刺史를 겸임하여 臨川에 주둔해 있었는데, 불러들여 湓城에 鎭守하게 해서, 마치 江州를 주는 것처럼 했다.
周迪領江州刺史而屯據臨川, 徵之鎭湓城, (巷)〔若〕[8]以江州授之者.

② 앞서 周敷가 周迪과 臨川을 나눠 차지했는데, 熊曇朗을 격파하고 나서 주부가 豫章으로 옮겼다.
周敷先與周迪分據臨川, 旣破熊曇朗, 敷移據豫章.

③ ≪五代志≫에 "建安郡은 陳나라 때에 閩州를 설치했다."라고 하였다.
五代志 "建安郡, 陳置閩州."

④ '蹶然'은 깜짝 놀라 일어나는 모양이다.
蹶然, 驚起貌.

⑤ 班固가 말하기를, "蒯通의 한 번 설득에 세 명의 호걸을 잃었다."라고 했는데 應劭의 주에서, "酈生을 烹死하게 하고 田橫을 패퇴하게 하고 韓信을 교만 부리게 한 것을 말한다."[9]라고 하였다. 漢 光武 때 班彪가 난을 피해 隗囂를 따랐는데, 〈王命論〉을 지어, "漢나라가 堯임금을 계승해 신령한 운명의 부응이 있으며 王者의 興起는 속임으로 이루는 것이 아니다."라고 하여 외효를 일깨웠다.
班固曰 "蒯通一說而喪三儁." 應劭註云 "謂烹酈(역)生敗田橫驕韓信也." 漢光武時, 班彪因避難從隗囂, 著王命論, 以爲"漢德承堯, 有靈命之符, 王者興祚, 非詐力所致." 以感悟囂.

⑥ 著(착용하다)은 陟略의 切이다.
著, 陟略切.

8) (巷)〔若〕: 저본에는 '巷'으로 되어 있으나, ≪資治通鑑≫ 註에 의거하여 '若'으로 바로잡았다.
9) 酈生을……말한다 : 蒯通은 韓信에게 항복한 齊나라를 습격하게 하여 劉邦의 명으로 제나라에 화평을 주선하러 갔던 酈生(酈食其)이 속임수로 몰려 烹刑을 당했고, 齊相 田橫이 패전하여 海島로 들어갔다가 나중에 자결하였다. 또 괴통이 한신에게 반란을 일으키라고 했다가 나중에 한신이 죽임을 당하였다.

⑦〈'吾命有所懸 避將安往'은〉 閫中에 자취를 의탁해 목숨이 남의 손에 달려 있으므로 피할 곳이 없다고 한 것이다.
言託跡閫中, 生死之命, 懸於人手, 無所避之也.

【綱】 北齊가 盧潛을 揚州刺史로 삼았다.

齊가 以盧潛으로 爲揚州刺史하다

【目】 王琳이 자주 남쪽으로 침략하려 하자 盧潛이 안 된다고 했고, 北齊主(武成帝)가 노잠의 의견에 동의하니, 왕림과 노잠이 이로 말미암아 사이가 벌어졌다. 북제주가 왕림을 불러 鄴城으로 가게 하고 노잠을 揚州刺史로 삼았다.

王琳이 數(삭)欲南侵이어늘 盧潛이 以爲未可라커늘 齊主가 許之하니 琳이 由是로 與潛有隙이러라 齊主가 徵琳赴鄴하고 以潛으로 爲揚州刺史러라

【綱】 陳나라가 五銖錢을 다시 주조했다.

陳이 改鑄五銖錢[10]하다

【目】 梁나라 말기 혼란에 鐵錢이 유통되지 않자 민간에서 사적으로 鵝眼錢을 만들어 사용했는데 이때 五銖錢을 고쳐 주조한 것이니, 1매가 鵝眼錢 10매에 해당했다.

五銖錢

梁末喪亂에 鐵錢이 不行하여 民間이 私用鵝眼錢이러니 至是하여 改鑄五銖錢하니 一當鵝眼之十이러라

【綱】 後梁의 임금 蕭詧이 殂하자 太子 蕭巋가 제위에 올랐다.

後梁主詧이 殂①어늘 太子巋가 立하다

①〈蕭詧은〉 향년이 44세였다.
壽四十四.

10) 陳改鑄五銖錢 : "陳氏는 錢幣를 모두 두 번 바꾸었다.(壬午年(562)와 己亥年(579)에 자세하다.)〔陳氏錢幣凡再變(詳壬午己亥)〕" ≪書法≫

【目】 後梁主(蕭詧)이 검소함에 편안해하고 酒色을 좋아하지 않았는데, 영토가 협소하고 封邑의 거주지가 망가진 것으로 해서 답답해하며 제 뜻을 펼치지 못해 하다 등에 종기가 생겨 殂하였다.

後梁主가 安於儉素하여 不好酒色이러니 以封疆褊隘하고 邑居殘毁로 鬱鬱不得志하여 疽發背而殂러라

【綱】 3월에 陳나라 安成王 陳頊이 北周에서 진나라로 돌아왔다.

三月에 陳安成王頊이 自周로 歸于陳이러라

【目】 北周가 杜杲를 보내, 陳頊을 호송해 남쪽으로 돌아가게 하자, 陳나라가 진욱을 中書監으로 삼았다. 陳主(文帝)가 두고에게 말하기를, "내 아우가 예우를 받아 보내온 것은 실로 北周의 은혜이지만, 魯山을 〈북주에〉 반환하지 않으면 安成王이 여기에 오지 못할까 우려된다."라고 하자, 두고가 대답하기를, "안성왕이 長安에서는 한낱 布衣이지만 陳나라 황제의 대견한 동생이니 그의 가치가 어찌 성 하나 정도이겠습니까. 우리 북주는 九族과 돈독하게 지내고 자신의 처지를 미루어 남까지 돌보아 위로는 太祖(宇文泰)의 남기신 뜻을 따르고 아래로는 우호를 계승하려는 의리를 생각합니다. 그래서 그를 남쪽으로 돌려보낸 것인데, 지금 평범한 땅으로 뼈와 살을 나눈 형제와 바꾸려 하시니, 사신인 제가 감히 듣고 싶은 말이 아닙니다."라고 하니 陳主가 매우 부끄러워하며, "앞서 한 말은 농담일 뿐이오."라고 한 뒤 두고를 더욱더 우대했다.

진욱의 妃 柳氏와 아들 陳叔寶가 아직도 穰城에 있었는데 陳主가 다시 毛喜를 북주로 보내 귀환을 요청하자 북주 사람들이 모두 돌려보냈다.

周가 遣杜杲하여 送頊南歸하니 陳이 以爲中書監이러라 陳主가 謂杲曰 家弟가 蒙禮遣은 實周朝之惠나 然魯山不返이면 亦恐未能及此①라커늘 杲對曰 安成은 長安一布衣耳로되 而陳之介弟也니 其價가 豈止一城而已哉리잇가 本朝가 敦睦九族하고 恕己及物하여 上遵太祖遺旨하고 下思繼好之義라 是以遣之南歸어늘 今乃云以尋常之土로 易骨肉之親하시니 非使臣之所敢聞也니이다하니 陳主가 甚慙曰 前言은 戱之耳라하고 待杲有加러라 頊妃柳氏와 及子叔寶가 猶在穰城②이러니 陳主가 復遣毛喜如周하여 請之하니 周人이 皆歸之러라

① 만약 魯山을 바치지 않으면 安成王을 돌려보내지 못할까 우려된다는 말이다.
言若不賂以魯山, 亦恐未及遣安成王還也.

② 穰城은 南陽郡에 속한다.
穰城, 屬南陽郡.

【綱】 陳나라가 東陽에 병사를 파견해서 縉州刺史 留異를 토벌하자 유이가 晉安으로 달아났다.

陳이 **遣兵**하여 **討其縉州刺史留異于東陽**하니 **異**가 **奔晉安**①하다

① 侯景의 난 때 梁나라 南郡王 蕭大連이 패하면서 留異가 東陽을 차지하고 있었는데, 陳나라가 흥기하며 縉州刺史로 삼았다. 〈縉州는〉 縉雲山 때문에 州 이름이 된 것이다.
自侯景之亂, 梁南郡王大連之敗, 留異跨據東陽, 陳興, 以爲縉州刺史, 因縉雲山以名州.

【目】 留異가 겉으로는 신하의 태도를 취했으나 마음속엔 두 가지 상황을 염두해뒀다. 陳나라가 侯安都를 보내 토벌하니 이때에 와서 패해 달아났다.

異가 **外示臣節**이나 **恒懷兩端**이어늘 **陳**이 **遣侯安都**하여 **討之**하니 **至是**하여 **敗走**러라

【綱】 여름 4월에 北齊 太后 婁氏가 殂하였다.

夏四月에 **齊太后婁氏**가 **殂**하다

【目】 北齊主(武成帝)가 상복으로 갈아입지 않고 紅袍를 입은 채 三臺에 올라 술자리를 마련하고 음악을 연주해서, 궁녀가 白袍를 올리고 和士開가 음악을 멈출 것을 요청하자, 북제주가 화를 내며 이들을 때렸다.

齊主가 **不改服**하고 **服緋袍**하여 **登三臺**하여 **置酒作樂**이어늘 **宮女**가 **進白袍**하고 **和士開**가 **請止樂**한대 **齊主**가 **怒**하여 **撾之**①러라

① 撾는 때린다는 뜻이다.
撾, 擊也.

【綱】 北齊 青州에서 河水가 맑아졌다고 말하였다.

齊青州가 **言河水清**[11]이라하다

---

11) 齊青州言河水清 : "≪後漢書≫ 〈桓帝紀〉에 '河水가 맑아졌다〔河水清〕'라고 기록한 것은 延熹 9년(166)

【目】 北齊主(武成帝)가 사신을 보내 祭禮를 거행하고 年號를 바꿨다.

齊主가 遣使祭之하고 改元이러라

【綱】 北周가 비로소 지위 높은 신하들에게 食邑을 내주게 했다

周가 始命貴臣食邑하다

【目】 앞서 封爵을 받은 北周의 신하들이 모두 封邑의 租稅를 제공받지 못했는데, 이때 조칙을 내려 다른 縣의 租稅를 제공받도록 했다.

先是에 周之群臣受封爵者가 皆未給租賦러니 至是하여 詔聽寄食佗縣이러라

【綱】 5월에 北齊가 斛律光을 尙書令으로 삼았다.

五月에 齊가 以斛律光으로 爲尙書令하다

【目】 斛律光은 斛律金의 아들이다.

光은 金之子也라

【綱】 가을에 北齊 冀州刺史 高歸彦가 반란을 일으켰다가 죽임을 당하였다.

秋에 齊冀州刺史高歸彦가 作亂이라가 伏誅하다

【目】 高歸彦이 冀州에 도착한 뒤 내심 불안하여 北齊主(武成帝)가 晉陽에 도착할 때를 기다려 그 빈틈을 타고 鄴城을 공격하려 했으나, 계책이 발각되어 북제주가 段韶와 婁叡를 파견해 토벌했다. 고귀언이 성문을 닫고 저항할 때, 長史 宇文仲鸞 등이 그에게 복종하지 않자 모두 죽였다.

인데 여기서 '~고 말하였다〔言〕'라고 말한 것은 무엇을 말하는가. 의심하는 말이다. 그리고 이어서 年號를 바꿨으니 속임수이다. 그러므로 光武 시기에 郡國에 甘露가 내린 것에는 '言'이라고 기록하고(後漢 中元 元年(56)), 桓帝 때 巴郡에 黃龍이 있다는 것에는 '言'이라고 기록하고(永康 원년(167)), 北齊 靑州에 河水가 맑아진 것에는 '言'이라고 기록하였으니(이해(562)) 모두 의심하는 말이다.〔漢桓之策 書河水淸矣 延熹九年 此其曰言 何謂也 蓋疑之之云耳 而因以改元 誣矣 是故 光武郡國甘露降 則書言(漢中元元年) 桓帝巴郡黃龍 則書言(永康元年) 齊靑州河水淸 則書言(是年) 皆疑之之辭也〕" ≪書法≫

북제주가 尙書 封子繪에게 역마를 타고 信都로 가게 하여 冀州城을 순시하여 화를 피하고 복을 얻을 수 있는 방법으로 타이르자, 항복하는 관리와 백성들이 이어졌다. 이윽고 성이 격파되어 고귀언을 포획해 업성으로 보내고, 그의 15명의 자손들을 아울러 모두 저잣거리에서 참수했다. 북제주가 이전에 고귀언이 淸河王 高岳을 모함한 사실을 알고 고귀언 집안의 사람 백여 명을 고악의 집에 하사했다.

歸彦이 至冀州하여 內不自安하여 欲待齊主如晉陽하여 乘虛入鄴이라가 事覺하여 齊主가 遣段韶婁叡하여 討之①러라 歸彦이 閉城拒守할새 長史宇文仲鸞等이 不從이어늘 皆殺之러라 齊主가 使尙書封子繪로 乘傳至信都巡城하여 諭以禍福한대 吏民降者가 相繼러니 旣而城破하여 獲歸彦送鄴하고 幷其子孫十五人하여 皆棄市러라 齊主가 知歸彦이 前譖淸河王岳하고 以歸彦家百口로 賜岳家러라

① 婁叡는 婁昭의 형의 아들이다.
叡, 昭之兄子也.

【綱】 9월 초하루에 일식이 있었다.

九月朔에 日食하다

【綱】 겨울 10월에 陳나라가 조칙을 내려 각종 비용을 줄이도록 했다.

◑ 冬十月에 陳詔省諸費用하다

【目】 조칙을 내려 군비가 너무 많아 백성들의 삶이 곤궁함으로 황제가 타는 수레와 먹는 것과 옷과 궁중의 각종 비용을 모두 삭감하고 조정의 각 부서도 당연히 비용 절감을 강구하게 했다.

詔以軍旅費廣으로 百姓空虛하니 凡供乘輿飮食衣服及宮中調度를 悉從減削하고 至於百司하여도 宜亦思省約하라러라

【綱】 12월에 北齊主(武成帝)가 형의 아들 太原王 高紹德을 죽였다.

十二月에 齊主가 殺其兄之子太原王紹德하다

【目】 北齊主(武成帝)가 昭信宮의 李后를 압박해 간통하며 말하기를, “만약 내 뜻을 따르

지 않으면 너의 아들을 죽일 것이다."라고 하니 이후가 두려워 이를 따랐고, 이윽고 임신하였다.

이후의 아들 太原王 高紹德이 閤門까지 왔으나 뵐 수가 없자 원성을 드러냈는데, 이후가 크게 부끄러워했다. 그래서 낳은 딸을 기르지 않자, 북제주가 욕을 하며, "네가 나의 딸을 죽인다면 내 어찌 너의 아들을 죽이지 않으랴."라고 한 뒤 이후를 마주한 채로 칼 고리로 고소덕을 찍어 죽였다. 이후가 통곡하자 북제주가 더욱 화를 내서 이후를 발가벗겨 매질하고 궁중에서 내보내 비구니로 만들었다.

齊主가 逼通昭信李后하여 曰 若不從이면 當殺爾子[①]라한대 后가 懼하여 從之러니 既而有娠이러라 其子太原王紹德이 至閤하되 不得見하여 有怨言[②]한대 后가 大慙하여 由是로 生女不擧[③]어늘 齊主가 詬曰 爾殺我女하면 我何得不殺爾兒리오하고 對后하여 以刀環으로 築殺紹德한대 后가 大哭이어늘 齊主가 愈怒하여 裸后撾之하고 遣爲尼러라

① 文宣皇后 李后가 사는 宮을 昭信이라 하였다.
文宣李后宮曰昭信.

② ≪資治通鑑≫에 "高紹德이 閤門에 도착했으나 뵐 수 없자 화를 내며, '제가 어찌 모르겠습니까. 누이의 배가 불러서 저를 보지 않는 것입니다.' 했다."라고 하였다. 趙完璧의 ≪通鑑源委≫에 "어머니를 누이라 부르는 것은 지금도 그런 예가 있다."라고 하였다.
通鑑 "紹德至閤, 不得見, 慍曰 '兒豈不知邪. 姊腹大, 故不見兒.'" 源委 "呼母爲姊, 今人亦有然者."

③ 擧는 기른다는 뜻이다.
擧, 育也.

癸未年(563)

陳나라 世祖 文帝 陳蒨 天嘉 4년이고 北周 高祖 武帝 宇文邕 保定 3년이고 北齊 世祖 武成帝 高湛 河淸 2년이다.

陳天嘉四年이요 周保定三年이요 齊河淸二年이라

【綱】 봄 정월에 北齊가 高元海를 兗州刺史로 삼았다.

春正月에 齊가 以高元海로 爲兗州刺史하다

【目】 北齊主(武成帝)가 하루 내내 술에 찌들고 조정 일은 모두 高元海에게 맡겼다가 고원해가 용렬하고 저속하다는 이유로 경시했다. 兗州刺史 畢義雲이 고원해에게 편지를 보내 時事를 논했는데, 給事中 李孝貞이 이것을 얻어 상주했다. 이로 인해 북제주가 고원해를 멀리하고 이효정에게 中書舍人을 겸임하게 하고 필의운을 불러 조정에 돌아오게 했다. 和士開가 다시 고원해를 모함하자 북제주가 말채찍으로 고원해를 치며 꾸짖기를, "지난날 네가 내게 반란하라고 했었는데 아우가 형을 배반하는 것은 의롭지 못한 일이고 鄴城으로 幷州에 대항하는 것은 지혜롭지 못한 일이다."라고 하고는 그를 兗州刺史로 내보냈다.

齊主가 終日酣飮하고 朝事를 專委高元海라가 又以元海庸俗으로 輕之러라 兗州刺史畢義雲이 作書與元海하여 論時事어늘 給事中李孝貞이 得而奏之하니 齊主가 由是로 疏元海하고 以孝貞으로 兼中書舍人하고 徵義雲하여 還朝러라 和士開復譖元海한대 齊主가 以馬鞭箠元海하여 責曰 汝가 昔教我(及)〔反〕[12)]하니 以弟反兄은 不義也요 以鄴城抗幷州는 無智也라하고 出之兗州러라

【綱】 陳나라 周迪이 거느린 부하들이 뿔뿔이 흩어지자 晉安으로 달아났다.

陳周迪이 衆潰하여 奔晉安하다

【目】 周迪이 晉安에 도착하자 陳寶應이 병사를 파병해 돕고 留異 또한 아들 留忠臣을 보내 따르게 했다. 虞寄가 진보응에게 편지를 보내, "하늘이 梁나라를 싫어하면서부터 영웅들이 奮起했는데 陳氏가 흉악한 무리들을 없애고 혼란을 평정해 천하가 그를 기꺼이 추대했으니, 이것은 하늘이 내린 기회이고 인간의 힘이 아닙니다. 그리고 전쟁이 발생하고 나서부터 백성들이 모두 혼란을 싫어하는데 누가 조상의 무덤을 버리고 처자를 내팽개친 채 죽음을 돌보지 않는 계책을 내어, 칼날 사이에서 장군을 따르려 하겠습니까. 자신의 동족이 아니기에 그 마음이 반드시 다를 터이고, 자신과 친한 사람을 사랑하지 않고서 어떻게 다른 사람을 돌볼 수 있겠습니까. 유이 장군이 국가의 작위를 갖고 아들을 천자의 딸에게 장가들게 했음에도 〈아들을〉 내팽개치고 돌보지 않는데 위급한 즈음에 어떻게 우환을 함께하며 장군을 배신하지 않을 리가 있겠습니까. 병사들이 쇠약해지고 힘이 지쳐 죽임을 두려워하고 賞을 욕심내게 되면 반드시 韓康子와 智伯의 晉陽에서의 음모와 張耳와 陳餘가 井陘에서 싸우는 형세가 발생할 것입니다. 北軍(陳나라 官軍)

12) (及)〔反〕: 저본에는 '及'으로 되어 있으나, ≪資治通鑑≫에 의거하여 '反'으로 바로잡았다.

이 만 리 먼 길을 나와서 싸울 때 그 예봉을 당해낼 수 없고, 장군이 직접 자기 지역에서 전투할 때 군인들이 대부분 뒤를 쳐다 볼 우려가 있고, 衆寡의 수가 맞지 않고, 장수들의 능력이 일정하지 않으며, 출병에 명분도 없으니 여기에 어떤 이익이 있는지 모르겠습니다."라고 하자, 진보응이 크게 노했으나 우기가 여망이 있다는 이유로 너그럽게 받아들였다.

迪이 至晉安하니 陳寶應이 以兵으로 資之하고 留異도 亦遣子忠臣하여 隨之러라 虞寄가 與寶應書曰 自天厭梁德으로 英雄互起할새 陳氏가 夷凶翦亂하여 海內樂推하니 此乃天時요 非人力也[①]라 且兵革以後로 民皆厭亂하니 其孰能棄墳墓捐妻子하고 出萬死不顧之計하여 從將軍於白刃之間乎리오 非我族類라 其心必異요 不愛其親하고 豈能及物이리오 留將軍이 身縻國爵하고 子尙王姬로되 猶且棄而弗顧하니 危急之日에 豈能同憂共患하여 不背將軍者乎[②]아 至於師老力屈하고 懼誅利賞하면 必有韓智晉陽之謀와 張陳井陘之勢[③]리니 北軍萬里遠鬪하여 鋒不可當이요 將軍이 自戰其地할새 人多顧後하며 衆寡不敵하고 將帥不侔하고 師出無名하니 未知其利[④]라하니 寶應이 大怒나 然以寄民望으로 優容之러라

① 夷는 평평함이다.
夷, 平也.

② 애초에 高祖가 陳主(文帝)의 딸 豐安公主를 留異의 아들 留貞臣에게 시집보냈다. '棄而不顧'는 유정신을 버리고 돌보지 않는다는 말이다.
初, 高祖以陳主女豐安公主妻留異之子貞臣. 棄而不顧, 謂捨貞臣不顧也.

③ 韓康子가 智伯을 배신하고 晉陽을 구원한 이야기는 周나라 威烈王 23년(B.C. 403) 조에 보인다. 張耳와 陳餘가 처음엔 절친한 사이였으나 漢 高帝 3년(B.C. 204)에 韓信과 張耳가 병사를 이끌고 井陘을 나와 진여와 싸워서 진여를 참수했다.
韓康子, 背智伯而救晉陽事, 見周威烈王二十三年. 張耳陳餘, 初爲刎頸交, 漢高帝三年, 韓信張耳引兵出井陘, 與陳餘戰, 斬之.

④ 병사가 建康에서 올 때 건강은 晉安에서 북쪽이 된다. 그러므로 北軍이라 한 것이다. 만 리 먼 길을 나와서 싸움에 임하는 이들은 좌고우면할 생각이 없고 필사의 각오만 있으므로 그 예봉을 당해낼 수 없는 것이다. ≪孫子兵法≫ 〈九地〉에서, "자신의 지역에서 싸우는 자는 흩어진다."라고 했는데, 杜牧의 주해에서, "병사들이 자기 집과 가까우면 진격할 때 필사의 각오가 없으니, 후퇴할 때 귀착할 곳이 있어서다."라고 하였다.
兵自建康來, 建康, 於晉安爲北, 故曰北軍. 萬里遠鬪者, 無反顧之心, 有必死之志, 故其鋒不可當. 孫子兵法九地曰"自戰其地者, 爲散地." 杜牧之解云, "士卒近家, 進無必死之心, 退有歸投之處."

【綱】 北周 太師 宇文護가 梁公 侯莫陳崇을 죽였다.

周太師護가 殺梁公侯莫陳崇하다

【目】 侯莫陳崇이 北周主(武帝)를 따라 原州로 갈 때 북주제가 밤에 長安으로 돌아가자, 사람들이 그 까닭을 이상하게 여겼는데, 후막진숭이 "晉公(宇文護)이 죽는 데 지나지 않는다."라고 하였다. 누군가 이를 우문호에게 알리자, 우문호가 사람을 시켜 병사를 이끌고 후막진숭의 집으로 찾아가 그를 압박해 스스로 죽게 했다.

崇이 從周主如原州할새 周主가 夜還長安이어늘 人이 竊怪其故한대 崇이 日 不過晉公死耳①러라 或이 以告護한대 護가 遣使將兵就第하여 逼令自殺이러라

① 宇文護가 晉公에 책봉되었다. ≪資治通鑑≫에 "侯莫陳崇이 가까운 사람에게 이르기를, '내가 근래 들은 말로는 晉公이 올해 御駕를 달갑게 여기지 않는다고 했으니, 오늘 갑자기 밤에 돌아가는 것은 진공이 죽는데 지나지 않는다.'고 했다."라고 하였다.
宇文護封晉公. 通鑑 "崇謂所親日 '吾比聞術者, 言晉公今年不利車駕, 今忽夜還, 不過晉公死耳.'"

【綱】 2월에 北周가 ≪大律≫을 반포했다.

二月에 周가 頒大律하다

【目】 北周主(武帝)가 司憲大夫 拓跋迪에게 명하여 ≪大律≫ 15편을 만들어 시행하게 했다. 죄형 규정에 의하면, 첫 번째는 杖刑으로 15대에서 50대까지이고, 두 번째는 鞭刑으로 60대에서 100대까지이고, 세 번째는 徒刑으로 1년에서 5년까지이고, 네 번째는 流刑으로 2,500리에서 4,500리까지이고, 다섯 번째는 사형으로, 絞首, 斬首, 梟示, 車裂이다. 모두 25개 등급이다.

周主가 命司憲大夫拓跋迪하여 造大律十五篇하여 行之①하니 其制罪에 一日杖刑이니 自十五로 至五十②이요 二日鞭刑이니 自六十으로 至百이요 三日徒刑이니 自一年으로 至五年이요 四日流刑이니 自(六)〔二〕[13]千五百里로 至四千五百里요 五日死刑이니 磬絞斬梟裂이니 凡二十五等③이라

① ≪五代志≫에 "北周가 ≪大律≫을 지었는데 모두 25편이다. 1 刑名, 2 法例, 3 祀享, 4 朝

13) (六)〔二〕: 저본에는 '六'으로 되어 있으나, ≪資治通鑑≫에 의거하여 '二'로 바로잡았다.

會, 5 婚姻, 6 戶禁, 7 水火, 8 興繕, 9 衛宮, 10 市廛, 11 鬪競, 12 劫盜, 13 賊叛, 14 毁亡, 15 違制, 16 關津, 17 諸侯, 18 廐牧, 19 雜犯, 20 詐僞, 21 請求, 22 告言, 23 逃亡, 24 繫訊, 25 斷獄이다." 했으니, 15편은 ≪오대지≫를 따라 25편이 돼야 한다.
五代志 "周造大律, 凡二十五篇. 一刑名, 二法例, 三祀享, 四朝會, 五婚姻, 六戶禁, 七水火, 八興繕, 九衛宮, 十市廛, 十一鬪競, 十二劫盜, 十三賊叛, 十四毁亡, 十五違制, 十六關津, 十七諸侯, 十八廐牧, 十九雜犯, 二十詐僞, 二十一請求, 二十二告言, 二十三逃亡, 二十四繫訊, 二十五斷獄." 十五篇, 當從志作二十五篇.

② ≪資治通鑑≫에는 '至' 위에 '五'가 없다.
通鑑, 至上無五字.

③ 줄에 매달아 죽이는 것을 磬이라 한다. 絞는 죽이되 몸과 머리는 온전하게 것이다. 斬은 목을 자르는 것이다. 梟는 머리를 나무에 매달아놓는 것이다. 裂은 사지를 수레에 묶어 찢는 것이다. 五刑의 부류는 각기 다섯 가지가 있어 도합 25등급이다.
懸縊殺之曰磬. 絞者, 全其身首. 斬者, 殊死. 梟者, 掛其首於木上. 裂者, 車裂. 五刑之屬, 各有五, 合二十五等.

【綱】 3월 초하루에 일식이 있었다.

三月朔에 日食하다

【綱】 北齊가 軹關에 성을 축조했다.

◑齊가 城軹關[14]하다

【目】 北齊가 司空 斛律光에게 조칙을 내려, 2만의 보병과 기병을 감독하여 軹關에 성을 축조하고, 이어서 2백 리의 장성을 축조하며 12개의 초소를 설치하게 했다.

齊가 詔司空斛律光하여 督步騎二萬하여 城軹關하고 仍築長城二百里하여 置十二戍①러라

① ≪五代志≫에 의하면, "軹關은 河內郡 王屋縣에 있다."라고 하였다.
五代志 "軹關, 在河內郡王屋縣."

---

14) 齊城軹關 : "이때에 성을 축조한 것이 2백 리인데 어찌하여 長城이라고 기록하지 않았는가. 생략한 것이다. 秦 始皇이 이미 長城을 축조했는데 전후로 3천여 리였다. 지금 2백 리는 작은 것이므로 기록하지 않았다.〔於是築城二百里 則曷爲不以長城書 略之也 秦始皇已築長城矣 蓋前後三千餘里 今二百里 其細也 故不書〕" ≪書法≫

【綱】 여름 4월에 北周主(武帝)가 太學에서 養老 의례를 시행했다.

夏四月에 **周主**가 **養老于太學**[15)]하다

---

15) 周主養老于太學 : "漢 明帝가 처음으로 이 禮를 행함으로부터 이때까지 모두 네 임금이다. 명분과 실제가 걸맞은 이는 明帝일 것이다.(永平 2년(59)) 魏主 曹髦(漢 後主 景耀 원년(258)), 北魏主 元宏(齊나라 壬申年(492)), 北周主 宇文邕은 모두 명예를 구했을 뿐이다. ≪資治通鑑綱目≫을 마치도록 養老 의례를 시행한 것은 네 번이니 이를 제외하고는 기록한 것이 없다.〔自漢明帝首行此禮 於是凡四君矣 名實稱者 其惟明帝乎(永平二年) 魏主髦(漢後主景耀元年) 魏主宏(齊壬申年) 周主邕 皆干其名而已矣 終綱目養老四 舍是無書者矣〕" ≪書法≫

"養老 의례에 〈임금이 좋은〉 말을 구하는 것〔養老乞言〕은 王者의 일인데 北周主가 이를 행하였다. ≪資治通鑑綱目≫에서 이를 기록하였으니 또한 인정해준 것인가. 말한다면 일에 옳은 듯하면서 아닌 것이 있으니 '養老乞言'은 진실로 王者의 일이지만, 그러나 八柄(爵·祿·予·置·生·奪·廢·誅)으로 신하들을 제어하는 것은 다만 王者의 일이 아닌가. 곧지 않은 자들을 사방으로 정벌하는 것은 다만 王者의 일이 아닌가. 王者의 일은 진실로 모두 거론할 수 없으나 '養老乞言'은 또한 덕성을 함양하여 장차 〈임금의 덕을〉 이어 밝히려는 것의 한 가지가 될 것이다. 軍國의 大權과 같은 것은 모두 命을 한 사람의 손에서 받아 薰陶되고 점차 젖어 들어가서 鴻儒 碩德에게 의뢰하는 이익이 또한 어찌 옳지 않음이 있겠는가마는 다만 권력이 아래로 내려가서 임금이 혹은 빈 허울만 있으면 醬을 들어서 먹이고 잔을 들어서 마시게 하는 일이 美觀만 될 뿐이고 虛心坦懷하게 묻는 것도 형식만 될까 우려된다. 이것이 과연 古人의 뜻이겠는가. ≪資治通鑑綱目≫에서 이를 편입한 이래로 漢나라 顯宗(明帝)이 養老 의례를 시행한 것은 진실로 많이 얻지 못하고, 魏王 曹髦에 이르러서도 역시 太學에서 '養老乞言'을 하였는데 ≪자치통감강목≫에서는 일찍이 이를 漢 後主 景耀 원년(258)에 기록하면서 다만 이때 국가 권력이 司馬氏의 손에서 제어되어 모든 軍國의 大政이 다 관여하지 않는 것이 없어 다만 형식적인 일로 그 임금을 귀머거리와 장님으로 만든 것을 생각하지 않았다. 지금 宇文氏가 스스로 西魏를 찬탈한 이래 이미 3世를 지냈고 宇文護를 맞이하여 大權을 모두 장악하게 하고 北周主는 命을 그의 손에 맡겨서 모든 시행하는 것이 모두 자기에게 말미암지 않고 다만 禮文의 일만 하면서 우문호가 의심하는 것을 거역하지 않았으므로 北周主는 편안하게 시행했던 것이다. 그렇지 않으면 스스로 大統을 계승한 이래로 무릇 큰 政事와 큰 賞罰을 경영해본 것이 없고 다만 養老 의례 한 가지 일만 책에 크게 기록한 것은 어째서인가. 于謹은 이 뜻을 깊이 알아차렸으므로 그가 말한 것은 간언을 따르며 신의를 지키는 것에 불과하여 언행에 삼가라는 등의 말뿐이었다. 그 외에 임금 노릇 하는 큰 절도는 모두 언급하지 않았다. 이는 北周主가 이것으로 자신을 숨겼고 우문호 역시 이것으로 그 임금을 우롱한 것이었다. 아! '養老乞言'은 古人이 이것을 盛典으로 여겼는데 後世에는 이것을 美觀으로 여긴다. 그러므로 '일에 옳은 듯하면서 아닌 것이 있다.'라고 하였으니 이러한 부류가 그것이다. ≪자치통감강목≫을 보는 이들은 이를 살펴야 할 것이다.〔養老乞言 王者之事也 周主行之 綱目書之 亦予之乎 曰 事有似是而非者 養老乞言 固爲王者之事 然八柄馭臣 獨非王者之事乎 四征弗庭 獨非王者之事乎 王者之事 固不可勝擧 而養老乞言 亦其涵養德性 就將緝熙之一者也 如使軍國大權 悉聽命於一人之手 而薰陶漸染 有賴於鴻儒碩德之益 亦何不可之有 第恐威福下移 人君或擁虛器 則執醬執爵 徒爲美觀 而虛心訪問 亦秪爲文具而已 是果古人之意哉 入綱目以來 有如漢顯宗之行養老禮 固不多得 至於魏王曹髦 亦且養老乞言于學 綱目嘗於漢後主景耀元年書之 獨不思是時國柄制於司馬氏之手 凡軍國大政 皆無所預 獨以虛文之事 聾瞽其君 今宇文氏自簒魏以來 已歷三世 逆護總握大權 周主寄命其手 凡所設施 擧不由己 獨有禮文之事 不爲逆護所疑 故周主安而行之耳 不然 則自紹統以來 凡大政事 大賞罰 曾不經見 而獨養老一事 大書於冊 何哉 于謹深識此意 故其所言 不過從諫守信 謹於言行等語而已 其他君人大節 皆不之及 此蓋周主以此自晦 而護亦以此愚其君者也 嗟夫 養老乞言 古人以之爲盛典 而後世以之爲美觀 故曰事有似是而非者 此類是也 觀綱目者 要當以是察之〕" ≪發明≫

【目】北周主가 太學을 순시하기에 앞서 太傅 燕國公 于謹을 三老로 삼고 또 延年杖을 하사했다. 마침내 태학에 나아가서, 우근이 문으로 들어오자 북주주가 맞이해 절을 하고 우근이 답례로 절을 했다. 有司가 中楹에 자리를 마련하고 太師 宇文護가 几를 설치했다. 우근이 자리에 올라 남쪽을 향한 채 의자에 기대앉자 大司馬 豆盧寧이 우근의 신발을 반듯하게 정돈하고 북주주가 도끼 문양을 자수로 넣은 병풍 앞에 서서 서쪽을 바라봤다. 有司가 음식을 올릴 때 북주주가 꿇어앉아 장이 담긴 그릇들을 진설하고 소매를 걷어 올려 고기를 썰었다. 우근이 식사를 마치자 북주주가 꿇어앉아 술이 담긴 술잔을 전하며 입가심을 하게 했다.

有司가 상을 치우자 북주주가 북쪽을 향해 서서 국가를 다스릴 방도에 대해서 물으니, 우근이 일어나서 자리 뒤에 서서 대답하기를, "나무가 먹줄을 받아들이면 반듯하고 임금이 간언을 따르면 성스러워지는 법이니, 현명한 임금이 마음을 비우고 간언을 받아들여 그 잘잘못을 안다면 천하가 평온해질 것입니다."라고 하였다. 또 말하기를, "먹을 것을 버리고 군대를 버릴지언정 신뢰를 버려서는 안 되니, 폐하께선 신뢰를 지켜 잃지 마소서."라고 하고, 또 말하기를, "공이 있는 자에게 반드시 상을 내리고 죄가 있는 자에게 반드시 벌을 내리면 선행을 행하는 자가 날마다 많아지고 악행을 범하는 자가 날마다 줄어들 것입니다."라고 하고, 또 말하기를, "말과 행동은 立身의 근본이니 폐하께선 세 번 생각한 뒤에 말하고 아홉 번 고려한 뒤에 행동하여 과오를 범하지 않도록 하소서. 천자의 과오는 일식, 월식과 같아서 모르는 사람이 없게 되니 폐하께선 신중하소서."라고 하였다. 북주주가 두 번 절을 하며 그 말을 받아들이자, 우근이 답례로 절을 하고 의식이 끝난 뒤에 밖으로 나갔다.

周主가 將視學할새 以太傅燕國公于謹으로 爲三老하여 仍賜以延年杖이러라 遂幸太學하여 謹이 入門에 周主가 迎拜하니 謹이 答拜하고 有司가 設席於中楹①하고 太師護가 設几하니 謹이 升席하여 南面하고 憑几而坐한대 大司馬豆盧寧이 正舄②하고 周主가 立於斧扆之前하여 西面이러라 有司가 進饌할새 周主가 跪하여 設醬豆하고 袒割이러라 謹이 食畢에 周主가 跪하여 授爵以酳③하고 有司가 徹이어늘 周主가 北面立하여 而訪道하니 謹이 起立於席後하여 對曰 木이 受繩하면 則正하고 后가 從諫하면 則聖하나니 明王이 虛心納諫하여 以知得失하면 天下乃安이니이다 又曰 去食去兵이라도 信不可去니 願陛下守信勿失하소서 又曰 有功必賞하고 有罪必罰하면 則爲善者日進하고 爲惡者日止니이다 又曰 言行者는 立身之基니 願陛下三思而言하고 九慮而行하여 勿使有過하소서 天子之過는 如日月之食하여 人莫不知니 願陛下愼之하소서 周主가 再拜受言하니 謹答拜하고 禮成而出이러라

① 中楹은 두 기둥 사이이다.
中楹, 兩楹之間也.
② 豆盧는 複姓이고 寧은 이름이다. 舄은 신발이다.
豆盧, 複姓, 寧, 其名. 舄, 履也.
③ 醬은 음식의 중심이다. 옛날 養老는 醬을 들어 드시게 했는데 지금은 꿇어앉아 豆를 진설하였다. '袒割'은 옷소매를 걷고 犧牲을 자르는 것이다. 酳은 음이 胤이니 입가심이다. 〈입가심을〉 술로 하는 것을 酳, 물로 하는 것을 漱라 한다.
醬, 食味之主. 古之養老, 執醬而饋, 今跪而設豆. 袒割, 袒而割牲也. 酳, 音胤, 漱口也. 以酒曰酳, 以水曰漱.

【目】 胡氏(胡寅)가 다음과 같이 평하였다.

"원로를 모범으로 삼고 좋은 말씀을 요청하는 것은 선대의 훌륭한 왕들이 자신을 완성하고 정치를 완성하는 중요한 방도이다. 하지만 三代 이후로 천오백 년이 흐르도록 이 의례를 시행한 경우는 몇몇 임금에 지나지 않을 뿐이었다. 그러나 그들 역시 옛것을 사모한다는 명성에만 관심을 갖고 한순간의 주목을 받기 위해 그렇게 한 것일 뿐이지, 진정으로 進言의 이익을 얻은 사람은 없다. 아, 옛날 훌륭한 정치로서 井田制와 封建制 같은 예를 끝내 세상에 실행할 수 없는 것인가."

胡氏曰 憲老乞言은 古先哲王의 成己致治之要道也라 然三代而後로 寥寥千五百年토록 行此禮者가 不越數君이로되 然亦好名慕古하여 以聳一時觀聽而爲之요 未有眞得進言之益者也라 嗚呼라 古之善政이 若井田封建之類를 其遂不可行於世邪아

【綱】 6월에 陳나라가 司空 侯安都를 죽였다.

六月에 陳殺其司空侯安都[16]하다

【目】 예전에 侯安都가 京口에 鎭守하였을 때 공로를 믿고 교만을 부려 幕客이 천 명에 달하고 부하 장수들이 법을 준수하지 않은 경우가 많아 그들을 검거해 죄상을 추궁하려 들면 이내 후안도에게 도망갔다. 陳主(文帝)가 이에 분노를 품었으나 후안도가 눈치 채

16) 陳殺其司空侯安都 : "侯安都는 어찌하여 '주살했다〔誅〕'라고 기록하지 않았는가. 陳主는 侯安都가 보좌해 즉위시킨 공을 사사로이 여기고, 그가 교만방자하게 되어서는 또한 이치로 경계시키지 못하고 마침내 엄습하여 살해하였으니, 이 까닭에 書法이 이와 같다.〔安都何以不書誅 陳主私其扶立之功也 及其驕恣 又不能戒飭以理 乃掩而殺之 是以書法如此〕" ≪發明≫

지 못한 채, 陳主를 모시고 연회하는 자리에서 술에 얼큰히 취해 널브러져 앉거나 몸을 비스듬히 기대었다.

일찍이 樂遊園의 祓禊 모임에서 陳主를 모시고 술을 마실 때 陳主에게 이르기를, "臨川王 시절과 어떻습니까."라고 하자, 陳主가 말하기를, "이것이 천명이긴 해도 明公의 힘이기도 합니다."라고 하였다. 연회가 끝날 때 陳主에게 장막[17]과 장식물을 빌려달라고 요청한 뒤 이튿날 처첩들을 싣고 와서 연회에 참석했는데 후안도가 御座에 앉고 막객들이 신하들의 자리에 서자, 陳主가 이를 증오했다. 舍人 蔡景歷이 陳主의 뜻에 부흥하기 위해 후안도가 모반했다고 말하자, 陳主는 후안도가 부름을 받아들이지 않을까 염려하여 일부러 江州刺史에 임명했다.

후안도가 建康을 지날 때 陳主가 그를 연회에 참석하게 하고, 후안도의 휘하 장수들도 불러 조정에 모이게 한 뒤 그 자리에서 그들을 모두 체포하고, 조칙을 내려 그 죄상을 모두 드러내게 한 뒤 이튿날 賜死했다.

예전에 高祖(陳霸先)가 제장들과 연회를 베풀 때 杜僧明, 周文育, 侯安都가 저마다 공로를 자랑하자, 고조가 말하기를, "경들이 모두 훌륭한 장수이지만 저마다 단점이 있소. 杜公은 포부는 크지만 식견이 부족해 아랫사람에겐 친밀하고 윗사람에겐 교만을 떨며, 周侯는 사람을 잘 가려 사귀지 못하여 속마음을 지나치게 다 드러내고, 侯郎은 오만방탄하여 탐욕이 끝이 없고 경솔하며 조급하여 마음대로 방자하니, 이것은 모두 몸을 온전히 할 방도가 아니오."라고 한 적이 있는데 결국 그 말처럼 되었다.

初에 安都가 鎭京口하여 恃功驕橫하여 賓客이 千人이요 部下將帥가 多不遵法度하여 檢問收攝하면 輒奔歸安都①하니 陳主銜之하되 安都가 弗之覺하고 侍宴酒酣에 或箕踞傾倚러라 嘗陪樂遊園禊飮할새 謂陳主曰 何如作臨川王時니이잇가하니 陳主曰 此雖天命이나 抑亦明公之力이라라라 宴訖에 啓借供帳水飾하고 明日에 載妻妾入宴할새 安都가 坐御座하고 賓客이 居群臣位어늘 陳主가 惡(오)之러니 舍人蔡景歷이 希旨하여 稱安都謀反②이라하니 陳主가 慮其不受召하여 故以爲江州刺史러라 安都가 過建康할새 陳主가 與宴하고 又集其將帥하여 會于朝堂하고 於坐에 悉收之하여 下詔暴其罪惡하고 明日에 賜死러라 初에 高祖가 與諸將宴할새 杜僧明周文育侯安都가 各稱功伐③이어늘 高祖曰 卿等이 悉良將也로되 而皆有所短하니 杜公은 志大而識闇하여 狎於下而驕於上하고 周侯는 交不擇人하여 而推心過差하고 侯郎은 傲誕而無厭하고 輕佻而肆志하니 竝非全身之道라터니 卒皆如其言④이러라

① 攝은 기록함이고 체포함이다.

17) 장막 : 원문은 '供帳'이다. 供帳은 연회에 쓸 도구와 설비를 갖추고 장막을 치는 것을 말한다.

攝, 錄也, 捕也.

② 供(설치하다)은 居共의 切이다. '水飾'은 樂遊園 내에 祓禊(재액을 털어내는 제사) 장소의 물 위에 놓는 粧飾이다. 蔡景歷이 中書舍人이었다.

供, 居共切. 水飾, 謂樂遊園內祓禊處水上之粧飾. 景歷爲中書舍人.

③ 공을 쌓음을 伐이라 한다.

積功曰伐.

④ 佻는 吐刀의 切이니 훔치는 것이다.

佻, 吐刀切, 偷也.

【綱】 北齊主(武成帝)가 河南王 高孝瑜를 죽였다.

齊主가 **殺其河南王孝瑜**[18)]하다

【目】 北齊 侍中 和士開가 〈北齊主의〉 총애를 입어 갖가지 간악과 아첨을 일삼고 하사받은 상이 이루 셀 수 없었으며, 임금을 가까이 모실 때마다 말과 행동이 대단히 비루하고 버릇이 없어 더 이상 군신의 예의가 보이지 않았다. 일찍이 북제주에게 이르기를, "예로부터 제왕들이 죽으면 모두 흙이 됐으니, 堯舜이나 桀紂가 결국 무슨 차이가 있겠습니까. 폐하께선 의당 젊었을 때 마음껏 즐기며 하고픈 일을 마음대로 한다면 하루에 얻을 수 있는 쾌락이 천 년에 값할 만할 것입니다. 국사는 대신들에게 모두 맡기면 어찌 해내지 못할 것을 걱정할 필요가 있겠습니까."라고 하자, 북제주가 크게 기뻐하여 趙彦深에게 관직 임명을 관장하게 하고, 元文遙에게 재정을 담당하게 하고, 唐邕에게 外兵省과 騎兵省을 담당하게 하고, 馮子琮과 胡長粲에게 東宮을 담당하게 한 채 3, 4일에 한 번만 조정에 나와 결재 몇 글자만 쓸 뿐이었다.

18) 齊主殺其河南王孝瑜 : "高湛이 나라를 얻은 지 거의 2년이 되어갈 적에 비로소 '婁太后가 殂하였다.〔婁太后殂〕'라고 기록하여 이미 喪禮를 잘 치루지 못한 죄를 드러냈고, 다음에 '형의 아들 高紹德을 죽였다.〔殺其兄子紹德〕'라고 기록하여 다시 윤리를 어지럽혀 마구 죽인 죄를 드러냈고, 이때에 이르러 '河南王 高孝瑜를 죽였다.〔殺河南王〕'라고 기록하였으니 또한 荒淫하여 간언을 거부한 죄를 드러냈다. 高湛이 高洋 때에 있어서는 진실로 일찍이 桀王을 도와 잔학한 짓을 하듯 하여 永安王 高浚 등을 죽을 곳에 빠지게 하고는 조금도 불쌍해하는 마음이 없었으니 마땅히 뜻을 얻는 날에 무도한 짓을 자행하면서 돌아보지 않을 것이었다. 이를 이은 이래로 北齊 정사가 날마다 어지러워져서 망함에 이르게 되었으니, 번잡한 죄악은 이루 다 기록할 수 없다. 예부터 대물려 흉한 덕을 이룬 것은 高氏처럼 심한 것이 없었으니, 고담에게 무엇을 꾸짖겠는가.〔高湛得國 垂及二載 始書婁太后殂 既著其不能行喪禮之罪 次書殺其兄子紹德 復著其亂倫濫殺之罪 至此書殺河南王孝瑜 又著其荒淫拒諫之罪 蓋湛在高洋時 固嘗助桀爲虐 陷永安王浚等於死地 略無矜憫之意 宜乎得志之日 恣行無道而不顧也 嗣是而後 齊政日亂 以至於亡 紛紛罪惡 不可勝紀 自古世濟凶德 未有如高氏之甚者 於湛乎何誅〕" ≪發明≫

화사개에게 胡后와 握槊 놀이를 하게 하자 河南 康獻王 高孝瑜가 간언하기를, "황후는 천하의 어머니인데 어떻게 신하와 손을 교접할 수 있단 말입니까."라고 하였다. 趙郡王 高叡와 화사개가 함께 비방을 일삼아 고효유가 사치 참람하여 山東에선 河南王(고효유)만 있는 줄 알고 폐하가 계신 줄 모른다고 하자, 북제주가 鴆毒으로 고효유를 죽였다. 궁내에 있는 諸侯들이 감히 아무 소리도 내지 못했으나 河間王 高孝琬만 큰소리로 울며 나갔다.

齊侍中和士開가 有寵하여 姦諂百端하고 賞賜不可勝紀요 每侍左右에 言辭容止가 極諸鄙褻하여 無復君臣之禮러니 嘗謂齊主曰 自古帝王이 盡爲灰土니 堯舜桀紂가 竟復何異리잇가 陛下도 宜及少壯하여 極意爲樂하여 縱橫行之하면 一日取快가 可敵千年이요 國事를 盡付大臣하면 何慮不辦[①]이리잇가하니 齊主가 大悅하여 於是에 委趙彦深하여 掌官爵하고 元文遙는 掌財用하고 唐邕은 掌外騎兵하고 馮子琮과 胡長粲은 掌東宮하며 三四日에 一視朝하여 書數字而已[②]러라 使士開與胡后로 握槊한대 河南康獻王孝瑜가 諫曰[③] 皇后는 天下之母어늘 豈可與臣下接手[④]리잇가하니 趙郡王叡及士開가 共譖孝瑜奢僭하여 山東이 唯聞有河南王이요 不聞有陛下[⑤]니이다한대 齊主가 酖殺之하니 諸侯在宮中者가 莫敢擧聲하되 唯河間王孝琬이 大哭而出[⑥]이러라

① 縱(가로)과 橫(세로)은 모두 平聲이다.
縱・橫, 竝平聲.

② '外騎兵'은 外兵과 騎兵이다. 勃海王 高歡이 東魏에 재상을 지낼 때 丞相府의 外兵曹와 騎兵曹가 兵馬를 나눠 관장했는데 文宣帝가 제위를 물려받으며 각 司들이 모두 尙書省에 귀속됐으나 이 두 관청은 폐지하지 않은 채 남아 外兵省・騎兵省이라 불렀다. 〈和士開傳〉에 의하면, 당시 唐邕에게 외병성을, 白建에게 기병성을 관장하게 했다. 馮子琮은 胡后의 매부이고 胡長粲은 胡國珍의 從曾孫이다.
外騎兵, 外兵及騎兵也. 勃海王歡相魏, 丞相府外兵曹・騎兵曹分掌兵馬. 及文宣受禪, 諸司咸歸尙書, (推)〔惟〕[19]此二曹不廢, 謂之外兵省・騎兵省. 據和士開傳, 時委邕掌外兵, 白建掌騎兵. 子琮, 胡后之妹夫. 長粲, 國珍之從曾孫也.

③ 高孝瑜는 世宗 高澄의 아들이다.
孝瑜, 世宗澄子.

④ 《資治通鑑》에선 이 아래 부분에, "高孝瑜가 다시 말하길 '趙郡王 高叡는 그 아비가 비명에 횡사했으니 가까이해선 안 된다.'고 했다."라고 한 내용이 있다.
通鑑, 此下云 "孝瑜又言 '趙郡王叡, 其父死於非命, 不可親近.'"

⑤ 北齊主가 대부분 晉陽에서 지냈는데 이곳은 山西에 있다. 司・冀・定・殷・瀛・滄 지역은

19) (推)〔惟〕: 저본에는 '推'로 되어 있으나, 《資治通鑑》 註에 의거하여 '惟'로 바로잡았다.

모두 山東에 있다. ≪資治通鑑≫에는 "和士開가 말하길, '高孝瑜가 사치와 참람을 일삼는다.' 라고 하고, 高叡가 말하길, '山東에선 河南王만 있는 줄 알고 폐하가 계신 줄 모릅니다.'고 했다."라고 하였다.

齊主多居晉陽, 在山西. 司・冀・定・殷・瀛・滄之地, 皆在山東. 通鑑 "士開言 '孝瑜奢僭.' 叡言 '山東唯聞河南王, 不聞有陛下.'"

⑥ 高孝琬은 高孝瑜의 아우이다.

孝琬, 孝瑜之弟也.

【綱】 가을 9월에 陳나라 廣州刺史 歐陽頠가 卒하자 그 아들 歐陽紇에게 그 뒤를 잇게 했다.

秋九月에 **陳廣州刺史歐陽頠**가 **卒**커늘 **以其子紇**으로 **代之**하다

【綱】 北周가 突厥과 함께 北齊를 침략했다.

◑周及突厥이 **侵齊**[20]하다

【目】 예전에 北周 사람들이 突厥과 연합해 北齊를 정벌하려 하여 木杆可汗의 딸을 后妃로 받아들이고 楊荐과 王慶을 보내 연결 고리를 삼았다. 이를 두려워한 북제 사람들이 역시 돌궐에게 사신을 보내 혼인을 요청하니 목간가한이 北齊의 많은 패물을 탐내 양천 등을 체포해 북제로 보내려 했다. 이를 알아 챈 양천이 목간을 꾸짖기를, "太祖가 지난날 可汗과 함께 돈독한 우호를 맺어 蠕蠕 부락의 항복한 무리들을 가한의 사자에게 넘겨줘 가한

20) 周及突厥侵齊 : "≪春秋≫는 中華와 戎狄의 분변보다 신중히 한 것이 없으므로 晉나라가 白狄과 함께 秦나라를 정벌한 것과 秦나라가 백적과 함께 晉나라를 정벌한 것은 모두 다르게 하지 않았으니, 秦・晉의 中國을 오랑캐로 여긴 것으로 그 族類를 구분하지 않은 죄를 미워한 것이다. 宇文氏가 나라를 세우고도 命을 오랑캐에게 듣고, 지금 또다시 突厥과 함께 병력을 연합하였으니, 이는 그 뜻이 남의 토지를 이롭게 여기는 데에 있으면서 中國이 夷狄과 분별하지 않은 것을 몰랐으니, 인류가 禽獸와 구별이 없어 또한 장차 타락하여 동일해져서 중화를 어지럽히는 재앙을 경계하지 못하게 될 것이다. '北周가 돌궐과 함께 北齊를 침략했다.〔周及突厥侵齊〕'라고 기록하여 '~과 함께〔及〕'라고 말한 것은 그래도 內外(중화와 오랑캐)의 구분이 있어서 中國 등과 관여되지 않게 하였다. 이것은 진실로 ≪資治通鑑綱目≫이 중화를 중시하고 이적을 천시하는 뜻이지 이것으로 북주를 인정해준 것이 아니다. 아, 隱微하다.〔春秋莫謹於華戎之辨 故晉與白狄伐秦 及秦與白狄伐晉 皆不殊之 所以夷秦晉中國 惡其族類不分之罪也 宇文立國 聽命於夷 今又與突厥連兵 是其志在利人土地 而不知中國與夷狄不分 人類與禽獸無別 亦將淪胥爲一 無以戒亂華之禍矣 書周及突厥侵齊 言及 則猶有內外之分 不使之得與中國等 此固綱目貴華賤夷之意 而非以是予周也 嗚呼 微矣〕" ≪發明≫

의 마음을 기쁘게 했었는데 어찌 오늘날 갑자기 은혜를 배신하고 의리를 잊으려 한단 말입니까. 〈이렇게 하면〉 어찌 귀신에게 부끄럽지 않습니까."라고 하자 목간가한이 한동안 참담해하다 이르기를, "그대의 말이 옳다. 내 마음은 결정됐소."라고 하였다.

북주의 公卿들이 10만의 병사를 출동시켜 북제를 공격하자고 하자, 柱國 楊忠이 홀로 일만 기병이면 충분하다고 해서 양충에게 보병과 기병 만 명을 이끌고 가서 돌궐과 함께 북제를 정벌하게 하고, 達奚武는 3만의 보병과 기병을 이끌고 남쪽 길로 출발하여 晉陽에서 회합하기로 했다. 양충이 북제의 20여 개의 성을 함락시키고, 돌궐이 10만의 기병을 이끌고 회합한 뒤 세 개의 길로 나눠 함께 쳐들어갔는데 마침 큰 눈이 내려 평지에 몇 자나 쌓였다. 북제주가 鄴城으로부터 길을 재촉해 晉陽을 향해 가고 斛律光이 3만의 보병과 기병을 이끌고 平陽에 주둔했다. 북주의 군사와 돌궐의 군사들이 진양을 압박하자 북제주가 달아나 피하려 하니 趙郡王 高叡와 河陽王 高孝琬이 말고삐를 잡고 간언하자, 북제주가 六軍에 명을 내려 모든 지시를 고예에게 받도록 하고 幷州刺史 段韶에게 이를 총괄하게 했다.

初에 周人이 欲與突厥連兵伐齊하여 許納其女爲后하고 遣楊荐及王慶하여 往結之하니 齊人이 懼하여 亦遣使求昏於突厥한대 木杆이 貪齊幣重하여 欲執荐等送齊어늘 荐이 知之하고 責木杆曰 太祖가 昔與可汗으로 共敦隣好하여 悉以蠕蠕降衆으로 付可汗使者하여 以快可汗之意[①]러니 如何今日에 遽欲背恩忘義오 獨不愧鬼神乎아하니 木杆이 慘然良久에 曰 君言是也니 吾意決矣라러라

周公卿이 請發十萬人擊齊한대 柱國楊忠이 獨以爲得萬騎足矣라하니 乃遣忠하여 將步騎一萬하여 與突厥伐齊하고 達奚武가 將步騎三萬하여 自南道出하여 會於晉陽하니 忠이 拔齊二十餘城하고 突厥이 以十萬騎로 會之하여 三道俱入하니 時大雪하여 平地數尺이러라 齊主가 自鄴으로 倍道赴晉陽하고 斛律光이 將步騎三萬하여 屯平陽[②]이러니 周師及突厥이 逼晉陽커늘 齊主가 欲走避之한대 趙郡王叡와 河陽王孝琬이 叩馬諫하니 齊主가 命六軍하여 進止를 皆取叡節度하고 而使幷州刺史段韶로 總之러라

① 蠕蠕는 바로 柔然이니, 일이 梁나라 敬帝 紹泰 원년(555) 조에 보인다.
蠕蠕, 卽柔然事見梁敬帝紹泰元年.

② 達奚武의 군대를 막기 위함이다.
拒達奚武之兵也.

【綱】 겨울 11월에 陳나라가 周迪을 토벌하여 물리친 뒤 결국 진격하여 陳寶應

을 토벌했다.

冬十一月에 **陳**이 **討周迪敗之**하고 **遂進軍**하여 **討陳寶應**[21)]하다

【目】周迪이 다시 東興嶺을 넘어 침략해오자 〈陳主(文帝)가〉 護軍 章昭達에게 조칙을 내려, 병사를 이끌고 토벌하게 해서, 격파시켰다. 주적이 산골짜기로 몰래 숨어들 때 백성들이 서로 숨겨주며 죽임을 받아도 발설하려는 자가 없었다. 장소달이 군사를 진격시켜 동흥령을 넘어 建安으로 향해가서 陳寶應을 치자, 〈陳主가〉 益州刺史 余孝頃에게 조칙을 내려, 군사를 감독하여서 동쪽 길을 따라 진군하여 장소달과 회합하게 했다.

周迪이 **復越東興嶺爲寇**[①]어늘 **詔護軍章昭達**하여 **將兵討破之**한대 **迪**이 **潛竄山谷**하고 **民相與匿之**하여 **雖加誅戮**이라도 **無肯言者**러라 **章昭達**이 **進軍度嶺**하여 **趣建安**하여 **討陳寶應**하니 **詔益州刺史余孝頃**하여 **督軍自東道會之**[②]러라

① 東興嶺은 臨川郡 南城縣 경계에 있다.
東興嶺, 在臨川郡南城縣界.

② 梁 元帝 때 益州 지역이 이미 北周에 편입됐으므로, 陳나라가 余孝頃에게 명하여 멀리 益州刺史의 직함을 겸직하게 한 것이다.
梁元帝之世, 益州之地, 已入于周, 陳命孝頃, 遙領益州刺史耳.

甲申年(564)

陳나라 世祖 文帝 陳蒨 天嘉 5년이고 北周 高祖 武帝 宇文邕 保定 4년이고 北齊 世祖 武成帝 高湛 河清 3년이다.

陳天嘉五年이요 **周保定四年**이요 **齊河淸三年**이라

---

21) 陳討周迪敗之……討陳寶應 : "陳나라가 周迪을 토벌한 것에 〈壬午年(562)에서〉 '그 江州刺史 〈周迪을 토벌했다.〉〔其江州刺史〕'라고 기록한 것과 그 토벌이 다르다. 〈壬午年(562)에서〉 '그 縉州刺史 〈留異를 토벌했다.〉〔其縉州刺史〕'라고 기록하였는데, 陳寶應 역시 閩州刺史이거늘 어찌하여 〈閩州刺史를〉 삭제하고 그 이름을 지적하였는가. 죄준 것이다. 진보응은 본래 주적, 유이와 서로 세 개 굴의 탈출구를 형성하였다. 陳氏가 나라를 얻은 지 2代가 되었는데 이미 그 부르는 명을 받지 않고 또 도주를 주장하였으니 이것은 난동이다. 그러므로 나란히 討伐로 기록하고 〈관직을 안 쓰고〉 다만 이름만 지적했을 뿐이다.〔陳之討迪也 書其江州刺史 其討異也 書其縉州刺史 寶應亦其閩州刺史也 曷爲削而斥其名 罪之也 寶應本與周留互爲三窟 陳氏得國再世矣 旣不受其徵命 又主逋逃 是亂也 故竝書以討 而獨斥名之〕" ≪書法≫

【綱】 봄 정월에 北齊主(武成帝)와 北周의 군사가 晉陽에서 전투를 벌여 북주 군사가 패했다.

春正月에 齊主及周師가 戰于晉陽하여 周師가 敗績하다

【目】 北齊主가 晉陽 北城에 올라갈 때 군의 진용이 매우 정돈되어 있자, 돌궐이 北周 사람들에게 따지기를, "너희가 北齊가 혼란하다고 해서 정벌하러 온 것인데, 지금 어떻게 당해낼 수 있겠는가."라고 하였다. 북주 사람들이 보병을 선봉으로 삼아 西山에서 내려와 성곽으로부터 2리쯤 떨어지는 곳에 이를 때, 북제의 장수들이 모두 맞서 싸워 격퇴시키자고 하자, 段韶가 말하기를, "보병은 힘에 한계가 있고 지금 또 눈이 쌓여 그들을 맞아 싸우는 것은 온당치 않으니 진용을 잘 정돈해 기다리는 것만 못합니다. 저들이 지치고 우리가 편히 있으면 반드시 격파할 수 있을 것입니다."라고 하였다.

이윽고 군대가 이르자 북제가 정예병을 모두 동원해 북을 치고 함성을 지르며 나가자 돌궐 군사들이 깜짝 놀라 군사들을 이끌고 서산으로 올라가 싸우려 들지 않았고, 북주 군사들은 크게 패한 채로 돌아왔다. 돌궐 군사들이 장성 일대로 퇴각할 때, 戰馬들이 모두 죽고 날이 꺾인 창을 지팡이 삼아 돌아왔다. 達奚武가 平陽에 도착한 뒤, 楊忠이 퇴각했단 말을 듣고 돌아왔다.

예전에 북주 사람들이 북제의 군사가 서쪽으로 건너올까 늘 두려워해서 겨울이 되면 黃河를 따라 얼음을 부수어 〈강이 어는 것을〉 방비했는데, 이 무렵 북제가 왕의 측근들이 정권을 잡고 軍政이 점차 문란해져 도리어 황하를 따라 얼음을 깨면서 북주 병사들의 침입을 대비하자, 斛律光이 걱정하며 말하기를, "국가가 늘 關·隴 일대를 병탄할 목표를 가지고 있었는데, 오늘 이런 상황에 이르렀음에도 음악과 여색을 즐긴단 말인가."라고 하였다.

齊主가 登北城할새 軍容이 甚整[①]이어늘 突厥이 咎周人曰 爾言齊亂이라 故來伐之어니 今何可當邪아러라 周人이 以步卒로 爲前鋒하여 從西山下하여 去城二里許하니 諸將이 咸欲逆擊之어늘 段韶曰 步卒力勢有限하고 今又積雪하니 逆戰이 非便이라 不如陳以待之니 彼勞我逸하면 破之必[②]이라러니 旣至에 齊悉其銳兵하여 鼓譟而出하니 突厥이 震駭하여 引上西山하고 不肯戰하니 周師가 大敗而還이러라 突厥이 還至長城에 馬死且盡하고 截矟杖之하여 以歸러라 達奚武가 至平陽하여 聞忠退하고 亦還[③]이러라 初에 周人이 常懼齊兵西度하여 每至冬月하면 守河椎氷[④]이러니 及是하여 齊가 嬖幸用

事하고 軍政漸紊하여 反椎氷하여 以備周兵之逼한대 斛律光이 憂之曰 國家常有呑關隴之志어늘 今日至此而唯翫聲色乎아러라

① 北城은 晉陽의 북쪽 성이다.
北城, 晉陽北城也.
② 陳(진지)은 陣으로 읽는다.
陳, 讀曰陣.
③ 長城은 文宣帝가 축조한 것이다.
長城, 卽文宣所築者.
④ 椎는 치는 것이다.
椎, 擊也.

【綱】 2월 초하루에 일식이 있었다.

二月朔에 日食하다

【綱】 3월에 北齊가 律令을 반포하고 田賦를 제정했다.

◑ 三月에 齊頒律令하고 制田賦하다

【目】 예전에 北齊 顯祖(文宣帝)가 명을 내려 ≪齊律≫을 간행하게 했으나 오랜 시간이 지나서도 완성되지 못했다. 그래서 재판 안건을 판결하는 것이 법률 조문에 의거한 경우가 드물어 관례로 따르면서 그것을 '變法從事(임시방편으로 법을 적용함)'라고 하였다. 世祖(武成帝)가 즉위한 뒤 병폐를 혁파하고자 하여 법률 수정 담당자들을 독촉하니 이때 비로소 완성되었다.

형법의 명목은 다섯 가지인데 첫 번째는 사형으로, 車裂, 梟首, 斬首, 絞首이고, 두 번째는 流刑으로, 변방으로 내보내 병사로 삼는 것이고, 세 번째는 刑으로, 그 기한이 5년에서 1년까지이고, 네 번째는 鞭으로 100대에서 40대까지이고, 다섯 번째는 杖으로 30대에서 10대까지이니, 합치면 모두 15등급이다. 流內官(流品을 가진 관리)과 노인과 어린이, 太監과 정신박약자, 과실을 범한 자들로서 贖罪해야 할 사람은 모두 絹으로 벌금을 대신하게 했다. 이렇게 하자 관리들이 비로소 법령을 지켰고, 관리의 자제들에게 항상 법률을 익히게 했다.

또 백성 가운데 18세가 되는 이에겐 田을 공급함과 동시에 租(地租)・調(戶調)를 내게 하고, 20세에겐 병역을 지게 하고, 60세엔 부역을 면제하고, 66세엔 전답을 되돌려 받은 뒤 조세를 면제시켰다. 한 사람의 장정은 80畝의 露田을 받고, 부인은 40畝를 받고, 노비는 〈田地를 받는 것이〉 良人에 기준하고, 소는 60묘를 받았다. 대체로 한 사람의 장정과 부인은 調로 絹 1필과 綿 8량, 墾租 2石과 義租 5斗를 내고, 노비는 양인의 절반만 내고, 소는 견 2척과 간조 1두와 의조 5승을 내게 했다. 간조는 臺省으로 보내고 의조는 해당 郡에 들여보내 수재와 한재에 대비하게 했다.

初에 齊顯祖가 命刊定齊律이나 久而不成하여 決獄者가 罕依律文하여 相承謂之變法從事라터니 世祖卽位하여 思革其弊하여 乃督修者하니 至是而成이러라 其刑名이 有五하니 一曰死니 轘梟斬絞①요 二曰流니 投邊裔爲兵이요 三曰刑이니 自五歲로 至一歲요 四曰鞭이니 自百으로 至四十이요 五曰杖이니 自三十으로 至十이니 凡十五等이라 其流內官과 及老小閹癡와 幷過失應贖者는 皆以絹代金②하니 是後에 爲吏者가 始守法令하고 又敕仕門子弟하여 常講習之③러라 又令民十八에 受田輸租調하고 二十에 充兵하고 六十에 免力役하고 六十六에 還田免租調하며 一夫는 受露田八十畝하고 婦人은 四十畝하고 奴婢는 依良人하고 牛는 受六十畝④하며 大率一夫一婦는 調絹一匹과 綿八兩과 墾租二碩과 義租五斗하고 奴婢는 準良人之半하고 牛는 調二尺과 墾租一斗와 義租五升하여 墾租는 送臺하고 義租는 納郡하여 以備水旱⑤이러라

① 轘은 胡慣의 切이니 바로 車裂이다.
轘, 胡慣切, 卽車裂也.

② '流內'는 流品의 안에 있다는 것이다. 閹은 平聲이니 바로 閹宦들이다. 癡는 정신박약자이다.
流內, 在流品之內者. 閹, 平聲, 卽閹宦之人. 癡, 不慧也.

③ '仕門'은 관직에 들어간 집안이라는 말이다.
仕門, 謂入仕之家.

④ 나무를 심지 않는 것을 露田이라 한다. 奴婢는 良人에 기준한다는 것은 노비가 田地를 받는 것이 良人의 畝 수치에 기준하다는 말이다. ≪五代志≫에 의하면, "丁牛 1두가 田 60畝를 공급 받는데 기한은 4년이다." 하였다. 丁牛는 쟁기질 할 수 있는 소이며 소를 소유하는 사람이 그 田을 받는다.
不栽樹者, 謂之露田. 奴婢依良人, 言奴婢受田, 依良人畝數. 按五代志"丁牛一頭, 受田六十畝, 限止四年." 丁牛者, 勝耕之牛, 牧牛者, 得受其田.

⑤ 奴婢는 관에서 늘 일을 시킴으로 調가 良人의 절반인 것이다.
奴婢者, 官常役其力, 故所調半於良人.

【綱】北周 초에 百官에게 笏을 들게 했다.

周初에 **令百官**으로 **執笏**①하다

① ≪禮記≫ 〈玉藻〉에서 "笏은 길이가 2尺 6寸이고 가로가 3촌이고, 그 줄어드는 부분은 6분 중에 1분을 제거한다."라고 하였다. ≪爾雅≫ 〈釋名〉에서 "笏은 잊음이니, 임금이 명을 내리거나 내가 아뢸 내용이 있으면 그 위에 내용을 적어 망각을 대비하는 것이다."라고 하였다.
記玉藻 "笏度二尺有六寸, 其中博三寸, 其殺六分而去一." 爾雅釋名 "笏, 忽也. 君有教命及所白, 則書其上, 以備忽忘也."

笏

【綱】여름 6월에 흰 무지개가 해를 꿰뚫으니 北齊主 高湛이 형의 아들 樂陵王 高百年을 죽였다.

夏六月에 **白虹**이 **貫日**하니 **齊主湛**이 **殺其兄之子樂陵王百年**22)하다

【目】당시에 두 개의 흰 무지개가 태양을 겹쳐 두르고 또 횡으로 관통하면서도 상통하지는 않았으며, 이와 함께 붉은 별이 출현하자, 北齊主가 高百年으로 액땜하고자 했다. 고백년이 일찍이 여러 개의 '敕'자를 쓴 적이 있는데 글씨 쓰는 것을 가르쳤던 자가 이것을 동봉하여 상주하자 북제주가 노하여 고백년을 부르게 했다.

고백년이 죽음을 면할 수 없음을 알고 차고 있던 玉玦을 떼어 내 그의 妃 斛律氏에게 주고 궁으로 들어갔다. 북제주가 좌우 시종들을 보내 마구 때리게 해서 숨이 거의 다 끊

22) 白虹貫日 齊主湛殺其兄之子樂陵王百年 : "北齊主가 일찍이 형의 아들을 죽이자 다만 '主'라고 지적하여 기록하였는데 여기서 이름을 지적하여 기록한 것은 어째서인가. 高湛을 무겁게 죄준 것이다. 고담의 지위는 高百年의 지위이다. 樂陵王을 폐위한 것은 각박했고, 또 악릉왕을 죽여서 天變에 대응하였으니 잔인하다. 그러므로 임금을 시해한 전례를 따라서 이름을 지적하여 기록하였다. ≪資治通鑑綱目≫을 마치도록 '무지개〔虹〕'를 기록한 것은 두 번이다.(漢 靈帝 光和 2년(179), 이해(564))〔齊主嘗殺兄之子矣 止斥書主 此其斥書名 何 重罪湛也 湛之位 百年之位也 廢之樂陵 薄矣 又殺之以應天變 忍哉 故從弑君例 斥名之 終綱目書虹二(漢靈帝光和二年 是年)〕" ≪書法≫
"하늘이 警告하는 것은 한 가지가 아니니 임금들은 모두 몸을 반성하여 덕을 닦는 것을 우선하였다. 厭禳(呪術로 빎)의 說이 일어나고 난 뒤부터 두려워하는 마음이 마침내 사라지고 齊氏(北齊)는 부도덕하여 흰 무지개가 해를 꿰뚫자 도리어 함부로 살육함으로 대응하였다. ≪資治通鑑綱目≫에서는 그 임금의 이름을 형의 아들을 죽인 것 위에 지적해 기록하였으니 하늘을 속이며 사람을 기만하여 宗子를 빼앗고 방자하고 거역하여 함부로 죄 없는 사람에게 죄를 미치게 한 것을 드러내어 후일의 경계로 삼은 것이다.〔天之警告非一端 人主皆以反躬修德爲先 自厭禳之說旣興 而恐懼之意遂泯 齊氏不道 白虹貫日 反乃濫殺以應之 綱目斥書其主之名於殺兄子之上 所以著其誣天罔人 奪宗肆逆 濫及無辜之罪 爲後戒也〕" ≪發明≫

어지려 할 때, 참수하여 연못에 던져버리자 연못이 모두 붉게 변했다. 妃가 옥결을 들고 소리 내 울며 한 달 남짓 밥을 먹지 않다가 역시 卒하였는데, 여전히 옥결을 쥐고 있던 주먹이 펴지지 않았다. 그의 아버지 斛律光이 직접 그 손을 펴자 그제야 손이 펴졌다.

時에 白虹이 圍日再重하고 又橫貫而不達하며 赤星이 見커늘 齊主가 欲以百年猒之[①]러라 百年이 嘗作數敕字러니 敎書者가 封奏之한대 齊主가 怒하여 使召百年하니 百年이 知不免하고 割帶玦하여 留與其妃斛律氏하고 而入[②]하니 齊主가 遣左右하여 亂捶之하여 氣息將盡이어늘 乃斬之하여 棄諸池하니 池水가 盡赤이러라 妃가 把玦哀號하고 不食月餘라가 亦卒하되 玦猶在手하여 拳不可開어늘 其父光이 自擘之하니 乃開[③]러라

① 猒은 厭과 통하고 益涉의 切이니 해당함이다.
猒, 與厭通, 益涉切, 當也.
② 玦은 半璧이니, 佩玉으로 고리 같으면서도 한쪽이 갈라져 있는 것이다. 차고 있던 玦을 떼어 내어 妃에게 준 것은 訣別의 의미를 내보인 것이다.
玦, 半璧也, 玉佩如環而有缺. 割所帶之玦與其妃者, 義取訣別也.
③ 擘은 博厄의 切이니 나누는 것이다.
擘, 博厄切. 分也.

【綱】 가을 8월 초하루에 일식이 있었다.

秋八月朔에 日食하다

【綱】 9월에 北周가 李昞을 唐公에 책봉했다.

◑九月에 周封李昞하여 爲唐公하다

【目】 佐命功臣을 追錄한 것을 인하여 〈李昞을〉 책봉한 것이다. 이병은 李虎의 아들이다.

以追錄佐命元功으로 封이라 昞은 虎之子也[①]라

① 李昞의 아버지 李虎를 佐命功臣에 追錄한 것이다.
錄昞父虎佐命之功也.

【綱】 北齊 사람들이 宇文護의 모친을 北周로 돌려보냈다.

齊人이 歸宇文護之母于周[23]하다

【目】 예전에 北周 太祖 宇文泰가 賀拔岳을 따라 關中에 있을 때, 晉陽으로 사람을 보내 宇文護를 맞이해왔는데, 우문호의 어머니 閻氏와 北周主(武成帝)의 고모는 모두 진양에 남아 있었고 北齊 사람들이 이들을 中山宮에 안치했다. 우문호가 권력을 잡고 나서 북제로 間使(密偵)를 들여보내 그들의 종적을 찾았으나 소식을 알 수 없었다.

북제가 사신을 玉璧으로 보내 교역의 길을 열 것을 요구하자, 우문호가 사람을 보내 그들과 이야기를 나누게 하고 韋孝寬도 북제에 편지를 보내 이에 대해 거론했다. 당시 북주 사람들이 돌궐과 함께 재차 북제 정벌을 모의하고 있어서, 이를 두려워한 북제주가 우문호의 어머니를 돌려보내겠다고 하고 한편으론 우호를 맺자고 했다. 그리고 먼저 고모를 돌려보낸 뒤 어떤 사람에게 우문호의 어머니를 대신해 편지를 쓰게 해서, 우문호가 어렸을 때의 몇 가지 일들을 거론하자, 편지를 받은 우문호가 슬픔을 금치 못했다. 북제 사람들이 다시 우문호의 어머니에게 편지를 쓰게 해서 우문호가 북제에게 크게 보답하도록 하는 등 두세 차례 왕래가 있었다.

당시 段韶가 돌궐을 막기 위해 변방에 주둔해 있었는데 북제주가 徐世榮에게 역마를 타고 가서 상황을 묻게 하자, 단소가 말하기를, "북주 사람들이 상황에 따라 태도가 바뀌어 본디 신의가 없고 우문호가 이름은 재상이나 실제는 군주입니다. 이미 어머니를 위해 화친을 요청했으면서도 한 사람의 사신도 보내지 않았는데 만약 보내온 편지만을 의거해 그 어머니를 보내버리면 약한 모습을 보이게 될까 우려되니, 겉으로만 허락하고 화친이 굳건해질 때까지 더 기다렸다가 그의 모친을 보내도 늦지 않습니다."라고 했지만 북제주가 이를 듣지 않고 곧바로 보내버렸다.

염씨가 북주에 이르자 온 조정이 소리쳐 경축하고 북주주가 대대적인 사면령을 내렸으며 사계절 명절 때면 뭇 친척들을 거느리고 家人의 예절(집안 내 장유유서의 예)을 시행하고 술잔을 들어 장수를 빌었다.

---

23) 齊人歸宇文護之母于周 : "'北齊로부터 北周로 돌아갔다〔自齊歸于周〕'라고 기록하지 않은 것은 어째서인가.(元略·元彧의 전례에 의거함) 이것은 북제의 뜻이다. 북제를 인정해주는 것은 宇文護를 각박하게 해주는 것이다. 南燕主 慕容備德의 모친이 일찍이 秦나라에 陷入되어 있었는데 그가 돌아왔을 적에 기록하기를 '南燕이 伎樂을 바쳐 後秦에 藩臣으로 칭하였다.〔燕獻伎樂稱藩于秦〕'라고 하였다. 후진이 그 모친과 아내를 돌려보냈는데 남연을 인정해준 것이다. 이때에 宇文護는 사신을 보내지 않았고, 韋孝寬이 편지를 보내 요구하였는데, 만일 段韶의 〈나중에 보내자는〉 말이 채택되었다면 모친의 돌아옴은 기약할 수 없을 것이었다. 기록하기를 '북제가 우문호의 모친을 북주로 돌려보냈다.〔齊歸宇文護之母于周〕'라고 하였으니 우문호를 각박하게 여긴 말이다.〔不書自齊歸于周 何(據元略元彧) 此齊意也 予齊 所以薄護也 燕主德之母嘗陷秦矣 及其歸也 書曰 燕獻伎樂稱藩于秦 秦以其母妻歸之 予燕也 於是護不遣使 而韋孝寬移書求之 使段韶之說得行 則母之歸未可期矣 書曰 齊歸宇文護之母于周 薄護之辭也〕" ≪書法≫

初에 周太祖之從賀拔岳하여 在關中也에 遣人迎護於晉陽하니 護母閻氏와 及周主之姑가 皆留晉陽이라 齊人이 以配中山宮①이러니 及護用事에 遣間使入齊求之하되 莫知音息②이러라 齊遣使者至玉璧하여 求通互市어늘 護가 使人與語하고 韋孝寬도 亦爲致書言之③러라 是時에 周人이 謀與突厥再伐齊라 齊主가 方懼하여 許歸護母하고 且求通好하여 先遣其姑歸하고 令人爲護母作書하여 言護幼時數事하니 護得書하고 悲不自勝이러라 齊人이 復使其母與書하여 邀護重報하며 往返再三이러니 時에 段韶拒突厥軍於塞下라 齊主가 遣徐世榮하여 乘傳問之한대 韶가 以周人反覆하여 本無信義하고 護名爲相이나 其實主也어늘 旣爲母請和하되 不遣一介之使하니 若據移書하여 卽送其母하면 恐示之以弱이니 不如且外許之하고 待和親堅定하여 遣之未晩이라하니 齊主가 不聽하고 卽遣之러라 閻氏가 至周하니 擧朝가 稱慶하고 周主가 爲之大赦하며 每四時伏臘에 帥諸親戚하여 行家人禮하고 稱觴上壽러라

① 北周主의 고모는 宇文泰의 손아래 누이이다. 中山宮은 慕容氏의 故宮인데, 西魏 이래도 別宮으로 사용했다.
周主之姑, 蓋宇文泰之妹也. 中山宮, 慕容氏之故宮, 自魏以來, 以爲別宮.

② 胡三省이 말하기를, "'音息'은 지금의 信息(소식)과 같은 말이다."라고 하였다.
胡三省曰 "音息, 猶今人言信息也."

③ 爲(위하다)는 去聲이며 아래의 '人爲', '旣爲', '主爲'의 爲도 같다. ≪資治通鑑≫에 "편지를 보내, 西朝와 우호를 맺고자 한다는 뜻을 전했다."라고 하였다. 北周는 關西에 있으므로 西朝라 칭한 것이다.
爲, 去聲, 下人爲・旣爲・主爲同. 通鑑, 致書爲言西朝欲通好之意. 周在關西, 故稱西朝.

【綱】 겨울 10월에 北周 太師 宇文護가 突厥과 회합하여 北齊를 침략했다.

冬十月에 周太師護가 會突厥하여 侵齊[24)]하다

【目】 突厥이 幽州에서 돌아온 뒤 塞北에 주둔하고 다시 각 부대의 병사들을 모은 뒤 사신을 보내 北周에게 알리기를, "이전의 약속대로 함께 北齊를 공격하고 싶다."라고 하였

24) 周太師護會突厥 侵齊 : "앞에서 '突厥과 함께〔及突厥〕'라고 기록하고 여기에서 '회합하여〔會〕'라고 기록한 것은 어째서인가. 나무란 것이다. 北周가 스스로 진퇴하지 못하고 夷狄에게 따르니 비루함이 또한 심하다. '~과 함께〔及〕'는 평범한 말이지만 '~과 회합하여〔會〕'는 비루한 말이다. 그러므로 그 뒤에 楊㯹가 실제로 항복한 것에 천시하여 '포획하다〔獲〕'라고 기록하고, 宇文護에게는 太師를 기록하지 않고 '宇文'으로 지적해 기록하였으니 모두 우문호를 죄준 것이다.〔前書及突厥 此其書會 何譏也 周不能自爲進退而聽於夷 卑亦甚矣 及 平辭也 會 卑辭也 故其後 楊㯹實降 而賤之書獲 護削太師 而斥書宇文 皆罪護也〕" ≪書法≫ 楊㯹가 항복한 것은 아래 同年 12월 조에 보인다.

다. 宇文護가 모친을 막 돌려받아 北齊를 정벌하고 싶지 않았지만 돌궐과의 약속을 어겨 변방의 문제가 또다시 발생할까 우려하여 어쩔 수 없이 내외 각 군사 20만 명을 징발했다. 북제주가 宇文護에게 斧鉞을 내려주고 친히 군사들을 위로했다.

우문호가 尉遲迥을 보내 선봉을 거느리고 洛陽으로 향하게 하고, 權景宣은 懸瓠로 향하게 하고, 楊檦는 軹關에서 출격하게 했다.

突厥이 自幽州還하여 留屯塞北하고 更集諸部兵하여 遣使告周하여 欲與共擊齊를 如前約한대 宇文護가 新得其母하여 未欲伐齊나 又恐負突厥約하여 更生邊患하여 不得已徵內外諸軍凡二十萬人하니 周主가 授護斧鉞하고 親勞其軍이러라 護가 遣尉遲迥하여 將前鋒趣洛陽하고 權景宣은 趣懸瓠하고 楊檦는 出軹關이러라

【綱】 周迪이 陳나라 南豫州刺史 周敷를 유인하여 죽였다.

周迪이 誘陳南豫州刺史周敷하여 殺之[25)]하다

【目】 周迪이 재차 東興嶺으로 진공하자 陳나라 宣城太守 錢肅이 성을 바치며 투항해 주적의 군사들이 다시 진작되었다. 周敷가 소속 부대를 이끌고 주적을 공격하자, 주적이 주부를 속이며 말하기를, "조정에 귀순하고 싶으니 밖으로 나와 나와 함께 맹약을 맺었으면 한다."라고 해서 주부가 그렇게 하겠다고 한 뒤 맹약의 제단에 올랐다가 주적에게 죽임을 당했다.

周迪이 復出東興하니 陳宣城太守錢肅이 以城降之하여 迪衆이 復振이어늘 周敷가 帥所部擊之할새 迪이 紿敷言欲還朝하니 乞挺身共盟이라한대 敷가 許之하고 方登壇이라가 爲迪所殺이러라

【綱】 11월에 陳나라가 晉安을 함락시키고 陳寶應과 留異를 체포해 죽였다.

十一月에 陳이 克晉安하고 獲陳寶應留異하여 誅之하다

---

25) 周迪……殺之 : "周迪은 어찌하여 '陳'이라고 기록하지 않았는가.(癸未年(563)에는 '陳'이라고 기록하였다.) 陳나라에서 단절한 것이다. 陳나라가 처음 나라를 얻었을 적에 주적은 陳寶應・留異와 함께 서로 연계되었을 뿐이었다. 陳主 陳蒨이 즉위하여 〈주적을〉 불러 湓城에 鎭守하게 했는데 오지 않자 비로소 군사를 보내서 토벌하였다. 얼마 뒤에 주적이 거느린 부하들이 뿔뿔이 흩어지자 晉安으로 달아났어도 아직 단절시키지 않았다. 이때에 〈주적이〉 陳나라 刺史를 유인하여 죽이자 陳나라와 단절하였으므로 '陳'이라고 기록하지 않았다.〔周迪何以不書陳(癸未年書陳) 絶於陳也 陳初得國 迪與寶應留異 共相連結而已 陳主蒨立 徵鎭湓城不至 始遣討之 旣而迪衆潰奔晉安 猶未絶也 於是誘殺陳刺史 則與陳絶矣 故不書陳〕" ≪書法≫

【目】陳寶應이 建安과 晉安 두 郡을 점거한 뒤 수로와 육로에 목책을 만들어 章昭達에게 대항했다. 장소달이 싸움을 벌이다 형세가 불리해지자 상류를 점거하여 나무를 베어 뗏목을 만들고 그 위에 拍竿을 설치해서 강물이 불어난 틈을 타서 수로의 목책을 부수고 또 보군을 공격했다. 이렇게 싸움을 벌일 때 마침 余孝頃이 해로를 통해 와서 힘을 합쳐 공격했다.

진보응이 크게 패한 뒤 아들에게 이르기를, "일찍이 虞公(虞寄)의 계책을 따랐다면 오늘에 이르지 않았을 것이다."라고 하였다. 장소달이 그를 추격해 붙잡은 뒤 留異와 함께 建康으로 보내 참수되었다. 陳主(文帝)가 장소달에게 명하여 우기를 예우하여 건강에 보내도록 하고, 그를 만나고서는 위로하기를, "管寧은 별 탈이 없는가."라고 한 뒤 衡陽王(陳伯信)의 掌書記로 임명했다.

陳寶應이 據建安晉安二郡하여 水陸爲柵하여 以拒章昭達하니 昭達이 與戰不利하여 因據上流하여 伐木爲筏하고 施拍其上하여 乘江漲하여 壞其水柵하고 又攻其步軍이러라 方合戰에 余孝頃이 自海道適至하여 幷力乘之하니 寶應이 大敗하여 謂其子曰 早從虞公計면 不至今日①이러라 昭達이 追擒之하여 幷留異하여 送建康斬之러라 陳主가 命昭達하여 禮遣虞寄詣建康하고 既見에 勞之曰 管寧이 無恙가하고 以爲衡陽王掌書記②러라

① 虞公의 대책은 위 天嘉 3년(562)과 4년(563) 조에 보인다.
虞公計, 見上(五)〔三〕[26]年及四年.

② 漢나라 말기에 管寧이 遼東에 客居할 때 公孫度의 작위를 받지 않고 시간이 지나 다시 고향으로 돌아왔으므로 虞寄를 그에 견준 것이다. 陳主가 아들 陳伯信을 衡陽王에 책봉해 獻王 陳昌의 〈후계자로 삼아〉 제사를 봉헌케 했다. 掌書記는 朝覲·聘問·慰薦·祭祀·祈祝의 문장과 명령·승진·퇴출 관련 사무를 담당한다.
漢末, 管寧客遼東, 不受公孫度爵命, 已而復得還鄉里, 故以寄況之. 陳主子伯信, 封衡陽王, 奉獻王昌祀. 掌書記, 掌朝覲聘問慰薦祭祀祈祝之文與號令升絀之事.

【綱】北齊가 北周의 군대를 습격해 패퇴시켜서 그 少師 楊檦를 포획하고, 12월에 宇文護와 洛陽에서 전쟁을 벌여 크게 패퇴시켰다.

齊가 擊周師敗之하여 獲其少師楊檦하고 十二月에 及宇文護戰于洛陽하여 大敗之[27]하다

26) (五)〔三〕: 저본에는 '五'로 되어 있으나, 虞寄의 계책이 天嘉 3년에 보이므로 '三'으로 바로잡았다.
27) 齊擊周師敗之……大敗之 : "앞에서 '北齊 사람들이 宇文護의 모친을 北周로 돌려보냈다〔齊人歸宇文護之母于周〕'라고 기록하였는데 北周 사람들이 北齊에 요청함이 있었는지 듣지 못하였다. 다음에 '北

【目】 예전에 楊檦가 邵州刺史로 있으면서 동쪽 국경을 20여 년 동안 방어할 때 北齊와 전쟁을 벌일 때마다 이기지 않은 적이 없었다. 이 때문에 적을 경시해서 軹關에서 출격할 때 대비책도 없이 홀로 병사를 이끌고 깊이 들어갔다가 北齊 太尉 婁叡가 병사를 이끌고 엄습, 격파함으로써 양표가 결국 항복했다.

北周 사람들이 洛陽을 공격했으나 함락시키지 못하자 宇文護가 諸將에게 명하여, 河陽의 길을 끊어 북제의 구원병을 막게 한 다음 낙양을 함께 공격하도록 하자, 제장들이 북제의 병사들이 반드시 감히 나오지 않을 거라고 여겨 척후병만 보냈다. 북제가 蘭陵王 高長恭과 大將軍 斛律光을 보내 낙양을 구원하게 했는데 감히 진격하지 못했다.

북제주(武成帝)가 幷州刺史 段韶를 불러 말하기를, "위급한 낙양을 구원하기 위해 난릉왕을 보내고 싶은데, 돌궐이 북쪽에 있어 한편으로 그들을 방어해야 하니 이를 어찌 해야겠는가."라고 하자, 단소가 대답하기를, "북쪽 오랑캐가 변방을 침략하는 것은 疥癬 같은 일이지만 지금 서쪽에 있는 나라가 빈틈을 엿보고 압박해오는 것은 속 깊은 병입니다."라고 하였다. 북제주가 단소를 보내 精騎 1천을 이끌고서 낙양을 구원하게 하고, 자신도 晉陽에서 낙양으로 향했다. 단소가 낙양에 도착해 제장들과 북주 군사의 형세를 살피고 太和谷에 이르러 북주 군사와 조우하자, 서둘러 각 진영에 통지해 기병들을 모아 진용을 정돈해 상대를 기다리게 하였다. 단소가 좌군이 되고 고장공이 중군이 되고

周 宇文護가 突厥과 회합하여 北齊를 침략했다〔北周宇文護會突厥侵北齊〕'라고 기록하였는데 북제 사람들이 북주에 죄를 얻었는지 듣지 못하였다. 이에 이르러 '북제가 宇文護와 洛陽에서 전쟁을 벌여 크게 패퇴시켰다〔北齊及宇文護戰于洛陽 大敗之〕'라고 기록하였는데 우문호가 군사를 온전히 보전하여 승리한 계책이 있었는지 듣지 못하였다. 군대는 명분이 바르면 사기가 왕성하고 명분이 바르지 못하면 사기가 떨어지는데, 우문호는 자신이 장수와 재상을 겸하여 大權을 손에 쥐었으나 불행하게도 어머니가 외지에 떨어져 묻혀 있어 심부름꾼 한 사람으로 짐도 보내지 못하고 북제에 간청하여 間使(密偵)를 보내 구했는데 다행히 北齊 사람들이 계책이 없이 즉시 귀국시켜주었다. 우문호는 일찍이 북제의 은덕을 갚을 생각을 하지 않고 대번에 突厥과 군사를 연합하여 공격하였으니 이것이 무슨 의리인가. 가령 오랑캐와 일찍이 약속했더라도 어찌 사실대로 고하고 그 禮를 후히 하여 사례하지 않았는가. 그렇게 했다면 저쪽(돌궐) 또한 어찌 대번에 변방의 환난이 될 수 있는 것인가. 살펴보건대 段韶가 우문호를 꺾은 말에 북주 사람들이 답변하지 못하였으니, 이것의 曲直은 환히 알 수 있는 것이다. ≪資治通鑑綱目≫에서는 우문호가 불의하게 은혜를 저버려 명분이 없이 군사를 내어 夷狄을 이끌어 中國을 상해하였고, 경솔히 무력을 사용하여 군사를 손상한 것을 나란히 기록하였다. 그 죄가 모두 書法의 사이에 드러났으니, 꾸짖음을 감당할 수 있겠는가.〔前書齊人歸宇文護之母于周 未聞周人有請于齊也 次書周護會突厥侵齊 未聞齊人得罪于周也 至是書齊及護戰于洛陽 大敗之 未聞護有全師制勝之策也 夫師直爲壯 曲爲老 護身都將相 手握大權 不幸有母淪陷異境 不能遣一介行李 懇請于齊 乃遣間使求之 幸而齊人無謀 卽遣歸國 護曾不思報齊之德 遽與突厥連兵擊之 此何義哉 借使虜嘗有約 豈不能告之以實 厚其禮而謝之 彼亦安能遽爲邊患耶 觀段韶折護之語 周人無以答之 此其曲直 曉然可知 綱目比而書之 則護負恩不義 兵出無名 率夷狄以戕中國 輕用武以喪師徒 其罪皆著見於書法之間矣 可勝誅哉〕" ≪發明≫

곡률광이 우군이 되었다.

북주 사람들이 그들이 온 것을 예상치 못해 모두 두려움에 떨었는데, 단소가 멀리서 외치기를, "너 宇文護는 어머니를 돌려받자마자 갑자기 침략하니 혹시 목숨을 내놓으려는 것이냐."라고 하였다. 북주 사람들이 보병을 이끌고 산으로 올라가 맞서 싸웠는데, 단소가 싸우기도 하고 물러나기도 하며 그들을 유인해 힘이 빠질 때까지 기다렸다가 말에서 내려 공격하자, 북주 군사들이 크게 패하여 죽은 자들이 매우 많았고 성 아래에 있는 자들도 포위를 풀고 도망가면서 버리고 간 각종 짐들과 병기들이 강물과 연못에 가득했다.

그 가운데 齊公 宇文憲, 達奚武, 王雄만이 후방에서 맞서 싸웠는데, 왕웅이 말을 달려 곡률광의 진지로 곧장 처들어가자 곡률광이 물러나 달아났고, 왕웅이 그를 추격해 내민 창끝이 곡률광에게 한 길 밖에 남지 않은 상태에서 그를 생포하려 들자, 곡률광이 하나 남은 화살로 왕웅의 이마를 맞췄고, 왕웅이 달아나 영내로 돌아와서 죽었다. 이에 군사들이 더욱 두려움에 떨자 제공 우문헌이 어루만지고 독려해 조금 안정을 찾았다.

밤이 되어 군사들을 수습한 뒤 우문헌이 내일 다시 싸움을 벌이려 하자, 달혜무가 이르기를, "낙양의 군사들이 흩어지고 사람들이 두려움에 떨고 있는데 밤길을 통해 속히 돌아가지 않으면 내일 돌아가고 싶어도 여의치 않을 것입니다."라고 하고, 이내 돌아갔다.

북제가 단소를 太宰, 곡률광을 太尉, 고장공을 尙書令으로 삼았다. 楊忠이 병사를 이끌고 돌궐의 군사를 맞이할 적에 군량이 부족하자, 양충이 稽胡의 추장을 유인해 오게 해서 모두를 한자리에 앉게 한 뒤 허위로 王傑에게 병사들을 시켜 북을 치고 오게 하면서, "大冢宰께서 이미 낙양을 평정하고 돌궐과 함께 아직 항복하지 않은 稽胡를 토벌하려 한다."라고 하자, 참석한 자들이 모두 두려워했다. 양충이 그들을 잘 달래 보내자, 각 호족들이 서로 인솔하여 먹을 것을 보내와서 군량이 가득 쌓였다. 마침 북주가 군사들에게 귀환할 것을 명하고 양충 역시 돌아왔다. 우문호는 본디 장수의 책략이 없고 이번 길이 본심도 아니어서 공을 세우지 못한 것이다.

初에 楊檦가 爲邵州刺史하여 鎭捍東境二十餘年①할새 數與齊戰하여 未嘗不捷이라 由是로 輕之러니 既出軹關에 獨引兵深入하고 又不設備하니 齊太尉婁叡가 將兵奄至하여 大破之한대 檦遂降이러라 周人이 攻洛陽不克이어늘 宇文護가 命諸將하여 塹斷河陽路하여 遏齊救兵하고 然後同攻洛陽하니 諸將이 以爲齊兵이 必不敢出이라하여 唯張斥候而已러라 齊가 遣蘭陵王長恭及大將軍斛律光하여 救洛陽하되 未敢進②이어늘 齊主가 召幷州刺史段韶하여 謂曰 洛陽이 危急이라 今欲遣

王救之하되 突厥이 在北하여 復須鎭禦니 如何③오 對曰 北虜侵邊은 事等疥癬이나 今西隣闚逼은 乃腹心之病④이니이다한대 齊主가 乃遣韶하여 督精騎一千하여 救洛陽하고 齊主도 亦自晉陽으로 赴之러라 韶가 至洛陽하여 與諸將으로 觀周軍形勢하고 至太和谷하여 與周軍遇하야 馳告諸營하여 追集騎士하여 結陳以待之러라 韶가 爲左軍하고 長恭이 爲中軍하고 光이 爲右軍하니 周人不意其至하여 皆恟懼러라 韶가 遙謂曰 汝宇文護가 纔得其母하고 遽來爲寇하니 豈欲送死邪아러라 周人이 以步兵으로 上山逆戰⑤이어늘 韶가 且戰且却하고 以誘之하여 待其力弊하여 然後下馬擊之하니 周師가 大敗하여 死者가 甚衆하고 在城下者도 亦解圍遁去할새 委棄資械하여 彌滿川澤이러라 唯齊公憲 達奚武王雄이 在後拒戰이러니 雄이 馳馬하여 衝斛律光陳하니 光이 退走어늘 雄이 追之하여 按矟不及光者가 丈餘라 欲生擒之어늘 光이 惟餘一矢하여 射雄中額하니 雄이 走至營而卒이러라 軍中이 益懼어늘 齊公憲이 拊循督勵하니 衆心이 小安이러라 至夜에 收軍하여 憲이 欲待明更戰이어늘 武가 曰 洛陽이 軍散하고 人情이 震駭하니 若不因夜速還하면 明日欲歸나 不得矣라하고 乃還이러라 齊가 以韶로 爲太宰하고 光爲太尉하고 長恭爲尙書令이러라 楊忠이 引兵應接突厥할새 軍糧이 不給이어늘 忠이 乃招誘稽胡酋長하여 咸在坐⑥하고 詐使王傑로 勒兵鳴鼓而至하여 曰 大冢宰가 已平洛陽하고 欲與突厥로 共討稽胡之不服者라하니 坐者가 皆懼어늘 忠이 慰諭而遣之러니 於是에 諸胡가 相帥饋輸하여 軍糧이 塡積이어늘 屬周師罷歸하고 忠도 亦還이러라 護가 本無將略하고 是行又非本心이라 故無功이러라

① ≪五代志≫에 의하면, "絳郡 垣縣은 後魏(北魏) 때에 邵郡과 白水縣을 설치했고, 後周(北周) 때에 邵州를 설치하면서 白水를 亳城으로 바꿨다."라고 하였다. 桿은 방어하는 것이다.
五代志 "絳郡垣縣, 後魏置邵郡及白水縣, 後周置邵州, 改白水爲亳城." 桿, 衛也.

② 高長恭은 世宗 高澄의 아들이다.
長恭, 世宗澄子.

③ 段韶를 平原郡王에 책봉했다.
韶封平原郡王.

④ 癬(종기)은 息踐의 切이며, '疥癬'은 작은 종기이다. '腹心'은 큰 병이다. 구호에 선후 완급이 있음을 비유한 것이다.
癬, 息踐切. 疥癬, 瘡瘍之小者. 腹心, 疾病之大者. 喩所救有先後緩急.

⑤ 北邙에 올라가 北齊의 병사를 맞서 싸우는 것이다.
上北邙, 逆齊兵與戰.

⑥ 여기 稽胡는 離石稽胡와 같은 종족으로, 銀과 夏 지역에 흩어져 산다.
此稽胡, 與離石稽胡同種, 散居銀・夏之閒.

【綱】 北齊 山東에 큰 수재가 발생하였다.

齊山東이 大水하다

【目】 기근으로 죽은 자가 이루 헤아릴 수 없었다.

飢死者가 不可勝計러라

【綱】 北周가 宕昌을 평정하고 宕州를 설치하였다.

周가 滅宕昌하고 置宕州하다

【目】 宕昌王 梁彌定이 누차 北周의 변경을 침범하자 북주가 토벌해 평정한 뒤 그 지역에 宕州를 설치했다.

宕昌王梁彌定이 屢寇周邊이어늘 周討滅之하고 以其地置宕州러라

乙酉年(565)

陳나라 世祖 文帝 陳蒨 天嘉 6년이고 北周 高祖 武帝 宇文邕 保定 5년이고 北齊 後主 高緯 天統 원년이다.

陳天嘉六年이요 周保定五年이요 齊後主緯天統元年이라

【綱】 봄 2월에 北周가 突厥에 사신을 보내 可汗의 딸을 맞이했다.

春二月에 周遣使如突厥逆女하다

【綱】 여름 4월에 陳나라 侍中 安成王 陳頊이 면직되었다.

◑夏四月에 陳侍中安成王頊이 免하다

【目】 陳頊이 陳主(文帝)의 아우라는 중요한 위치 때문에 그 기세가 朝野를 압도하고, 直兵 鮑僧叡가 진욱의 권력을 믿고 불법을 저지르자 御史中丞 徐陵이 상주하여 탄핵했다.

서릉이 南臺의 관리들을 따라 奏文을 놓은 几案을 들고서 들어가자, 陳主(文帝)가 엄숙한 자세로 정좌했다. 서릉이 나아가 奏板 위의 주문을 읽자, 당시 殿閣 위에서 황제를 모시고 서 있던 진욱이 땀을 흘리며 실색했다. 서릉이 殿中御史를 보내 진욱을 데리고 전각 아래로 내려가게 하고, 陳主가 전욱의 侍中 지위를 면직시키자 조정이 숙연했다.

頊이 以帝弟之重으로 勢傾朝野하고 直兵鮑僧叡가 恃頊勢하여 爲不法①이어늘 御史中丞徐陵이 爲奏彈之할새 從南臺官屬하여 引奏案而入②하니 陳主가 爲斂容正坐③러라 陵이 進讀奏版하니 時에 頊이 侍殿上할새 流汗失色이어늘 陵이 遣殿中御史하여 引頊下殿④하고 陳主가 爲之免頊侍中하니 朝廷이 肅然이러라

① 宋나라 이래로 王公府엔 모두 直兵이 있었다.
自宋以來王公府皆有直兵.
② 從(뒤따르다)은 才用의 切이다. 御史臺가 南臺가 된다.
從, 才用切. 御史臺, 爲南臺.
③ 爲(위하다)는 去聲이며 아래 글자도 같다.
爲, 去聲, 下同.
④ 殿中侍御史는 殿中에서 불법을 사찰하므로 그에게 陳頊을 데리고 殿을 내려가게 한 것이다.
殿中侍御史, 居殿中察非法, 故使之引頊下殿.

【綱】 彗星이 나타났다.

彗星이 見하다

【綱】 北齊主(武成帝) 高湛이 太子 高緯에게 제위를 물려준 뒤 스스로를 太上皇帝라 칭하고 祖珽을 秘書監으로 삼았다.

◑ 齊主湛이 傳位於太子緯하고 自稱太上皇帝하고 以祖珽으로 爲秘書監[28)]하다

---

28) 齊主湛……以祖珽爲秘書監 : "흰 무지개가 해를 꿰뚫자 高百年을 죽여서 누르고, 彗星이 변고를 보이자 太子에게 제위를 물려주어 물리쳤다. 北齊가 하늘에 응대하는 것이 이와 같자, ≪資治通鑑綱目≫에서 〈두 가지를〉 나란히 기록하였으니 貶下하는 뜻이 저절로 드러난다. 그러나 高緯가 즉위하여 북제가 망하였으니 하늘의 변고는 진실로 속임이 없다.〔白虹貫日 則殺百年以厭之 彗星示變 則傳位太子以禳之 齊之所以應天者如此 綱目比而書之 貶義自見矣 然緯立而齊亡 則天變誠不誣也〕" ≪書法≫
"'北齊主 高湛이 제위를 물려주었다.〔齊主湛傳位〕'를 '彗見(혜성이 보였다)'의 아래와 祖珽을 秘書監으로 삼은 것 위에 기록하였으니, 北齊의 이 조치는 조정의 사악한 말에 미혹된 것임을 알 수 있다. 이것으로 하늘의 변고를 막으려고 한 것이 명백하다. 별의 문양이 경계를 보이면 임금은 당연히 몸을 조심하여 그 정사를 고쳐 기강 잡아 天心을 감동시키고 요얼을 되돌려 상서로움을 부를

【目】祖珽이 文才는 있으나 행실이 바르지 못해 일찍이 高祖(高歡)의 功曹로 있을 때, 연회에서 金叵羅를 잃어버렸는데 조정의 상투에서 발견되었고, 또 관청의 곡식을 몰래 훔친 죄에 연루되어 채찍을 맞고 甲坊에 유배됐으며, 또 장물죄에 저촉돼서 絞刑에 처하게 되었으나 제명 조치로 끝났다. 顯祖(文宣帝)가 그의 재능을 아껴 다시 中書省의 임무를 맡겼다. 北齊主(武成帝)가 長廣王이었을 때 조정이 말하기를, "전하께선 남다른 골상을 가지고 계십니다."라고 했는데, 제위에 오르자 그를 中書侍郎에 임명하고 散騎常侍로 승진시켰다.

조정이 和士開와 간악과 아첨을 일삼을 때, 조정이 은밀히 화사개에게 말하기를, "황상의 총애와 사랑이 과거의 그 무엇에도 견줄 수 없는데, 宮車(황제)가 갑자기 崩御하게 되면 우리가 어떻게 끝까지 무사할 수 있겠는가."라고 하였다. 화사개가 이어서 계책을 묻자, 조정이 말하기를, "주상께 '文襄·文宣·孝昭가 황제의 아들로서 모두 帝位에 서지 못했으니 지금 황태자에게 일찍이 제위에 오르게 해서 임금과 신하의 직분을 확정해야 한다.'라고 말씀드려, 그것이 뜻대로 되면 황후와 태자가 반드시 감사해할 것이니 이것은 만전의 계책이다. 그대가 조용히 주상께 말씀드려 주상이 그 내용을 대략 이해할 수 있게 하라. 그럼 내가 밖에서 表文을 올려 이 문제를 논하겠다."라고 하니, 화사개가 "알겠다."라고 하였다.

때마침 혜성이 나타나자, 太史가 상주하기를, "옛것을 없애고 새것을 반포하는 형상입니다."라고 했고, 이때 조정이 글을 올려, "폐하께서 천자이시긴 하지만 아직 대단히 귀하신 것은 아니니 의당 東宮에게 제위를 전수하시고, 또 위로 天道해 부응하소서."라고 하니, 북제주가 그 말에 따라 高緯에게 제위를 전수하고 태자비 斛律氏를 后로 삼았다. 이에 뭇 공경들이 太上皇帝라는 尊號를 올리고 軍國의 큰일을 모두 보고했다. 侍郎 馮子琮과 左丞 胡長粲에게 어린 군주를 보좌하여 인도하게 하고, 조정은 비서감에 임명되어 황제의 은총을 크게 받았다.

珽이 有文無行하여 嘗爲高祖功曹러니 因宴失金叵羅하여 於珽髻上得之[①]하고 又坐詐盜官粟하여 鞭配甲坊[②]하고 又嘗坐贓當絞나 除名이러니 顯祖가 愛其才하여 復令直中書省이러라 齊主가 爲長廣王에 珽이 言殿下가 有非常骨法이라터니 及卽位에 擢拜中書侍郎하고 遷散騎常侍러라 與和士

수 있도록 해야 하거늘 어찌 太子에게 제위를 물려주어 위로 天道에 대응할 수 있는 것인가. 책에 기록하였으니 허망한 것임을 알 수 있다.〔書齊主湛傳位於彗見之下 祖珽爲秘書監之上 則知齊國此擧 惑於珽之邪說 欲以是而塞天變 明矣 夫星文示戒 人君當側身修行 改紀其政 庶可感動天心 返妖致祥 烏有傳位于子 而可以上應天道耶 書之于冊 矯誣可知〕" ≪發明≫

開로 共爲姦諂할새 珽이 私說士開曰 君之寵幸이 振古無比하니 宮車一日晩駕하면 欲何以克終③가 士開因從問計한대 珽이 曰 宜說主上云 文襄文宣孝昭之子가 俱不得立하니 今宜令皇太子로 早踐大位하여 以定君臣之分④이니이다하여 若事成이면 中宮少主가 必皆德君하리니 此萬全計也라 請君微說(세)主上하여 令粗解하라 珽이 當自外로 上表論之하리라하니 士開가 許諾⑤이러라 會에 彗星이 見(견)커늘 太史가 奏云 除舊布新之象이라한대 珽이 於是에 上書言陛下雖爲天子나 未爲極貴하시니 宜傳位東宮하고 且以上應天道하소서한대 齊主가 從之하여 傳位于緯하고 以太子妃斛律氏로 爲后러라 於是에 群公이 上尊號하여 爲太上皇帝하고 軍國大事를 咸以聞이러라 使侍郎馮子琮과 左丞胡長粲으로 輔導少主하고 珽이 拜秘書監하여 大被親寵이러라

① 高歡이 都督中外諸軍事로 있을 때 祖珽을 府功曹로 삼았다. 叵은 普火의 切이며, '叵羅'는 술잔 종류이다.
高歡都督中外諸軍事, 以珽爲府功曹. 叵, 普火切. 叵羅, 盃觴之屬.

② 祖珽이 令史 李雙, 倉督 成祖 등과 함께 晉州에서 啓文을 올려 粟 3천 석을 요청한 일을 꾸민 뒤, 祖珽이 功曹 趙彦深을 대신해 의당 내주어야 한다고 했는데, 일이 발각되어 채찍을 맞고 유배되었다.
珽與令史李雙·倉督成祖等作晉州啓請粟三千石, 珽代功曹趙彦深宜敎給之. 事覺, 鞭配.

③ '晩駕'는 晏駕(제왕의 죽음)와 같다.
晩駕, 猶晏駕也.

④ 文襄은 高澄의 시호이고 文宣은 高洋의 시호이고 孝昭는 高演의 시호이다.
文襄, 澄謚. 文宣, 洋謚. 孝昭, 演謚.

⑤ '粗解'는 대략 이해하는 것을 말한다.
粗解, 謂略曉也.

【綱】 가을 7월 초하루에 일식이 있었다.

秋七月朔에 日食하다

【綱】 陳나라가 군대를 파견해 周迪을 공격하여 살해했다.

◐陳遣兵하여 擊周迪하여 殺之[29]하다

29) 陳遣兵 擊周迪 殺之 : "周迪은 陳寶應·留異과 함께 모두 '토벌했다〔討〕'라고 기록하였는데, 두 사람은 '주살했다〔誅〕'라고 기록하고, 주적은 어찌하여 '살해했다〔殺〕'라고 기록하였는가. 주적은 梁나라의 內史이니, 《資治通鑑綱目》은 여기에서 저울질하여 판단함이 있다.(두 사람이 모두 陳나라가 임명한 것에 의거한 것이다.)〔迪與陳留 皆書討矣 二子書誅 迪則曷爲書殺 迪 梁之內史也 綱目於此 有權衡矣

【綱】 겨울 10월에 北周가 中州刺史 賀若敦을 죽였다.

◑冬十月에 周가 殺其中州刺史賀若敦하다

【目】 北周가 函谷關城을 通洛防으로 삼고, 賀若敦을 中州刺史로 삼아 이곳에 鎭守하게 했다. 하약돈이 재능을 믿고 기세가 등등하여 湘州의 전투에서 군사를 온전하게 하여 돌아온 일로 의당 상을 받아야 한다고 생각했는데 도리어 제명을 당해 조정의 신하들에게 원성을 나타내자, 화가 난 宇文護가 그를 불러들여 스스로 죽게 했다.

죽음에 앞서 아들 賀若弼에게 이르기를, "나는 江南을 평정하는 데 뜻이 있었으나 지금 이를 이루지 못했으니 네가 반드시 내 뜻을 이루거라. 내가 세 치 혀 때문에 죽었으니 너는 이를 가슴에 새기지 않아선 안 된다."라고 한 뒤 송곳으로 하약필의 혀를 찔러 피가 나오게 해서 이를 경계했다.

周가 以函谷關城으로 爲通洛防하고 以賀若敦으로 爲中州刺史하여 鎭之①러니 敦이 恃才負氣하여 以湘州之役에 全軍而返으로 謂宜受賞이나 翻得除名이라 對臺使하여 出怨言이어늘 宇文護가 怒하여 徵還하여 逼令自殺하니 臨死에 謂其子弼曰 吾志平江南이어늘 今而不果하니 汝必成吾志하라 吾以舌로 死하니 汝不可不思라하고 因引錐하여 刺弼舌出血하여 以誡之러라

① 通洛防은 洛州 新安縣 동쪽에 있다. ≪五代志≫에는 "河南郡 新安縣은 後周(北周)때 中州를 설치했다."라고 하였다.
通洛防, 在洛州新安縣東. 五代志 "河南郡新安縣, 後周置中州."

丙戌年(566)

陳나라 世祖 文帝 陳蒨 天康 원년이고 北周 高祖 武帝 宇文邕 天和 원년이고 北齊 後主 高緯 天統 2년이다.

陳天康元年이요 周天和元年이요 齊天統二年이라

【綱】 봄 정월에 일식이 있었다.

春正月에 日食하다

(據二子 皆陳所命也)]" ≪書法≫

【綱】 여름 4월에 陳나라가 孔奐을 太子詹事로 삼았다.

◑夏四月에 陳이 以孔奐으로 爲太子詹事하다

【目】 陳主(文帝)가 병이 발생하자 臺閣(尙書省)의 일들을 僕射 到仲擧와 尙書 孔奐이 함께 상의의 결정하게 했는데, 증세가 위독하자 공환과 도중거가 司空 尙書令 揚州刺史 安成王 陳頊, 尙書 袁樞, 舍人 劉師知와 함께 입시하여 약을 올렸다.

陳主가 太子 陳伯宗이 아직 어리다는 이유로 진욱에게 말하기를, "내가 太伯의 일을 본받고 싶다."라고 하자, 진욱이 절하고 울며 고사했다. 陳主가 또다시 도중거와 공환 등에게 이르기를, "지금 세 지역이 鼎峙해 있고 四海에 일이 많아 의당 장성한 임금이 필요한 상황이니 경들이 의당 이 뜻을 존중해야 한다."라고 하자, 공환이 눈물을 흘리며 대답하기를, "황태자께서 성덕이 나날이 발전하고 安成王이 충분히 周公 姬旦이 될 만한데, 만약 황태자를 폐위시키고 싶은 마음이 있으시다면 신은 진실로 그 조칙을 받들 수 없습니다."라고 하였다. 陳主가 말하기를, "옛날 정직하게 산 遺風을 경에게 다시 보는구나."라고 하고, 고환을 太子詹事로 삼았다.

陳主가 不豫하여 臺閣衆事를 竝令僕射到仲擧尙書孔奐共決之①러니 疾篤에 奐仲擧與司空尙書令揚州刺史安成王頊尙書袁樞舍人劉(思)〔師〕[30]知로 入侍醫藥②할새 陳主가 以太子伯宗柔弱으로 謂頊曰 吾欲遵太伯之事하노라한대 頊이 拜泣固辭러라 陳主가 又謂仲擧奐等曰 今三方이 鼎峙하고 四海事重하여 宜須長君하니 卿等이 宜遵此意하라한대 孔奐이 流涕對曰 皇太子가 聖德日躋하고 安成王이 足爲周旦이니 若有廢立之心하시면 臣이 誠不敢奉詔니이다하니 陳主가 曰 古之遺直을 復見於卿이로라하고 乃以奐으로 爲太子詹事③하다

① 到仲擧는 到溉의 아우의 아들이고 도개는 到彦之의 증손이다.
仲擧, 溉之弟子也, 溉, 彦之之曾孫.

② 袁樞는 袁君正의 아들이다.
樞, 君正之子也.

③ ≪春秋左氏傳≫ 昭公 14년에, "仲尼가 말씀하기를, '叔向은 옛 遺直(古人의 遺風이 있는 곧은 사람)이다.'"라고 했는데, 주석에서 "숙향의 곧음에는 古人의 遺風이 있다."라고 하였다.
左傳昭十四年 "仲尼曰 '叔向, 古之遺直也.'" 注言 "叔向之直, 有古人遺風."

---

30) (思)〔師〕: 저본에는 '思'로 되어 있으나, ≪資治通鑑≫에 의거하여 '師'로 바로잡았다.

【目】 司馬公(司馬光)이 다음과 같이 평하였다.

"孔奐은 복심의 중요한 임무를 맡고 있고 사직의 큰 계책을 결정하는 위치에 있어, 정말 世祖(文帝)의 말이 사실이 아니라 여긴다면 마땅히 그 자리에서 논쟁을 벌여 누군가 帝位를 엿보는 마음을 단절해야 하고, 사실이라 여긴다면 마땅히 조칙을 내려 내외에 널리 알릴 것을 요청해야 한다. 만일 태자는 적자임으로 흔들어선 안된다고 하여 그를 잘 보좌해 안전하게 하려 한다면 마땅히 충성과 절의를 다해 목숨으로 이를 뒷받침해야 하는데, 어떻게 임금이 살아 있을 땐 그 마음을 미리 정탐하여 부합하는 것을 추구하고, 세상을 떠났을 땐 권신들이 국권을 빼앗는데도 이를 구제하지 못하고, 계승한 군주가 자리를 잃는데도 목숨을 바치지 않는단 말인가. 이야말로 간악과 아첨한 자 가운데 더욱 심한 자임에도 세조가 정직한 遺臣이라 하여 6척의 어린 아들을 부탁하고 있으니, 이 어찌 사리에 어긋나지 않는가."

司馬公이 曰 孔奐이 處腹心之重任하고 決社稷之大計하니 苟以世祖之言이 爲不誠인댄 則當面辨廷爭하여 以絶覬覦하고 以爲誠邪인댄 則當請下詔書하여 宣告中外하며 若謂太子嫡嗣라 不可動搖요 欲保輔而安全之인댄 則當盡忠竭節하여 以死繼之어늘 奈何로 於君之存엔 則逆探其情하여 而求合하고 及其旣沒엔 則權臣移國하되 而不能救하며 嗣主失位하되 而不能死아 斯乃姦諛之尤者어늘 而世祖謂之遺直以託六尺之孤하니 豈不悖哉아

陳 廢帝(臨海王)

【綱】 陳主 陳蒨이 殂하고 太子 陳伯宗이 즉위하였다.

陳主蒨殂①하고 太子伯宗이 立하다

① 향년이 45세였다.
壽 四十五.

【目】 陳主가 어려움 속에서 시작해서 백성들의 질곡과 고통을 잘 알고, 타고난 바탕이 현명하고 잘 살피고 검소하며, 밤마다 刺閨에서 바깥일을 수집해 와서 황제에게 판단을 구하게 하는 이들이 연이었다. 또 殿閣 위로 更籤을 전하는 이에게 칙문을 내려, 반드

시 섬돌 위에 籤을 던져 쨍그랑하는 소리가 나도록 하며, "내가 잠이 들어도 이 소리에 깜짝 놀라 깨게 하라."라고 하였다.

陳主가 起自艱難하여 知民疾苦하고 性明察儉約하며 每夜에 刺閨取外事分判者가 前後相續①하고 敕傳更籤於殿中者하여 必投籤於階石之上하여 令鎗然有聲하여 曰 吾雖眠이나 亦令驚覺(교)②케하라하다

① 刺는 七賜의 切이며, 송곳으로 물체를 찌르는 것을 刺라 한다. 闈는 宮 안의 작은 문이다. 궁중 작은 문을 나가 바깥일을 탐지해 오므로 '刺閨'라 한다. 일설에 '刺閨'는 궁중의 관직명으로, '刺史'와 '刺姦'의 刺처럼 궁중을 감찰하는 것이라고 하였다.
刺, 七賜切, 以錐蒳物曰刺. 閨, 宮中小門也. 就閨中刺取外事, 故曰刺閨. 一說, 刺閨, 疑宮中職名, 猶刺史刺姦之刺, 檢察閨閥者也.

② 傳(역전)은 우체이다. 更(경, 시각)은 평성이고, 籤은 竹籤이니 5更에 다섯 개의 竹籤을 전하는 것이다. 鎗(쇠가 부딪쳐 울리는 소리)은 楚庚의 切이다. 覺(잠에서 깨다)는 古孝의 切이다.
傳, 遞也. 更, 平聲. 籤, 籌也. 五更傳五籤. 鎗, 楚庚切. 覺, 古孝切.

【綱】 5월에 陳나라가 安成王 陳頊을 司徒 錄尙書事로 삼고 徐陵을 吏部尙書로 삼았다.

五月에 陳이 以安成王頊으로 爲司徒錄尙書事하고 徐陵으로 爲吏部尙書31)하다

【目】 徐陵이 梁나라 말엽 이후로 관직의 선발과 임명이 너무 남발됐다는 이유로 글을 지어 사람들에게 보이기를, "永定(陳 高祖 陳霸先의 연호) 시기에 聖朝가 막 시작되어 白銀은 얻기 어렵고 黃札(임명장)은 운영하기 쉬워 員外官과 常侍가 길 위에서 어깨가 부딪치고 諮議와 參軍이 저잣거리에 무수했다. 지금 의관과 예악이 갈수록 잘 구비되고 있는데 어찌 여전히 옛것에 의지해 일상의 이치와 백성의 바람에 어긋나야 하겠는가."라고 하니 모두가 수긍했다.

陵이 以梁末以來로 選授多濫이라하여 乃爲書하여 示衆曰 永安之時에 聖朝草創하여 白銀은 難得이요 黃札은 易(이)營이라 致令員外常侍가 路上比肩하고 諮議參軍이 市中無數①라 今에 衣冠禮樂이 日富年華하니 何可猶作舊意하여 非理望也리오하니 衆이 咸服之②러라

① 永安은 ≪南史≫ 〈徐陵傳〉에 永定으로 되어 있다. 永定은 高祖가 제위에 오른 초기이므로

31) 陳以安成王頊……徐陵爲吏部尙書 : "'徐陵'이라고 기록한 것은 어째서인가. 그 직책을 잘 수행한 것이다. 陳나라 시대에 '吏部尙書로 삼았다〔以爲吏部尙書〕'라고 기록한 것은 두 번이니,(徐陵과 孔奐이다.) 모두 온당한 사람이다.〔書徐陵 何 善其職也 陳世書以爲吏部尙書二(徐陵 孔奐) 皆其人也〕" ≪書法≫

이를 따라야 한다. 札은 얇은 목판이니 조칙을 쓰는 용구이다. 宋 明帝 때 軍功으로 관직에 임명된 자가 많아 목판으로 이를 다 충당할 수 없었으므로 黃紙를 비로소 사용한 것이다.
永安, 南史徐陵傳, 作永定. 永定, 高祖受禪初元也, 當從之. 札, 薄木板也, 用以書詔. 宋明帝時以軍功除官者衆, 板不能供, 始用黃紙.

② '日富年華'는 날마다 넉넉하고 해마다 발전한다는 말이다.
日當年華, 謂一日富於一日, 一年華於一年也.

【綱】 가을 8월에 北周의 信州의 蠻族이 반란을 일으키자 토벌하여 평정했다.

秋八月에 **周信州蠻**이 **反**이어늘 **討平之**하다

【目】 北周 信州蠻 冉令賢 등이 巴峽을 근거로 반란을 일으키고 그와 함께한 무리들이 2천여 리에 걸쳐 연계했는데 전후에 걸쳐 토벌했지만 무찌르지 못했다.

開府 陸騰에게 조칙을 내려, 王亮과 司馬裔를 감독하고 가서 토벌하게 하자, 염영현이 長江의 남쪽 요새를 점거한 채 십여 개의 성을 설치하고 멀리 涔陽의 蠻族과 연계해 성원하게 한 뒤 직접 정병을 거느리고 水邏城을 굳게 지켰다. 제장들이 모두 먼저 수라성을 공격하려 하자, 육등이 말하기를, "염영현이 안으로 수라성의 견고함을 믿고 밖으로 잠양 만족의 구원을 의탁하여 물자와 식량이 충분하고 무기와 도구들이 새롭고 정밀한데 우리의 懸軍(깊이 들어온 고립된 군대)으로 저들의 견고한 성곽을 공격하다가 만일 싸움에서 이기지 못하면 저들의 기세를 더욱 조장시킬 것이다. 따라서 湯口에 군사를 주둔시키고 먼저 장강 남쪽 지역을 차지하여 그 羽翼을 잘라낸 뒤 수라성으로 진군한다면 이는 승리를 획득할 전술이다."라고 하고, 王亮에게 무리들을 이끌고 가서 여덟 개의 성을 공격하게 하고 마침내 날래고 용맹한 군사들을 모집해 수라성을 공격했다.

염영현의 형의 아들 冉龍眞이 수라성 옆 石勝城을 점거해 있었는데 육등이 살며시 그를 달래 항복시키자, 수라성 무리들이 와르르 무너졌고, 염영현이 달아나다가 붙잡혀 참수되었다. 信州의 옛 치소는 白帝城이었는데 육등이 이곳을 八陳灘 북쪽으로 옮겨서 司馬裔를 信州刺史로 삼았다.

周信州蠻冉令賢等이 **據巴峽反**하니 **黨與**가 **連結二千餘里**라 **前後討之不克**①이어늘 **詔開府陸騰**하여 **督王亮司馬裔討之**하니 **令賢**이 **於江南**에 **據險要**하여 **置十城**하고 **遠結涔陽蠻**하여 **爲聲援**하고 **自帥精卒**하여 **固守水邏城**②이러라 **諸將**이 **皆欲先取水邏**어늘 **騰**이 **曰 令賢**이 **內恃水邏之固**하고 **外託涔陽之援**하여 **資糧充實**하고 **器械**가 **精新**하니 **以我懸軍**으로 **攻其嚴壘**라가 **脫一戰不克**하면 **更成**

其氣니 不如頓軍湯口하고 先取江南하여 剪其羽毛라 然後進軍水邏하면 此는 制勝之術也③라하고 乃遣王亮하여 帥衆拔其八城하고 遂間募驍勇하여 進攻水邏④러라 令賢兄子龍眞이 據水邏旁石勝城이어늘 騰이 密誘降之하니 水邏衆潰하고 令賢이 走라가 追斬之러라 信州舊治白帝나 騰이 徙之於八陳灘北하여 以司馬裔로 爲信州刺史⑤러라

① 巴峽은 巴郡 巴縣에 있다. 明月峽, 廣德峽 등이 있는데 이곳 또한 三峽이라 한다.
巴峽, 在巴郡巴縣. 有明月・廣德等峽, 亦謂之三峽.

② 涔은 鋤簪의 切이다. ≪九域志≫에 "江陵府 公安縣에 涔陽鎭이 있다."라고 하였다.
涔, 鋤簪切. 九域志 "江陵府公安縣有涔陽鎭."

③ ≪水經≫에는 "江水가 朐䏰縣 동쪽에서 瞿巫灘을 경유하며 왼쪽에는 湯溪水가 흘러드는데 이곳을 湯口라 한다."라고 하였다.
水經 "江水自朐䏰縣東逕瞿巫灘, 左則湯溪水注之, 謂之湯口."

④ 間은 빈틈이다. 혹자가 間은 簡이 돼야 한다고 했다.
間, 空隙也. 或曰間, 當作簡.

⑤ 胡三省이 말하기를, "諸葛亮이 돌을 쌓아 魚腹平沙에 八陣을 만들었는데, 지금 이곳을 八陣磧이라 한다."라고 하였다.
胡三省曰 "諸葛亮壘石爲八陣於魚腹平沙之上, 今謂之八陣磧."

【綱】 北周 萬榮郡의 백성들이 반란을 일으키자 토벌하여 평정했다.

北周萬榮郡民이 作亂이어늘 討平之하다

【目】 北周의 小吏部 辛昻이 梁州와 益州로 사신 가고 또 陸騰을 위해 군량의 조달을 감독했다. 당시 臨州, 信州, 楚州, 合州 등의 백성들이 대부분 반란군을 따랐는데, 신앙이 이해관계를 잘 이야기하자 집에 돌아오듯 그를 따라오거늘, 노약자에겐 양식을 짊어지고 젊은이들에겐 적에 대항하여 싸우게 하니, 모두가 기꺼이 호응했다.

사신 임무로 돌아오는 길에 마침 巴州 萬榮郡의 백성들이 반란을 일으켜 郡城을 포위하여 공격하자, 신앙이 무리들에게 이르기를, "흉악한 무리들이 미쳐 날뛰는데 만일 조정에 보고하기까지 기다린다면 고립된 성이 반드시 함락될 것이다. 정말 백성에게 이로운 것이라면 전권을 행사해도 될 것이다."라고 하고, 3천의 병사를 모집해 갑절이나 빠르게 길을 달려 미처 예상치 못한 상태에서 적진을 곧장 향해가자, 적들이 대군이 왔다 하여 멀리서 바라만 보고도 와해되었다. 북주가 그를 渠州刺史로 삼았다.

周小吏部辛昻이 奉使梁益하고 且爲陸騰하여 督軍糧①이러니 時에 臨信楚合等州民이 多從亂②이라 昻이 諭以禍福하니 赴者如歸어늘 乃令老弱負糧하고 壯夫拒戰하니 咸樂爲用이러라 使還에 會에 巴州萬榮郡民이 反하여 攻圍郡城③커늘 昻謂其徒曰 凶狡이 猖狂하니 若待上聞하면 孤城이 必陷하리니 苟利百姓인댄 專之可也④라하고 募兵得三千하여 倍道兼行하여 出其不意하여 直趣賊壘하니 賊이 以爲大軍이 至라하여 望風瓦解하니 周가 以爲渠州刺史⑤러라

① 北周가 六官을 설립한 뒤 六部를 六官에 소속시켰는데, 小吏部는 天官에 속한다. 爲(위하다)는 去聲이다.
周既建六官, 以六部分屬六官, 小吏部屬天官. 爲, 去聲.
② 《五代志》에는 "巴東郡 臨江縣은 後周(北周) 때에 臨州를 설치하고, 巴郡은 梁나라 때에 楚州를 설치하고, 涪陵郡은 西魏 때에 合州를 설치했다." 하였다.
五代志 "巴東郡臨江縣, 後周置臨州. 巴郡, 梁置楚州. 涪陵郡, 西魏置合州."
③ 《五代志》에는 "淸化郡은 梁나라 때에 巴州를 설치했는데, 관할 永穆縣에 지난날 萬榮郡을 설치했다."라고 하였다.
五代志 "淸化郡, 梁置巴州, 所領永穆縣, 舊置萬榮郡."
④ '猖狂'은 마음이 잘잘못을 살피지 못하는 상태이다.
猖狂, 心不能審得失之地也.
⑤ 《五代志》에는 "宕渠郡은 梁나라 때에 渠州를 설치했다."라고 하였다.
五代志 "宕渠郡, 梁置渠州."

【綱】 겨울 12월 北齊主(武成帝) 高湛이 河間王 高孝琬을 죽였다.

冬十二月에 齊主湛이 殺其河間王孝琬[32)]하다

【目】 高孝琬이 대신들을 원망하며, 풀을 엮어 만든 사람을 과녁으로 삼아 활을 쏘자, 和士開와 祖珽이 모함하여, "풀로 만든 사람은 성상의 몸을 견준 것이다."라고 하니, 北齊太上皇(武成帝)이 진한 의심을 품었다. 때마침 고효완이 佛齒를 얻어 집안에 두었는데 밤에 빛이 났다. 태상황이 이 소식을 듣고 그의 집을 수색하게 해서 창고를 가득 채운 수백 개의 창과 깃발을 찾아냈고, 이를 반란의 도구라 하여 그를 때려 정강이를 꺾어

32) 齊主湛殺其河間王孝琬 : "北齊主는 스스로 上皇이라고 일컬었는데 다시 '齊主'라고 기록한 것은 어째서인가. 《資治通鑑綱目》에서는 列國으로 陳·齊를 기록하였으니 진실로 上皇으로 일컬을 수 없는 것이다. 그러면 어찌하여 이름을 기록하였는가. '高湛'이라고 기록한 것은 高緯와 구별하기 위한 것이다.〔齊主自稱上皇矣 復書齊主 何 綱目以列國書陳齊 固不可以上皇稱之也 然則曷爲名之 書湛 所以別於緯也〕" 《書法》

죽게 했다.

孝琬이 怨執政하여 爲草人而射之①어늘 和士開祖珽이 譖之曰 草人은 以擬聖躬也라하여 齊上皇이 頗惑之러니 會에 孝琬이 得佛牙하여 置第內하니 夜有光이라 上皇이 聞之하고 使搜之하여 得塡庫矟幡數百하니 以爲反具라하여 撾之折脛而死②러라

① 자신의 형 高孝瑜가 모함해 의해 죽임 당한 것을 억울해한 것이다.
怨讒殺其兄孝瑜也.

② 塡(채우다)은 鎭으로 읽는다. 창의 길이가 1丈 8尺인 것을 槊이라 한다. 幡은 깃발이다.
塡, 讀曰鎭. 矛長丈八者, 謂之槊. 幡, 旗幟也.

【綱】 北齊가 비로소 士人을 등용하여 縣令으로 삼았다.

齊가 始用士人하여 爲縣令[33]하다

【目】 北魏 말엽 이후 縣令을 대부분 厮役들로 임용해서 士類들이 이를 수치로 여겼는데 北齊 僕射 元文遙가 현령은 백성을 다스리는 근본이라 하고, 결국 선발제도의 개혁을 요청해서 귀족 자제를 은밀히 선택해 칙령으로 그들을 임용한 뒤 神武門에 모두 모이게 하여 趙郡王 高叡에게 聖旨를 선포하게 하고 그들을 잘 달래 임지로 보냈다. 북제의 士人이 현령이 된 것은 이때부터이다.

魏末以來로 縣令이 多用厮役이라 由是로 士流恥爲之러니 齊僕射元文遙가 以爲縣令은 治民之本이라하고 遂請革選하여 密擇貴遊子弟하여 發敕用之하여 悉召集神武門하여 令趙郡王叡로 宣旨하여 慰諭而遣之하니 齊之士人이 爲縣令이 自此始러라

---

33) 齊始用士人 爲縣令 : "縣令은 백성을 다스리는 근본이니, ≪資治通鑑綱目≫에서 늘 신중하게 기록하였다. 그러므로 비로소 士人을 등용하여 縣令으로 삼은 것을 기록하고(이해(566)), 縣令을 감당할 만한 자를 천거라는 것을 기록하고(唐 貞觀 2년(628)), 京畿縣令을 만나본 것을 기록하고(開元 원년(713)), 새로 임명한 縣令을 불러 백성을 다스리는 策을 시험한 것을 기록하고(4년(716)), 조칙을 내려 縣令을 천거할 것을 기록하고(9년(721)), 縣令・縣長에게 새로운 경계를 반포한 것을 기록하고(24년(736)), 制書를 내려 縣令・錄事를 천거하는 법을 기록하였다.(乙卯年(955) 後周(北周))〔縣令 理人之本也 綱目每謹書之 是故 始用士人爲縣令書(是年) 擧堪爲縣令書(唐貞觀二年) 引見京畿縣令書(開元元年) 召新除縣令試理人策書(四年) 敕擧縣令書(九年) 頒令長新戒書(二十四年) 制擧令錄法書(乙卯年周)〕" ≪書法≫
"縣令은 書吏와 백성의 의표인데 北齊에서는 厮役을 임용하였으니 잘못됨을 알 수 있다. '비로소 士人을 등용하였다.〔始用士人〕'라고 기록한 것은 아름다워한 것이 아니고, 바로 이보다 이전에 士人을 등용한 적이 없었던 것을 보인 것일 뿐이다.〔縣令 吏民之表 而齊用厮役爲之 謬可知矣 書始用士人 非美之也 正所以見其前此未嘗用士人爾〕" ≪發明≫

丁亥年(567)

陳主 陳伯宗 光大 원년이고 北周 高祖 武帝 宇文邕 天和 2년이고 北齊 後主 高緯 天統 3년이다.

陳主伯宗光大元年이요 周天和二年이요 齊天統三年이라

【綱】 봄 정월 초하루에 일식이 있었다.

春正月朔에 日食하다

【綱】 2월에 陳나라 安成王 陳頊이 中書舍人 劉師知를 죽이고 또 僕射 到仲擧를 죽였다.

◑ 二月에 陳安成王頊이 殺中書舍人劉師知하고 又殺僕射到仲擧[34)]

【目】 예전에 陳 高祖가 梁 敬帝의 승상이었을 때 劉師知를 中書舍人으로 삼았는데 유사지는 학문을 두루 섭렵하고 문장에 능하며 조정의 의례와 국가의 체모를 잘 알았다. 梁世祖 시대를 거치면서 중요한 임무를 맡겼으며 安成王 陳頊, 到仲擧와 함께 遺詔를 받아 정사를 보좌했다. 유사지와 도중거는 항상 궁중에서 지내며 많은 일들을 관여하여 결정하고 진욱은 측근 3백 명과 함께 尙書省에서 지냈다.

유사지는 진욱이 朝野로부터 주목받는 것을 알고 이를 시기하여 左丞 王暹 등과 함께 모의해서 진욱을 외직으로 내보내려 했다. 東宮舍人 殷不佞은 평소 명예와 절의로 자임했는데 相府(상서성)로 달려가 거짓 칙령으로 진욱에게 이르기를, "지금 사방에 별일이 없으니 왕은 東府에서 옮겨와 州(揚州)의 업무를 보도록 하라."라고 하였다.

이에 中記室 毛喜가 달려와 진욱에게 말하기를, "이것은 반드시 太后의 뜻이 아닐 것이니, 반드시 다시 상주하여, 간악한 무리들이 꾸민 계책을 펼칠 수 없도록 해야 합니

34) 陳安成王頊……又殺僕射到仲擧 : "'살해했다〔殺〕'라고 기록한 것이 많으나 '또 살해했다〔又殺〕'라고 기록한 것은 없었는데, '又殺'이라고 기록한 것은 어째서인가. 陳頊을 심하게 여긴 것이다.〔書殺多矣 未有書又殺者 書又殺 何 甚頊也〕" ≪書法≫

다. 외직으로 나가면 남에게 견제를 받게 되니 이는 마치 '曹爽이 부잣집 주인이 되고 싶어도 가능한 일인가.'에 견줄 수 있습니다."라고 하였다. 領軍將軍 吳明徹도 이에 찬동하자 진욱이 병이라 핑계한 뒤 유사지를 불러 이야기를 나누고, 한편으로 모희에게 궁으로 들어가 태후에게 사실을 얘기하게 하자, 태후가 말하기를, "伯宗이 아직 나이가 어려 정사를 二郞(陳頊)에게 맡긴 것이니, 지금 이 말은 나의 뜻이 아니다."라고 하고, 陳主(陳伯宗) 역시 "이것은 유사지 등이 한 일이며 나는 모르는 일이다."라고 하였다. 모희가 이 내용을 진욱에게 보고하자, 진욱이 유사지를 가두고, 궁으로 들어와 태후를 알현한 뒤 유사지를 廷尉에게 보내 賜死시키고, 도중거는 光祿大夫로 삼고, 王暹은 사형에 처했다.

殷不佞은 殷不害의 아우로 어려서부터 효도를 실천해서 진욱이 평소 중시한 터라 면직만 시켰다. 이 일이 있고 나서부터 국가 권력이 모두 진욱에게 돌아갔다. 右衛將軍 韓子高가 도중거와 모의를 꾀했으나 발각되지 않았는데, 도중거가 자리에서 물러난 뒤 내심 불안해하고, 한자고도 위험하게 생각해서 외직으로 나갈 것을 요청했다. 진욱이 문무 대신들을 불러 황태자를 세울 일을 논할 때 도중거와 한자고가 들어오자, 모두 구속해 옥으로 보내 賜死했다.

始興王 陳伯茂를 中衛大將軍으로 삼았는데, 劉師知와 韓子高의 모의에 진백무가 참여했지만 진욱이 그가 내외를 선동할까 우려해서 궁중에 머무르게 했다.

初에 陳高祖가 爲梁相에 用劉師知하여 爲中書舍人①하니 師知가 涉學工文하고 練習儀體하여 歷世祖朝에 委任甚重하여 與安成王頊到仲擧로 同受遺詔輔政②이러라 師知仲擧는 恒居禁中하여 參決衆事하고 頊은 與左右三百人으로 入居尙書省이러니 師知가 見頊이 爲朝野所屬하고 忌之하여 與左丞王暹等으로 謀出頊於外③러라 東宮舍人殷不佞이 素以名節自任④이러니 馳詣相府하여 矯敕謂頊曰 今에 四方이 無事하니 王이 可遷東府하여 經理州務⑤하라러라 中記室毛喜가 馳語頊曰⑥ 此必非太后意니 須更聞奏하여 無使姦人得肆其謀라 出外하면 卽受制於人이니 譬如曹爽이 願作富家翁인들 其可得邪⑦아하고 領軍將軍吳明徹도 亦贊之어늘 頊이 乃稱疾하여 召師知與語하여 使喜로 入言於太后한대 太后曰 伯宗이 幼弱하여 政事를 竝委二郞이니 此는 非我意⑧라하고 陳主亦曰 此는 自師知等所爲요 朕은 不知也로라하니 喜가 以報頊한대 頊이 因囚師知하고 入見太后하여 以師知로 付廷尉하여 賜死하고 以仲擧로 爲光祿大夫하고 暹도 亦被誅하다 不佞은 不害之弟也라 少有孝行⑨하여 頊이 雅重之하여 免官而已라 自是로 國政이 盡歸於頊이러라 右衛將軍韓子高가 與仲擧로 通謀나 未發이러니 仲擧가 旣廢에 心不自安하고 子高도 亦自危하여 求出커늘 頊이 召文武하여 議立皇太子할새 仲擧子高가 入이어늘 皆執之하여 下獄賜死러라 以始興王伯茂로 爲中衛大將軍하니 師知子高之謀를

伯茂가 預之나 頊이 恐其扇動中外하여 使居禁中⑩이러라

① 相(재상)은 息亮의 切이며 아래도 같다.
相, 息亮切, 下同.
② '儀體'는 朝儀와 國體를 말한다.
儀體, 謂朝儀國體.
③ 屬(주목하다)은 음이 燭이다.
屬, 音燭.
④ ≪五代志≫에는 "梁나라 東宮의 관리로 通事守舍人·典事守舍人·典法守舍人 등의 관원이 있었는데 陳나라가 그대로 따랐다."라고 하였다.
五代志 "梁東宮官, 有通事守舍人·典事守舍人·典法守舍人員, 陳因之."
⑤ 당시에 尙書省을 相府라 했다. '州務'는 揚州의 업무를 말한다.
是時, 以尙書省爲相府. 州務, 謂揚州事務.
⑥ ≪五代志≫에는 "梁나라 제도에 蕃王國과 뭇 성씨들은 저마다 符節을 가지며 府에는 中錄事와 中記室이 있다."라고 하였다.
五代志 "梁制, 蕃王國及庶姓, 各持節, 府有中錄事·中記室."
⑦ 曹爽과 관련된 일은 漢 後主 延熙 12년(249) 조에 보인다.
曹爽, 事見漢後主延熙十二年.
⑧ 文帝(陳蒨)가 첫째이고 陳頊이 둘째이므로 二郎이라 부른 것이다.
文帝居長, 頊居次, 故稱爲二郎.
⑨ 殷不佞이 어려서 아버지 喪을 당할 때 지극한 효심으로 명성이 자자했다. 江陵이 함락될 때 은불녕의 어머니가 반란 병사에게 죽었는데 당시 吳 지역에 있던 은불녕이 길이 막혀 오래도록 달려올 수 없었다. 그는 4년 동안 밤낮으로 울며 머무는 것과 밥 먹는 것을 언제나 喪中의 예절대로 했다. 그 뒤 형 殷不齊가 어머니의 영구를 모시고 돌아와 장례를 치를 때 은불녕은 몸가짐을 마치 막 돌아가셨단 말을 들을 때처럼 했으며, 그렇게 3년을 보냈다. 직접 흙을 짊어지고 손수 소나무와 잣나무를 심었으며 명절 때면 반드시 3일 동안 아무 것도 먹지 않았다.
不佞少居父喪, 以至孝稱. 江陵之陷, 不佞母死於亂兵. 不佞在吳, 道路隔絶, 久不得奔赴. 四年之中, 晝夜號泣, 居處飮食, 常爲居喪之禮. 後其兄不齊迎母喪歸葬, 不佞居處之節, 如始聞問, 若此者又三年. 身自負土, 手植松栢, 每歲時伏臘, 必三日不食.
⑩ 梁나라가 네 명의 中將軍을 두었는데, 中軍·中衛·中撫·中護이며 內職에 국한했다.
梁置四中將軍, 軍·衛·撫·護, 止施於內.

【綱】 여름 4월에 陳나라 湘州刺史 華皎가 반란을 일으켜 北周에 귀의했다.

夏四月에 **陳湘州刺史華皎**가 **叛**하여 **附于周**하다

【目】華皎는 韓子高가 죽었다는 소식을 듣고 내심 불안하여 병기를 수선하고 무리를 모으고 부하들을 두루 안심시킨 뒤, 사람을 보내 조용히 北周의 병사를 끌어들이고는 스스로 後梁에 귀의해버리자, 陳나라 安成王 陳頊이 吳明徹 등을 보내 화교를 습격하게 했다.

後梁主(蕭巋) 역시 북주에 글을 올려 상황을 이야기하여, 북주 사람들이 군사를 보내 화교를 응대할 문제에 대해 논할 때, 司會 崔猷가 말하기를, "지난날 동쪽 정벌에서 사상자가 절반을 넘고 근래 잘 보살피기는 하나 상처가 아직 치유되지 않았습니다. 지금 陳나라가 국경을 지키고 백성들을 쉬게 하여 서로 우호를 돈독히 하고 있는데, 어찌 그 토지를 탐내고 배반한 신하를 받아들여 맹약의 신뢰를 어기고 명분 없는 군사를 움직일 필요가 있겠습니까."라고 했지만, 宇文護가 따르지 않고 襄州總管 衛公 宇文直 등을 보내, 병사를 이끌고 가서 돕게 했다.

皎가 **聞韓子高死**하고 **內不自安**①하여 **繕甲聚徒**하고 **撫循所部**하여 **遣使潛引周兵**하고 **又自歸於梁**이어늘 **陳安成王頊**이 **遣吳明徹等**하여 **襲之**러라 **梁主**도 **亦上書言狀**하여 **周人**이 **議出師應之**할새 **司會崔猷**가 **曰 前歲東征**에 **死傷過半**②이요 **比雖循撫**나 **瘡痍未復**이라 **今**에 **陳氏**가 **保境息民**하여 **共敦隣好**어늘 **豈可利其土地**하고 **納其叛臣**하여 **違盟約之信**하고 **興無名之師乎**리잇가하되 **宇文護**가 **不從**하고 **遣襄州總管衛公直等**하여 **將兵助之**③러라

① 華皎·劉師知·韓子高는 모두 文帝의 측근인데 두 사람이 죽고 나자 화교가 스스로 불안해한 것이다.
皎與劉師知·韓子高皆爲文帝所親任, 二人旣死, 故皎不自安.
② '東征'은 北齊 洛陽을 공격한 것을 말한다.
東征, 謂攻齊洛陽也.
③ 宇文直은 北周主(武帝) 宇文邕의 외삼촌이다.
直, 周主邕母弟也.

【綱】윤6월에 北齊 左丞相 咸陽王 斛律金이 卒하였다.

閏六月에 **齊左丞相咸陽王斛律金**이 **卒**하다

【目】斛律金의 집안에서 한 사람의 皇后, 두 사람의 太子妃, 세 사람의 공주와 혼인 맺은

이가 배출되었다. 매번 조정에 나갈 때 항상 步挽車를 타고 궁전 계단까지 가는 것이 허락되고 조정에서 羊車를 보내 맞이하기도 했다. 그럼에도 곡률금은 달갑게 여기지 않으며 일찍이 아들 大將軍 斛律光에게 말하기를, "내가 공부를 못했지만 고래로 외척들이 그 가족을 잘 보호하는 예는 드물다. 우리 집안은 다만 功勳과 勞苦로 부귀를 이룬 것인데 어찌 굳이 여인의 총애에 기댈 필요가 있겠는가."라고 하였다.

金門中에 一皇后二太子妃三公主라 每朝見에 常聽乘步挽車하여 至階커나 或以羊車迎之①로되 然金이 不以爲喜하여 嘗謂其子大將軍光曰 我雖不讀書나 聞古來外戚이 鮮有能保其族者라 我家는 直以勳勞로 致富貴어니 何必藉女寵也리오

① 斛律金의 아들 斛律光의 장녀는 孝昭帝가 太子妃로 맞아들였고, 차녀는 武成帝가 太子妃로 맞아들였는데 後主가 제위를 물려받은 뒤 皇后가 되었다. 세 公主란 斛律光의 아들 斛律武都·斛律世雄·斛律恒伽가 모두 공주에게 장가들었다. 步挽車는 소나 말을 사용하지 않고 사람이 걸어 끌게 하는 수레이다.
金子光長女, 孝昭納爲太子妃. 次女, 武成納爲太子妃, 後主受內禪, 立爲皇后. 三公主, 蓋光子武都世雄恒伽, 皆尙主也. 步挽車, 不用牛馬, 令人步挽之.

【綱】 가을 8월에 北齊가 東平王 高儼을 司徒로 삼았다.

秋八月에 齊가 以東平王儼으로 爲司徒하다

【目】 高儼은 北齊主(高緯)의 아우이다. 太上皇(武成帝)과 胡太后에게 사랑을 받아 司徒가 되고 御史中丞을 겸임했다. 北魏의 故事에 中丞이 길을 나설 때 황태자와 길을 나눠 걷고 王公들이 모두 멀리서 수레를 멈춰 소를 떼놓고 멍에를 땅에 내려놓은 채 지나가기를 기다리는데 조금이라도 지체하면 앞길을 인도하는 자가 붉은 방망이로 때렸다.

鄴城으로 돌아오고 나서부터 이 의식이 폐지되었는데, 태상황이 고엄을 높이고자 하여 지난 규정을 따르도록 했다. 고엄이 언제나 궁중에서 지내고 含光殿에 앉아 일을 볼 때면 諸父(백숙부)들이 모두 절을 하고 기물과 복식을 모두 북제주와 함께했다.

고엄은 본성이 강하고 결단력이 있어 일찍이 태상황에게 말하기를, "尊兄께선 나약하신데 어떻게 좌우를 통솔할 수 있겠습니까."라고 하였다. 태상황이 매번 그의 재능을 칭찬하며 북제주를 폐위시키고 고엄을 세우려는 뜻을 가졌고 호태우도 그걸 권유했지만 이내 중지되었다.

儼은 齊主之弟也라 有寵於上皇及胡后하여 爲司徒하고 領御史中丞이러니 魏故事에 中丞이 出에 與皇太子分路하고 王公이 皆遙駐車하여 去牛하고 頓軛於地하여 以待其過하고 少遲하면 則前驅가 以赤棒으로 棒之①러니 自還鄴後로 此儀가 廢絶이어늘 上皇이 欲尊寵儼하여 命一遵舊制러라 儼이 恒在宮中하고 坐含光殿하여 視事할새 諸父가 皆拜之하고 器玩服飾을 皆與齊主同이러라 儼이 性剛決하여 嘗言於上皇曰 尊兄이 懦어니 何能帥左右리잇가하니 上皇이 每稱其才하여 有廢立意하고 胡后도 亦勸之나 既而中止러라

① '分路'는 길을 나눠 걷는 것이지 수레를 당겨 길을 피하는 것이 아니다. 軛은 멍에이다.
分路, 分路而行, 不引車避道. 軛, 轅前木也.

【綱】 9월에 北周 사람과 後梁 사람이 華皎와 만나 陳나라를 침략했다가 패퇴하자 진나라가 결국 북주의 沔州를 습격하여 刺史 裴寬을 붙잡았다.

九月에 周人梁人이 會華皎하여 侵陳이라가 敗績하니 陳이 遂襲周沔州하여 執其刺史裴寬[35)]하다

【目】 後梁이 華皎를 司空으로 삼고, 柱國 王操를 보내 병사 2만을 거느리고 그와 만나 돕게 했다. 北周 衛公 宇文直이 수군과 육군을 통솔하여 화교와 함께 강을 따라 내려가 沌口에서 吳明徹과 싸움을 벌였다. 오명철이 군대의 작은 배들을 모아 먼저 西軍의 큰 배를 맞닥뜨려 그들이 발사한 拍竿을 모두 받아드리게 하고 서군 군함들의 박간이 모두 소진되자 큰 군함을 동원해 박간을 발사하니 서군이 크게 패하여 화교와 우문직이 모두 江陵으로 달아났다.

北周와 陳나라가 관계가 나빠진 뒤 북주 沔州刺史 裴寬이 襄州總管에게 수비병 증파를 요청했는데 응원군이 도착하기 전에 진나라 程靈洗의 수군이 갑자기 성 아래에 도착하여 30여 일 동안 공격했고, 진나라 군사들이 성 위로 올라가자 배관은 여전히 무리들을 이끌고 짧은 병기로 저항했지만 이틀 만에 생포되었다.

梁이 以華皎로 爲司空하고 遣其柱國王操하여 將兵二萬하여 會之하니 周衛公直이 總水陸軍하여

35) 周人梁人會華皎……執其刺史裴寬 : "華皎를 '반란했다〔叛〕'라고 기록하고 北周와 後梁이 도운 것을 '만나〔會〕'라고 기록하였으니 추하게 여긴 것이다. 그러므로 王操는 柱國이었고 衛公 宇文直은 總管이었으나 모두 貶下하여 '人'으로 일컬었다.〔華皎書叛矣 而周梁助之 書曰會 醜之也 故王操以柱國 衛公直以總管 皆貶稱人〕" ≪書法≫

與皎俱下하여 與吳明徹로 戰于沌口러라 明徹이 募軍中小艦하여 令先出當西軍大艦하여 受其拍하니 西軍諸艦이 發拍皆盡이어늘 然後以大艦拍之하니 西軍이 大敗하여 皎直이 皆奔江陵①이러라 周與陳이 旣交惡(오)러니 周沔州刺史裴寬이 白襄州總管하여 請益戍兵할새 未至②에 程靈洗舟師가 奄至城下하여 攻之三十餘日③이요 陳人이 登城하되 寬이 猶帥衆執短兵拒戰이러니 又二日에 乃擒之러라

① 戰船에 拍竿을 설치하고 이것을 발사해 敵船을 치는 것이다.
戰船置拍竿, 發之以拍敵船.
② 惡(싫어하다)은 원래의 글자대로 읽는다. '交惡'는 서로 싫어하는 것이다. ≪五代志≫에는 "沔陽郡 甑山縣은 梁나라 때에 梁安郡을 설치하고 西魏 때에 魏安郡으로 바뀌 江州를 설치했는데 廢帝 3년(554)에 沔州로 바뀠다.
惡(오), 如字. 交惡, 兩相疾惡也. 五代志 "沔陽郡甑山縣, 梁置梁安郡, 西魏改曰魏安郡, 置江州, 廢帝三年改曰沔州."
③ 程靈洗는 陳나라의 郢州刺史이다.
靈洗, 陳郢州刺史.

【綱】 北齊 山東에 기근이 들었다.

齊山東이 饑하다

【綱】 겨울 11월에 일식이 있었다.

◑ 冬十一月朔에 日食하다

【綱】 北齊가 祖珽을 光州로 유배를 보냈다.

◑ 齊流祖珽于光州하다

【目】 祖珽이 黃門侍郎 劉逖과 친했는데 조정이 재상이 되려 하여, 僕射 趙彦深, 元文遙, 和士開의 죄상을 알리는 글을 써서 유적에게 상주하게 했으나 유적이 감히 올리지 못했다. 조원심 등이 이 사실을 듣고 먼저 太上皇(武成帝)에게 나아가 이 사실을 알리자, 태상황이 크게 노하여 조정을 붙잡아 힐책했다. 조정이 화사개 등이 분당을 지어 권력을 농단한 일과 관직을 사고팔고 獄事를 돈을 받아 결정한 일들을 진언하자, 태상왕이, "네가 나를 헐뜯으려 하느냐."라고 한 뒤 채찍을 가하여 甲坊에 배치하고, 뒤이어 光州로

옮겨 수갑을 채운 채 地牢에 가두고 밤에 蕪菁 씨앗을 촛불로 삼았는데 눈이 그을려 이로 말미암아 실명했다.

珽이 與黃門侍郎劉逖友善이러니 珽이 欲求宰相하여 乃疏僕射趙彦深元文遙及和士開罪狀하여 令逖奏之하되 逖이 不敢通이러라 彦深等이 聞之하고 先詣上皇하여 自陳한대 上皇이 大怒하여 執珽詰之하니 珽이 因陳士開等朋黨弄權과 賣官鬻獄事어늘 上皇이 曰 爾乃謗我아하고 鞭配甲坊하고 尋徙光州하여 桎梏置地牢中하고 夜에 以蕪菁子爲燭하니 眼爲所熏하여 由是失明①이러라

① ≪五代志≫에는 "東萊郡은 지난날 光州가 설치되었다."라고 하였다. 발에 채우는 것을 桎, 손에 채우는 것을 梏이라 한다. ≪本草≫에는 "蕪菁은 눈을 밝게 하는데 주된 효과가 있다." 했는데 지금 祖珽이 이로 인해 실명했다. 이는 씨앗을 먹으면 눈을 밝게 하지만 촛불로 사용하면 눈을 그을리게 하여 시력을 잃는다.
五代志 "東萊郡, 舊置光州." 在足曰桎, 在手曰梏. 本草曰 "蕪菁, 主明目." 今珽由是失明. 蓋其子餌之, 則明目, 以之爲燭, 則煙熏眼而失明.

戊子年(568)

陳主 陳伯宗 光大 2년이고 北周 高祖 武帝 宇文邕 天和 3년이고 北齊 後主 高緯 天統 4년이다.

陳光大二年이요 周天和三年이요 齊天統四年이라

【綱】 봄 3월에 北周가 阿史那氏를 皇后로 맞아들였다.

春三月에 周가 納后阿史那氏[36]하다

36) 周納后阿史那氏 : "西魏가 皇后를 郁久閭氏로 세우자 '柔然의 딸〔柔然女〕'이라고 기록하였으니 나무란 것이다. 여기서는 突厥의 딸인데 '돌궐의 딸〔突厥女〕'이라고 기록하지 않은 것은 어째서인가. 北周를 突厥과 오랑캐로 본 것이므로 일상적인 말을 따른 것이다. 乙酉年(565)에 '사신을 보내 딸을 맞이했다〔遣使逆女〕'라고 기록함으로부터 이때에 4년이 되었다. 처음' 황후를 맞아들였다〔納后〕'라고 기록함은 북주의 비하가 심한 것이니 宇文護의 실책이다.〔魏立后郁久閭氏 書柔然女 譏也 此突厥女也 不書突厥女 何 夷周於突厥也 故從其恒辭 自乙酉書遣使逆女 於是四年矣 始書納后 周卑甚矣 護之失也〕" ≪書法≫
"柔然의 딸을 맞아들인 것은 들어서 기록하고, 突厥의 딸을 맞아들인 것은 어찌하여 '宇文'이라고 기록하지 않았는가. 이에 이르러 또한 서로 오랑캐가 되었다. 그러므로 특히 '阿史那氏를 皇后로 맞아들였다.〔納后阿史那氏〕'라고 기록하여 中國인 것처럼 하였으니 그 族類를 구분하지 않은 죄를 드러내어 이적으로 여긴 것이다. 혹은 말하기를 '앞에 이미 「突厥에 가서 딸을 맞이하였다.〔如突厥逆女〕」라고 하였으므로 여기서도 이를 따랐음을 알 수 있다.'라고 하는데, 답변한다. '≪春秋≫ 宣

【目】 突厥의 木杆可汗이 기존의 약속을 바꿔 北齊와의 혼인을 허락하고, 北周의 사신을 머물러두어 수년째 돌려보내지 않았다. 마침 큰 번개와 폭풍이 목간가한의 穹廬를 무너뜨리며 열흘 이상 그 기세가 멈추지 않자 이를 두려워한 목간가한이 하늘이 벌을 내린 것이라 여기고, 곧장 예물을 갖춰 딸을 북주에 보냈고, 北周主(武帝)가 親迎 의례를 거행했다.

突厥木杆可汗이 更許齊昏하고 留周使數年不返이러니 會에 大雷風이 壞其穹廬하여 旬日不止어늘 木杆이 懼하여 以爲天譴이라하고 卽備禮送其女於周하니 周主가 行親迎之禮러라

【綱】 北周 太傅 燕公 于謹이 卒하였다.

周太傅燕公于謹이 卒하다

【目】 于謹은 공이 크고 지위가 높았으나 황제를 섬기기를 더욱 공손히 하고 충성을 다해 보좌하여 특별히 신뢰를 받았으며, 아들들을 잘 가르쳐 차분하고 겸손할 것을 힘쓰도록 했다. 세상을 떠나자 시호를 文이라 했다.

謹이 勳高位重하되 而事上益恭하고 盡忠補益하여 特被親信하며 敎訓諸子하여 務存靜退하니 卒에 諡曰文이러라

【綱】 陳나라가 後梁의 江陵을 공격했으나 함락시키지 못하였다.

陳이 攻梁江陵이나 不克[37]하다

公 원년에 「公子 遂가 齊나라에 가서 女子를 맞이하였다.〔公子遂如齊逆女〕」라고 기록하고, 바로 「遂가 夫人 婦姜을 모시고 제나라에서 돌아왔다.〔遂以夫人婦姜至自齊〕」라고 기록하여, 앞에는 「제나라에 가서〔如齊〕」라고 기록하고, 뒤에는 「제나라에서 돌아왔다〔至自齊〕」라고 기록하였다. 진실로 혼인은 人道의 시작이므로 두 번 그 나라를 들어 기록하였으니 어찌 번잡한 글을 싫어할 것인가. 이를 알면 ≪資治通鑑綱目≫의 書法의 뜻을 알 것이다.'〔納柔然女 則揭而書之 納突厥女 何以不書宇文 至是 亦胥爲夷矣 故特書納后阿史那氏 若中國然者 所以著其族類不分之罪而狄之也 或曰 前已書如突厥逆女 故此從可知爾 曰 春秋宣元年 書公子遂如齊逆女 卽書遂以夫人婦姜至自齊 前書如齊 後書至自齊 誠以婚姻 人道之始 所以兩揭其國書之 豈厭於繁文哉 知此 則知綱目書法之意矣〕" ≪發明≫

37) 陳攻梁江陵 不克 : "梁나라는 작은 땅으로 겨우 끊이지 않은 제사를 조금 이어가고 있는데 陳나라가 이미 그 宗國을 전복시키고 지금 또 까닭이 없이 공격하였으니 이것이 무슨 도리인가. 특별히 '함락시키지 못하였다〔不克〕'라고 기록하였으니 폄하한 것이다.〔梁蕞爾之地 僅足以少延不泯之祀 陳旣覆其宗國 今又無故攻之 此何義哉 特書不克 蓋貶之也〕" ≪發明≫

【目】 陳나라 吳明徹이 승세를 타고 江陵을 공격하여 물길을 끌어와 강릉성에 흘려보내자, 後梁主(蕭巋)가 성을 나가 紀南에 주둔하여 피신했다. 北周 總管 高琳이 후량의 王操와 함께 강릉을 지키며 밤낮으로 저항해 열흘 만에 오명철을 격퇴시켰고, 오명철이 公安으로 물러나자, 후량주가 강릉으로 돌아올 수 있었다.

陳吳明徹이 乘勝하여 進攻江陵하고 引水灌之하니 梁主가 出頓紀南하여 以避之①러니 周總管高琳이 與梁王操로 守江陵하여 晝夜拒戰하여 十旬에 擊明徹敗之하니 明徹이 退保公安이어늘 梁主가 乃得還이러라

① '乘勝'은 沌口에서의 승세를 탄 것이다. 劉昭가 말하길, "江陵縣 북쪽 10여 리에 紀南城이 있다."라고 하였다.
乘勝, 乘沌口之勝也. 劉昭曰 "江陵縣北十餘里, 有紀南城."

【綱】 여름 4월에 北齊가 和士開를 僕射로 삼았다.

夏四月에 齊가 以和士開로 爲僕射하다

【目】 北齊 僕射 徐之才가 의술에 뛰어났는데 太上皇(武成帝)이 병이 발생하자 서지재가 치료에 나섰다. 완치가 되자 中書監 和士開가 〈서지재의 자리에〉 순차적으로 승진하고자 하여 서지재를 兗州刺史로 내보내고 자신이 僕射 자리를 대신했다.

齊僕射徐之才가 善醫러니 上皇이 有疾이어늘 之才가 療之러라 既愈에 中書監和士開가 欲得次遷하여 乃出之才하여 爲兗州刺史하고 而代之러라

【綱】 가을 7월에 北周 隨公 楊忠이 卒하였다.

秋七月에 周隨公楊忠이 卒하다

【目】 楊忠의 아들 楊堅이 小宮伯이었는데 宇文護가 그를 끌어당겨 복심으로 삼으려 하자, 양충이 말하기를, "두 시어머니 사이에서 며느리 노릇 하기 어려운 법이니 너는 가지 말라."라고 하여 양견이 사양했는데 이 무렵 양충이 卒하자 양견이 작위를 세습했다.

忠子堅爲小宮伯①이러니 宇文護가 欲引以爲腹心이어늘 忠이 曰 兩姑之間에 難爲婦니 汝其勿往하라하여 堅이 乃辭之러니 至是하여 忠이 卒커늘 堅이 襲爵이러라

① ≪周禮≫에는 "宮伯은 天官에 속하며, 中士 2인, 下士 2인이 있다."라고 하였는데, 鄭玄의 주에서, "伯은 長이니, 王宮 宿衛의 관직과 정책의 공포, 녹봉의 수여, 徒役의 시행 등에 관련된 일을 담당한다."라고 하였다. 後周(北周) 때 左宮伯과 右宮伯을 설치해서 侍衛의 禁令을 담당했으며 궁중에서 번갈아 근무한다. 小宮伯은 宮伯의 차석이다.
周禮 "宮伯屬天官, 中士二人, 下士二人." 鄭玄注云 "伯, 長也, 掌王宮宿衛之官及其政令, 行其秩敍作其徒役之事." 後周置左・右宮伯, 掌侍衛之禁, 各更直於內, 小宮伯貳之.

【綱】 겨울 11월 초하루에 일식이 있었다.

冬十一月朔에 日食[38]하다

【綱】 陳 安成王 陳頊이 임금 陳伯宗을 폐위시켜 臨海王으로 삼고 始興王 陳伯茂를 죽였다.

◑陳安成王頊이 廢其主伯宗하여 爲臨海王하고 而殺始興王伯茂하다

陳 宣帝

【目】 始興王 陳伯茂는 安成王 陳頊이 권력을 제멋대로 행사한다며 불평하여 마구 헐뜯자, 진욱이 결국 太后의 명령이라며 陳主(陳伯宗)를 모함하기를 '劉師知, 華皎 등과 함께 모의를 꾸몄다.'고 하였다. 이리하여 陳主를 폐위시켜 臨海王으로 삼고 안성왕을 불러들여 제위를 잇게 했다. 또 태후의 명령을 내려, 진백무를 축출해 溫麻侯로 삼고 別館에 안치시킨 뒤 암살시켰다.

始興王伯茂가 以安成王頊이 專政으로 不平하여 肆惡言①하니 頊이 遂以太后令으로 誣陳主云與劉師知華皎等로 通謀라하여 廢爲臨海王하고 以安成王入纂하고 又下令하여 黜伯茂爲溫麻侯하여 寘諸別館하고 使盜殺之②러라

38) 冬十一月朔 日食 : "신사년(561)으로부터 지금까지 해마다 일식이 있고 한 해에 두 번 일식이 있던 것이 세 번이었으니 모두 8년 동안 도합 11번 일식한 것이다. ≪資治通鑑綱目≫에서 기입한 이래로 일식의 수효가 이처럼 수년 동안 있었던 적은 없었다.〔自辛巳至此 歲歲日食 而一歲再食者三 凡八年 合十一食 入綱目以來 日食之數 未有如此數年者矣〕" ≪書法≫

① ≪資治通鑑≫에는 〈'不平'이〉 '意甚不平(내심 매우 불만스러웠다.)'으로 되어 있다.
通鑑, 意甚不平.
② 沈約이 말하기를, "晉 武帝가 溫麻船屯에 縣을 세워 晉安郡에 소속시켰다."라고 하였다.
沈約曰 "晉武帝以溫麻船屯立縣, 屬晉安郡."

【綱】 北齊主 〈太上皇〉 高湛이 殂하였다.

齊主湛이 **殂**[①]하다

① 향년이 32세였다.
壽三十二.

【目】 北齊 太上皇이 병이 발생하자 역마를 파견해 徐之才를 불러오게 했는데, 그가 채 도착하기 전에 병이 위독해져, 후사를 和士開에게 부탁하며 그의 손을 잡고, "나를 져버리지 말라."라고 한 뒤 결국 세상을 떠났다.

화사개가 비밀리에 부친 채 3일 동안 發喪(초상을 발표함)하지 않자, 黃門侍郎 馮子琮이 그 까닭을 물으니, 화사개가 말하기를, "至尊께서 나이가 어려서 王公들 가운데 다른 마음을 품은 사람이 있을까 우려된다. 그들을 모두 불러 모은 뒤 의논하려 한다."라고 하였다.

화사개가 평소 太尉 趙郡王 高叡, 領軍 婁定遠을 싫어했는데, 풍자종은 화사개가 遺詔를 수정해 고예를 외직으로 내보내고 유정원의 禁兵을 빼앗을까 우려하여 화사개를 설득하기를, "뭇 신하들이 부귀를 누린 것은 모두 지존 부자의 은혜이니, 내직에 있는 높은 직위 신하들에게 그들의 지위를 하나도 바꾸는 일이 없게 하면 왕공들이 반드시 다른 뜻을 품을 일이 없을 것이고, 또 태상황이 승하한 일은 행인들도 모두 알고 있는데 시간이 흘러서도 상례를 거행하지 않으면 다른 변고가 발생할까 우려됩니다."라고 하니 화사개가 發喪하였다.

世祖(高湛)는 교만과 사치와 음탕을 일삼고 노역이 많고 세금이 무거워 관리와 백성들이 힘들어했다.

齊上皇이 疾作하여 驛追徐之才러니 未至에 疾亟하여 以後事屬(촉)和士開하고 握其手曰 勿負我하라하고 遂殂러라 士開가 秘喪三日不發이어늘 黃門侍郎馮子琮이 問其故한대 士開가 曰 至尊年少하니 恐王公이 有貳心者라 欲盡追集하여 然後議之라려라 士開가 素忌太尉趙郡王叡와 及領軍婁定遠[①]이라 子琮이 恐其矯遺詔하여 出叡於外하고 奪定遠禁兵하여 乃說(세)之曰 群臣富貴者는

皆至尊父子之恩이니 但令在內貴臣으로 一無改易하면 王公이 必無異志요 且升遐之事를 行路皆傳이어늘 久而不擧하면 恐有它變이라하니 士開가 乃發喪[②]이러라 世祖가 驕奢淫泆하고 役繁賦重하여 吏民이 苦之러라

① 婁定遠은 婁昭의 아들이다.
定遠, 昭之子也.

② 遐는 저 멀리라는 뜻이니, '升遐'란 올라간 곳이 높고 멀다는 말로, 大行(임금의 죽음)과 같은 말이다. 일설에 升은 오름이고 遐는 그만둠이니 '上已'란 僊去(신선이 되어 간다는 뜻으로, 죽음을 말함)란 말과 같다 했다. '不擧'는 상이 났음을 알리고 상복을 입는 절차를 밟지 않는 것이다.
遐, 遠邈之義. 升遐, 言其所升高遠, 猶稱大行也. 一說, 升, 上也, 遐, 已也, 上已者, 若僊去云耳. 不擧, 謂不擧哀成服也.

【綱】 北周의 梁州 일대 獠가 반란을 일으키자 토벌하여 평정했다.

周梁州獠가 叛이어늘 討平之하다

【目】北周의 梁州 恒稜의 獠가 반란을 일으키자, 總管長史 趙文表가 토벌에 나섰다. 諸將들이 사면에 진공하려 하자, 조문표가 말하기를, "이렇게 하면 獠가 살길이 없어서 반드시 죽을힘을 다해 대항해서 무찌르기 쉽지 않을 것이다. 지금 우리가 그들에게 위엄과 사랑을 함께 보여주어 악을 행한 자를 벌하고 선을 따른 자를 어루만져주면 선과 악이 구분되어 격파하기 쉬울 것이다."라고 하고, 이런 뜻을 군대 안에 두루 알렸다.

항능의 獠가 이 소식을 듣고 멈칫거리며 결정하지 못하고 있었는데, 조문표의 군대가 이미 그 지역에 도착했다. 항능의 獠와 통하는 길이 두 개가 있는데 하나는 평탄하고 하나는 험준했다. 몇 명의 獠 두목이 찾아와 길을 인도하겠다고 하자, 조문표가 말하기를, "이 길은 넓고 평탄하여 굳이 인도하는 도움이 필요치 않으니 경들은 자제들을 잘 달래 항복하게 하라."라고 하였다. 그들을 보내고 나서 제장들에게 이르기를, "獠의 두목들이 우리가 평탄한 길로 진격할 것이라 하여 반드시 매복을 설치해 우리를 맞을 것이니 그들이 예상하지 못한 곳으로 나아가야 한다."라고 하고 병사를 이끌고 험준한 길로 들어가서, 높은 곳에 올라 바라보니 정말 복병이 매복되어 있었다. 獠가 세운 계책이 실패로 돌아가자 다투어 무리들을 이끌고 항복해왔고, 조문표가 이들을 모두 감싸 안은 뒤 조세를 징수하자 감히 거역하는 자가 없었다. 북주가 조문표를 蓬州刺史로 삼았다.

周梁州恒稜獠가 叛하니 總管長史趙文表討之[①]할새 諸將이 欲四面進攻이어늘 文表曰 如此면 則

獠가 無生路라 必盡死以拒我하여 未易可克이라 今吾示以威恩하여 爲惡者를 誅之하고 從善者를 撫之하면 善惡이 旣分이라 破之易矣라하고 遂以此意로 遍令軍中이러라 恒稜이 聞之하고 猶豫未決이러니 文表軍이 已至其境이러라 獠中에 先有二路하여 一平一險이러니 有獠帥數人이 來見하여 請爲鄕導②어늘 文表가 曰 此路가 寬平하여 不須爲導하니 卿은 但慰諭子弟하여 使來降也하라러라 旣遣之하고 乃謂諸將曰 獠帥가 謂吾從寬路而進이라하여 必設伏하여 以邀我리니 當更出其不意라하고 乃引兵自險路入하여 乘高而望하니 果有伏兵이러라 獠가 旣失計라 爭帥衆來降이어늘 文表가 皆慰撫之하고 乃徵其租稅하되 無敢違者러라 周가 以文表로 爲蓬州刺史③러라

① ≪周書≫ 〈趙文表傳〉에 의거하면 "恒稜은 지명이며 지세가 험준하고 견고한데 수백 리에 걸친 지역에 獠들이 거주한다. 조문표가 獠를 평정한 뒤 蓬州를 설치했다."라고 하였다.
據趙文表傳"恒稜, 地名, 所在險固, (大)〔方〕[39]數百里, 群獠居之. 文表旣平獠, 遂置爲蓬州."
② 帥(장수)는 所類의 切이다.
帥, 所類切.
③ 蓬州는 원래 漢나라 宕渠 지역인데 李勢(成漢의 마지막 황제) 때 獠에게 점거되었다. 蕭齊(南齊) 때에 歸化郡을 설치하였고 梁나라 때에 安固縣과 伏虞郡을 설치했으며 後周(北周) 때에 蓬州를 설치했으니 蓬山에서 그 이름을 가져온 것이다.
蓬州, 本漢宕渠之地, 李勢時爲獠所據. 蕭齊立歸化郡, 梁置安固縣及伏虞郡, 後周置蓬州, 因蓬山而以爲名也.

己丑年(569)

陳나라 高宗 宣帝 陳頊 太建 원년이고 北周 高祖 武帝 宇文邕 天和 4년이고 北齊 後主 高緯 天統 5년이다.

陳高宗宣帝頊太建元年이요 周天和四年이요 齊天統五年이라

【綱】 봄 정월에 陳主 陳頊이 제위에 올랐다.

春正月에 陳主頊이 立하다

【綱】 2월에 北齊가 東平王 高儼의 지위를 바꿔 琅邪王으로 삼았다.

◑ 二月에 齊가 徙東平王儼하여 爲琅邪王하다

39) (大)〔方〕: 저본에는 '大'로 되어 있으나, ≪資治通鑑≫ 註에 의거하여 '方'으로 바로잡았다.

【綱】北齊가 太尉 趙郡王 高叡를 죽였다.

◑齊가 殺其太尉趙郡王叡[40]하다

【目】예전에 和士開가 世祖(武成帝)의 총애를 받아 황제의 내실을 출입하며 결국 胡太后와 私通했다. 세조가 죽자 北齊主(高緯)가 그를 매우 신임해 중요한 임무를 맡겼고, 권력이 갈수록 커져 婁定遠 등과 함께 권력을 행사해서, 당시 이들을 八貴라 불렀다.

太尉 趙郡王 高叡가 누정원, 元文遙 등과 함께 북제주에게 건의하여, 화사개를 조정에서 내보낼 것을 요청했다. 때마침 호태후가 前殿(正殿)에서 조정의 신하들에게 연회를 베풀었는데, 고예가 面前에서 화사개가 뇌물을 받고 궁정을 더럽힌 죄상을 낱낱이 거론해 꾸짖자, 호태후가 말하기를, "조군왕은 어린 孤子와 寡母를 업신여기려 하는가. 우선 술잔을 들고 더 이상 말하지 말라."라고 하였다. 고예 등의 말과 태도가 더욱 엄정했고, 儀同三司 安吐根도 "화사개를 내보내지 않으면 朝野가 안정되지 않을 것입니다."라고 했지만, 호태후가 "그렇게 할 수 없다."라고 하니 고예 등이 冠을 땅에 내팽개치고 옷을 털고 일어나 가버렸다.

이튿날 다시 雲龍門으로 나와서 원문요에게 상주하게 했고, 호태후와 북제주가 화사개를 불러 묻자, 화사개가 대답하기를, "폐하께서 居喪하시던 초기에 대신들이 모두 빈틈을 엿봤는데, 지금 만일 신을 내치시면 이는 스스로 날개를 잘라내는 것입니다. 따라서 고예 등에게 말씀하시기를, '원문요와 신이 모두 선제로부터 중용되었으니, 함께 州의 刺史로 삼고, 우선 그들에게 〈원래의 직책을 수행하여〉 잠시 帝命을 출납하게 하고 장례를 다 치르고 나서 보내겠다.'라고 하소서."라고 하니, 북제주와 태후가 화사개를 兗州刺史로 임명했다.

---

40) 齊殺其太尉趙郡王叡 : "≪資治通鑑綱目≫은 지나친 형벌을 미워하여 宋나라 劉子業, 齊나라 蕭寶卷, 北齊 高洋, 高緯, 陳나라 陳叔寶가 〈자기들이 모셨던〉 다섯 임금을 죽인 것에 반드시 '主'라고 지적해 기록하였다. 이들 중에 고위는 '主'라고 지적하여 죽인 것이 다섯 번째인데 여기에서 다만 '齊(北齊)'라고 기록한 것은 어째서인가. 죄에 구분이 있는 것이다. 高叡의 죽음은 和士開가 한 짓이다.〔綱目惡淫刑 於宋子業齊寶卷高洋高緯陳叔寶五君所殺 必斥書主 高緯斥主以殺者五 此其獨書齊 何 罪有分也 叡之死 和士開爲之〕" ≪書法≫

"胡后는 和士開를 머물러두려고 하였으나 高叡가 힘써 다투어 이로 말미암아 재앙이 생겼다. 그렇다면 어찌하여 '胡后가 죽였다〔胡后殺之〕'라고 글을 만들지 않았는가. 北齊主는 나이가 젊었고 和士開의 말에 미혹되어 미리 그 일을 들었다. 그러므로 〈北齊라는〉 나라를 들어 기록한 것은 임금이 國母와 그리고 권력을 잡은 大臣이 함께한 것을 보인 것이다.〔胡后欲留和士開而叡力爭 由是遇禍 然則何不以胡后殺之爲文 齊主年少 惑於士開之言 預聞其事 故揭國以書者 見君與國母 及用事大臣共之也〕" ≪發明≫

장례를 치른 뒤에 호태후가 화사개를 100일이 지날 때까지 머물러 있게 하자, 고예가 이를 허락하지 않으니 사정을 아는 太監이 살며시 고예에게 다가가서 "호태후의 뜻이 이러하시다면 전하가 어찌 애써 어길 필요가 있겠습니까."라고 하니, 고예가 말하기를, "내가 위임받은 책임이 가볍지 않고, 지금 계승한 황상이 어리신데 어떻게 사악한 신하가 그 곁에 있게 할 수 있단 말인가. 목숨을 걸고 지키지 않는다면 무슨 낯으로 하늘을 이고 살겠는가."라고 하고 마침내 호태후를 다시 보고 애써 말씀드렸다. 호태후가 술을 따라 고예에게 주게 하자, 고예가 정색하며 말하기를, "지금 국가 대사를 논하는 이 자리는 술을 마시기 위함이 아닙니다."라고 하고, 대화가 끝나자 나가버렸다.

初에 和士開가 爲世祖所親狎하여 出入臥內하여 遂得幸於胡后러니 及世祖殂에 齊主가 深委任之하여 威權이 益盛하여 與婁定遠等으로 俱用事하니 時號八貴①러라 太尉趙郡王叡가 與定遠元文遙等으로 皆言於齊主하여 請出士開러니 會에 胡太后가 觴朝貴於前殿②할새 叡가 面數士開受納貨賂穢亂宮掖之罪한대 太后曰 王이 欲欺孤寡邪아 且飮酒하고 勿多言하라하니 叡等이 詞色愈厲하고 儀同三司安吐根曰 不出士開하면 朝野가 不定이라하되 太后가 不可라하니 叡等이 投冠於地하고 拂衣而起러라 明日에 復詣雲龍門하여 令文遙로 入奏하니 太后及齊主가 召問士開한대 對曰 陛下가 諒闇始爾에 大臣이 皆有覬覦어늘 今若出臣하면 正是自翦羽翼이니 宜謂叡等云 文遙與臣이 俱受先帝任用하니 可竝用爲州요 且令出納하고 待過山陵하여 然後遣之라하소서 齊主及太后가 乃以士開로 爲兗州刺史러라 葬畢에 太后가 欲留士開過百日이어늘 叡가 不許③러니 有中人이 密謂叡曰 太后意가 旣如此어던 殿下가 何宜苦違리오하니 叡曰 吾受委不輕하고 今에 嗣主幼沖이어늘 豈可使邪臣在側이리오 不守之以死하면 何面戴天이리오하고 遂更見太后하여 苦言之한대 太后가 令酌酒賜叡어늘 叡가 正色曰 今에 論國家大事는 非爲巵酒라하고 言訖에 遽出④이러라

① 八貴는 和七開・婁定遠・趙彦深・元文遙・唐邕・綦連猛・高阿那肱・胡長粲이다. 綦連은 姓이다.
八貴, 和士開・婁定遠・趙彦深・元文遙・唐邕・綦連猛・高阿那肱・胡長粲. 綦連, 姓也.

② 觴은 술잔이니 술을 따라 마시는 것이다.
觴, 盞, 行酒也.

③ 옛날엔 장례 날 虞祭를 거행하고 三虞祭가 끝나면 剛日[41]을 선택해 卒哭祭를 지내는데 후인들은 100일째 되는 날 졸곡제를 지냈다.
古者, 葬日虞, 旣三虞, 用剛日卒哭, 後人, 百日而卒哭.

④ 爲(위하다)는 去聲이다.
爲, 去聲.

41) 剛日 : 天干에서 甲・丙・戊・庚・壬이 드는 날이다.

【目】 和士開가 미녀와 보석들을 싣고 婁定元에게 가서 바치자, 누정원이 기뻐하며 이르기를, "돌아오고 싶은 것인가."라고 하니, 화사개가 말하기를, "다시 돌아오기를 바라지는 않고 다만 왕의 보호를 받아 오랫동안 큰 州의 자사로 있는 것만으로 충분합니다."라고 하였다. 누정원이 그 말을 믿고 문까지 전송하자, 화사개가 말하기를 "지금 멀리 떠나야 하니, 태후와 황상께 인사말을 드리고 싶다."라고 하니, 누정원이 이를 허락했다.

이로 인해 호태후와 북주 후주를 만난 화사계가 가까이 나아가 말하기를, "先帝께서 갑자기 승하하실 때 신이 스스로 목숨을 끊지 못한 것이 부끄럽습니다. 조정 중신들의 생각들을 살펴보면 폐하를 乾明으로 삼으려 합니다. 신이 외직에 나간 뒤에 반드시 큰 변고가 발생할 터이니, 신이 무슨 얼굴로 지하의 先帝를 뵙는단 말입니까."라고 하고 통곡하자, 北齊主(高緯)와 胡太后가 함께 따라 울며 해결책을 물었는데, 화사개가 말하기를, "신이 이미 들어왔는데, 무엇을 걱정하겠습니까. 몇 줄의 조서만 필요합니다."라고 하였다.

이에 조서를 내려 누정원을 青州刺史로 내보내고 趙郡王 高叡를 신하 노릇 하지 않은 죄로 다스렸다. 이튿날 아침에 고예가 들어가 간언을 하려 할 때, 처자식들이 모두 만류하자, 고예가 말하기를, "사직의 일이 중요하니, 내가 先皇을 위해 목숨을 바칠지언정 조정의 무너짐을 차마 볼 수 없다."라고 하였다. 宮門에 이르자, 어떤 사람이 나서서 "들어가면 변고가 발생할까 우려된다."라고 하니, 고예가 말하기를, "나는 위로 하늘을 저버리지 않았으니, 죽은들 여한이 없다."라고 하였다.

궁중으로 들어와 태후를 만나서 자신의 생각을 더욱 견지했는데, 궁 밖을 나와 永巷(깊은 골목)에 이르렀을 때 병사들을 만나 묶인 채로 華林園에 보내져 매를 맞아 죽었다.

고예가 맑고 바름으로 자신을 지켜 조야가 모두 억울하고 애석해했다. 다시 화사개를 僕射로 삼으니 누정원은 화사개가 준 것을 되돌려주고 다른 보물까지 더 보태 뇌물로 바쳤다.

士開가 載美女珠簾하여 詣婁定遠하여 獻之하니 定遠이 喜謂曰 欲還入不[①]아 士開가 曰 不願更入이요 但乞王保護하여 長爲大州면 足矣[②]라하니 定遠이 信之하여 送至門한대 士開가 曰 今當遠出하니 願得一辭覲二宮이라하니 定遠이 許之[③]러라 士開가 由是로 得見太后及齊主하여 進說(세)曰 先帝가 一旦登遐커시늘 臣이 媿不能自死니이다 觀朝貴意勢컨대 欲以陛下爲乾明[④]이라 臣이 出之後에 必有大變이니 臣이 何面目으로 見先帝於地下리잇가하고 因慟哭한대 齊主와 太后가 皆泣하고 問計한대 士開曰 臣이 已得入하니 復何所慮리잇가 正須數行詔書耳[⑤]니이다 於是에 詔出定遠하여 爲青州刺史하고 責趙郡王叡以不臣之罪러라 旦日에 叡가 將復入諫할새 妻子가 咸止之어늘 叡가 曰 社稷事重하니 吾寧死事先皇이언정 不忍見朝廷顚沛라러라 至殿門하니 又有人이 謂曰 入에 恐有變이라한대 叡가 曰 吾上不負天하니 死亦無恨이라러라 入見太后하여 論執이 彌固러니 出至永巷하여 遇兵하여 執送華林

園하여 拉殺之러라 叡가 淸正自守하여 朝野가 寃惜之러라 復以士開로 爲僕射하니 定遠이 歸士開所遺하여 加以餘珍하여 賂之⑥러라

① 不(의문사)는 否로 읽는다.
不, 讀曰否.
② 武成帝가 婁定遠을 臨淮郡王으로 책봉했으므로 이렇게 부른 것이다.
武成帝, 封婁定遠臨淮郡王, 故稱之.
③ 二宮은 太后와 天子이다.
二宮, 太后・天子.
④ 媿(부끄럽다)는 愧와 같다. 乾明은 顯祖의 아들 廢帝 高殷의 年號이다.
媿, 與愧同. 乾明, 顯祖之子廢帝殷年號也.
⑤ 行(줄)은 戶剛의 切이다.
行, 戶剛切.
⑥ 遺(주다)는 去聲이다.
遺, 去聲.

【綱】 여름 4월에 北齊가 高阿那肱을 尙書令, 韓長鸞을 領軍, 陸令萱을 女侍中, 穆提婆를 侍中, 祖珽을 秘書監으로 삼았다.

夏四月에 **齊**가 **以高阿那肱**으로 **爲尙書令**하고 **韓長鸞**으로 **爲領軍**하고 **陸令萱**으로 **爲女侍中**하고 **穆提婆**로 **爲侍中**하고 **祖珽**으로 **爲秘書監**[42]하다

【目】 北齊主(後主)는 나이가 어리고 총애하는 여인과 무리들이 주변에 많았다. 武衛將軍 高阿那肱이 평소 아첨과 아양으로 世祖(武成帝)의 후대를 받아, 대부분 東宮에서 지내며 북제주를 시봉하게 되었다. 이로 말미암아 북제주의 총애를 입어 여러 차례 승진을 거쳐 幷省 尙書令에 임명되고 淮陰王에 책봉되었다. 都督 韓長鸞도 일찍이 동궁에 侍衛로 있었는데 이후 여러 차례 승진을 거쳐 侍中 領軍에 임명되어 內省의 기밀을 총괄했다.

---

42) 齊以高阿那肱爲尙書令……祖珽爲秘書監 : "元乂의 아내를 '女侍中'이라고 기록하였는데(을미년(515) 北魏) 여기에서 거듭 보인다. ≪資治通鑑綱目≫을 마치도록 女侍中'이라고 기록된 것은 3번이다.(경술년(950) 南漢)〔元乂妻書女侍中矣(乙未魏) 於是再見 終綱目書女侍中三(庚戌南漢)〕" ≪書法≫
"高阿那肱과 韓長鸞은 武夫로서 小人이고, 陸令萱은 宮婢이고, 穆提婆는 예속된 宮奴이고, 祖珽은 눈이 먼 유랑인이었다. 齊氏의 任用이 이와 같은 것을 ≪資治通鑑綱目≫에서 나열해 기록한 것은 혼란 멸망의 자취를 드러내어 후일의 경계를 삼은 것이다.〔高阿那肱韓長鸞武夫小人 陸令萱宮婢 穆提婆配隷宮奴 祖珽盲目流人 齊氏任用如此 綱目列而書之 所以著其亂亡之迹 爲後戒也〕" ≪發明≫

宮婢 陸令萱은 남편 駱超의 모반죄에 걸려 궁녀가 되고, 아들 駱提婆도 籍沒되어 노예가 되었다. 북제주가 갓난아이였을 때 육영훤이 보모가 돼서 그를 길렀다. 육영훤이 기교를 부리고 교활하며 아양을 잘 떨어, 호태후에게 사랑을 받아 和士開와 고아나굉이 모두 그녀의 양자가 되었다. 북제주가 육영훤을 女侍中으로 삼자, 육영훤이 아들 낙제파를 불러들여 북제주를 모시게 해서, 아침저녁으로 가까이서 아양을 떤 끝에 여러 번의 승진을 거쳐 開府儀同三司가 되었다.

斛律皇后의 시종 穆舍利가 북제주에게 사랑을 받자, 육영훤이 그의 養母가 되고 낙제파로 하여금 穆氏 성을 갖게 했다. 하지만 화사개가 권력을 행사한 기간이 가장 오래되어 황제의 총애를 받는 신하들이 모두 그를 의지하고 따랐다.

북제주가 祖珽을 생각해 다시 그를 海州刺史로 임명하자, 조정이 육영훤의 아우 儀同 陸悉達에게 편지를 보내, "趙彦深은 마음이 음흉하여 伊尹과 霍光의 일을 행하고자 하는데 儀同 그대 남매가 어떻게 평안할 수 있겠는가. 어찌 일찍이 智士를 등용하지 않는 것인가."라고 하였다. 화사개 역시 조정이 膽略이 있다고 여겨서 그를 발탁해 중요한 謀士로 삼고자 하여, 지난 원한 관계를 잊고 허심으로 대했다. 화사개가 육영훤과 함께 북제주에게 말하기를, "文襄, 文宣, 孝昭 세 황제의 아들이 모두 황위를 계승하지 못했는데, 지금 지존께서 홀로 황제의 자리에 계신 것은 모두 祖孝徵(祖珽)의 덕입니다. 그의 마음 씀씀이와 행동거지가 경박하긴 해도 기묘한 책략이 남들보다 뛰어나 시급한 일이 있을 때 부릴 만합니다. 그리고 눈이 이미 멀었으니 반드시 배신할 마음을 먹을 수 없을 것입니다."라고 하자, 북제주가 그를 불러 秘書監으로 삼았다.

화사개가 북제주의 외삼촌 胡長仁을 모함하여 齊州刺史로 내보내자, 호장인이 억울하고 분노하며 사람을 보내 그를 죽이려다 일이 발각되었다. 화사개가 조정에게 이의 처리 문제에 대해 물었는데, 조정이 薄昭의 사건[43]을 인용하자, 사람을 보내 賜死했다.

齊主가 年少하고 多嬖寵이러니 武衛將軍高阿那肱이 素以諂佞으로 爲世祖所厚하여 多令在東宮하여 侍齊主라 由是로 有寵하여 累遷幷省尙書令하고 封淮陰王①이러라 都督韓長鸞도 亦以嘗衛東宮으로 累遷侍中領軍하여 總知內省機密②이러라 宮婢陸令萱者는 坐其夫駱超謀叛하여 配掖庭하고 子提婆도 亦沒爲奴러니 齊主之在襁褓에 令萱이 養之러라 令萱이 巧黠하고 善取媚하여 有寵於胡太后하여 和士開와 阿那肱이 皆爲之養子러라 齊主가 以令萱爲女侍中③이러니 令萱이 引

43) 薄昭의 사건 : 薄昭는 漢 文帝의 어머니인 薄姬의 동생으로, 황실의 사자를 죽인 죄에 연루돼서 자살을 강요당하였다. 관련 내용은 본서 3책 제3권 하 漢 文帝 10년(B.C. 170) 조에 보인다.

提婆入侍齊主하여 朝夕戲狎하여 累遷開府儀同三司러라 斛律后之從婢穆舍利가 有寵於齊主러니 令萱이 乃爲之養母하고 因令提婆로 冒姓穆氏러라 然士開用事最久하여 諸幸臣이 皆依附之러라 齊主가 思祖珽하여 復以爲海州刺史[④]하니 珽이 乃遺陸媼弟儀同悉達書曰[⑤] 趙彦深은 心腹陰沈하여 欲行伊霍事하니 儀同姊弟가 豈得平安이리오 何不早用智士邪아 士開가 亦以珽有膽略으로 欲引爲謀主하여 乃棄舊怨하고 虛心待之하고 與陸媼言於齊主曰 三帝之子가 皆不得立[⑥]이어늘 今至尊이 獨在帝位者는 祖孝徵之力也[⑦]니이다 其人이 心行雖薄이나 奇略出人하여 緩急可使요 且目已盲하니 必無反心이니이다한대 齊主가 乃召以爲秘書監이러라 士開가 譖齊主之舅胡長仁하여 出刺齊州하니 長仁이 怨憤하여 遣人刺之라가 事覺이러니 士開가 問珽한대 珽이 引薄昭事어늘 遣使賜死[⑧]러라

① 高歡이 晉陽에 살면서 弁州에 行臺의 尙書令·僕射 등의 관직이 있었는데 北齊 顯祖가 東魏로부터 제위를 물려받으며 마침내 弁州行臺를 弁省으로 삼았고 그 지위는 鄴省에 버금갔다.
自高歡居晉陽, 弁州有行臺尙書令僕等官, 及齊顯祖受魏禪, 遂以弁州行臺爲弁省, 位任亞於鄴省.

② 韓長鸞은 이름이 鳳인데 字로 통행되었다.
長鸞, 名鳳, 以字行.

③ 後魏(北魏) 孝文帝가 內官을 개정해, 左昭儀·右昭儀·三夫人·九嬪·世婦·御女를 두고, 그 밖에 또 內職을 설치해 內司를 관장케 했는데 그 지위가 尙書令·僕射와 대등하고 作司·大監·女侍中 3官은 2品 監에 해당시켰다.
後魏孝文改定內官, 左·右昭儀·三夫人·九嬪·世婦·御女之外, 又置內職, 典內司, 視尙書令·僕, 作司·大監·女侍中三官, 視二品監.

④ 北齊主가 제위를 이어받을 때 祖珽이 그 방법을 제시했으므로 그를 생각한 것이다. ≪五代志≫에는 "東海郡은 梁나라 때에 南靑州·北靑州를 설치하였고, 東魏 때에 海州로 바꿨다."라고 하였다.
齊主受內禪, 祖珽啓其謀, 故思之. 五代志"東海郡, 梁置南北二靑州, 東魏改爲海州."

⑤ '陸媼'은 바로 陸令萱이다.
陸媼, 卽謂令萱.

⑥ '三帝'는 文襄·文宣·孝昭이다.
三帝, 謂文襄·文宣·孝昭也.

⑦ 孝徵은 祖珽의 字이다.
孝徵, 珽字.

⑧ 薄昭는 漢 文帝의 어머니 薄太后의 아우이다. 胡長仁은 北齊主의 외삼촌이므로, 이 薄昭 사건을 인용해 죽인 것이다.
薄昭, 漢文帝母薄太后之弟. 長仁, 齊主舅也, 故引此事以誅之.

【綱】 가을 8월에 陳나라 廣州刺史 歐陽紇이 반란을 일으켰다.

秋八月에 陳廣州刺史歐陽紇이 反하다

【目】 歐陽紇이 10여 년 동안 廣州에 있으며 위세와 덕망이 百越에 자자했는데, 華皎가 배반하면서부터 陳主(宣帝)가 그를 의심하여 조정으로 불러들여 左衛將軍으로 삼자, 구양흘이 두려워하여 결국 병사들을 이끌고 衡州를 공격했다.

陳主가 徐儉을 보내며 황제의 符節과 諭旨를 가지고 가게 했는데, 서검이 구양흘에게 이르기를, "漢나라 때 呂嘉의 사건은 정말 오래된 일이지만, 장군은 홀로 周迪과 陳寶應을 보지 못했는가."라고 하자, 구양흘이 잠자코 아무 대답이 없었다. 陳主가 車騎將軍 章昭達을 보내 토벌했다.

歐陽紇이 在廣州十餘年에 威惠가 著於百越이러니 自華皎叛으로 陳主가 疑之하여 徵爲左衛將軍한대 紇이 懼하여 遂擧兵攻衡州①어늘 陳主가 遣徐儉持節諭旨②하니 儉이 語紇曰 呂嘉之事는 誠當已遠이어니와 將軍이 獨不見周迪陳寶應乎③아 紇이 默然不應이어늘 陳主가 乃遣車騎將軍章昭達하여 討之러라

① ≪五代志≫에는 "南海郡 始興縣은 梁나라 때에 安遠郡과 東衡州를 설치했다." 하였다.
五代志"南海郡始興縣, 梁置安遠郡及東衡州."

② 徐儉은 徐陵의 아들이다.
儉, 陵之子也.

③ 呂嘉는 南越王 趙佗의 재상이다. 漢 武帝 元鼎 5년(112)에 반란을 일으키자 6년(113)에 토벌해 멸망시켰다.
呂嘉, 南越王趙佗之相也. 漢武帝元鼎五年叛, 六年伐滅之.

【綱】 겨울 12월에 北周 齊公 宇文憲이 北齊를 침략해 宜陽을 포위했다.

冬十二月에 周齊公憲이 侵齊하여 圍宜陽하다

【綱】 北周와 陳나라가 다시 우호를 맺었다.

◑周와 陳이 復通好하다

庚寅年(570)

陳나라 高宗 宣帝 陳頊 太建 2년이고 北齊 後主 高緯 武平 원년이고 北周 高祖 武帝 宇文邕 天和 5년이다.

陳太建二年이요 齊武平寅元年이요 周天和五年이라

【綱】 봄 2월에 北齊가 斛律光을 右丞相으로 삼았다.

春二月에 齊가 以斛律光으로 爲右丞相하다

【綱】 陳나라 사람이 歐陽紇을 토벌해 참수하고 陽春太守 馮僕의 어머니 洗氏를 石龍太夫人으로 책봉했다.

◑陳人이 討歐陽紇하여 斬之하고 封陽春太守馮僕母洗(선)氏하여 爲石龍太夫人[44)]하다

【目】 歐陽紇이 陽春太守 馮僕을 南海로 불러 함께 반란을 일으키자고 유혹했다. 풍복이 사람을 보내 어머니 洗夫人에게 이 사실을 알리자, 선부인이 말하기를 "우리 집안 두 세대가 충성과 정렬을 바쳤는데 지금 너를 아껴서 나라를 저버릴 수 없다."라고 하였다. 결국 병사를 출동시켜 변경을 지키고 추장들을 거느린 채 章昭達을 맞이했다.

장소달이 始興에 이르자 구양흘이 두려워 湋口에 나와 주둔하고 모래와 돌들을 모아 대바구니에 담은 뒤 이를 水柵 밖에 설치했다. 장소달이 사람을 몰래 보내 대바구니를 부수고 큰 전함을 출동시켜 돌격하자, 구양흘이 패퇴했고, 그를 사로잡아 建康의 저잣거리에서 참수했다.

구양흘이 반란을 일으킬 때, 〈嶺南에〉 우거하고 있던 사대부들이 모두 두려움에 벌벌 떨고 있었지만, 前 著作佐郎 蕭引만 홀로 편안한 채 "管幼安과 袁曜卿도 편안히 앉아 있

44) 陳人討歐陽紇……爲石龍太夫人 : "이때에 馮僕을 봉하여 信都侯 石龍太守로 삼았는데 기록하지 않고 石龍太夫人을 기록한 것은 어째서인가. 功에 근본한 것이다. 이 어머니가 아니었으면 馮僕의 유래는 알 수 없는 것이다. 洗氏는 이에 ≪資治通鑑綱目≫에 두 번 보인다.(梁나라 경오년(550), 이해(570)) ≪자치통감강목≫을 마치도록 婦人이 封爵으로 보인 것은 열두 번인데(漢나라 呂后 정사년(B.C. 184)에 자세하다.) 모두 나무란 것이다. 다만 洗氏는 두 번 기록했는데 모두 인정해주는 말이다. 또 隋나라 開皇 10년(590)에 譙國夫人을 봉하였다.〔於是封僕爲信都侯石龍太守不書 而書石龍太夫人 何 本功也 微斯母 僕之所從未可知也 洗氏於是再見綱目矣(梁庚午 是年) 終綱目婦人以封爵見者十有二(詳漢呂后丁巳年) 皆譏也 唯洗氏再書 皆予辭 又隋開皇十年 封譙國夫人〕" ≪書法≫

었다. 군자가 정직한 몸가짐으로 의리를 행하는 것이라면, 무슨 두려움이 있겠는가."라고 하였다.

이때에 와서 陳主(宣帝)가 소인을 불러 侍郎으로 삼았다. 풍복이 모친의 공로로 信都侯에 책봉된 뒤 石龍太守로 승진되고, 사신을 보내 符節을 갖고 洗氏를 石龍太夫人으로 책봉하고 수놓은 장막으로 꾸민 安車와 악대와 麾節과 鹵簿 등을 하사하여 刺史의 의장과 같이 대우했다.

歐陽紇이 召陽春太守馮僕하여 至南海하여 誘與同反①하니 僕이 遣使하여 告其母洗夫人한대 夫人이 曰 我忠貞兩世하니 今不能惜汝而負國也②라하니 遂發兵하여 拒境하고 帥諸酋長하여 迎章昭達이러라 昭達이 至始興한대 紇이 懼하여 出頓湞口하고 多聚沙石하여 盛以竹籠하여 置于水柵之外③어늘 昭達이 令人潛行하여 斫籠하고 因縱大艦하여 突之하니 紇이 敗어늘 擒之하여 斬於建康市러라 紇之反也에 士人流寓者가 皆惶駭하되 前著作佐郎蕭引이 獨恬然曰④ 管幼安과 袁曜卿도 亦但安坐耳라 君子가 直己以行義어던 何憂懼乎⑤리오 至是하여 陳主가 徵以爲侍郎이러라 馮僕이 以其母功으로 封信都侯하여 遷石龍太守⑥하고 遣使者하여 持節冊命洗氏하여 爲石龍太夫人하고 賜以繡幰安車鼓吹麾節鹵簿하여 如刺史之儀⑦러라

① ≪五代志≫에는 "高涼郡 陽春縣은 梁나라때에 陽春郡을 설치했다. 廣州에는 南海郡을 설치했다."라고 하였다.
五代志 "高涼郡陽春縣, 梁置陽春郡. 廣州, (治)〔置〕45)南海郡."

② 馮僕과 아버지 馮融이 두 세대이다.
僕及父融爲兩世.

③ 湞口는 ≪資治通鑑≫에서 洭口로 되어 있다. ≪水經≫에 "洭水가 桂陽縣 盧聚에서 시작되어 동남쪽으로 含洭縣을 지나고, 남쪽으로 洭浦關을 나가서 오른쪽으로 흘러 溱水와 합치는데 이곳을 洭口라 한다."라고 하였다. 洭은 去王의 切이다.
湞口, 通鑑作洭口. 水經 "洭水出桂陽縣盧聚, 東南過含洭縣, 南出洭浦關, 右合溱水, 謂之洭口." 洭, 去王切.

④ 蕭引은 蕭介의 아들이다.
引, 介之子也.

⑤ 管寧은 字가 幼安이다. 公孫度를 따랐는데 공손도가 그의 현명함을 편안하게 여겼다. 魏 文帝 초에 결국 고향으로 돌아왔다. 袁渙은 字가 曜卿이다. 呂布에게 붙잡혔으나 여포의 위협에 굴하지 않았고 여포가 패하자 魏 武帝(曹操)에게 돌아갔다.
管寧, 字幼安, 依公孫度, 度安其賢. 魏文帝初, 卒還鄉里. 袁渙, 字曜卿, 爲呂布所拘, 而不爲

45) (治)〔置〕: 저본에는 '治'로 되어 있으나, ≪隋書≫ 〈地理志〉에 '南海郡 舊置廣州'라고 한 것에 의거하여 '置'로 바로잡았다.

市所脅, 布敗, 歸魏武.

⑥ ≪五代志≫에는 "石龍縣은 高涼郡에 속하며, 梁나라와 陳나라 때에 郡을 설치한 것이다."라고 하였다.
五代志 "石龍縣屬高涼郡, 蓋梁·陳置郡也."

⑦ 幰은 虛偃의 切이니 수레 위에 펼친 비단을 幰이라 한다.
幰, 虛偃切, 帛張車上爲幰.

【綱】 가을 7월에 北齊가 和士開를 尙書令으로 삼았다.

秋七月에 齊가 以和士開로 爲尙書令하다

【目】 和士開가 위세와 권력이 갈수록 커져서, 조정 인사 가운데 염치를 모르는 자들이 이따금 그의 養子가 되기도 했다. 화사개가 傷寒에 걸리자 의원이 黃龍湯을 먹어야 한다고 했다. 화사개가 난색을 표하자, 문병을 왔던 자가 먼저 맛을 보겠다고 한 뒤 단번에 다 들이켰다.

士開가 威權日盛하여 朝士不知廉恥者가 或爲之假子러라 士開가 傷寒에 醫云 應服黃龍湯이라한대 士開가 有難色이어늘 有候之者가 請先嘗之하여 一擧而盡①이러라

① 陶弘景이 말하기를, "요즘 가까운 城寺(官舍)에 입구를 막은 빈 항아리를 糞倉(똥통) 속에 넣어두었다. 세월이 지나 항아리 안에 즙이 생겼는데 색이 아주 검고 맛이 썼으니 이를 黃龍湯이라 한다. 열병 치료에 쓰이며, 거의 죽을 지경에 이른 자도 모두 낫게 할 수 있다."라고 하였다.
陶弘景曰 "今近城寺(시)別塞空罌口, 內糞倉中, 久年得汁, 甚黑而苦, 名爲黃龍湯, 治溫病, 垂死者皆差."

【綱】 陳나라가 병사를 보내 後梁을 공격하였는데 北周 사람이 구원에 나서자 진나라 병사가 되돌아왔다.

陳이 遣兵攻梁이어늘 周人救之하니 陳師還[46]하다

---

46) 陳遣兵攻梁……陳師還 : "지난날 陳나라 사람이 後梁을 공격하였으나 이기지 못하였는데 지금 또다시 군사를 보내어 후량을 공격하는 것은 어째서인가. 北周 사람이 구원하자 진나라 병사가 되돌아왔다. 그렇다면 陳나라의 명분이 없는 군사 출동은 강자를 피하고 약자를 능멸하여 그 죄가 모두 스스로 書法의 사이에 나타나는 것이다.〔前日陳人攻梁不克 今又遣兵攻之 何耶 周人救之 陳師遂還 然則陳氏無名興師 避强凌弱 其罪皆自見於書法之間矣〕" ≪發明≫

【目】 章昭達이 後梁을 공격하자, 後梁主(蕭巋)가 北周 總管 陸騰과 함께 이들에 대항했다. 北周의 군사들이 西陵峽 입구 남쪽 기슭에 성을 쌓고, 큰 줄을 가로로 연결하고 갈대를 엮어 다리를 만든 뒤 군량을 운반했다. 이에 장소달이 긴 창을 만들어 樓船에 설치한 뒤 위를 향해 엮은 다리를 베어버리자 줄이 끊기며 양식이 단절되어서 결국 성을 공격해 함락시켰다. 後梁主가 북주에게 위급한 상황을 알리자, 북주가 장군 李遷哲에게 병사를 이끌고 가서 구제하게 했고, 장소달의 병사들이 싸움에 불리하자 회군했다.

章昭達이 攻梁하니 梁主가 與周總管陸騰으로 拒之할새 周人이 於峽口南岸에 築城하고 橫引大索하고 編葦爲橋하여 以度軍糧①이어늘 昭達이 爲長戟하여 施於樓船上하여 仰割之하니 索斷糧絶이라 遂攻其城下之러라 梁主가 告急於周한대 周가 使將軍李遷哲로 將兵救之하니 昭達兵이 不利하여 引還이러라

① '峽口'는 西陵峽의 입구이다.
峽口, 西陵峽口也.

【綱】 9월에 北齊가 皇子 高恒을 太子로 삼았다.

九月에 齊가 立子恒爲太子하다

【目】 北齊 穆夫人이 아들 高恒을 낳자 陸令萱이 태자로 삼으려 했으나 斛律皇后가 노여워할까 두려워했다. 그래서 北齊主(高緯)에게 아뢰어, 곡률황후에게 養母로 高恒을 기르게 하여 그를 태자로 삼은 것이다.

齊穆夫人이 生子恒이어늘 陸令萱이 欲以爲太子하되 恐斛律后怒하여 乃白齊主하여 使后로 母養之하여 以爲太子러라

【綱】 겨울 10월 초하루에 일식이 있었다.

冬十月朔에 日食하다

【綱】 北齊가 蕭莊을 梁王으로 삼았다.

◑齊가 以蕭莊으로 爲梁王[47)]하다

---

47) 齊以蕭莊爲梁王 : "蕭莊을 일찍이 梁主로 일컬었는데 여기서 그 이름을 지적한 것은 어째서인가. 땅

【目】北齊가 다시 梁나라 永嘉王 蕭莊을 梁王으로 삼아 梁나라의 부흥을 기대하려 했으나, 끝내 결실을 얻지 못했다. 북제가 멸망할 무렵에 소장이 울분에 사무쳐 鄴城에서 죽었다.

齊가 復以梁永嘉王莊으로 爲梁王하여 許以興復이나 竟不果러니 及齊亡에 莊이 憤悒하여 卒於鄴이러라

【綱】北周가 越嶲를 평정한 뒤 西寧州를 설치했다.

周가 平越嶲(수)하고 置西寧州①하다

① 西寧州는 뒤에 嶲州로 고쳤다.
西寧州, 後改曰嶲州.

【綱】北齊가 汾水 북쪽 지역에 성을 쌓자 北周 齊公 宇文憲이 다시 이를 구원했다.

◑齊가 築城于汾北이어늘 周齊公憲이 還救之하다

【目】北周와 北齊가 宜陽을 두고 다투며 오랫동안 결판이 나지 않았다. 勳州刺史 韋孝寬이 부하들에게 이르기를, "의양은 성 하나에 불과해서 별다른 손실이나 이익이 없는데 두 나라가 이를 다투며 몇 년에 걸쳐 군사들을 피로하게 하고 있다. 만일 저들이 이곳을 버리고 汾水 북쪽 지역을 취하러 오면 우리는 반드시 국토를 잃게 될 것이므로 속히 華谷과 長秋에 성을 쌓아 그들이 넘볼 생각을 못하게 해야 한다. 혹시라도 우리보다 앞서 손을 쓰게 되면, 그에 대비하기가 실로 어려울 것이다."라고 하고, 지형을 그림으로 그리고 상황을 상세히 설명했지만, 宇文護가 듣지 않았다.

斛律光

北齊 斛律光이 과연 분수 북쪽 지역의 華谷과 龍門에 두 성을 쌓은 뒤 곡률광이 위효관에게 만나자고 했다. 곡률광이 말하기를, "의양은 작은 성인데 오랫동안 전쟁에 시달렸다.

을 잃었기 때문에 梁主를 쓰지 않은 것이다.〔莊嘗稱梁主矣 此其斥名 何 以失地也 故削之〕"≪書法≫

지금 그것을 버리고 분수 북쪽 지역에서 보상을 얻고자 하니, 부디 이상하게 여기지 말라."라고 하자, 위효관이 말하기를 "의양은 당신 나라의 요충지이고 분수 북쪽 지역은 우리가 버린 곳으로, 우리가 버린 것을 당신이 취하는데 무슨 보상이 있단 말인가. 그대의 백성들을 돌보지 않고 군사들을 마구 부려서 별 볼 일 없는 땅을 탐하고 피폐한 백성을 도탄에 빠지게 하니, 이는 그대가 취해선 안 될 일이라 생각한다."라고 하였다. 곡률광이 定陽을 포위하고 南汾城을 쌓아 압박하자, 북주의 군사들이 의양의 포위를 풀고 분수 북쪽 지역을 구원하러 나섰다.

周와 齊가 爭宜陽하여 久不決이러니 勳州刺史韋孝寬이 謂其下曰 宜陽은 一城之地라 不足損益이어늘 兩國이 爭之하여 勞師彌年하니 彼若棄之하고 來圖汾北하면 我必失地니 宜速於華谷長(秧)〔秋〕48)에 築城하여 以杜其意①라 脫其先我하면 圖之寔難이라하고 乃畫地形하고 且陳其狀한되 宇文護가 不聽②이러라 齊斛律光이 果於汾北에 築華谷龍門二城하고 光이 請孝寬相見할새 光이 曰 宜陽은 小城이어늘 久勞爭戰하니 今旣舍彼하고 欲於汾北에 取償하노니 幸勿怪也하라 孝寬이 曰 宜陽은 彼之要衝이요 汾北은 我之所棄니 我棄彼取에 其償이 安在오 君이 不撫循百姓하고 而極武窮兵하여 苟貪尋常之地하고 塗炭疲弊之民하니 竊爲君不取也로라 光이 進圍定陽하고 築南汾城하여 以逼之하니 周人이 釋宜陽之圍하고 以救汾北③이러라

① ≪水經≫에는 "涑水는 河內 聞喜縣 黍葭谷에서 시작한다."라고 했는데, 그 주석에서, "涑水의 출원지를 세상에서 華谷이라 부른다."라고 하고, 또, "汾水가 臨汾縣 동쪽을 지나 다시 굽어져 현 남쪽을 따라 서쪽으로 흐르고, 다시 서쪽으로 방향을 틀어 長修縣 남쪽을 지나고, 다시 서쪽으로 흘러 華水와 합치는데 화수는 北山 華谷에서 나온다."라고 하였다. 여기서 말한 長秋는 바로 漢나라 長修縣의 옛터인데, 俗語에서 '修'를 '秋'로 잘못 발음한 것이다.
水經 "涑水出河內聞喜縣黍葭谷." 注云 "涑水所出, 俗謂之華谷." 又曰 "汾水過臨汾縣東, 又屈從縣南西流, 又西過長修縣南, 又西與華水合, 水出於北山華谷." 此所謂長秋, 蓋卽漢長修縣故墟也. 俗語訛以修爲秋耳.

② 先(앞서다)은 悉薦의 切이다. 畫(그리다)는 去聲이다.
先, 悉薦切. 畫, 去聲.

③ ≪五代志≫에는 "文城郡 吉昌縣은 後魏(北魏) 때에 定陽縣과 定陽郡을 설치하였고, 文城郡은 東魏 때에 南汾州를 설치했다. 後周(北周) 때에 汾州로 고쳤다."라고 하였다.
五代志 "文城郡吉昌縣, 後魏置定陽縣及定陽郡. 文城郡, 東魏置南汾州. 後周改曰汾州."

---

48) (秧)〔秋〕: 저본에는 '秧'으로 되어 있으나, ≪資治通鑑≫에 의거하여 '秋'로 바로잡았다.

辛卯年(571)

陳나라 高宗 宣帝 陳頊 太建 3년이고, 北齊 後主 高緯 武平 2년이고, 北周 高祖 武帝 宇文邕 天和 6년이다.

陳太建三年이요 齊武平二年이요 周天和六年이라

【綱】 봄 정월에 北齊의 斛律光이 北周의 韋孝寬과 汾水의 북쪽에서 전투를 벌였는데, 북주의 군대가 패배하였다.

春正月에 齊斛律光及周韋孝寬戰于汾北하니 周師敗績하다

【目】 斛律光이 서쪽 경계 지역에 13개의 성을 쌓았는데, 말 위에서 채찍으로 〈지세와 방위를〉 지시하여 완성하고, 500리의 땅을 개척했는데도 공로를 자랑한 적이 없었다.

光築十三城於西境호대 馬上에 以鞭指畫(획)而成하고 拓地五百里호대 而未嘗伐功①하더라

① 서쪽 경계 지역은 汾水의 북쪽 지역으로 鄴의 서쪽 지역이다.
西境, 汾北之地, 於鄴爲西.

【綱】 여름 4월 초하루에 일식이 있었다.

夏四月朔日食하다

【綱】 6월에 北齊의 太宰 段韶가 北周의 定陽城을 포위하여 함락하고 汾州刺史 楊敷를 사로잡았다.

◑六月에 齊太宰段韶가 圍周定陽하여 克之하고 獲汾州刺史楊敷[49]하다

49) 齊太宰段韶圍周定陽……獲汾州刺史楊敷 : "北周는 突厥과 연이어 전쟁을 치른 이후로 누차 北齊에게 패하였다. 비록 宇文憲·韋孝寬의 재주로도 모두 적에게 뜻을 얻지 못했으니, 진실로 宇文護가 의롭지 않게 군사를 일으켜 이치가 그릇되고 기세가 줄어들었기 때문이다. ≪資治通鑑綱目≫에서 책에 자세히 기록한 것은 군사를 출동하는 데에 명분이 없는 경계로 삼은 것이니, 어찌 밝게 드러난 것이 아니겠는가.〔周自連兵突厥之後 屢敗於齊 雖以宇文憲韋孝寬之才 皆不能得志於敵 良由護以不義擧兵 理曲而氣餒故爾 綱目悉書於册 所以爲師出無名者之戒 豈不著明也哉〕" ≪發明≫

【目】 北齊의 段韶가 군대를 이끌고 定陽城을 포위하니, 北周의 汾州刺史 楊敷가 굳게 지키고 항복하지 않았다. 단소가 급히 공격하며 말하기를 "이 城은 삼면이 겹겹이 계곡으로 둘러싸였기에 모두 도주할 길이 없으니, 오직 염려되는 것은 동남쪽 한 길뿐이다. 정예병을 뽑아서 온전히 지키면 이는 반드시 사로잡을 수 있을 것이다."라고 하고 壯士 1천여 명을 시켜 동남쪽 계곡 입구에 매복하도록 하였다. 城 내부에서 양식이 다 떨어지자 楊敷가 도주하였는데, 매복해 있던 병사들이 공격하여 그를 사로잡고 드디어 汾州를 탈취하였다. 양부는 楊愔의 동족 조카이다.

齊段韶引兵하여 圍定陽하니 周汾州刺史楊敷가 固守不下어늘 韶急攻之曰 此城三面重澗이라 皆無走路하니 唯慮東南一道耳라 簡精兵專守之하면 此必成擒이라하고 乃令壯士千餘人으로 伏於東南澗口러니 城中糧盡하니 敷走어늘 伏兵擊擒之하고 遂取汾州하다 敷는 愔之族子也러라

【目】 楊敷의 아들 楊素가 어려서부터 재주와 기예가 많았는데, 그의 부친이 절개를 지키다가 北齊에게 함락을 당했는데도 謚號를 追贈 받지 못했다고 생각하여 억울한 정황을 살펴 달라고 두세 차례 아뢰니, 北周主(後主)가 크게 진노하여 좌우에 있는 사람에게 명을 내려 목을 베라고 하였다. 양소가 아뢰기를 "신은 無道한 天子를 섬기다가 직분을 다하고 죽습니다."라고 하니, 북주주가 그의 말을 장하게 여겨 양부에게 大將軍을 追贈하고 '忠壯'이라는 謚號를 내리자 양소가 점점 禮遇를 받았다. 詔書를 쓰라는 명을 내리면 그가 붓을 잡고 즉시 완성하였는데, 문장의 의미와 뜻이 모두 아름다웠다. 북주주가 말하기를 "노력을 하고, 부귀를 이루지 못할까 걱정하지 말라."라고 하니, 양소가 아뢰기를 "부귀가 신에게 다가올까 염려할 뿐, 신은 부귀를 도모하는 데에는 마음이 없습니다."라고 하였다.

敷子素가 少多才藝러니 以其父守節陷齊호대 未蒙贈謚라하여 申理再三이어늘 周主大怒하여 命左右斬之한대 素大言曰 臣事無道天子라가 死其分也①로소이다하니 周主壯其言하여 贈敷大將軍하고 謚曰忠壯이라하니 素漸見禮遇라 命爲詔書에 下筆立成호대 詞義兼美하니 周主曰 勉之하고 勿憂不富貴하라하니 素曰 但恐富貴來逼臣이요 臣無心圖富貴也라하더라

① 分(직분)은 扶問의 切이다.
分, 扶問切.

【綱】 北齊가 北周의 수자리 네 곳을 탈취하였다.

齊取周四戍하다

【目】北齊의 斛律光이 北周의 군대와 宜陽城 아래에서 전투를 벌여 북주의 建安 등 수자리 네 곳을 탈취하고 1천여 명을 포로로 잡고 돌아갔다. 鄴에 도착하기 전에 北齊主(後主)가 칙령을 내려 군대를 해산하게 하였는데, 곡률광은 군사들이 공로를 세웠고 아직 위로를 받지 못했다고 여겨 비밀리에 表文을 올려 使者를 파견하여 위로의 뜻을 전해달라고 요청하였고, 군대가 돌아와 紫陌에 이르자 軍營에 주둔하면서 사자를 기다렸다. 북제주가 그를 미워하여 서둘러 곡률광을 불러들여 알현하게 한 뒤에 위로하는 말을 선포하고 군대를 해산시켰다.

齊斛律光與周師戰於宜陽城下하여 取周建安等四戍하고 捕虜千餘人而還이러니 未至鄴에 齊主勑使散兵한대 光以軍士有功하고 未得慰勞라하여 乃密表請遣使宣旨①하고 軍還하여 至紫陌에 駐營待使②하니 齊主惡(오)之하여 亟召光入見然後에 宣勞散兵하다

①〈'宣旨'는〉 위로의 뜻을 선포하는 것이다.
宣慰勞之旨也.
②駐는 말을 정지하는 것이다.
駐, 止馬也.

【綱】가을 7월에 北齊의 琅邪王 高儼이 和士開를 죽였다.

秋七月에 齊琅邪王儼殺和士開[50]하다

【目】北齊의 琅邪王 高儼이 和士開와 穆提婆 등이 專橫을 일삼는 일로 인해 마음이 편치 않았다. 두 사람이 그를 시기하여 고엄을 내쳐서 北宮에 거처하게 하였는데, 당시에 고엄이 여전히 中丞의 직함을 지니고 있었다. 화사개 등이 또 그를 외직으로 내쫓으려하니, 治書侍御史 王子宜가 고엄을 설득하기를 "殿下께서 소외를 당하시는 것은 바로 화사개가 이간질하여 죄를 얽어 함정에 빠트리려하기 때문이니, 어찌 北宮을 나가서야 되겠습니까."라고 하였다. 고엄이 侍中 馮子琮에게 말하기를 "화사개의 죄가 무거우니, 죽이는 것이 어떻겠소."라고 하니, 풍자종이 마음속으로 北齊主(後主)를 폐위하고 고엄을 세우려고 하여 그로 인해 그 일을 완수하라고 권하였다. 고엄이 왕자의를 시켜 화사개

50) 齊琅邪王儼殺和士開 : "'죽였다〔殺〕'라고 기록한 것은 어째서인가. 전횡한 것이다. 和士開는 僕射인데 어찌하여 관직을 기록하지 않았는가. 화사개를 죄준 것이다. 화사개를 죄주는 것에 어찌하여 '죽였다〔殺〕'라고 기록하였는가. 화사개는 죽일 만하였으나 고엄이 죽일 수 있는 것은 아니었다. 〔書殺 何 專也 士開僕射 曷爲不書官 罪士開也 罪士開 則曷爲書殺 士開可殺 而非儼之所得殺也〕" ≪書法≫

의 죄상을 탄핵하여 구금하여 추고하기를 요청하게 하고, 풍자종은 다른 문서에 섞어 그 일에 대해 상주하니, 북제주가 허락하였다. 고엄이 領軍 庫狄伏連을 속여 그에게 화사개를 체포하도록 하니, 고적복련이 覆奏[51]하기를 청하자 풍자종이 말하기를 "琅邪王이 칙령을 받았으니, 어찌 다시 상주할 필요가 있겠소."라고 하였다. 고적복련이 그 말을 믿고서 군사를 출동시켜 神虎門 밖에 매복시켰다가 화사개를 체포하여 御史臺로 보내니, 고엄이 화사개의 목을 베었다.

齊琅邪王儼이 以和士開穆提婆等專橫으로 意不平하니 二人忌之하여 出儼居北宮①호대 時儼猶帶中丞이라 士開等又欲出之於外하니 治書侍御史王子宜가 說(세)儼曰 殿下被疏는 正由士開間構니 何可出北宮也②리오 儼謂侍中馮子琮曰 士開罪重하니 殺之何如오하니 子琮心欲廢齊主而立儼하여 因勸成之라 儼令子宜로 彈士開罪하여 請禁推③하고 子琮雜它文書하여 奏之하니 齊主可之라 儼誑領軍庫狄伏連하여 使收士開하니 伏連請覆奏어늘 子琮曰 琅邪受敕하니 何必更奏리오하다 伏連信之하여 發軍士하여 伏於神虎門外라가 執士開送臺하니 儼斬之하다

① 北宮은 鄴의 北城에 있다.
北宮在鄴之北城.
② '間構'는 이간질하고 염탐하여 해를 끼치고 함정에 빠트리는 것이다.
間構, 謂間諜讒構也.
③ 〈'請禁推'은〉 구금하여 추고하라고 주청하는 것이다.
奏請收禁而推勘也.

【目】〈高儼은 본래 和士開만 죽이려하고 하였는데〉 고엄의 黨與가 그로 인해 그를 다그치니, 고엄이 군사 3천여 명을 인솔하고 千秋門에 주둔하였다. 北齊主(後主)가 劉桃枝로 하여금 고엄을 소환하게 하니, 고엄이 陸令萱[52]을 유인하여 죽이려고 하여 그로 인해 대답하여 말하기를 "尊兄[53]이 만일 臣을 용서하신다면 육영훤으로 하여금 나와서 맞이하게 하십시오."라고 하니, 육영훤이 그 말을 듣고는 부들부들 떨었다. 북제주가 또 韓長鸞으로 하여금 고엄을 소환하게 하자 고엄이 들어가려고 하니, 친하게 지내던 劉辟疆이 옷을 끌어당기며 간언하기를 "만일 穆提婆 母子[54]의 목을 베지 않으면, 殿下는 들어갈 방법이 없습니다."라고 하였다. 廣寧王 高孝珩과 安德王 高延宗이 와서 말하기를 "어찌 들어가지

51) 覆奏 : 거듭 조사하여 上奏하는 것을 말한다.
52) 陸令萱 : 北齊主인 高緯의 乳母이자, 穆提婆의 어미로 당시 조정에서 권력을 행사하였다.
53) 尊兄 : 北齊主인 高緯가 高儼에게 형이 되기 때문에 말한 것이다.
54) 穆提婆 母子 : 穆提婆와 그의 어미인 陸令萱을 말한다.

않는 것이오."라고 하니, 유벽강이 말하기를 "병력이 적습니다."라고 하였다. 고연종이 무리를 돌아보며 말하기를 "孝昭帝(高演)가 楊遵彦(楊愔)을 죽일 적에 병력의 수가 80명에 지나지 않았는데, 지금은 수천 명이 있으니, 어찌 적다고 하겠소."라고 하였다.

儼黨因逼하니 儼帥軍士三千人하고 屯千秋門이라 齊主使劉桃枝로 召儼하니 儼欲誘令萱而殺之하여 因對曰 尊兄若赦臣이면 請令令萱으로 來迎하소서하니 令萱聞之하고 戰栗하더라 齊主又使韓長鸞으로 召儼하니 儼將入이러니 所親劉辟疆이 牽衣諫曰 若不斬穆提婆母子면 殿下無由得入이라하다 廣寧王孝珩과 安德王延宗이 至曰 何不入①고하니 辟疆曰 兵少라하다 延宗顧衆而言曰 孝昭殺楊遵彦에 止八十人이어늘 今有數千하니 何謂少오하더라

① 高孝珩과 高延宗은 모두 世宗 高澄의 아들이다. 珩은 음이 行이다.
孝珩・延宗, 皆世宗澄子. 珩, 音行.

【目】北齊主(後主)가 斛律光을 소환하니, 곡률광이 高儼이 和士開를 죽였다는 소식을 듣고는 손바닥을 치면서 크게 웃으며 말하기를 "龍子[55]가 한 일이 진실로 평범한 사람과는 절로 같지 않구나."라고 하고, 들어가 알현하였다. 북제주가 宿衛하던 400명을 인솔하여 갑옷을 주고 나아가 싸우려 하자 곡률광이 말하기를 "어린아이들이 병기를 가지고 놀 적에 손이 왔다 갔다 하면 즉시 혼란해집니다. 속담에 이르기를 '노복이 大家(主人)를 보면 기세가 죽는다.'라고 하였으니, 至尊께서 스스로 千秋門에 나아가기만 하시면 琅邪王(高儼)은 반드시 감히 움직이지 못할 것입니다."라고 하자, 북제주가 그의 말대로 따랐다. 곡률광이 도보로 인도하면서 사람으로 하여금 달려 나가게 하여 "大家께서 오셨다."라고 말하게 하니, 고엄의 무리가 놀라서 흩어졌다.

齊主急召斛律光하니 光聞儼殺士開하고 撫掌大笑曰 龍子所爲가 固自不似凡人①이라하고 入見②하니 齊主帥宿衛者四百人하여 授甲하고 將出戰할새 光曰 小兒輩弄兵에 與交手면 卽亂이라 鄙諺云 奴見大家면 心死③라하니 至尊宜自至千秋門하시면 琅邪必不敢動하리이다하니 齊主從之하다 光步道하고 使人走出曰 大家來④라한대 儼徒駭散하더라

① 高儼이 황제의 아들이므로 龍子라고 말한 것이다. 일설에는 龍子가 고엄의 어릴 때의 字라고 한다.
以儼帝子, 故謂之龍子. 一說, 龍子儼小字.
② 여기에서 句를 뗀다.
句.

55) 龍子 : 용의 아들이라는 뜻으로, 高儼이 황제의 아들이므로 이렇게 말한 것이다.

③ 大家는 主人을 말한다. 신하나 첩이 天子를 부를 때 大家라고 하니, 역시 이 뜻이다.
大家謂主也. 臣妾呼天子爲大家, 亦此義.

④ 道(인도하다)는 導로 읽으니, '步道'는 도보로 앞에서 인도한다는 말이다.
道, 讀曰導. 步道, 言步而前導也.

【目】 北齊主(高緯)가 멀리서 부르니, 高儼이 오히려 우두커니 서서 나아가지 못하였는데, 斛律光이 말하기를 "天子의 아우가 한 사내를 죽였는데, 무슨 괴로워할 일이 있습니까." 라고 하고 그의 손을 잡고 억지로 앞으로 나아가게 하고, 북제주에게 요청하기를 "琅邪王이 나이가 어려서 가벼이 행동을 한 것이니, 조금 장성하면 자연히 그런 일이 없을 것입니다. 그의 죄를 너그러이 용서하소서."라고 하였다. 북제주가 칼의 고리 부분을 뽑아내어 그의 땋은 머리를 내리치고는 한참 뒤에 풀어주었다. 庫狄伏連, 王子宜, 劉辟彊을 체포하여 사지를 자르고, 북제주가 고엄의 王府 소속 관리들을 모두 죽이려고 하니, 곡률광이 말하기를 "이들은 모두 공훈이 있는 귀족의 자제이니, 그들을 죽이면 民心이 불안해할까 염려됩니다."라고 하자, 이에 차등을 두어 처벌하였다. 太后가 고엄을 질책하자, 고엄이 말하기를 "馮子琮이 저에게 시켰습니다."라고 하니, 태후가 드디어 풍자종을 죽였다.

齊主遙呼之호대 儼猶立不進이어늘 光就謂曰 天子弟殺一夫하니 何所苦오하고 執其手하여 彊引以前하고 請於齊主曰 琅邪王年少하여 輕爲擧措하니 稍長이면 自不然하리니 願寬其罪하소서하다 齊主拔刀鐶하여 築其辮頭러니 良久에 乃釋之①하고 收庫狄伏連王子宜劉辟彊하여 支解之하고 齊主欲盡殺儼府吏어늘 光曰 此皆勳貴子弟니 誅之면 恐人心不安이라한대 於是에 罪之有差하다 太后責儼하니 儼曰 馮子琮이 教兒라한대 太后遂殺子琮하다

① 辮(땋다)은 俾典의 切이니, 머리를 땋은 것을 辮이라 한다.
辮, 俾典切, 髮結爲辮也.

【綱】 9월에 北齊의 太宰 平原王 段韶가 卒하였다.

九月에 齊太宰平原王段韶卒하다

【目】 段韶가 꾀와 책략을 지니고 있어서 병사들이 죽을힘을 다해 싸우게 만들었고 공로가 높고 명망도 무거웠으나, 평소의 성품은 온화하고 신중하여 宰相의 풍모가 있었으며, 繼母를 섬기면서 효성을 다하여 閨門이 온화하고 정숙하였으니, 공훈이 있는 귀족의 집안에서 그를 따라갈 만한 사람이 없었다. 세상을 떠나니, 謚號가 忠武였다.

韶有謀略하여 得士死力하고 功高望重이나 而雅性溫愼하여 得宰相體하고 事後母孝하여 閨門雍肅하니 勳貴之家無能及者러라 卒하니 謚忠武라

【綱】 北齊主(高緯)가 그의 아우 琅邪王 高儼을 죽였다.

齊主殺其弟琅邪王儼[56]하다

【目】 陸令萱이 北齊主(高緯)를 설득하기를 "사람들이 琅邪王이 총명하고 용맹하여 지금 대적할 사람이 없다고 말하는데, 그의 관상을 보니 거의 남의 신하가 될 사람이 아니고, 독단적으로 사람을 죽인 뒤로[57] 늘 두려운 마음을 품고 있으니, 일찍 계책을 세우는 것이 마땅합니다."라고 하였다. 북제주가 결정을 하지 못하여 食轝를 시켜 비밀리에 侍中 祖珽을 맞이하여 그 일에 대해 물으니, 조정이 말하기를 "周公은 管叔을 죽였고,[58] 季友는 慶父(경보)를 酖毒으로 죽였습니다."라고 하였다. 북제주가 장군 趙元侃으로 하여금 高儼을 유인하게 하니, 조원간이 말하기를 "臣은 예전에 先帝를 섬기면서 先帝께서 琅邪王을 총애하는 것을 보았으니, 지금 차라리 죽을지언정 차마 이 일은 못하겠습니다."라고 하였다. 북제주가 이에 조원간을 내쳐서 豫州刺史로 삼고, 고엄을 불러들여 劉桃枝로 하여금 그를 잡아 죽이게 하니, 당시 나이가 열넷이었다. 〈고엄은〉 遺腹子로 네 아들이 있었는데, 모두 간혀서 죽었다. 얼마 뒤에 高儼을 楚恭哀帝로 追贈하여 太后의 마음을 위로하였다.

---

56) 主殺其弟琅邪王儼 : "高儼이 전횡하여 〈和士開를〉 죽인 것은 罪인데 어찌하여 '죽였다〔殺〕'라고 기록하였는가. ≪資治通鑑綱目≫의 법은 비록 죄가 있어도 그 죄가 아닌 것으로 죽였으면 한결같이 죄가 없는 말로 기록하였거늘 하물며 〈고엄의〉 나이가 열네 살인 사람이겠는가. 그러므로 '그의 아우를 죽였다〔殺其弟〕'라고 기록하고 北齊主를 지적하였다.〔儼專殺 罪也 曷爲以殺書 綱目之法 雖有罪而殺之不以其罪 一以無罪之辭書之 況年十四者乎 故書殺其弟而斥齊主〕" ≪書法≫

高儼은 전횡하여 〈和士開를〉 죽인 罪가 있는데 어찌하여 명분을 바르게 하여 '주륙했다〔誅〕'라고 기록하지 않았는가. 화사개는 간사 아첨하여 나라를 미혹하게 하였으니 죽어도 남은 죄가 있다. 그러나 고엄에게 있어서는 그를 죽일 수가 없는 것이다. 지금 이미 군사를 독단하여 살육을 전횡하였는데 北齊主가 이때에 그 죄를 들어 바로잡지 않고 陸令萱의 관상을 보니, 〈고엄이〉 남의 신하가 될 사람이 아니라는 말에 미혹되었으니 天討가 아니었으므로 특별히 '殺其弟'라고 기록하여 미워하였다.〔儼有專殺之罪 何不正名書誅 士開姦諂迷國 死有餘辜 然在儼則不得而誅之 今旣擅兵專戮 齊主不於此時擧正其罪 乃惑於陸令萱相表不臣之說 則非天討矣 故特書殺其弟以惡之〕" ≪發明≫

57) 독단적으로……뒤로 : 琅邪王 高儼이 和士開를 죽인 일을 말한다.

58) 周公은……죽였고 : 管叔은 周나라 文王의 아들로 周公의 庶兄이다. 주공이 어린 成王을 도와 섭정하였는데, 관숙과 채숙이 주공을 모함하여 장차 성왕에게 불리할 것이라는 유언비어를 퍼뜨리고 殷王 紂의 아들 武庚을 부추겨 함께 반란을 일으키자, 성왕이 주공을 시켜 그들을 정벌하게 하였다.(≪書經≫ 〈周書 大誥〉)

陸令萱說(세)齊主曰 人稱琅邪가 聰明雄勇하여 當今에 無敵이라한대 觀其相表하니 殆非人臣이요 自專殺以來로 常懷恐懼하니 宜早爲之計①하소서하니 齊主未決하여 以食轝로 密迎侍中祖珽하여 問之②어늘 珽稱周公誅管叔하고 季友酖慶父③라한대 齊主乃使將軍趙元侃으로 誘儼하니 元侃曰 臣昔事先帝하여 見先帝愛王하니 今寧就死언정 不忍行此하노이다하니 齊主乃出元侃하여 爲豫州하고 而召儼하여 使劉桃枝로 拉殺之하니 時年十四러라 遺腹四男이 皆幽死하다 旣而요 贈儼楚恭哀帝하여 以慰太后心하다

① 相은 용모를 말하고, 表는 儀表(몸가짐이나 예절을 갖춘 태도)를 말한다.
相謂相貌, 表謂儀表.

② '食轝'는 곡식과 고기를 싣고 太官으로 수송하는 사람이다.
食轝, 載粱肉以輸太官者也.

③ ≪春秋左氏傳≫에는 "魯 莊公이 병을 앓을 때 叔牙에게 後嗣에 대해 물으니, 숙아가 대답하기를 '慶父가 임금의 재목입니다.'라고 대답하였다. 季友에게 물으니, 계우는 '臣은 목숨을 걸고 子般을 받들어 모시겠습니다.'라고 대답하였다. 이에 鍼季를 시켜 叔牙에게 酖毒을 마시게 하고 자반을 세우니, 경보가 사람을 시켜 자반을 시해하였다. 계우가 閔公을 세우니, 경보가 사람을 시켜 또 그를 시해하였다. 계우가 僖公을 모시고 邾나라로 갔는데, 경보가 莒로 도망치자 계우가 그제야 들어가서 僖公을 세우고는 뇌물을 주어 莒에서 경보를 찾으니, 莒人이 그를 〈魯나라로〉 돌려보냈다. 이에 〈경보가〉 密 땅에서 公子 奚斯를 〈노나라로〉 보내어 〈자신을 죽이지 말기를〉 청하였는데, 허락하지 않자 해사가 哭을 하면서 갔다. 경보가 곡소리를 듣고는 '해사의 목소리구나.'라고 하고는 목을 매어 죽었다."라고 하였다. 경보, 숙아, 계우는 모두 魯 桓公의 아들로 형제지간이다. 그러나 酖毒으로 독살을 당한 사람은 숙아였다. 漢나라 儒學者들은 본래 經傳의 뜻에 의거하여 獄事를 결단하였는데, 祖珽과 같은 자는 경전의 뜻을 뒤흔들어 獄事를 만든 자이니, 살피지 않아서는 안 된다.
左傳"魯莊公有疾, 問後於叔牙, 對曰 '慶父材.' 問於季友, 季友曰 '臣以死奉般.' 乃使鍼季酖叔牙而立般, 慶父使人弑般. 季友立閔公, 慶父又使人弑之. 季友以僖公適邾, 慶父奔莒, 季友乃入, 立僖公, 以賂求慶父(子)〔於〕[59]莒, 莒人歸之. 乃密使公子奚斯請, 弗許, 哭而往. 慶父聞之曰 '奚斯之聲也.' 乃縊." 慶父叔牙季友, 皆桓公之子, 兄弟也. 然而以酖死者, 叔牙也. 夫漢儒固有以經義斷獄者, 若祖珽者, 舞經義以成其獄者也, 不可不察.

【綱】 겨울 10월에 北齊主(後主)가 太后 胡氏를 北宮에 유폐하였다.

冬十月에 齊主幽其太后胡氏于北宮[60]하다

59) (子)〔於〕: 저본에는 '子'로 되어 있으나, ≪資治通鑑≫ 註에 의거하여 '於'로 바로잡았다.
60) 齊主幽其太后胡氏于北宮 : "≪資治通鑑綱目≫에서 '太后를 유폐하였다.〔幽其太后〕'라고 기록한 것은

【目】 北齊의 胡太后가 출입에 節操가 없고 沙門統 曇獻과 私通을 하였는데, 北齊主가 그 소문을 듣고는 믿지 않았다. 그 후에 太后를 뵈러갔다가 두 명의 비구니를 보고 기뻐서 그들을 불렀는데 남자였다. 이에 담헌의 일도 발각되어 모두 죽임을 당하였고, 드디어 태후를 北宮에 유폐하였다. 태후가 북제주를 위해 음식을 마련하기도 하였는데, 북제주는 역시 감히 맛을 보지 않았다.

齊胡太后出入不節하고 與沙門統曇獻으로 通하니 齊主聞而未之信이러니 後朝太后할새 見二尼하고 悅而召之하니 乃男子也러라 於是에 曇獻事亦發하여 皆伏誅하고 遂幽太后於北宮하다 太后或爲齊主設食에 齊主亦不敢嘗하더라

【綱】 12월에 北周가 基州, 平州, 鄀州를 後梁에 주었다.

十二月에 周以基平鄀州로 與梁하다

【目】 後梁 華皎가 北周로 갈 적에 襄陽을 지나면서 衛公 宇文直을 설득하기를 "後梁主(蕭巋)가 백성의 수가 적고 나라는 빈곤하니, 몇 州를 빌려서 보탬이 되기를 바랍니다."라고 하였다. 우문직이 그렇다고 여겨 使者를 보내어 상황을 말하였는데, 北周主(高緯)가 基州, 平州, 鄀州 세 지역을 후량에 주었다.

梁華皎如周할새 過襄陽하여 說(세)衛公直曰 梁主民少國貧하니 望借數州하여 以資之라하니 直然之하여 遣使言狀한대 周主詔以基平鄀三州로 與之①하다

① ≪五代志≫에 "竟陵郡 豐鄉縣은 西魏 때에 基州와 章山郡을 두었다. 또 竟陵郡 樂鄉縣은 옛날에 武寧郡을 두었는데, 서위 때에는 鄀州를 두었다. 또 南郡 紫陵縣의 城 남쪽에는 梁나라 때에 鄀州를 두었다."라고 하였다. 지금 北周에서 後梁에 준 지역은 아마도 武寧의 鄀州인 듯하다. 當陽縣은 後周(北周) 때에 平州를 두었다. 鄀은 음이 若이다.
五代志"竟陵郡豐鄉縣, 西魏置基州及章山郡. 又竟陵郡樂鄉縣, 舊置武寧郡, 西魏置鄀州. 又南郡紫陵縣, 其城南面, 梁置鄀州." 今周以與梁者, 蓋武寧之鄀州也. 當陽縣, 後周置平州. 鄀, 音若.

두 번인데(北魏 胡氏, 北齊 胡氏) 木葉山에 유폐된 것은 거기에 들지 않았다.〔綱目書幽其太后二(魏胡氏 齊胡氏) 幽木葉山者不與焉〕" ≪書法≫

附錄

〔附 錄〕

1. ≪思政殿訓義 資治通鑑綱目 21≫ 年表

年度	在位年	역문쪽수	주요 사건
550 庚午年	梁 簡文帝(蕭綱) 大寶 1 西魏 文帝(元寶炬) 大統 16 北齊 文宣帝(高洋) 天保 1	11	• 梁나라 湘東王 蕭繹이 郢州를 취하였는데 邵陵王 蕭綸이 齊昌으로 도망하자 侯景의 병사가 그를 습격하니, 소륜이 北齊로 도망함. 북제가 그를 梁王으로 삼음.
		13	• 侯景이 漢王이라고 칭하고, 宇宙大將軍 都督六合諸軍을 칭함. • 西魏 太師 宇文泰가 北齊主(高洋)가 황제를 칭한 것으로 인해 北齊를 치려고 하다 북제의 군세의 엄격함을 보고 돌아오니, 洛陽·平陽이 북제에 항복함.
		15	• 梁나라 寧州刺史 徐文盛이 侯景의 병사들을 貝磯에서 격파함. 이에 후경이 晉熙에 주둔함.
		16	• 梁나라 南康王 蕭會理가 侯景이 나가 있는 틈을 타서 王偉를 죽이고자 하였으나, 이 소식을 들은 왕위가 소회리 등을 죽임. 또한 후경은 황제의 측근인 蕭諮를 죽임. 또 蕭賁을 책봉하여 景陵王으로 삼고, 蕭子邕을 隨王으로 삼아 侯氏 姓을 下賜함.
		17	• 西魏가 처음으로 府兵을 설치함.(西魏의 府兵制) 大統 연간 이래로 安定公 宇文泰·廣陵王 元欣·趙郡公 李弼·隴西公 李虎·河內公 獨孤信·南陽公 趙貴·常山公 于謹·彭城公 侯莫陳崇 8명이 임명되었으니, 이를 8柱國이라고 함. 우문태는 백성들 가운데 재능과 힘이 있는 사람을 兵籍에 넣어 '府兵'을 만들고 租·庸·調 일체를 감면하고, 농한기에는 훈련하거나 검열하게 하며 말을 기르고 양식을 갖추게 함. 도합 1백 府를 만들어 매 府마다 1명의 郎將이 그것을 주관하며 24軍에 나누어 소속시켰다. 12명 大將軍마다 각각 開府 2명을 통제하게 하고 開府가 각각 1軍을 다스림. 이후로 공신의 지위가 柱國大將軍·開府儀同三司·儀同三司에 이르는 자가 많았고, 대부분 散官이어서 다스리는 바가 없어서 명망이 8柱國의 아래에 있음.
		18	• 北齊가 宋景業의 天保曆을 시행함.
		19	• 西魏가 楊忠을 파견하여 北齊 汝南城을 공격하여 빼앗

年度	在位年	역문쪽수	주요 사건
551 辛未年	梁 簡文帝 大寶 2 梁 廢帝(蕭棟) 天正 1 西魏 文帝 大統 17 北齊 文宣帝 天保 2		고 邵陵王 蕭綸을 죽임. • 梁나라의 반군 李遷仕가 南康을 공격하자 陳霸先이 이 천사를 생포하여 죽임. 湘東王 蕭繹이 진패선에게 江州로 진격하게 하고 江州刺史로 삼음.
		20	• 西魏主 元寶炬가 사망하자 太子 元欽(廢帝)이 즉위함. • 梁나라 徐文盛이 武昌을 함락시킴. • 北齊는 梁나라 湘東王 蕭繹을 梁나라 相國으로 삼아 承制하게 함. • 梁나라 徐文盛이 西陽에서 侯景을 격파함.
		21	• 侯景의 장수 任約이 梁나라의 郢州를 함락하고 刺史 蕭方諸를 붙잡으니 徐文盛이 江陵으로 도주함. • 西魏 隴西公 李虎 사망.
		22	• 梁나라 湘東王 蕭繹이 大都督 王僧辯을 파견하여 侯景을 정벌할 적에 巴陵에 주둔함. 후경이 그들을 공격하였으나 이기지 못하였는데, 소역이 胡僧祐를 보내어 후경을 공격하게 하여 패퇴시키고 후경의 장수 任約을 잡았다. 후경은 도망하여 돌아감. 소역이 임약을 사면하자 徐文盛이 원망하였다는 죄에 걸려 하옥되어 죽음.
		25	• 梁나라 王僧辯이 郢州를 함락시키고 侯景의 장수 宋子仙을 잡아서 죽임.
		27	• 梁나라 湘東王 蕭繹이 武陵王 蕭紀의 아들 江安侯 蕭圓正을 유인하여 잡음. 이로 인해 荊州와 益州가 분열하게 됨. • 鐵勒이 柔然을 공격하려 하니, 突厥 酋長 土門이 이를 항복시키고 크게 강성해짐. 토문이 유연에 혼인을 요구하자 이를 거절하니, 서로 관계를 끊음. 이에 토문이 西魏에 혼인을 청하자 서위 宇文泰가 長樂公主를 突厥에 시집보냄.
		28	• 侯景이 建康으로 돌아가자 豫章에 있던 侯瑱이 후경의 군대가 들어오는 것을 막음. 王僧辯이 湓城을 함락시킴. 陳霸先이 왕승변과 합류함. 蕭繹이 尋陽에 주둔함.
		29	• 侯景이 패하고 나서 돌아오자 王偉가 簡文帝 蕭綱을 폐할 것을 유세하니 후경이 간문제를 폐하고 晉安王으로 삼고, 永福省에 가둠. 太子 蕭大器를 죽이고 豫章王 蕭棟(廢帝)을 세움.
		31	• 侯景이 簡文帝 蕭綱을 시해함.
		31	• 侯景이 江陵을 압박할 때에 湘東王 蕭繹이 西魏에 원

年度	在位年	역문쪽수	주요 사건
551 辛未年	梁 簡文帝 大寶 2 梁 廢帝(蕭棟) 天正 1 西魏 文帝 大統 17 北齊 文宣帝 天保 2	 32 33 34	조를 청하고 宜豐侯 蕭循에게 명령하여 南鄭을 西魏에 주도록 하였는데, 소순이 거부하자, 西魏 宇文泰가 達奚武를 파견하여 漢中을 빼앗음. 소순은 武陵王 蕭紀에게 구원을 요청하니, 소기가 潼州刺史 楊乾運을 보내어 구원하게 함. • 侯景의 장수 劉神茂가 浙江의 동쪽 지역을 가지고서 梁나라 湘東王 蕭繹에게 귀순함. • 侯景이 梁主 蕭棟을 폐하고 자신을 漢帝라 칭함. 소동을 淮陰王으로 삼음. • 北齊 文宣帝 高洋이 東魏 孝靜帝(中山王)을 시해함. • 北齊 文宣帝가 美陽公 元暉業을 죽임.
552 壬申年	梁 元帝(蕭繹) 承聖1 西魏 廢帝(元欽) 1 北齊 文宣帝 天保 3	35 36 37 38 41 42 45 46 47	• 北齊 文宣帝가 庫莫奚를 정벌함. • 突厥의 土門이 柔然을 습격하여 격파하니 頭兵可汗이 자살함. 토문이 伊利可汗이라 칭하고 妻를 可賀敦이라고 칭하고, 子弟들을 特勒이라고 부르고 별도로 군대를 거느리는 자를 設이라고 부름. • 梁나라 湘東王 蕭繹이 王僧辯·陳霸先을 파견하여 侯景을 토벌하게 함. • 侯景이 謝荅仁을 보내서 東陽의 劉神茂를 공격하여 동양을 함락시키고 유신무를 죽임. • 梁나라 王僧辯·陳霸先이 侯景을 쳐서 패퇴시키고 왕승변이 建康으로 들어가서 湘東王 蕭繹에게 즉위하기를 권함. 후경의 무리인 郭元建, 侯子鑑 등이 北齊에 항복함. 이후 후경이 吳 지역으로 도주함. • 梁나라 湘東王 蕭繹이 朱買臣을 시켜 豫章王 蕭棟을 죽임. • 梁나라 武陵王 蕭紀가 成都에서 황제를 칭함. 아들 蕭圓照를 태자로 삼음. 또 司馬 王僧略·參軍 徐怦 등을 죽임. • 侯景이 부하들에게 죽임을 당하고 그 시신이 建康으로 보내짐. 王僧辯이 簡文帝(蕭綱)를 장사 지내고, 묘호는 太宗이라 함. • 侯景이 패할 적에 梁나라 傳國璽가 도적의 손에 들어갔다가 北齊에 보내짐. • 北齊가 楊愔을 僕射로 삼고 太原公主(北魏 孝靜帝의 황후)에게 장가보냄. • 梁나라 楊乾運이 南鄭을 구원하였는데 西魏 達奚武가 패배시킴.

年度	在位年	역문쪽수	주요 사건
552 壬申年	梁 元帝(蕭繹) 承聖1 西魏 廢帝(元欽) 1 北齊 文宣帝 天保 3	48	• 梁나라가 王僧辯을 司徒로 삼고 陳霸先을 征虜將軍 開府儀同三司로 삼음. • 梁나라 湘東王 蕭繹은 侯景의 측근이었던 王偉 등을 죽임.
		49	• 梁나라가 魯悉達을 北江州刺史로 삼음.
		50	• 北齊 潘樂·郭元建이 秦郡을 포위하였는데, 陳霸先과 王僧辯의 장군 杜崱이 구원하여 北齊軍을 크게 격파함. • 北齊가 辛術을 吏部尙書로 삼음.
		51	• 梁나라 秦·梁刺史 蕭循이 州를 가지고 西魏에 항복하자, 劍閣 이북이 모두 서위에 소속됨.
		53	• 廣陵의 朱盛이 北齊의 刺史 溫仲邕을 기습해 죽이고 梁나라 陳霸先에게 원조를 구하고자 하였는데, 모의가 누설되자 진패선이 광릉을 포위하였다가 돌아옴. • 西魏 宇文泰가 항복했던 蕭循을 梁나라로 돌려보내어 소순이 江陵으로 돌아옴.
		54	• 北齊가 黃櫨嶺에서 社平戍에 이르는 長城을 쌓음.
		55	• 梁나라 湘州刺史 王琳이 하옥되니, 그의 長史 陸納이 湘州를 습격하여 점거함.
		56	• 梁나라 湘東王 蕭繹이 즉위함. 이때 侯景의 난리로 州郡이 태반이 西魏의 소속이 되었고 嶺南은 蕭勃에게 점거되어 영토가 많이 축소됨.
		57	• 梁나라 반군 陸納이 衡州刺史 丁道貴를 격파하자 梁元帝 蕭繹이 王僧辯과 蕭循 등에게 육납을 토벌하게 함. 소순이 육납을 격파하자 육납이 長沙로 물러남.
553 癸酉年	梁 元帝 承聖 2 西魏 廢帝 2 北齊 文宣帝 天保 4	58	• 西魏 太師 宇文泰가 스스로 都督中外諸軍事를 더함. • 突厥 伊利可汗이 사망하자 아들 科羅가 즉위하여 乙息記可汗이라 하였는데, 얼마 후 죽자 이리가한의 아우 俟斤이 木杅可汗이 됨. • 蜀의 武陵王 蕭紀가 梁나라 江陵을 공격하러 갔는데, 西魏의 宇文泰가 尉遲迥을 보내어 蜀을 공격하게 함.
		60	• 梁나라 王僧辯이 陸納의 군대를 격파하고 蕭紀가 성 두 채를 함락시킴. 이에 陸納이 長沙를 지키자 왕승변이 장사를 포위함.
		61	• 西魏가 蜀을 침공하자 武陵王 蕭紀가 譙淹을 보내 구원하게 함. 楊乾運이 潼州를 가지고 서위 장군 尉遲迥에게 항복하자 울지형이 成都를 기습하여 포위함. 소기가 西陵으로 진격하자 梁나라 陸法和가 이를 막음. 梁 元帝 蕭繹이 侯景의 부하였던 任約, 謝答仁을 보내

年度	在位年	역문쪽수	주요 사건
553 癸酉年	梁 元帝 承聖 2 西魏 廢帝 2 北齊 文宣帝 天保 4	 63 65 68 69 70	어 육법화를 돕게 함. • 梁나라가 다시 王琳을 湘州刺史으로 삼자 陸納이 항복함. • 武陵王 蕭紀가 成都가 포위되었다는 소식을 듣고 梁元帝 蕭繹과 강화하고자 하였으나 결렬됨. 樊猛이 소기를 공격하여 소기와 그의 아들 蕭圓滿을 참수하고 陸法和는 蕭圓照 등을 사로잡아 江陵으로 보냄. • 西魏 尉遲迥이 成都를 포위하여 항복시키자 서위가 울지형을 益州刺史로 삼음. • 梁主 蕭繹이 建康으로 천도할 것을 논의하였는데, 결국 江陵에 머물고 王僧辯을 건강으로 보내고 陳霸先은 京口에 진수하게 함. • 梁나라가 陸法和를 郢州刺史로 삼음. • 北齊 文宣帝 高洋이 郭元建에게 수군을 훈련시키고 建康을 습격하고자 하였고 梁나라 湘潭侯 蕭退를 받아들였으나, 梁나라 侯瑱이 北齊軍을 공격하여 물리침. • 契丹이 北齊의 변방을 침범하자 北齊 文宣帝가 정벌하여 크게 격파함. • 突厥이 柔然을 공격하자 유연이 北齊로 도망가니 유연을 받아들여 可汗 郁久閭庫提를 폐하고 郁久閭阿那瓌의 아들 郁久閭菴羅辰을 세워 可汗으로 삼아서 馬邑川에 두고 돌궐을 추격하니, 돌궐이 북제에 항복을 청하고 공물을 받침. • 西魏 元烈이 宇文泰를 죽이려고 도모했다가 누설되어 우문태가 원렬을 죽임. • 北齊 東方白額이 宿預城을 가지고 梁나라에 항복하니 江西 州郡이 동방백액에게 호응함.
554 甲戌年	梁 元帝 承聖 3 西魏 恭帝(拓跋廓) 1 北齊 文宣帝 天保 5	71 72 75	• 北齊 文宣帝 高洋가 山胡를 공격하고 石樓를 평정함. • 梁나라 陳霸先이 北齊를 공격하여 廣陵을 포위하고, 또 양나라가 杜僧明을 보내어 東方白額을 돕게 함. • 西魏 宇文泰가 尙書 盧辯에게 명하여 ≪周禮≫를 바탕으로 九命·九秩의 법을 제정함. • 西魏主 元欽이 元烈의 죽음을 원망하여 宇文泰를 죽이려고 하였는데, 누설되어 우문태가 西魏主 元欽을 폐하고 齊王 元廓을 세우고 姓氏를 元氏에서 拓跋氏로 회복함. 처음에 北魏의 國이 36, 大姓이 99였는데 대부분 멸절되었는데, 우문태가 장수 중 공로가 높은 자를 36國으로 삼고 다음 공로가 있는 자에게 99姓을 만듦. 장

年度	在位年	역문쪽수	주요 사건
554 甲戌年	梁 元帝 承聖 3 西魏 恭帝(拓跋廓) 1 北齊 文宣帝 天保 5		수의 사졸들을 또한 장수의 성에 따라 성을 바꾸게 함.
		76	• 梁나라가 王僧辯을 太尉로 삼고 陸法和를 司徒로 삼음.
		77	• 西魏가 宇文仁恕를 梁나라에 사신 보냈는데, 때마침 北齊의 사신이 도착함. 梁 元帝 蕭繹이 북제의 사신을 우대하였는데, 뒤에 서위 우문태가 이를 알고 江陵을 공격하려고 함. • 北齊의 中書令 魏收가 《魏書》를 찬술하였는데, 이를 비판한 盧潛은 하옥되고 盧斐·李庶는 하옥되어 죽음.
		78	• 柔然이 北齊의 肆州를 침공하자 北齊 文宣帝 高洋이 직접 출전하여 격파함.
		79	• 梁나라가 陳霸先을 司空으로 삼음. • 西魏 宇文泰가 옛 군주 元欽을 시해함.
		80	• 西魏가 李遷哲을 信州刺史로 삼음. • 廣州刺史인 蕭勃이 梁 元帝 蕭繹에게 조현하기를 청하자 소역이 소발을 晉州刺史로 삼고 소발을 대신하여 王琳을 廣州刺史로 삼음.
		81	• 北齊 步大汗薩이 군대를 거느리고 涇州로 나아가 梁나라 王僧辯의 군대를 공격하고, 北齊 冀州刺史 段韶가 양나라 宿預를 포위하고 다시 군대를 이끌고 涇州와 廣陵을 공격하니, 陳霸先·杜僧明 등이 퇴각함. 단소가 다시 숙예로 돌아가서 東方白額을 죽이고 숙예를 함락시킴.
		82	• 北齊 文宣帝 高洋이 太保 高隆之를 죽임.
		83	• 北齊가 洛陽에 4개의 城을 쌓음.
		84	• 西魏가 柱國 于謹·中山公 宇文護·大將軍 楊忠을 보내어 梁나라를 정벌하였는데, 서위에 항복하였던 梁王 蕭詧이 이와 합류함. 梁 元帝 蕭繹이 王僧辯을 불러 大都督으로 삼고, 陳霸先에게 揚州에 진수하게 함. 서위의 군대가 강릉을 포위함. 소역이 항복함. 서위가 양주 소역과 愍懷太子 蕭元良 등을 죽이고 왕공 이하의 사람들을 포로로 삼고 남녀 백성을 三軍에 나누어줌.
		92	• 西魏가 蕭詧을 황제로 삼고 雍州를 차지하고 荊州를 소찰에게 주고 군대를 주둔시킴.
		92	• 梁나라 王僧辯·陳霸先이 元帝 蕭繹의 아들 晉安王 蕭方智를 받들어 承制하게 함. • 西魏가 尉遲迥에게 益州刺史를 가하고 劍閣 이남 지역을 承制하게 함.

年度	在位年	역문쪽수	주요 사건
555 乙亥年	梁 敬帝(蕭方智) 紹泰 1 西魏 恭帝 2 北齊 文宣帝 天保 6 後梁 宣帝(蕭詧) 大定 1	95	• 梁王 蕭詧이 황제를 칭하고 개원함.(後梁 건국) 蔡大寶를 侍中 尙書令으로 삼고 王操를 五兵尙書로 삼음.
		96	• 梁나라 廣州刺史 王琳이 江陵을 구원하였는데, 강릉이 함락되자 長沙에 주둔하고 後梁을 공격함.
		97	• 北齊主 文宣帝 高洋이 淸河王 高岳을 파견하여 江陵을 구원하게 하였는데, 梁나라 郢州刺史 陸法和가 고악에게 항복함. 王僧辯이 侯瑱을 파견하여 郢州를 공격함. • 北齊가 항복했던 梁나라 貞陽侯 蕭淵明을 군사와 함께 양나라로 들여보내 황제가 되게 함.
		98	• 梁나라 晉安王 蕭方智가 尋陽에서 建康으로 들어가 梁王에 즉위함. 王僧辯을 中書監 錄尙書 驃騎大將軍 都督中外諸軍事로 삼고, 陳霸先에게는 征西大將軍을 더함. • 北齊 貞陽侯 蕭淵明이 梁나라 東關을 공격하여 함락시키자 王僧辯이 소연명을 황제로 받들 것을 모의함.
		99	• 西魏가 사로잡은 梁나라 포로를 사면함. • 梁나라 王僧辯이 蕭淵明을 받들고 建康으로 돌아가서 梁王 蕭方智를 太子로 삼고 소연명을 황제에 즉위시킴. 양나라가 왕승변을 大司馬, 陳霸先을 侍中으로 삼음.
		100	• 北齊가 幽州의 夏口에서 恒州에까지 長城을 쌓음. • 北齊가 梁나라에 郢州를 돌려줌.
		101	• 北齊主 文宣帝가 柔然을 정벌하여 크게 격파함. • 北齊主 文宣帝가 불교와 도교 두 종교가 교의가 다르다 하여 도사를 승려가 되도록 조서를 내림.
		102	• 梁나라 王僧辯이 蕭淵明을 황제로 받들 적에 陳霸先이 이를 반대하였는데, 왕승변이 따르지 않음. 北齊의 군대가 이르자 진패선이 이를 방비한다는 핑계로 石頭城으로 들어가서 왕승변을 공격하니 왕승변이 사로잡힘. 진패선이 왕승변을 죽이고 소연명을 물러나게 하고 蕭方智를 황제로 즉위시킴. 北齊에 藩國을 칭하고 소연명을 建安公으로 삼음.
		105	• 梁나라 陳霸先이 尙書令 都督中外諸軍事가 됨. • 梁나라 吳興太守 杜龕이 반란을 일으키자 陳霸先이 토벌하러 감. 譙·秦刺史 徐嗣徽가 南豫州刺史 任約과 연계하여 建康을 습격하여 石頭城을 점거함. 진패선이 周文育에게 두감의 토벌을 맡기고 裴忌에게 吳郡을 토벌하게 하고 建康으로 돌아감. 이때 진패선이 韋載를 얻음. 배기가 오군을 점거하니 王僧智는 吳興으로 도

年度	在位年	역문쪽수	주요 사건
555 乙亥年	梁 敬帝(蕭方智) 紹泰 1 西魏 恭帝 2 北齊 文宣帝 天保 6 後梁 宣帝(蕭詧) 大定 1	 108 109 110 111	망함. 北齊의 군대가 姑孰을 점거하고 석두성으로 진입하여 진패선의 군대와 대치함. • 北齊 文宣帝가 淸河王 高岳을 죽임. • 梁나라 陳霸先이 北齊의 군사를 격파하니 徐嗣徽·任約이 북제로 도망감. • 梁나라가 陳寶應을 晉安太守로 삼음. • 西魏가 宗室의 王을 강등하여 公으로 삼음. • 突厥 木杆可汗이 柔然을 공격하여 멸망시킴. 유연의 가한 郁久閭鄧叔子가 西魏로 도망함. 당시 돌궐이 서역의 嚈噠, 동쪽의 契丹, 북쪽의 契骨을 물리치고 병합하여 강성하니, 돌궐이 서위에 욱구려등숙자 등을 죽일 것을 요구하자 宇文泰가 이들을 죽임.(柔然의 멸망)
556 丙子年	梁 敬帝 太平 1 西魏 恭帝 3 北齊 文宣帝 天保 7 後梁 宣帝 大定 2	112 113 114 115 117 118 124	• 西魏의 宇文泰가 蘇綽과 盧辯에게 ≪周禮≫에 의거하여 六官을 정하게 하고 우문태를 太師 大冢宰로 삼고 李弼를 太傅 大司徒로 삼고 趙貴를 太保 大宗伯으로 삼고 獨孤信을 大司馬로 삼고 于謹을 大司寇로 삼고 侯莫陳崇를 大司空으로 삼고 나머지 관직 역시 周禮를 모방하게 함. • 梁나라 陳蒨·周文育이 吳興의 杜龕을 공격하여 죽임. 王僧智와 王僧愔은 北齊로 도망감. • 梁나라가 귀의하지 않고 있던 湓城의 侯瑱을 공격함. • 北齊가 儀同三司 蕭軌 등을 파견하여 任約·徐嗣徽와 연합하여 梁나라를 침략함. 梁山에서 黃叢이 맞서 이를 격파하니, 북제의 군대가 蕪湖에 주둔함. • 梁나라 建安公 蕭淵明 사망. • 北齊軍이 秣陵에 도착하자 陳霸先이 周文育에게 북제군을 막게 함. 주문육이 북제군을 격파하니 진패선이 군대를 동원하여 북제군을 크게 궤멸시킴. 蕭軌와 徐嗣徽를 사로잡아 죽임. 북제가 인질로 잡고 있던 진패선의 조카 陳曇朗을 죽임. • 梁나라 王琳이 세력이 약해지자 西魏와 北齊에 사신을 보내어 표문을 올리고 後梁에 칭신함. • 北齊가 三臺의 궁전을 지음. 이때 北齊主 高洋이 광포한 정치를 행하여 재상 楊愔, 斛律金 등을 위협하고 諫臣들을 죽였으나 정사는 양음에게 맡겼는데, 양음의 능력에 힘입어 국정의 안정을 유지함. • 梁나라가 陳霸先이 司徒 揚州刺史 長城公으로 삼고 侯瑱을 司空으로 삼음.

年度	在位年	역문쪽수	주요 사건
556 丙子年	梁 敬帝 太平 1 西魏 恭帝 3 北齊 文宣帝 天保 7 後梁 宣帝 大定 2	124 126 129 130 131	• 西魏 江州刺史 陸騰이 陵州에서 배반한 獠를 토벌함. • 梁나라 陳霸先이 丞相 錄尙書事가 됨. • 突厥 木杆可汗이 西魏의 涼州에게 길을 빌려서 吐谷渾을 습격하니 西魏 宇文泰가 涼州刺史 史寧에게 기병을 거느리고 따르게 함. 목간가한과 사녕이 토욕혼을 격파함. • 西魏 太師 大冢宰 安定公 宇文泰가 사망하자 世子 宇文覺이 그 지위를 계승함. 中山公 宇文護가 정사를 보좌함. • 北齊가 州縣을 병합함. • 西魏 太師 宇文覺이 周公이 됨. • 梁나라가 周迪을 臨川內史로 삼음. • 北齊가 西河에서 總秦戍까지 長城을 쌓으니 동쪽으로 바다에 이름. 전후로 쌓은 장성이 동서로 3천여 리이고 10리마다 하나의 戍를 두고 要害 지역에는 州鎭을 25곳을 설치함.
557 丁丑年	梁 敬帝 太平 2 西魏 恭帝 4 北齊 文宣帝 天保 8 後梁 宣帝 大定 3 陳 武帝(陳霸先) 永定 1 北周 孝愍帝(宇文覺) 1 北周 明帝(宇文毓) 1	132 133 134 135 136 137 138	• 西魏의 宇文護가 西魏 恭帝으로 하여금 周公 宇文覺에게 선양하게 함. 우문각이 天王을 칭하고, 宇文泰를 文王으로, 妣를 文后로 추존하고 공제를 宋公으로 삼음. 李弼을 太師로, 趙貴를 太傅大冢宰로, 獨孤信을 太保大宗伯으로, 中山公 宇文護를 大司馬로 삼음.(北周 건국) • 北周 孝愍帝 宇文覺이 圜丘에서 제례를 거행하고 文王을 明堂에 배합한 뒤 廟號를 太祖라 함. 郊廟의 의례 제도를 제정함. • 吐谷渾이 北周의 서북방을 침범함. • 梁나라 반군 蕭勃이 廣州에서 병사를 일으켜 南康에 주둔함. 소발이 歐陽頠와 傅泰와 蕭孜를 보내 南江州刺史 余孝頃과 합류하게 함. • 北周 大司馬 宇文護가 정권을 장악하자 楚公 趙貴와 衛公 獨孤信이 불만을 품으니, 우문호가 조귀를 죽이고 독고신의 관작을 삭탈함. • 梁나라 丞相 陳霸先이 周文育에게 蕭勃을 습격하게 해서 그 부장 歐陽頠와 傅泰를 생포하자, 소발이 그 부하에게 살해당하였다. • 北周 宇文護가 大冢宰가 되고 宋公(拓跋廓)을 시해함. • 北周 冢宰 宇文護가 趙公 獨孤信을 죽임. • 梁나라가 四柱錢을 주조하며 하고 細錢의 유통을 금지함.

年度	在位年	역문쪽수	주요 사건
557 丁丑年	梁 敬帝 太平 2 西魏 恭帝 4 北齊 文宣帝 天保 8 後梁 宣帝 大定 3 陳 武帝(陳霸先) 永定 1 北周 孝愍帝(宇文覺) 1 北周 明帝(宇文毓) 1	138	• 梁나라가 歐陽頠를 석방함. 반군 蕭孜와 余孝頃이 石頭城을 점거하자 陳霸先이 이를 공격하여 함락시킴. 진패선이 구양외를 衡州刺史로 임명하여 廣州를 토벌하게 함. 구양외가 광주로 진격하여 항복시킴.
		139	• 梁나라 丞相 陳霸先이 군사를 보내 郢城에서 王琳을 공격함.
		140	• 北周가 죽은 梁나라 元帝 蕭繹의 靈柩를 王琳에게 돌려보냄.
		140	• 梁나라 丞相 陳霸先이 相國 陳公이 되고 九錫을 받음.
		141	• 北周 孝愍帝 宇文覺이 宇文護의 전횡을 싫어하여 司會 李植 등과 모의하여 우문호를 제거하고자 하였는데, 누설되어 무산됨. 이에 우문호가 柱國 賀蘭祥과 領軍 尉遲綱 등과 함께 우문각을 폐위시키고 寧都公 宇文毓을 맞이하여 황제에 옹립하고 이식을 죽임. 효민제의 황후 元氏를 퇴출시킴. 우문육이 즉위함.
		144	• 梁나라 敬帝 蕭方智가 陳霸先에게 禪讓하자 즉위하고 경제를 江陰王으로 삼음.(陳나라 건국)
		145	• 陳나라가 蔡景歷을 中書通事舍人으로 삼음. 政事가 모두 中書省에서 관장하여 尙書의 각 曹처럼 중서성에 21개의 局을 두어 국가의 주요 업무를 총괄하고 尙書는 결재만 함.
			• 陳나라가 刪定郎을 설치하여 律令을 맡게 함.
		145	• 北周가 太祖를 太廟에 옮김.
			• 梁나라 王琳이 陳나라 장수 周文育과 侯安都 등과 싸워 사로잡고 江州를 습격하여 점거함.
		147	• 陳나라가 蕭乾을 建安太守로 삼음.
			• 北周가 令狐整을 豐州刺史로 삼음.
		148	• 北齊가 長城 안에 重城을 축조함.
		149	• 北齊主 高洋이 아우 永安王 高浚과 上黨王 高渙을 구금함.
558 戊寅年	陳 武帝 永定 2 北齊 文宣帝 天保 9 北周 明帝 2 後梁 宣帝 大定 4	151	• 梁나라 王琳이 陳나라 정벌에 나서, 白水에 주둔한 뒤, 北齊에 사신을 보내 군사를 요청하고 한편으로 永嘉王 蕭莊을 보내달라고 하고, 余孝頃, 樊猛, 李孝欽, 劉廣德 등을 臨川 故郡에 주둔하게 함.
		151	• 北周 宇文護가 太師가 됨.
			• 北齊 北豫州刺史 司馬消難이 北齊 文宣帝 高洋이 갈수록 포학해지자 사마소난이 北周에 항복을 요청함. 이에 북주가 達奚武와 楊忠을 보내 사마소난을 받아들임.

年度	在位年	역문쪽수	주요 사건
558 戊寅年	陳 武帝 永定 2 北齊 文宣帝 天保 9 北周 明帝 2 後梁 宣帝 大定 4	153	• 北齊가 永嘉王 蕭莊을 梁나라 王琳에게 보내고 왕림을 승상으로 삼음. 왕림이 소장을 황제로 칭하게 함.
		154	• 陳 武帝 陳霸先이 江陰王 蕭方智(梁 敬帝)를 시해함. • 陳 武帝가 大莊嚴寺에서 捨身함. • 梁나라 余孝頃 등이 臨川의 周迪을 공격하였는데, 주적이 이들을 크게 격파하고 여효경과 樊猛 등을 사로잡음.
		155	• 梁나라 王琳에게 잡혀 있던 周文育과 侯安都 등이 도망하여 陳나라로 도망함. • 梁나라 丞相 王琳이 湘州로 돌아감.
		156	• 北齊가 常山王 高演을 錄尙書事로 삼음.
		159	• 北齊가 長城을 쌓고 蕭莊을 지원하는데다가 樓臺와 殿閣을 짓고 下賜에 절제가 없자 百官의 녹봉을 삭감하고 군사들의 봉급을 철회하고 省·州·郡·縣·鎭·戍의 관직을 줄여 비용을 절감함. • 北齊 文宣帝가 永安王 高浚과 上黨王 高渙을 죽임.
		160	• 陳나라 高涼太守 馮寶 사망.
559 己卯年	陳 武帝 永定 3 北齊 文宣帝 天保 10 北周 明帝 武成 1 後梁 宣帝 大定 5	161	• 宇文護가 表文을 올려 北周 明帝 宇文毓에게 정권을 돌려주고 우문호는 軍事의 일만 총괄함. • 北周가 都督을 總管으로 바꿈. 諸州의 총관이 이때부터 시작됨.
		162	• 北齊 文宣帝 高洋이 간언을 하였던 膠州刺史 杜弼을 죽임. • 北周가 曆法을 바꿈. • 北齊 文宣帝가 간언을 하였던 僕射 高德政을 죽임.
		163	• 北周가 有司가 조칙을 내려, 사면령 이전에 벌어진 일을 추궁하지 말게 하고, 庫房·馬廏·糧倉을 침범하거나 훔치는 자가 있으면 사면을 받았더라도 법대로 징벌하고 배상하게 함.
		163	• 北周 賀蘭祥이 吐谷渾을 격파하고 洮州를 설치함.
		164	• 北齊 文宣帝가 東魏의 宗室 25家를 죽임. • 陳나라 周文育과 周迪이 余公颺을 토벌할 때, 豫章內史 熊曇朗이 합류함. 梁나라 王琳이 이들을 공격하니, 웅담랑이 이를 틈타 주문육을 죽였는데, 周敷가 그를 격파하니 웅담랑이 巴山으로 도망감.
		165	• 北齊가 梁나라 北江州를 점령하자 刺史 魯悉達이 陳나라로 도망감. • 北周에 장맛비가 내리자 간언을 구하니, 左光祿大夫 樂遜이 4가지 일에 대해 上言함.
		166	• 北周主 宇文毓이 處士인 韋孝寬의 형 韋夐에게 逍遙公

年度	在位年	역문쪽수	주요 사건
559 己卯年	陳 武帝 永定 3 北齊 文宣帝 天保 10 北周 明帝 武成 1 後梁 宣帝 大定 5		이란 號를 하사하고 출사하지 않고 있던 驃騎大將軍 開府儀同三司 寇儁을 불러 인견함.
		167	• 陳나라 侯安都가 左里에서 梁나라 군사들을 물리침. • 陳 武帝 陳霸先이 사망하자 조카 臨川王 陳蒨이 帝位를 계승함.
		169	• 北齊 文宣帝가 東魏의 元氏들을 다 죽임.
		171	• 北周 御正中大夫 崔猷가 건의에 따라 明帝 宇文毓이 기존의 칭호인 '天王'을 고쳐 '황제'를 칭함. • 예전에 陳 武帝가 陳蒨이 형 陳道譚을 追封하여 始興昭烈王으로 삼고 그 아들 陳頊이 이를 계승하게 했음. 陳 文帝 陳蒨 때에 와서 진욱이 長安에 잡혀 있으므로 陳伯茂를 始興王으로 삼음. • 北周가 安成公 宇文憲을 益州總管으로 삼음. • 北齊 文宣帝가 사망하자 太子 高殷이 즉위함. 遺詔로 尙書令 楊愔, 領軍 平秦王 高歸彦, 侍中 燕子獻, 侍郎 鄭頤에게 정사를 보좌하게 함.
		173	• 陳 武帝가 죽었다는 소식을 듣고 梁나라 丞相 王琳이 大雷를 공격함. 이에 陳나라 吳明徹이 湓城을 습격하였는데, 왕림이 이를 격파하고 동쪽으로 진군함.
560 庚辰年	陳 文帝(陳蒨) 天嘉 1 北齊 廢帝(高殷) 乾明 1 北齊 孝昭帝(高演) 皇建 1 北周 明帝 武成 2 後梁 宣帝 大定 6	174	• 梁나라 丞相 王琳이 柵口에 도착하여 陳나라 侯瑱과 대치함. 이때에 北周 荊州刺史 史寧이 郢州를 습격하였으나 막아냄. 이에 왕림이 建康으로 진격하다가 후진의 군대와 싸워 크게 패함. 왕림이 梁主 蕭莊과 함께 北齊로 도망가고 잔당인 樊猛과 樊毅 등이 陳나라에 투항함.
		175	• 北齊 常山王 高演이 文宣帝의 상례를 주관하였는데, 婁太后가 그를 황제로 옹립하고자 하였으나 되지 못함. 廢帝 高殷이 즉위할 때도 고인의 자문을 받아 일을 결정함. 楊愔이 변란에 대비하며 고연의 모친인 누태후(高歡의 정실)를 鄴城 北宮에 머물게 하고 고은의 모친인 李太后(文宣帝 高洋의 后妃)에게 정권을 돌려줌. 양음의 정책에 반발하여 금군을 총괄하던 平秦王 高歸彦이 이반하여 高湛과 高演에게 붙음. 고귀언과 고담・고연이 변란을 일으켜 양음을 죽임. 누태후가 정권을 장악하고 고연을 大丞相 都督中外諸軍 錄尙書事로 삼음.
		182	• 北周가 사로잡고 있던 陳나라 衡陽王 陳昌을 돌려보냄.

年度	在位年	역문쪽수	주요 사건
560 庚辰年	陳 文帝(陳蒨) 天嘉 1 北齊 廢帝(高殷) 乾明 1 北齊 孝昭帝(高演) 皇建 1 北周 明帝 武成 2 後梁 宣帝 大定 6	183 184 185 186 189 191 192 194	• 梁나라 郢州刺史 孫瑒이 陳나라에 투항함. • 陳나라가 衡陽王 陳昌을 죽임. • 北周 冢宰 宇文護가 明帝 宇文毓을 시해하자, 우문육의 아우 魯公 宇文邕이 즉위함. • 北齊 常山王 高演이 임금 高殷을 폐위시켜 濟南王으로 삼고 자신이 즉위함. • 陳나라 太尉 侯瑱이 湘州를 공격하자 北周가 軍司馬 賀若敦을 보내 구원함. • 北齊가 盧叔虎를 太子庶子로 삼음. • 北齊 孝昭帝가 庫莫奚를 親征함. • 陳나라가 봄과 가을에 사형을 단행하지 않는 법을 제정함. • 巴陵이 陳나라에 항복함. • 北齊가 王晞를 侍郎에 임명했으나 받지 않음. • 北齊가 屯田을 설치함.
561 辛巳年	陳 文帝 天嘉 2 北齊 武成帝(高湛) 太寧 1 北周 武帝(宇文邕) 保定 1 後梁 宣帝 大定 7	195 196 197 198 200 202	• 北周 太師 宇文護가 都督中外諸軍事가 됨. • 北齊가 王琳을 揚州刺史로 삼음 • 北周 湘州城主 殷亮이 陳나라에 항복함. • 北周가 韋孝寬을 勳州刺史로 삼음. • 北周가 8丁兵을 바꾸어 12丁兵으로 만듦. • 北周가 布泉을 주조하여 五銖錢과 함께 유통함. • 北齊 孝昭帝 高演이 濟南王 高殷(北齊 廢帝)을 시해 • 北齊 孝昭帝가 죽자 아우 長廣王 高湛이 즉위하고, 太子 高百年을 樂陵王으로 삼음. • 陳나라 中庶子 虞荔과 中丞 孔奐이 주청하여 鹽稅의 징수와 술의 전매법을 제정함.
562 壬午年	陳 文帝 天嘉 3 北齊 武成帝 河淸 1 北周 武帝 保定 2 後梁 孝明帝(蕭巋) 天保 1	202 204 206 207 208 209	• 北齊가 高歸彦을 冀州刺史로 삼고 和士開를 黃門侍郎으로 삼음. • 陳나라가 江州刺史 周迪을 토벌함. • 北齊가 王琳을 대신하여 盧潛을 揚州刺史로 삼음. • 陳나라가 五銖錢을 다시 주조함. • 後梁의 군주 蕭詧이 죽자, 太子 蕭巋가 즉위함. • 陳나라 安成王 陳頊이 北周에서 돌아옴. • 陳나라가 縉州刺史 留異를 토벌하니, 유이가 晉安으로 도망감. • 北齊 太后 婁氏 사망. • 北周가 貴臣들에게 食邑을 줌.

年度	在位年	역문쪽수	주요 사건
562 壬午年	陳 文帝 天嘉 3 北齊 武成帝 河淸 1 北周 武帝 保定 2 後梁 孝明帝(蕭巋) 天保 1	 210	• 北齊가 斛律光을 尙書令으로 삼음. • 北齊 冀州刺史 高歸彦이 반란을 일으켰다가 伏誅됨. • 北齊 武成帝 高湛이 조카 太原王 高紹德을 죽임.
563 癸未年	陳 文帝 天嘉 4 北齊 武成帝 河淸 2 北周 武帝 保定 3 後梁 孝明帝 天保 2	211 212 214 215 216 218 220 222 223	• 北齊 武成帝 高湛이 高元海에게 정사를 맡겼는데, 和士開의 모함으로 고원해를 兗州刺史로 삼음. • 陳나라 周迪이 晉安으로 달아남. • 北周 太師 宇文護가 梁公 侯莫陳崇을 죽임. • 北周 武成帝가 司憲大夫 拓跋迪에게 명하여 ≪大律≫ 15편을 만들어 시행하게 함. • 北齊가 軹關에 성을 축조하고, 이어서 長城을 축조함. • 北周 武成帝가 太學에서 養老禮를 시행함. • 陳나라 文帝 陳蒨이 司空 侯安都를 죽임. • 北齊 武成帝가 趙郡王 高叡와 和士開의 참소로 河南王 高孝瑜를 죽임. • 陳나라 廣州刺史 歐陽頠가 죽자, 歐陽紇에게 그 뒤를 이음. • 北周가 突厥과 함께 北齊를 침략함. • 陳나라가 周迪을 토벌하여 물리치고 진격하여 陳寶應을 토벌함.
564 甲申年	陳 文帝 天嘉 5 北齊 武成帝 河淸 3 北周 武帝 保定 4 後梁 孝明帝 天保 3	225 226 228 229 232 233 237	• 北齊 武成帝 高湛이 北周와 晉陽에서 전투를 벌여 북주를 격파함. • 北齊가 律令을 반포하고 田賦를 제정함. • 北周 처음으로 百官에게 笏을 들게 함. • 北齊 武成帝가 조카 樂陵王 高百年을 죽임. • 北周가 李虎의 아들 李昞을 唐公에 책봉함. • 北齊가 宇文護의 모친을 北周로 돌려보냄. • 北周 太師 宇文護가 突厥과 회합하여 北齊를 침략함. • 周迪이 陳나라 南豫州刺史 周敷를 유인하여 죽임. • 陳나라가 晉安을 함락시키고 陳寶應과 留異를 죽임. • 北齊가 北周를 습격해 少師 楊檦를 포획하고, 宇文護와 洛陽에서 전쟁을 벌여 크게 패퇴시킴. • 北周가 宕昌을 평정하고 宕州를 설치함.
565 乙酉年	陳 文帝 天嘉 6 北齊 後主(高緯) 天統 1 北周 武帝 保定 5 後梁 孝明帝 天保 4	237 238	• 北周가 突厥에 사신을 보내 可汗의 딸을 맞이함. • 陳나라 侍中 安成王 陳頊이 면직됨. • 北齊 武成帝 高湛이 太子 高緯에게 제위를 물려준 뒤 太上皇帝를 칭하고 祖珽을 秘書監으로 삼음.

年度	在位年	역문쪽수	주요 사건
		240 241	• 陳나라가 周迪을 공격하여 죽임. • 北周가 中州刺史 賀若敦을 죽임.
566 丙戌年	陳 文帝 天康 1 北齊 後主 天統 2 北周 武帝 天和 1 後梁 孝明帝 天保 5	242 243 244 245 246 247 248	• 陳나라가 孔奐을 太子詹事로 삼음. • 陳 文帝 陳蒨이 죽자 太子 陳伯宗이 즉위함. • 陳나라가 安成王 陳頊을 司徒 錄尙書事로 삼고 徐陵을 吏部尙書로 삼음. • 北周 信州蠻 冉令賢 등이 巴峽을 근거로 반란을 일으킴. • 北周 萬榮郡의 백성들이 반란을 일으키자 토벌하여 평정함. • 北齊 後帝가 河間王 高孝琬을 죽임. • 北齊가 처음으로 士人을 등용하여 縣令으로 삼음.
567 丁亥年	陳 臨海王(陳伯宗) 光大 1 北齊 後主 天統 3 北周 武帝 天和 2 後梁 孝明帝 天保 6	249 251 252 253 254 255	• 陳나라 安成王 陳頊이 中書舍人 劉師知를 죽이고 僕射 到仲擧를 죽임. • 陳나라 湘州刺史 華皎가 배반하여 北周에 귀의함. • 北齊 左丞相 咸陽王 斛律金 사망. • 北齊가 東平王 高儼을 司徒로 삼음. • 後梁이 華皎를 司空으로 삼고 柱國 王操를 보내 돕게 함. 北周 衛公 宇文直이 화교와 회합하여 陳나라를 침략하여 吳明徹과 싸우다가 패함. 陳나라가 북주의 沔州를 습격하여 刺史 裴寬을 사로잡음. • 北齊 祖珽이 和士開의 죄상을 진언했다가 光州로 유배됨.
568 戊子年	陳 臨海王(陳伯宗) 光大 2 北齊 後主 天統 4 北周 武帝 天和 3 後梁 孝明帝 天保 7	256 257 258 259 260 261	• 突厥의 木杆可汗이 딸을 北周에 시집보냄. • 北周 太傅 燕文公 于謹 사망. • 陳나라 吳明徹이 後梁의 江陵을 공격하였으나 함락시키지 못함. • 北齊가 和士開를 僕射로 삼음. • 北周 隋公 楊忠이 사망하자 아들 楊堅이 작위를 이음. • 陳나라 安成王 陳頊이 임금 陳伯宗을 폐위시켜 臨海王으로 삼고 始興王 陳伯茂를 죽임. • 北齊 太上皇 高湛 사망. • 北周의 梁州 獠가 반란을 일으키자 總管長史 趙文表가 토벌함.
569 己丑年	陳 宣帝(陳頊) 太建 1 北齊 後主 天統 5 北周 武帝 天和 4 後梁 孝明帝 天保 8	262	• 陳나라 陳頊이 즉위함. • 北齊가 東平王 高儼을 琅邪王으로 삼음. 北齊 和士開가 전횡하자, 太尉 趙郡王 高叡가 화사개를 탄핵하여 兗州刺史로 내보내고자 하였으나, 화사개가 胡太后와

年度	在位年	역문쪽수	주요 사건
569 己丑年	陳 宣帝(陳頊) 太建 1 北齊 後主 天統 5 北周 武帝 天和 4 後梁 孝明帝 天保 8	 266 269 270	後主 高緯의 지원을 받아 고예를 죽임. • 北齊가 高阿那肱을 尙書令, 韓長鸞을 領軍, 陸令萱을 女侍中, 穆提婆를 侍中, 祖珽을 秘書監으로 삼음. 和士開가 胡長仁의 처리 문제로 조정을 죽임. • 陳나라 廣州刺史 歐陽紇이 반란을 일으킴. • 北周 齊公 宇文憲이 北齊를 침략해 宜陽을 포위함.
570 庚寅年	陳 宣帝 太建 2 北齊 後主 武平 1 北周 武帝 天和 5 後梁 孝明帝 天保 9	270 272 273 274	• 北齊가 斛律光을 右丞相으로 삼음. • 陳나라가 歐陽紇을 토벌해 죽이고 陽春太守 馮僕의 어머니 冼氏(선씨)를 石龍太夫人으로 책봉함. • 北齊가 和士開를 尙書令으로 삼음. • 陳나라 章昭達이 後梁을 공격하자, 후량이 北周 總管 陸騰과 함께 이들에 대항하니, 장소달이 회군함. • 北齊가 皇子 高恒을 太子로 삼음. • 北齊가 蕭莊을 梁王으로 삼음. • 北周가 越嶲를 평정한 뒤 西寧州를 설치함. • 北周가 宜陽을 포위하고 있었는데, 北齊 斛律光이 汾北 지역에 성을 쌓아 압박하자 북주가 의양의 포위를 풀고 분북 지역을 구원함.
571 辛卯年	陳 宣帝(陳頊) 太建 3 北齊 後主 武平 2 北周 武帝(宇文邕) 天和 6 後梁 孝明帝(蕭巋) 天保 10	276 277 279 281 282 283 284	• 北齊의 斛律光이 北周의 韋孝寬과 汾水에서 싸워 격파함. • 北齊 太宰 段韶가 北周의 定陽城을 포위하여 함락하고 汾州刺史 楊敷를 사로잡음. • 北齊의 斛律光이 北周의 군대와 宜陽城 아래에서 전투를 벌여 북주의 建安 등을 탈취함. • 北齊 和士開와 穆提婆 등이 專橫을 일삼음. 그리하여 高儼을 내쳐서 北宮에 거처하게 하였는데, 王子宜가 탄핵하여 화사개를 체포하게 함. 고엄이 화사개를 죽이고 군사를 거느리고 千秋門에 주둔하니, 斛律光이 고엄의 군대를 무력화시키고 北齊 後主 高緯와 고엄을 중재하여 사태를 무마시킴. • 北齊 太宰 平原王 段韶 사망. • 北齊 後主가 陸令萱의 참소로 劉桃枝에게 琅邪王 高儼을 죽이게 함. • 北齊 胡太后가 沙門統 曇獻과 私通하였는데, 後主에게 발각되어 후주가 담헌을 죽이고 胡太를 北宮에 유폐함. • 後梁의 華皎가 北周로 가서 후량의 백성이 적고 나라가 빈곤하니 몇 州를 보태주기를 바라자, 북주가 基州·平州·鄀州를 후량에 줌.

2. ≪思政殿訓義 資治通鑑綱目 21≫ 地圖

1) 551~552년 侯景의 난 진압

2) 承聖 원년(552) 각국의 영역

3) 承聖 3년(554) 梁나라 수도 江陵 함락

4) 紹泰 원년(555) 陳霸先의 梁나라 정권 탈취

5) 紹泰 원년(555) 突厥의 영역

6) 永定 원년(557) 각국의 영역

※ 이 지도는 ≪柏楊白話版 資治通鑑≫(北岳文藝出版社, 2006)을 참조하여 本書를 이해하는 데 도움이 되도록 수정 편집하였다.

1) 551~552년 侯景의 난 진압

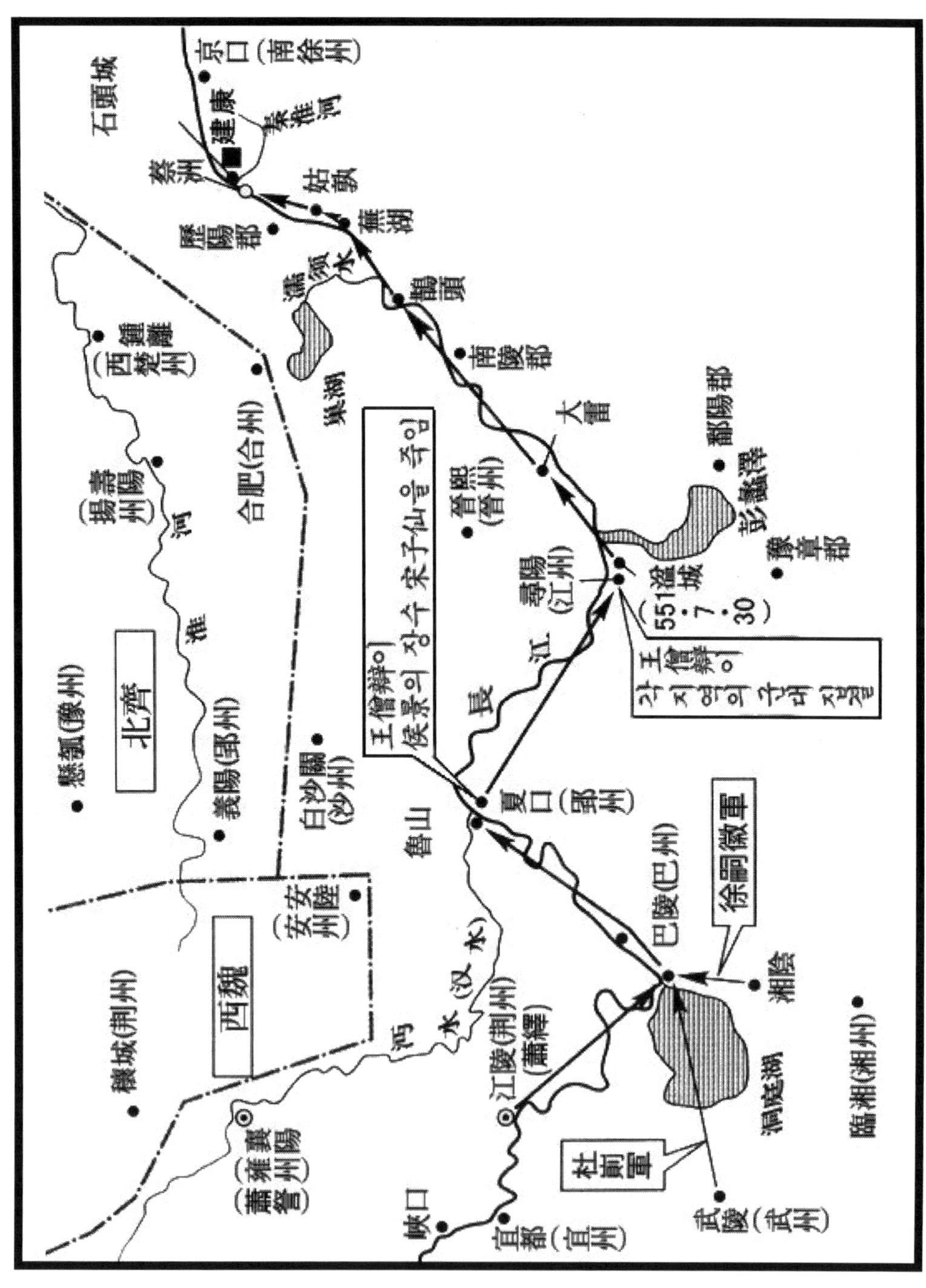

2) 承聖 원년(552) 각국의 영역

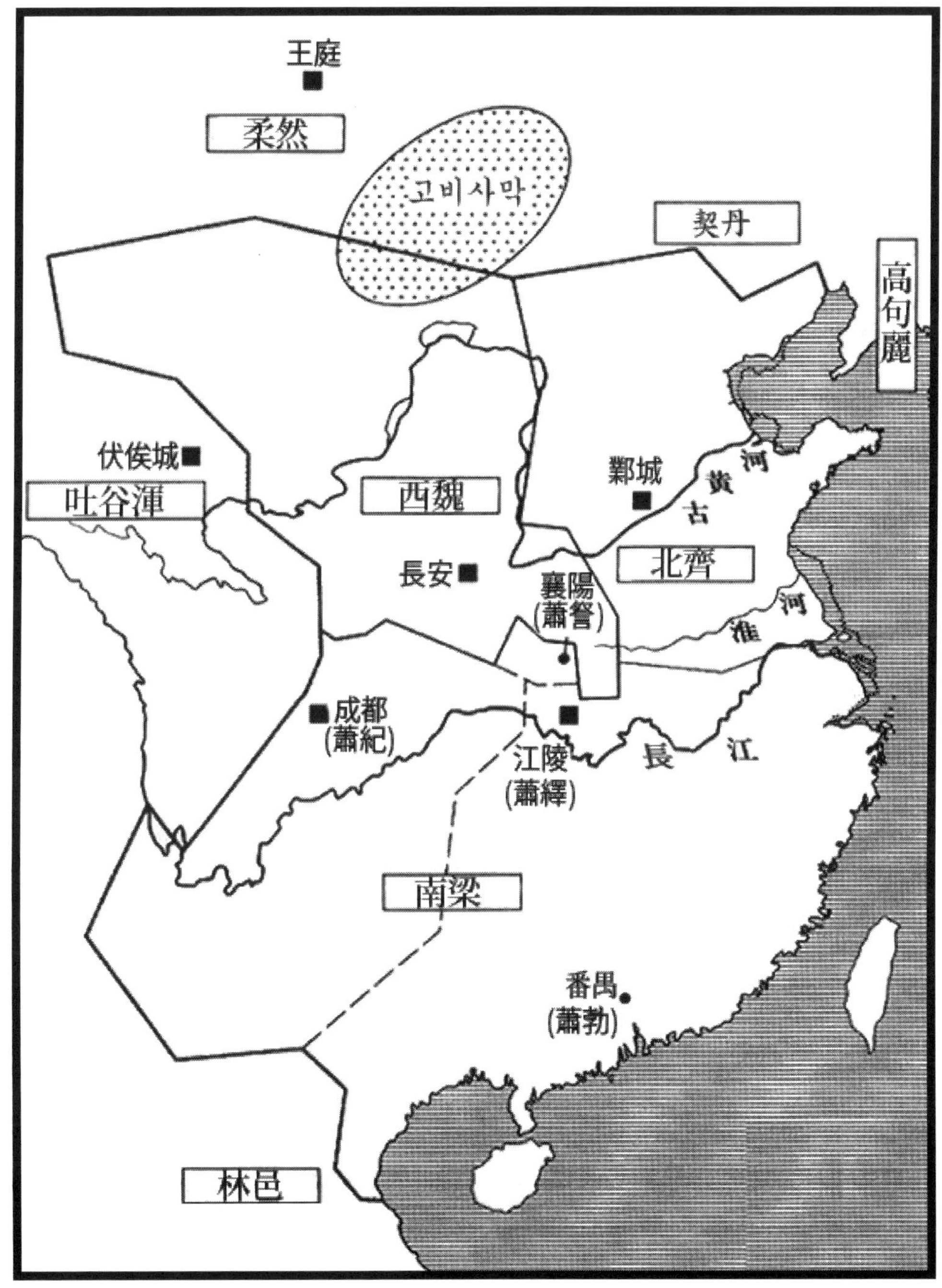

3) 承聖 3년(554) 梁나라 수도 江陵 함락

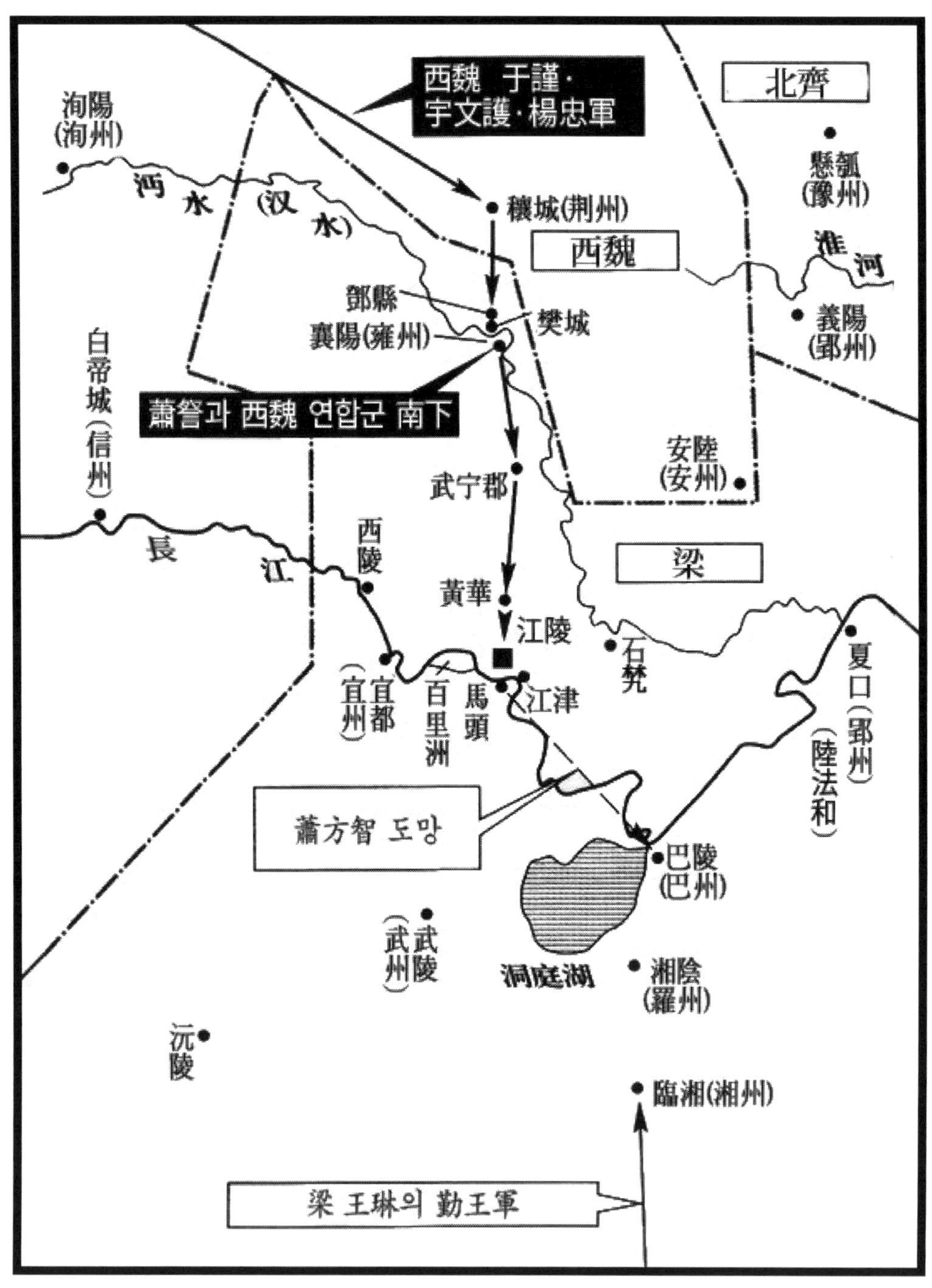

4) 紹泰 원년(555) 陳霸先의 梁나라 정권 탈취

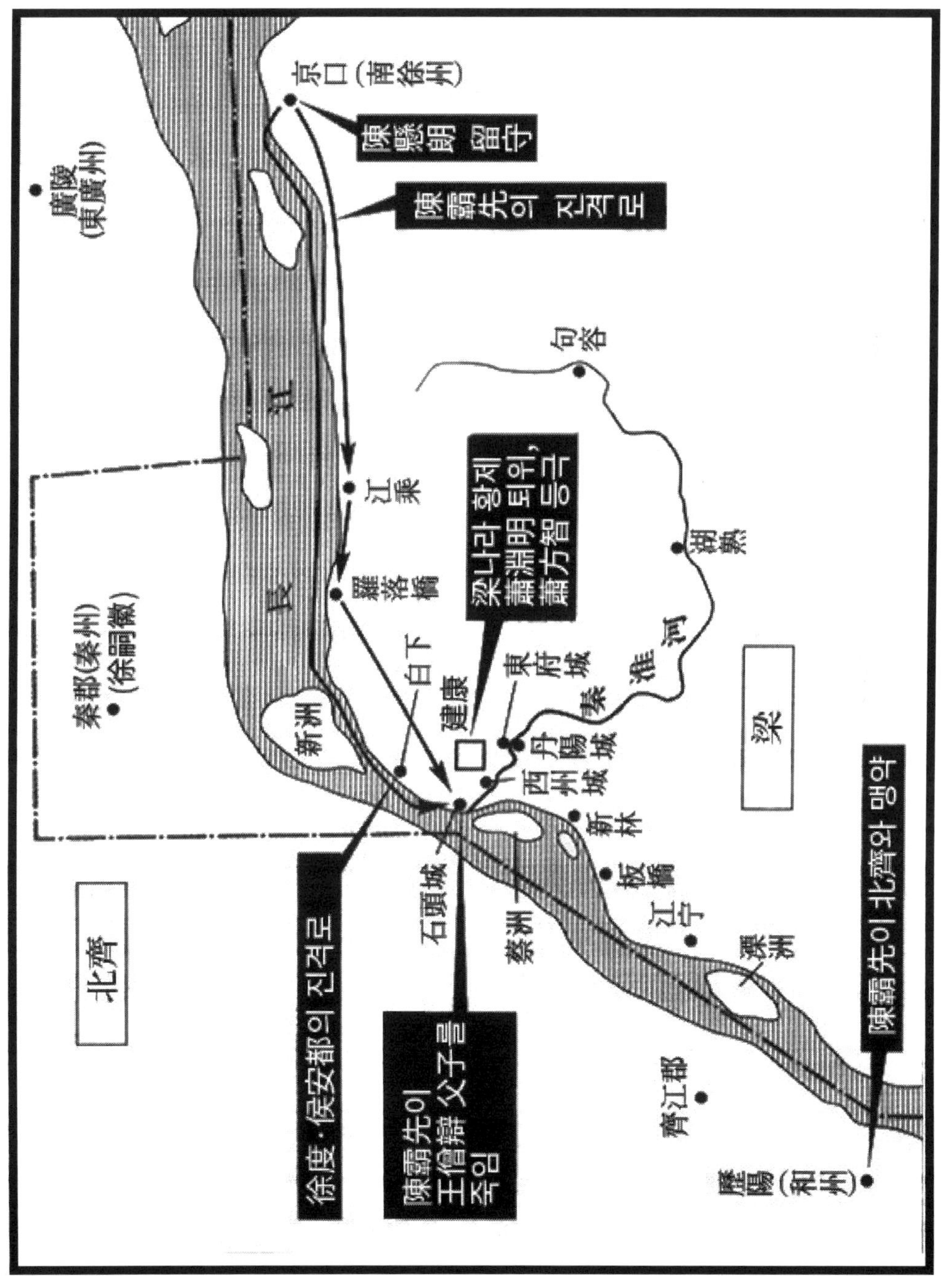

5) 紹泰 원년(555) 突厥의 영역

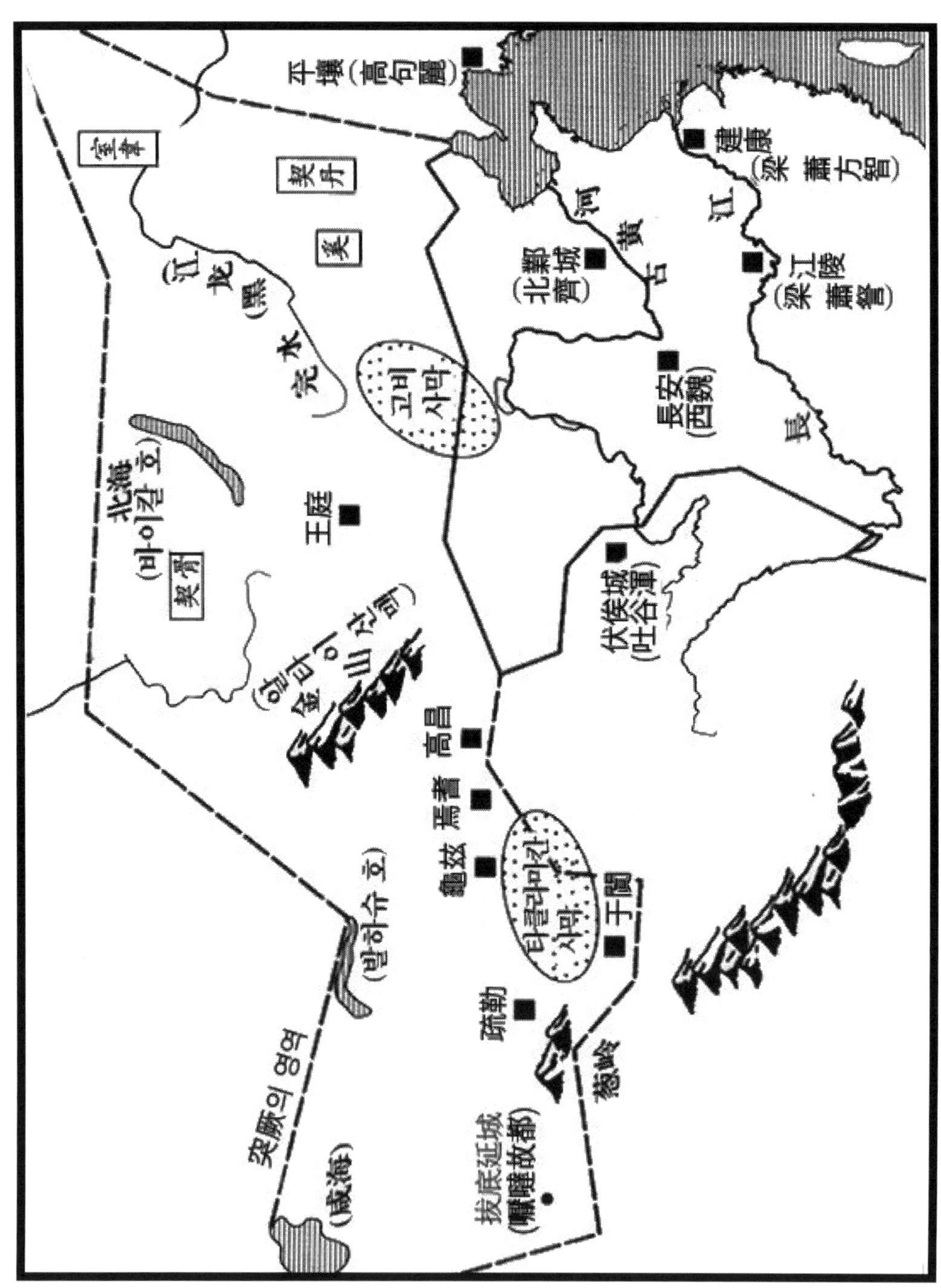

6) 永定 원년(557) 각국의 영역

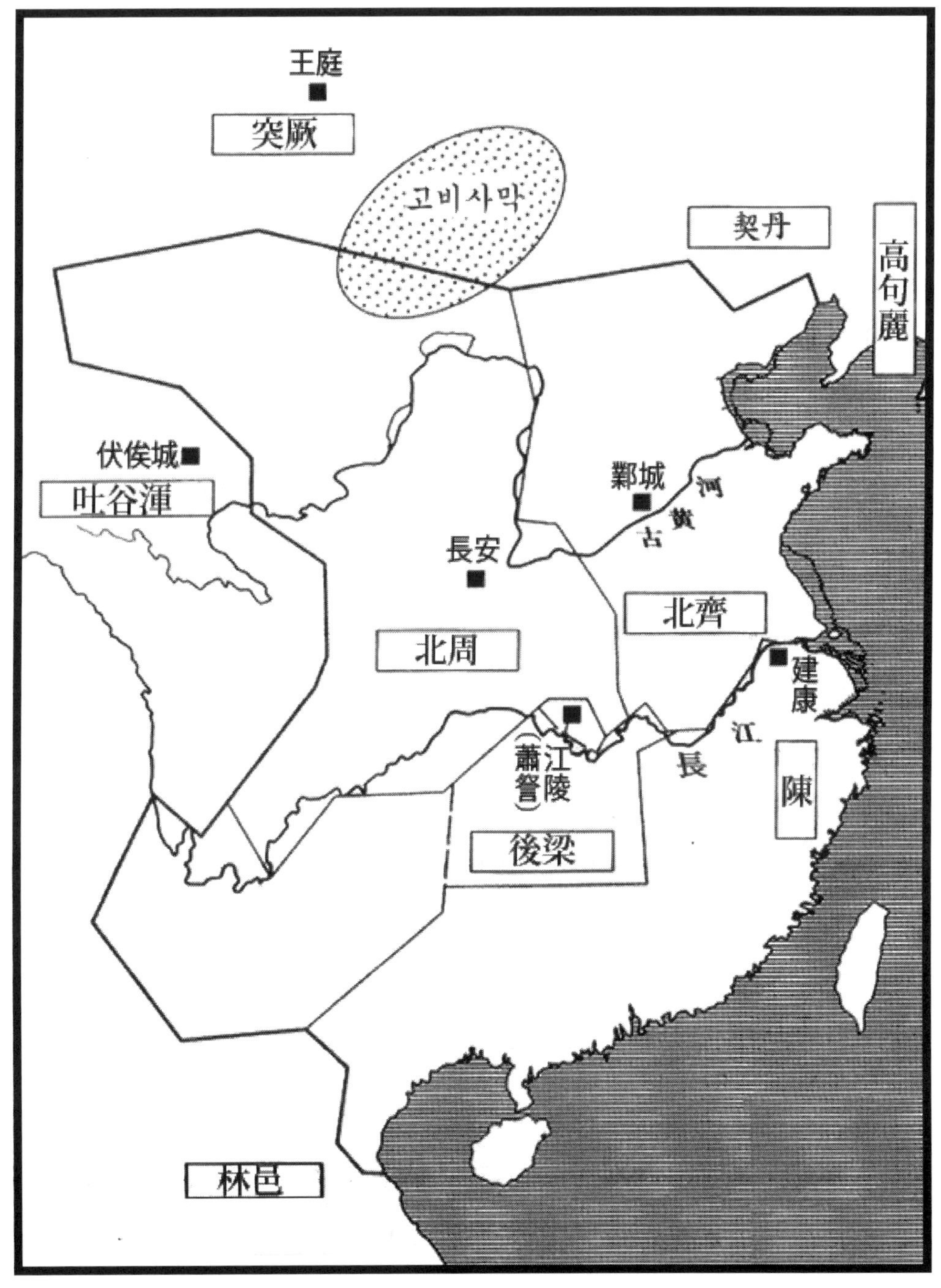

3. 梁나라 世系表

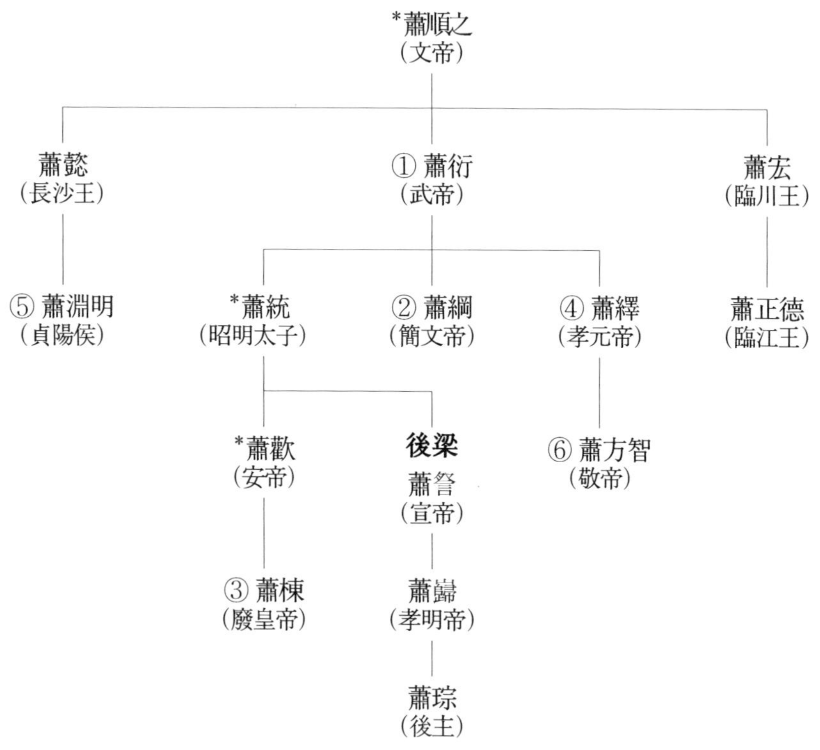

○ 帝位 순서 — 親屬關係 * 追尊

4. 陳나라 世系表

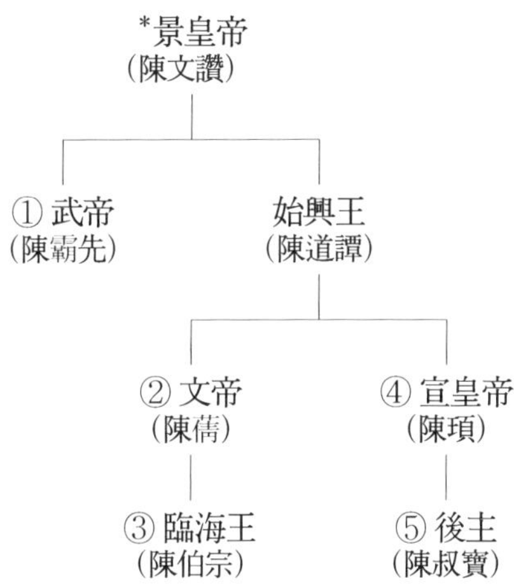

5. 西魏 · 東魏 世系表

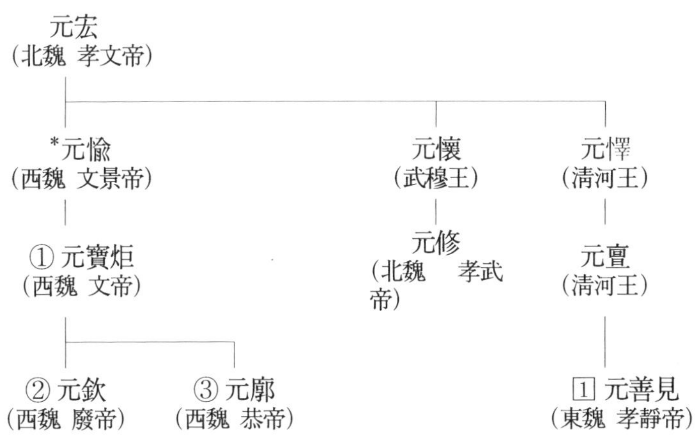

— 親屬關係 ○ 帝位 순서 □ 東魏의 帝位 순서 * 追尊

6. 北齊 世系表

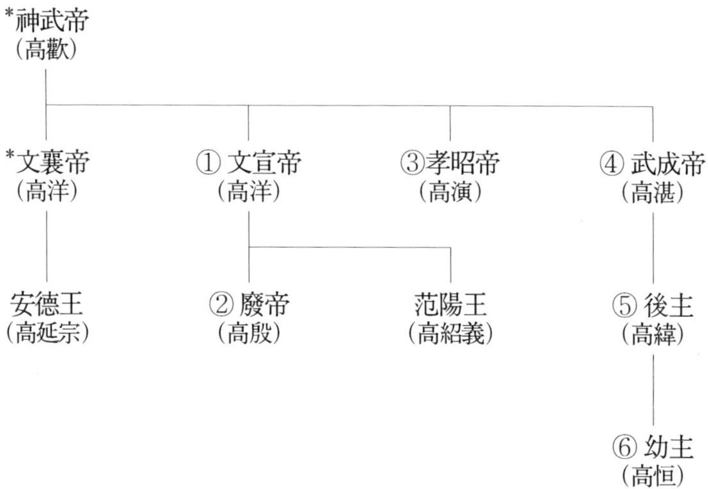

7. 北周 世系表

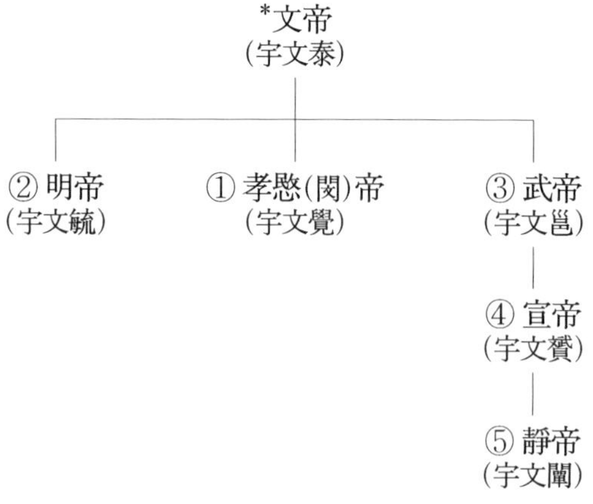

○ 帝位 순서　— 親屬關係　* 追尊

8. ≪思政殿訓義 資治通鑑綱目 21≫ 參考書目

◇ 底本

- ≪資治通鑑綱目≫, 朱熹(宋) 撰, 思政殿 訓義, 규장각 소장본.(奎7500)

◇ 底本 관련자료

- ≪資治通鑑綱目≫, 朱熹(宋) 撰, 思政殿 訓義, 규장각 소장본.(奎7512)
- ≪資治通鑑綱目≫, 朱熹(宋) 撰, 思政殿 訓義, 국립중앙도서관 소장본.(한古朝50-5)
- ≪資治通鑑綱目≫(≪朱子全書≫ 8~11), 朱熹(宋) 撰, 嚴文儒·顧宏義 校點, 上海古籍出版社·安徽教育出版社, 2002.
- ≪御批資治通鑑綱目≫, 朱熹(宋) 撰, 聖祖(淸) 批, 文淵閣四庫全書 제689~692책 史部447~450, 臺灣商務印書館, 1983~1986.
- ≪資治通鑑≫, 司馬光(北宋) 撰, 思政殿 訓義, 국립중앙도서관 소장본.(일산古221-43)
- ≪資治通鑑≫, 司馬光(北宋) 撰, 胡三省(元) 音註, 中華書局, 1992.(제5판)

◇ 原典 및 字典類

〔經部〕

- ≪古今韻會擧要≫, 黃公紹(元) 輯, 熊忠(元) 擧要, 제238책, 臺灣商務印書館, 1983~1986.
- ≪論語集註大全≫, 朱熹(宋) 集註, 胡廣(明) 等 編, 朝鮮 內閣本, 影印本, 學民文化社.
- ≪孟子集註大全≫, 朱熹(宋) 集註, 胡廣(明) 等 編, 朝鮮 內閣本, 影印本, 學民文化社.
- ≪書傳大全≫, 蔡沈(宋) 集傳, 胡廣(明) 等 編, 朝鮮 內閣本, 影印本, 學民文化社.
- ≪詩傳大全≫, 朱熹(宋) 集傳, 胡廣(明) 等 編, 朝鮮 內閣本, 影印本, 學民文化社.
- ≪周易傳義大全≫, 程頤(宋) 傳, 朱熹(宋) 本義, 胡廣(明) 等 編, 朝鮮 內閣本, 影印本, 學民文化社.
- ≪春秋經傳集解≫, 左丘明(周) 傳, 杜預(晉) 註, 林堯叟(宋)·朱申(宋·元) 附註, 朝鮮 金屬活字本(戊申字), 影印本, 保景文化社.

〔史部〕

- ≪南史≫, 李延壽(唐) 撰, 中華書局, 1975.

- ≪唐六典≫, 唐 玄宗 撰, 李林甫(唐) 等奉敕注, 陳仲夫 點校, 中華書局, 1992.
- ≪北史≫, 李延壽(唐) 撰, 中華書局, 1974.
- ≪北齊書≫, 李百藥(唐) 撰, 中華書局, 1972.
- ≪史記≫, 司馬遷(漢) 撰, 點校本二十四史修訂本, 中華書局, 2013.
- ≪水經注≫, 酈道元(北魏) 撰, 文淵閣四庫全書 제573책, 臺灣商務印書館, 1983~1986.
- ≪宋書≫, 沈約(南朝 梁) 撰, 點校本二十四史修訂本, 中華書局, 2018.
- ≪宋史≫, 脫脫(元) 等 撰, 中華書局, 1977.
- ≪新唐書≫, 歐陽脩(北宋)・宋祁(北宋) 等 撰, 中華書局, 1975.
- ≪隋書≫, 魏徵(唐) 等 撰, 點校本二十四史修訂本, 中華書局, 2018.
- ≪梁書≫, 姚思廉(唐) 撰, 點校本二十四史修訂本, 中華書局, 2020.
- ―――, 姚思廉(唐) 撰, 今注本二十四史, 巴蜀書社, 2013.
- ≪魏書≫, 魏收(北齊) 撰, 點校本二十四史修訂本, 中華書局, 2017.
- ≪周書≫, 令狐德棻(唐) 等 撰, 中華書局, 1971.
- ≪晉書≫, 房玄齡(唐) 等 撰, 中華書局, 1974.
- ≪通典≫, 杜佑(唐) 撰, 文淵閣四庫全書 제603~605책 臺灣商務印書館, 1983~1986.
- ≪漢書≫, 班固(後漢) 撰, 中華書局, 2002.
- ≪後漢書≫, 范曄(南朝 宋) 撰, 中華書局, 1965.

〔子部〕

- ≪老子道德經≫, 王弼(魏) 注, 文淵閣四庫全書 제1055책 子部361, 臺灣商務印書館, 1983~1986.

〔字典類〕

- 戴逸 主編, ≪二十六史大辭典≫, 吉林人民出版社, 1993.
- 山腰敏寛, ≪中國歷史公文書讀解辭典≫, 汲古書院, 2004.
- 施丁・沈志華 共譯, ≪資治通鑑大辭典≫ 上・下, 吉林人民出版社, 1994.
- 呂宗力 主編, ≪中國歷代官制大辭典≫, 北京出版社, 1994.
- 日中民族科學研究所 編, ≪中國歷代職官辭典≫, 國書刊行會, 1980.
- 中國大百科全書總編輯委員會 編, ≪中國大百科全書≫, 中國大百科全書出版社, 2009.
- 中國歷史大辭典編纂委員會 編, ≪中國歷史大辭典≫, 上海辭書出版社, 2000.
- 陳振江, ≪二十六史典故辭典≫ 上・下, 天津人民出版社, 1994.
- 倉修良 主編, ≪史記辭典≫, 山東教育出版社, 1991.

• ————, ≪漢書辭典≫, 山東教育出版社, 1996.
• 貝塚茂樹 等 編, ≪アジア歷史事典≫, 平凡社, 1952~1962.

◇ 研究論著 및 飜譯書

〔韓國〕

• 權重達, ≪資治通鑑≫ 1~32, 삼화, 2007~2010.
• ———, 〈≪資治通鑑≫의 사학사적 의미〉, 한국사학사학보 21, 2010.
• 노요한, 〈조선전기 관찬 역사서의 주해 방식에 대하여 : ≪資治通鑑綱目思政殿訓義≫를 중심으로〉, ≪규장각≫ 50, 규장각한국학연구원, 2017.
• ———, 〈조선전기 관찬 역사서의 주해 방식에 대하여 : ≪資治通鑑綱目思政殿訓義≫를 중심으로(2)〉, ≪진단학보≫ 129, 진단학회, 2017.
• 동북아역사재단 편, ≪南齊書·梁書·南史 外國傳 譯註≫, 동북아역사재단, 2009.
• ————————, ≪北史 外國傳 譯註≫ 上·下, 동북아역사재단, 2009.
• ————————, ≪魏書 外國傳 譯註≫, 동북아역사재단, 2009.
• ————————, ≪ 周書 ·隋書 外國傳 譯註≫, 동북아역사재단, 2009.
• 成百曉 譯註, ≪譯註 通鑑節要≫ 1~9, 傳統文化硏究會, 2005~2011.
• 오항녕, 〈朝鮮 世宗代 ≪資治通鑑思政殿訓義≫와 ≪資治通鑑綱目思政殿訓義≫의 編纂〉, ≪태동고전연구≫ 15, 태동고전연구소, 1998.
• 池松旭, ≪詳密註釋 通鑑諺解≫, 學民文化社, 1992.

〔日本〕

• 加藤繁·公田連太, ≪國譯 資治通鑑≫, 景仁文化社, 1996.
• 岡崎文夫, ≪魏晉南北朝通史≫, 平凡社, 1989.
• 松丸道雄 等 編, ≪中國史 2 -三國~唐-≫, 山川出版社, 1996.
• 窪添慶文, ≪魏晉南北朝官僚制硏究≫, 汲古書院, 2003.
• ———— 編, ≪魏晋南北朝史のいま≫, 勉誠出版社, 2017.
• 川勝義雄, ≪中國の歷史3 -魏晉南北朝-≫, 講談社, 1974.
• 川本芳昭, ≪中國の歷史 中華の崩壞と擴大(魏晉南北朝)≫, 講談社, 2005.

〔中國·臺灣〕

• 馬建石 主編, ≪文白對照 資治通鑑輯覽≫ 1~36, 國際文化出版公司, 2002.
• 柏楊 編譯, ≪柏楊白話版 資治通鑑≫, 北岳文藝出版社, 2006.

- 孫通海・李巨泰 主編, ≪文白對照 資治通鑑綱目≫ 1~5, 長征出版社, 1996.
- 李國祥 等, ≪資治通鑑全譯≫, 貴州人民出版社, 1994.
- 李宗侗・夏德儀 等 校註, ≪資治通鑑今註≫ 1~15, 臺灣商務印書館, 1985.
- 資治通鑑新注編纂委員會 編, ≪資治通鑑新注≫ 1~10, 陝西人民出版社, 1998.
- 張宏儒・沈志華 主編, ≪文白對照全譯 資治通鑑≫ 1~3, 改革出版社, 1991.
- 張大可・韓兆琦 注譯, ≪新譯 資治通鑑≫ 1~40, 三民書局, 2017.
- 許嘉璐 主編, ≪南史全譯≫(二十四史全譯) 1~2, 漢語大詞典出版社, 2004.
- ――――――, ≪北史全譯≫(二十四史全譯) 1~4, 漢語大詞典出版社, 2004.
- ――――――, ≪北齊書全譯≫(二十四史全譯) 1~4, 漢語大詞典出版社, 2004.
- ――――――, ≪梁書全譯≫(二十四史全譯), 漢語大詞典出版社, 2004.
- ――――――, ≪魏書全譯≫(二十四史全譯) 1~4, 漢語大詞典出版社, 2004.
- ――――――, ≪周書全譯≫(二十四史全譯), 漢語大詞典出版社, 2004.
- 黃惠賢, ≪中國政治制度通史4 魏晉南北朝≫, 人民出版社, 1996.

〔英美〕

- Achilles, Fang, *The chronicle of the Three Kingdoms(220~265) Chapters 69~78 from the Tzŭ chih t'ung chien*, Harvard University Press, 1952~1965.
- Yap, Joseph, *Wars With The Xiongnu, A Translation from Zizhi tongjian*, AuthorHouse, 2009.
- ――――――, *Zizhi tongjian: Warring States and Qin*, CreateSpace, 2016.

◇ 데이터베이스(DB) 자료

- 한국고전종합DB(http://db.itkc.or.kr)
- 동양고전종합DB(http://db.cyberseodang.or.kr)
- 상우천고(http://www.s-sangwoo.kr)
- 電子版 文淵閣四庫全書, 上海古籍出版社.

◇ 年表 관련 자료

- 柏楊, ≪中國歷史年表 上・下≫, 南海出版社, 2006.
- 松丸道雄 等 編, ≪中國史 2 -三國~唐-≫, 山川出版社, 1996.
- 沈起煒, ≪中國歷史大事年表≫, 上海辭書出版社, 2001.
- 川本芳昭, ≪中國の歷史 中華の崩壞と擴大(魏晉南北朝)≫, 講談社, 2005.

9. ≪思政殿訓義 資治通鑑綱目 21≫ 參考圖版 目錄

10. ≪思政殿訓義 資治通鑑綱目≫ 總目次

總目次

※ 總目次는 QR코드를 통해 스마트 기기로만 이용 가능

11. ≪思政殿訓義 資治通鑑綱目≫ 解題

解題

※ 解題는 QR코드를 통해 스마트 기기로만 이용 가능

責任飜譯者 略歷

李忠九

京畿 果川 出生
龍田 金喆熙, 秀松 梁大淵 先生 師事
中央大學校 教育學科 國語國文學 副專攻
成均館大學校 大學院 國語國文學 碩士, 博士
民族文化推進會 國譯研修院
檀國大學校 韓中關係研究所 研究員(現)
傳統文化研究會 講師(現)

論文 및 譯書

〈經書諺解 研究〉〈說文解字에 나타난 漢字字源 研究〉 등
譯書 《東山先生奏議》《선비 安潚 日誌》《小學集註》《註解千字文》 등
共譯 《國譯 治平要覽》《增補四禮便覽 譯註本》《譯註 國語》《譯註 貞觀政要集論》《爾雅注疏》 등

共同飜譯者 略歷

金奎璇

兼山 安秉杓, 松潭 李栢淳, 龍田 金喆熙 先生 師事
韓國外國語大學校 中國語科 學士, 碩士, 博士
鮮文大學校 教養學部 教授(現)

論文 및 譯書

〈王士禎의 文學批評 연구〉 등
譯書 《歷代詩話》《秋史派의 글씨》 등
共譯 《譯註 貞觀政要集論》《日省錄》《毅庵集》《秋史 金正喜 研究》 등

李承容

嶺南大學校 漢文教育科 卒業
成均館大學校 大學院 漢文學科 碩士, 博士
韓國古典飜譯院 專門課程 修了
檀國大學校 東洋學硏究院 古典飜譯硏究室 先任硏究員(現)

論文 및 譯書
〈조선후기 江華學派 漢詩硏究 - 全州李氏 德泉君派 八匡을 중심으로〉
共譯 《譯註 貞觀政要集論》《國譯 通鑑節要增損校註Ⅰ》《自著實紀》《樂全堂集》《寒溪日記》《晝永編》 등

黃鳳德

全州大學校 漢文教育科 卒業
成均館大學校 大學院 漢文學科 碩士, 博士

論文 및 譯書
〈李德懋 《士小節》 硏究〉
共譯 《譯註 貞觀政要集論》《國譯 通鑑節要增損校註Ⅰ》《文苑叢寶》《千字文字解說》 등

譯註 思政殿訓義 資治通鑑綱目 21 28,000원

2021년 12월 31일 초판 발행
2022년 05월 15일 초판 2쇄

企劃編輯 東洋古典飜譯編輯委員會
編　　著 朱 熹
訓　　義 思政殿(朝鮮 世宗)
責任飜譯 李忠九
共同飜譯 金奎璇 李承容 黃鳳德
常任原文校閱 吳圭根
飜譯硏究管理 南賢熙
潤　　文 南賢熙
校　　訂 李孝宰
裝　　幀 김진디자인

發 行 人 朴洪植
發 行 處 社團法人 傳統文化硏究會
서울시 종로구 삼일대로 428 낙원빌딩 411호
전화 : (02)762-8401 전송 : (02)747-0083
전자우편 : juntong@juntong.or.kr
홈페이지 : juntong.or.kr
사이버書堂 : cyberseodang.or.kr
온라인서점 : book.cyberseodang.or.kr
등록 : 1989. 7. 3. 제1-936호

인쇄처 : 한국법령정보주식회사(02-462-3860)
총　판 : 한국출판협동조합(070-7119-1750)

ISBN 979-11-5794-503-0 94910
979-11-5794-061-5(세트)

※이 책은 2021년도 교육부 고전문헌 국역지원사업 지원비에 의해 초판(비매품) 간행.